El Catecismo para la Familia del Apostolado™

Preguntas 72–137

Jesucristo, Hijo de Dios, Salvador

El Espíritu Santo

Para una explicación de la imagen de la Sagrada Familia en la portada vea las páginas 353-354.

Colaboradores y Editores
Rev. Burns K. Seeley, Phd.
Dr. Regis Martin, S.T.D., Profesor de Teología, Universidad Franciscana de Steubenville
Rev. Bernard Geiger, O.F.M. Conv.
Hugh Owen
Anna Friedrich Borchers

Ilustraciones por Charles Jaskiewicz y Timothy Boudreaux.

El Catecismo para la Familia del Apostolado™

por el Padre Lawrence G. Lovasik, S.V.D.

Iniciado y estructurado por Jerome y Gwen Coniker

Preguntas 72–137

Founded in 1975

APOSTOLADO
PARA LA
CONSAGRACIÓN
DE LA FAMILIA®

Fundado en 1975

Nihil Obstat: Mons. Salvador Martínez Ávila, Censor Eclesiástico
4 de diciembre del 2006

Imprimatur: Pbro. Juan de Dios Olvera, Canciller
Mons. Guillermo Moreno Bravo, Vicario General
Arquidiócesis Primada de México
18 de diciembre del 2006

El Comité Ad Hoc para Supervisar el Uso del Catecismo, de la Conferencia de Obispos Católicos de los Estados Unidos, consideró que esta serie catequética, copyright 2007, está en conformidad con el *Catecismo de la Iglesia Católica.*

Hispanoamérica
Apostolado para la Consagración de la Familia®
Centro San José, Apartado 12, Atlautla, Edo. de Mexico
C.P. 56970 MÉXICO
Tels: (597) 976 70 73 & (597) 976 70 93, Fax: (597) 976 82 10
hispanoamerica@familyland.org

USA:
Apostolate for Family Consecration® / Catholic Familyland®
3375 County Road 36, Bloomingdale, OH 43910
(740) 765-5500 1-800-77-FAMILY Fax: (740) 765-5561
usa@familyland.org, www.familyland.org

Asia:
St. Joseph Media and Training Center, BF Vista Grande, P.O. Box 0026
Las Piñas City, PHILIPPINES
Tel: (632) 871-4440 Fax: (632) 875-3506
asia@familyland.org

Otros centros internacionales:
europe@familyland.org
africa@familyland.org
russia@familyland.org

Publicación en Inglés 1993, 1994, 2005.
Publicación en Español 2007. Imprimido en los Estados Unidos de América.

Las citas bíblicas han sido tomadas con permiso de la Biblia de América, biblia oficial de la Arquidiócesis Primada de México y distribuida por Nueva Secam Arquidiócesis de México (Av. Fray Juan de Zumárraga, Centro Comercial Villa de Guadalupe, 1a sección, local #11). La traducción española del *Catecismo de la Iglesia Católica* por la Asociación de Editores del Catecismo, copyright © 1992, iniciada por la Conferencia Episcopal Española – Librería Editrice Vaticana. Segmentos de los Documentos del Concilio Vaticano II de *Concilio Vaticano II*, Biblioteca de Autores Cristianos, Madrid, 1991. Las oraciones del catecismo han sido en parte compuestas por el autor, y en parte están basadas en oraciones de la Liturgia de la Iglesia y de manuales de oración.

ISBN: 9780932406699
Library of Congress Control Number: 2007934748

Índice

Sección III: El Espíritu Santo

Primera Parte: La Persona del Espíritu Santo

Segunda Parte: El Espíritu Santo en la Vida de la Iglesia

Tercera Parte: El Espíritu Santo en la Vida del Cristiano

Sobre el Autor

Padre Lawrence Lovasik, Misionero de la Divina Palabra, nació el 22 de junio del 1913, y fue ordenado sacerdote el 14 de agosto de 1938. Durante más de 40 años predicó misiones en las parroquias y llevó a cabo retiros por todo el mundo.

Escribió unos treinta libros y más de 100 artículos; entre sus escritos hay catecismos, historias de la Biblia para niños, vidas de los Santos, libros de oraciones y homilías para sacerdotes. Tenía el don especial de poder escribir tanto para niños como para adultos y sus escritos han pasado la prueba del tiempo.

En 1954 fundó la congregación de Las Hermanas del Espíritu Divino, y en 1967 fundó Family Service Corps, un instituto secular dedicado a obras de caridad para los más necesitados, enfermos y ancianos.

Fue un buen amigo del Apostolado para la Consagración de la Familia, formando parte del Consejo Asesor y escribiendo varios libros para el Apostolado, el más importante siendo este Catecismo para la Familia con siete secciones.

Era un sacerdote muy consciente, tenía un amor inmenso por la Sagrada Eucaristía y pasaba horas seguidas en Su Presencia. Providencialmente, murió como vivió, en la presencia Eucarística de Nuestro Señor el 9 de junio de 1986.

Que sus enseñanzas catequéticas penetren este tercer milenio y preparen al Pueblo de Dios para la Segunda Venida. *"Cristo ha muerto, Cristo ha resucitado, Cristo vendrá de Nuevo"*.

Prefacio

La mejor manera de entender las verdades de nuestra Fe Católica y de vivirlas es a través del estudio en un espíritu de oración. El uso de este manual de enseñanzas catequéticas fortalecerá su fe animándole a meditar a medida que va aprendiendo y elevar su mente y alma a Dios en oración.

Las enseñanzas le proporcionarán la información básica sobre la doctrina de la Iglesia Católica, mientras que las oraciones, centradas en lo que se ha explicado, serán la mejor forma de obtener la gracia de Dios no sólo para entender su fe, sino también para practicarla y compartirla. La fidelidad a la práctica de la meditación diaria tendrá un impacto duradero en su vida espiritual.

El material catequético está de acuerdo con las "Enseñanzas Básicas para la Educación Católica" contenidas en el Directorio Nacional Catequético para los Católicos en Estados Unidos y aprobado por la Congregación Sagrada para el Clero, en los documentos del Vaticano II y las Sagradas Escrituras. [Nota del editor: todas las preguntas tienen referencias cruzadas con el Catecismo de la Iglesia Católica, y muchos documentos del Papa Juan Pablo II.]

Los dieciséis documentos del Vaticano II constituyen el mensaje más significativo que Dios ha mandado al hombre moderno, a través de su Iglesia. Haciendo eco de la predicación de los Profetas, los Apóstoles, los Padres y Doctores de la Iglesia tanto del este como del oeste, el Concilio ha proclamado al mundo entero la fe de toda la Iglesia. Es la solemne proclamación del Evangelio, que ha sido transmitida a través de la historia como mandato supremo de Dios. El Papa Pablo VI escribió: "Tenemos que dar gracias a Dios y tener confianza en el futuro de la Iglesia al pensar en el Concilio: será el gran catecismo para nuestros tiempos".

Se han escogido pasajes de los dieciséis documentos del Vaticano II para explicar el significado de las verdades reveladas que enseña la Iglesia. Ante la pregunta esencial que el hombre hace hoy a la Iglesia de Cristo, es muy importante que se consulten las enseñanzas del Concilio.

La oración tiene una parte primordial en este catecismo ya que es la manera como nos comunicamos con Dios. También es un medio de obtener gracia, ya que Dios es la fuente de toda gracia. Sin oración es imposible llevar una vida Cristiana. Jesús dijo "Sin mi no pueden hacer nada" (Juan 15, 5). Las oraciones usadas en este catecismo tienen su fundamento en la Liturgia de la Iglesia. Rezándolas con devoción, podremos obtener la gracias actuales que necesitamos para que el uso de este catecismo de gran fruto: recibiremos la luz para entender las verdades de Dios, y la fuerza para cumplir sus mandamientos y llevar una vida santa.

Confío esta obra al cuidado amoroso de la Bienaventurada Virgen María, Madre de Dios y de la Iglesia.

Padre Lawrence Lovasik, S.V.D.
Misionero de la Divina Palabra

Agradecimientos

El editor está muy agradecido al Padre Lawrence Lovasik por su trabajo tan dedicado al escribir este catecismo y a todos los que han colabordo de manera tan generosa para hacer de El Catecismo para la Familia del Apostolado® una realidad. Agradecemos al Padre Burns Seeley, Ph.D., por sus incontables horas buscando las referencias cruzadas con el Catecismo de la Iglesia Católica, los documentos papales, y otros libros teológicos y catequéticos, y por ayudar a la edición desde el punto de vista teológico de la primera edición de este catecismo. La colaboración de Montserrat Friedrich fue indispensable no sólo en la revisión del original en inglés sino también por trabajar con el Padre Carlos Ferrer en la traducción de esta edición en español. Especialmente queremos agradecerle su gran esfuerzo rezando, diseñando y trabajando con el artista para crear las muchas ilustraciones que contiene el catecismo. También fue indispensable para la edicón de este catecismo la edición teológica del Doctor Regis Martin y del Padre Bernard Geiger, OFM Conv., y la revisión de conformidad de la Conferencia de Obispos Católicos de Estados Unidos, para que pudiera usarse en las escuelas y las parroquias. Agradecemos también a Monseñor Salvador Martínez Ávila y a la Arquidiócesis Primada de México por revisar el texto para el Imprimatur. Un agradecimiento muy especial a Charles Jaskiewicz por compartir su talento y dibujar todas las bellas ilustraciones teológicas que realmente llevan a la meditación sobre las verdades de la Fe y tocan los corazones de todas las edades, y a Timothy Bourdeaux, del Cuerpo Católico del Apostolado, por su dibujo en carbón de algunos de los diagramas catequéticos diseñados por el Padre Lawrence Lovasik. Los ejercicios de "Doctrina, Moral y Culto" escritos por Hugh Owen y Lettie Taberdo son una gran ayuda para poner en práctica en nuestro día a día las verdades de la Fe aprendidas. Agradecemos a Anna Friedrich Borchers por la detallada corrección y revisión de la traducción española del catecismo. También damos gracias al personal y al Cuerpo Católico del Apostoldo para la Consagración de la Familia que han trabajado con perseverancia en el formateo y todos los detalles necesarios para preparar esta edición del catecismo para su impresión, sobre todo a Mary Sue, Roseanna Tamayo, Jomelia Brondial, Renee Scheu, y también a Debra Hoover por diseñar la cubierta, y a María Luisa Martínez por su completa revisión. Nuestro más profundo agradecimiento a aquellos que revisaron y aprobaron el catecismo para ser usado en los hogares, las escuelas y las parroquias, incluyendo a: Mario Luigi Cardenal Ciappi, Edouard Cardenal Gagnon, William Cardenal Baum, Silvio Cardenal Oddi, Alfonso Cardenl Lopez Trujillo, Anthony Cardenal Bevilacqua, Jaime Cardenal Sin, Arzobispo John J. Myers, Arzobispo Timothy M. Dolan, y la Beata Teresa de Calcuta. Gracias también al Padre Pablo Straub C.Ss.R. por la explicación, en DVD, clara y dinámica de las preguntas de este catecismo en español. Y en particular deseamos agradecer al Cardenal de la Curia Romana Francis Arinze por sus enérgicas enseñanzas de este catecismo en CD y DVD, y por sus numerosas enseñanzas sobre las Escrituras, los documentos del Concilio Vaticano II, y documentos papales que tienen referencias cruzadas con este catecismo.

Introducción

por Jerome F. Coniker

Jerry Coniker y su difunta esposa, Gwen, son los fundadores del Apostolado para la Consagración de la Familia, una asociación internacional de fieles de Cristo dedicada a consagrar a las familias, las parroquias y los movimientos en las verdades de la fe Católica a través de los medios de comunicación, en el espíritu del Papa Juan Pablo II.

Este catecismo ha sido una obra de amor. Como padres de 13 niños (uno con el Señor) y 65 nietos, Gwen y yo frecuentemente nos enfrentamos al dilema de cómo enseñar a nuestros niños la Fe de una manera sistemática en esta sociedad tan acelerada. El problema más grande era conseguir un catecismo que llegara a toda la familia --la mayoría de los catecismos se escriben solamente para ciertas edades, en particular para adultos.

Le pedimos al Padre Lorenzo Lovasik, S.V.D., que escribiera un catecismo que cada familia y escuela pudieran utilizar. Le pedimos que lo hiciera lo suficientemente simple para que los niños lo entendieran, pero al mismo tiempo con suficiente profundidad espiritual para retar a padres y profesores. El padre Lovasik fue un autor con un talento especial pues escribió tanto para niños ('best sellers' de historias de la Biblia y de la vida de los santos), como libros 'best sellers' de oración y de homilías para los sacerdotes.

Nunca fue nuestra intención que este catecismo se usara como un programa de formación para aprender de memoria; nuestra intención no es solamente que usted aprenda la fe sino que se sienta inspirado a vivirla y compartirla con celo y alegría.

El teólogo del Papa Juan Pablo II, el Cardenal Mario Luigi Ciappi, nos recordaba que Nuestra Santísima Madre enseñó en Fátima, Portugal, que la consagración salvaría al mundo y traería una "era de paz". Nuestro Señor describe la consagración en Juan 17, 17, "Conságralos en la verdad. Tu palabra es la Verdad". Al ser introducidos al Catecismo de la Iglesia Católica a través del Catecismo para la Familia del Apostolado, las familias, los estudiantes y los profesores se sumergen en la verdad que los hará libres (cf. Jn 8, 32).

Podrán entonces colaborar en llevar a cabo la civilización del amor por la que tanto se entregó el Papa Juan Pablo II. De hecho este catecismo fue aprobado por el Cardinal José Ratzinger (ahora Papa Benedicto XVI) mientras era el Prefecto de la Congregación Sagrada para la Doctrina de la Fe.

Las características dominantes del Catecismo incluyen:

- Cientos de ilustraciones, una en casi cada página
- 304 preguntas con respuestas penetrantes
- Textos de las Sagradas Escrituras, del Concilio Vaticano II, de documentos papales, y del Catecismo de la Iglesia Católica

- Referencias adicionales con la Sagrada Escritura y el Catecismo de la Iglesia Católica al pie de la página de cada pregunta
- Oraciones que resumen lo aprendido
- Ejercicios de Doctrina, Moral, y Culto (con las respuestas en el apéndice)
- Biblioteca de la Sabiduría Familiar™ — con referencias a documentos papales, documentos de la CELAM y otros libros espirituales y teológicos
- Nota a pie de página refiriendo cada pregunta al programa en multimedia donde es contestada por un maestro en la Fe

El Catecismo para la Familia del Apostolado es un catecismo viviente pues se van añadiendo referencias cruzadas (para crear lo que llamamos "Biblioteca de la Sabiduría Familiar™") con nuevos documentos papales y otros documentos importantes que se vayan publicando. Esto permite a familias, profesores y estudiantes a estar siempre al día con las últimas enseñanzas de la Iglesia sobre temas concretos. Para conseguir las nuevas referencias cruzadas tras esta publicación visite www.familyland.org.

Recomiendo a los padres de familia que usen las oraciones del Catecismo durante las comidas para pedir al Espíritu Santo que inspire a su familia mientras hablan y comentan sobre los diferentes temas catequéticos que sus hijos están estudiando.

Rezo para que el Catecismo para la Familia del Apostolado y los recursos que lo acompañan, especialmente las enseñanzas del Cardenal Francis Arinze en CD y DVD y del Padre Pablo Straub, realmente lleven a cabo la unidad en la verdad de la cual Nuestro Señor habla en Juan 17, y Juan 8, 32: "La verdad les hará libres".

Jerry Coniker

Momentos de Enseñanza
¡Aprovéchese de todos estos multimedios!

Cada día lea y comente con su familia durante la hora de la comida una de las oraciones al final del capítulo.

Programa Catequético Consagración en la Verdad™

El Catecismo para la Familia del Apostolado es también el libro de texto principal en el programa catequético "Consagración en la Verdad" para todos los niveles de la escuela, desde el Kinder hasta el último grado; esto une a la parroquia y a la escuela con la familia, pues está diseñado para ser usado tanto en el hogar, como en la escuela, y en la catequesis parroquial, (en U.S.A. programas de CCD/PSR, y de RCIA). Tiene referencias cruzadas con la Sagrada Escritura, los documentos del Vaticano II, el Catecismo de la Iglesia Católica, documentos papales y documentos del CELAM. A medida que se van publicando otros documentos relevantes encontrará en la página de Internet www.familyland.org las referencias cruzadas con los mismos.

Este currículum en multimedia utiliza el método de aprendizaje espiral ya que cada año cubre los cuatro pilares básicos del Catecismo de la Iglesia Católica: el Credo, los Diez Mandamientos, los Sacramentos, y la Oración.

La intención es que sea inter-generacional con un catecismo básico para todos los niveles que permita a los padres mantenerse al corriente de la educación religiosa de sus hijos sin tener que perderse en un sin número de libros de texto. Como todos los recursos de este programa catequético están referidos al texto básico del Catecismo para la Familia, los padres irán también creciendo cada año en su conocimiento de la fe, permitiéndoles así ser los principales educadores en la fe de sus hijos.

Este currículum es el mayor esfuerzo para llevar a cabo la exhortación personal que nos hizo el Papa Juan Pablo II: "Porque 'la catequesis familiar precede, acompaña y enriquece todas las otras formas de catequesis' (*Catechesi Tradendae, 68*), animo al Apostolado para la Consagración de la Familia en sus esfuerzos por promover una catequesis efectiva en los hogares y las parroquias".

Los recursos en multimedia del programa "Consagración en la Verdad™" incluyen: las Guías del Maestro y los Libros de Trabajo del Estudiante, los CDs de "Preparación para Maestros y Padres" (en los que se lee cada lección de las Guía del Maestro y las referencias que las complementan), los Comentarios del Catecismo para la Familia que presentan al Cardenal de la Curia Romana Francis Arinze, a la Hna. Juan Vianney, S.S.N.D., al Padre Pablo Straub, C.Ss.R., en español, y al Arzobispo Ramón Argüelles y el Obispo Sócrates Villegas en Tagalog para las Filipinas. Vea el apéndice H para más información.

Con este currículo los niños están siendo formados para convertirse en padres formadores en su generación y estarán equipados para llevar a cabo lo que dijo Nuestro Señor en Juan 17: "No pido que los saques del mundo, sino que los guardes del Maligno. Conságralos en la Verdad: Tu palabra es la Verdad".

Formación de Adultos y de Catecúmenos

Muchos adultos también han utilizado El Catecismo para la Familia del Apostolado, junto con las Guías del Maestro, en sus propios grupos de formación y oración. Gracias a este material ha crecido su fe y su entusiasmo por la Verdad, e incluso han llevado este currículo a sus parroquias y a las escuelas de sus hijos.

Para la enseñanza a los catecúmenos, lo único que se necesita, es El Catecismo para la Familia del Apostolado y la serie en CD/DVD con los "Comentarios del Catecismo para la Familia" que presenta al Cardenal Francis Arinze (en inglés) o al padre Pablo Straub C.Ss.R (en español). Los participantes se reunen semanalmente o periódicamente para ver un segmento de esta serie y luego comentarla juntos, y también compartir lo que han leído en el Catecismo para la Familia. Pueden también escuchar los CDs correspondientes en su hogar. Las referencias cruzadas en El Catecismo para la Familia del Apostolado proveen una fuente ilimitada para la continua formación y para compartir en los grupos. El líder puede también utilizar una de las Guías del Maestro de secundaria y escuchar los correspondientes CDs de "Preparación de padres y maestros", la semana antes de cada clase.

Abreviaciones de las referencias de los documentos del Concilio Vaticano II.

Educación Cristiana	Declaración sobre la educación cristiana
Divina Revelación	Constitución Dogmática sobre la divina revelación
Iglesias Orientales	Decreto sobre las iglesias orientales católicas
Ecumenismo	Decreto sobre el ecumenismo
Seglares	Decreto sobre el apostolado de los seglares
Libertad	Declaración sobre la libertad religiosa
Actividad Misionera	Decreto sobre la libertad misionera de la Iglesia
Mundo Actual	Constitución Pastoral sobre la Iglesia en el mundo actual
Religiones no cristianas	Declaración sobre las relaciones de la Iglesia con las religiones no cristianas.
Obispos	Decreto sobre el oficio pastoral de los obispos
Sacerdotes	Decreto sobre el ministerio y vida de los presbíteros
Vida Religiosa	Decreto sobre la adecuada renovación de la vida religiosa
Sagrada Liturgia	Constitución sobre la sagrada liturgia
Medios de Comunicación	Declaración sobre los medios de comunicación social
Iglesia	Constitución dogmática sobre la Iglesia

Abreviaciones para el Antiguo Testamento.

Gn	Génesis	Tob	Tobías	Ez	Ezequiel
Ex	Éxodo	Jdt	Judit	Dn	Daniel
Lv	Levítico	Est	Ester	Os	Oseas
Nm	Números	Job	Job	Jl	Joel
Dt	Deuteronomio	Sal	Salmos	Am	Amós
Jos	Josué	Prov	Proverbios	Abd	Abdías
Jue	Jueces	Ecl	Eclesiastés	Jon	Jonás
Rut	Rut	Cant los	Cantar de Cantares	Miq	Miqueas
1 Sm	1 Samuel	Sab	Sabiduría	Nah	Nahum
2 Sm	2 Samuel	Eclo	Eclesiástico (Sirac)	Hab	Habacuc
1 Re	1 Reyes	Is	Isaías	Sof	Sofonías
2 Re	2 Reyes	Jr	Jeremías	Ag	Ageo
1 Cr	1 Crónicas	Lam	Lamentaciones	Zac	Zacarías
2 Cr	2 Crónicas	Bar	Baruc	Mal	Malachi
Esd	Esdras			1 Mac	1 Macabeos
Neh	Nehemías			2 Mac	2 Macabeos

Abreviaciones para el Nuevo Testamento.

Mt	Mateo	Ef	Efesios	Sant	Santiago
Mc	Marcos	Flp	Filipenses	1 Pe	1 Pedro
Lc	Lucas	Col	Colosenses	2 Pe	2 Pedro
Jn	Juan	1 Tes	1 Tesalonicenses	1 Jn	1 Juan
Hch	Hechos de los Apóstoles	2 Tes	2 Tesalonicenses	2 Jn	2 Juan
Rom	Romanos	1 Tim	1 Timoteo	3 Jn	3 Juan
1 Cor	1 Corintios	2 Tim	2 Timoteo	Jds	Judas
2 Cor	2 Corintios	Tit	Tito	Ap	Apocalipsis (Revelación)
Gal	Gálatas	Flm	Filemón		
		Heb	Hebreos		

Reconocimientos

Carta del Papa Juan Pablo II, leída por su embajador en Estados Unidos el Arzobispo Agostino Cacciavillan, durante la primera conferencia anual del Apostolado para la Consagración de la Familia titulada Conferencia para la Familia, Totus Tuus, Conságralos en la Verdad.

Me alegra saber que el Apostolado para la Consagración de la Familia está organizando una Conferencia para el 22 al 24 de octubre... con el tema "Conságralos en la Verdad". Le agradecería si pudiera tener la amabilidad de hacer llegar a todos los que participan en esta loable iniciativa mis saludos y la certeza de mi unión en oración.

Ya que la Conferencia intenta apoyar e implementar el mensaje del reciente Día Mundial de la Juventud, repito la invitación que entonces hice en Denver: "Les reto a que tengan la valentía de comprometerse con la verdad. Tengan la valentía de creer en la Buena Nueva sobre la Vida que Jesús nos enseña en el Evangelio. Abran sus mentes y sus corazones a la belleza de todo lo que Dios ha hecho y a su amor especial y personal por cada uno de ustedes" (Vigilia, 14 de agosto, 1993, No. 4).

Espero que la Conferencia inspire a muchas familias cristianas a ser cada vez más auténticas "iglesias domésticas", donde la palabra de Dios es recibida con alegría, da fruto en vidas de santidad y amor, y reluce con un nuevo brillo como un faro de esperanza para ser visto por todos. Este testimonio de fe de las familias cristianas es un elemento esencial en la nueva evangelización a la que el Espíritu Santo está llamando a la Iglesia de nuestro tiempo.

Me da mucho gusto saber que la Conferencia buscará la manera de desarrollar métodos efectivos para pasar a las familias y las parroquias el rico depósito de la Fe tal como está presentado en el *Catecismo de la Iglesia Católica.* **Ya que "la catequesis familiar precede, acompaña y enriquece a todas las otras formas de catequesis" (*Catechesi Tradendae*, 68), animo al Apostolado para la Consagración de la Familia en sus esfuerzos por promover una catequesis efectiva en los hogares y las parroquias.**

Con estos sentimientos, encomiendo todo el trabajo de la Conferencia a la intercesión de María, Madre de la Iglesia. Afectuosamente imparto mi Bendición Apostólica a los organizadores, los oradores y a los participantes y con gusto la extiendo a todos los miembros de sus familias.

Joannes Paulus PP. II

Juan Pablo II

El Papa Juan Pablo II bendice a la familia Coniker y a toda la obra del Apostolado para la Consagración de la Familia, mientras Jerry, Gwen y Joe Coniker presentan a su Santidad *El Catecismo del Apostolado para la Familia.*

La Beata Teresa de Calcuta abraza a Gwen Coniker.

La Beata Teresa escribió:

"*El Catecismo para la Familia del Apostolado* permitirá ahora que los padres lleven a cabo su obligación primordial de enseñar la fe a sus hijos. Rezo para que todos los padres se unan al Apostolado para la Consagración de la Familia y usen los programas catequéticos del Apostolado en su vecindario". La Madre Teresa se hizo miembro asesor del Apostolado para la Consagración de la Familia el 1 de mayo de 1976.

COMMISSIONE INTERDICASTERIALE
PER IL
CATECHISMO DELLA CHIESA CATTOLICA

Il Presidente

Prot. N. XII/91 C
(Si prega citare il numero nella risposta)

00193 Roma
March 4, 1994

Piazza del S. Uffizio. 11

Querido Señor Coniker:

Gracias por su amabilidad enviándome una copia de El Catecismo para la Familia del Apostolado publicado por el Apostolado para la Consagración de la Familia. La publicación de esta obra durante este año de la familia no podría ser más oportuna. Anticipa muchos de los temas de la Carta a las Familias de Su Santidad Juan Pablo II publicada el 2 de Febrero de 1994. Las referencias cruzadas que se dan con el Catecismo de la Iglesia Católica hará que sea un instrumento especialmente útil para padres y maestros.

Rezando por el éxito de su vital apostolado les envío un cordial saludo,

Suyo en Cristo,

Joseph Cardenal Ratzinger,
Presidente
Comisión Interdicasterial para el
Catecismo de la Iglesia Católica

Sr. Jerome F. CONIKER
Presidente
Apostolado para la Consagración
de la Familia
Route 2, Box 700
Bloomingdale, OH 43910
U.S.A.

Roma, 9 de septiembre,1993

Jerome F. Coniker
Presidente
Apostolado para la Consagración de la Familia
John Paul II Holy Family Center
Seminary Road, Route 2, Box 700
Bloomingdale, OH 43910

Asunto: El Catecismo para la Familia del Apostolado

Apreciado Sr. Coniker:

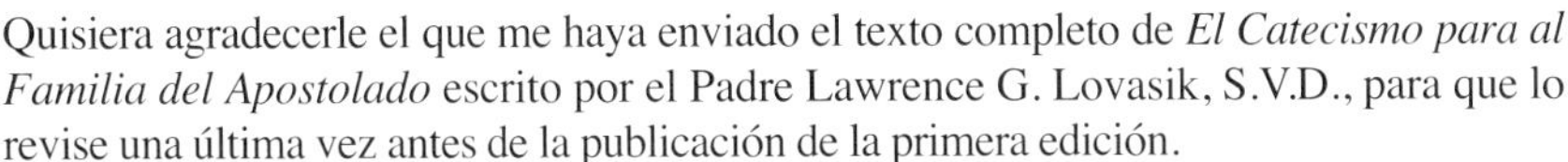

Quisiera agradecerle el que me haya enviado el texto completo de *El Catecismo para al Familia del Apostolado* escrito por el Padre Lawrence G. Lovasik, S.V.D., para que lo revise una última vez antes de la publicación de la primera edición.

Es providencial que publique su catecismo para la familia en este momento en que puede realmente servir al nuevo *Catecismo de la Iglesia Católica*, promulgado por el Papa Juan Pablo II. Las referencias cruzadas entre el *Catecismo de la Iglesia Católica* y *El Catecismo para la Familia del Apostolado* son un servicio de mayor importancia para la Iglesia y la vida familiar. Su catecismo para la familia permitirá a los padres y a los maestros enseñar la Fe a sus hijos y estudiantes con toda confianza y facilidad, teniendo acceso rápido al *Catecismo de la Iglesia Católica* que es una referencia vital para cada familia Católica y escuela. También me alegra mucho el saber que el Apostolado para la Consagración de la Familia es un copublicador de la edición inglesa del *Catecismo de la Iglesia Católica*.

La revisión y los comentarios de *El Catecismo para la Familia del Apostolado* hechos por el Cardenal Francis Arinze en audio y video añaden una dimensión inestimable a todo el programa catequético, ya que el Santo Padre ha manifestado claramente que vivimos en una "cultura de los medios" y que los audios y videos deben usarse para evangelizar esta generación.

Me consta que el teólogo que trabaja con ustedes, Burns K. Seeley, Ph.D., ha realizado una revisión y edición completa del manuscrito desde mi última revisión y aprobación cuando era el Pro Teólogo del Santo Padre.

Con gusto apruebo la versión editada y con referencias cruzadas de *El Catecismo para la Familia del Apostolado*, y encarecidamente lo recomiendo a las familias y las escuelas como una fuente segura de la doctrin católica auténtica.

Que Dios continúe bendiciendo a su familia y a su apostolado.

Suyo en los corazones de Jesús y María,

Mario Luigi Card. Ciappi, O.P.

Mario Luigi Cardenal Ciappi
Pro Teólogo Emérito

Tras la primera edición, el fundador del Apostolado para la Familia escribió al Cardenal Ciappi y le preguntó si por favor podía revisar de nuevo detalladamente el catecismo y decirnos si tenía alguna sugerencia para la segundad edición. Su Eminencia escribió el 2 de diciembre de 1994 y dijo: "Lo he revisado de nuevo; no tengo nada que añadir para la segunda edición".

PONTIFICIUM CONSILIUM
PRO FAMILIA

Prot N. 206/ 96

Estado de la Ciudad del Vaticano
17 de septiembre, 1997

Sr. Jerome F. Coniker
Presidente
El Apostolado para la Consagración de la Familia
Seminary Rd.
Bloomingdale, Ohio 43910
Estados Unidos de América

Apreciado Sr. Coniker,

El Catecismo para la Familia del Apostolado es una obra impresionante con una bella presentación. El método sistemático, el arte, las referencias cruzadas que le llevan a uno al Catecismo de la Iglesia Católica, todo ayuda a la familia para que sea la primera escuela de la fe y las virtudes.Tal como ha dicho el Santo Padre: "La catequesis familiar precede, acompaña y enriquece todas las otras formas de catequesis" (Catechesi Tradendae, 68).

Pero este catecismo no es sólo un instrumento para la formación en la fe de los hijos, sino que puede ser la clave para la profundización en la fe de todos los miembros de la familia. Con el uso de este catecismo y de los medios audiovisuales que provee el Apostolado, las familias estarán equipadas para su misión especial de evangelización proclamada por el Santo Padre el Papa Juan Pablo II.

Este proyecto tan significativo es digno de elogio.

Rezando por su trabajo y deseándole lo mejor, quedo

Suyo en Cristo,

A. Card. López Trujillo

Alfonso Cardenal López Trujillo
Presidente
Concilio Pontificio para la Familia

Cardenal Silvio Oddi, mientras era el Prefecto para la Congregación Sagrada para el Clero, escribió:

"Nos alegra ver que El Catecismo para la Familia del Apostolado es para los padres una herramienta perfecta con la que pueden cumplir su obligación como primeros educadores en la Fe de sus hijos, y, al mismo tiempo es para ellos un buen curso de repaso en la Fe".

Cardenal William Baum, uno de los tres Cardenales de la Curia Romana en la comisión del *Catecismo de la Iglesia Católica* promulgado por el Papa, escribió:

"Creemos que *El Catecismo para la Familia del Apostolado*, con referencias cruzadas con el Catecismo de la Iglesia Universal, va a ser crucial para la formación de la familia y para los padres, que realmente son los primeros educadores de sus hijos. Este programa integral de enseñar el catecismo en los hogares, y luego reunirse en las iglesias con otras familias una vez a la semana para escuchar las enseñanzas del Cardenal Francis Arinze y de otros en las 'Horas para la Familia: No Tengan Miedo' puede ser realmente efectivo en la reconstrucción tanto de la iglesia doméstica como la comunidad parroquial".

Francis Cardenal George, O.M.I., Arzobispo de Chicago, escribió:

"Veo que este enfoque en multimedia enseñará simultáneamente a niños y padres el 'Catecismo de la Iglesia Católica', la Escritura, el Vaticano II, y los principales documentos del Papa Juan Pablo II, con énfasis en *Veritatis Splendor*, usando los nuevos medios de comunicación. Son de especial importancia los CDs del Maestro para la preparación de cada lección. Sería bueno que en las parroquias, las escuelas, y los programas de educación en la Fe de la Arquidiócesis de Chicago se considerara usar su Programa Catequético "Consagración en la Verdad™", completo, el cual consiste en su Catecismo para la Familia y los audios y videos que lo complementan para todos los niveles escolares.

(El Arzobispo Timothy M. Dolan, de la Diócesis de Milwaukee , y el Arzobispo John J. Myers, de la Diócesis de Newark, escribieron también cartas de adhesión parecidas).

Jaime Cardenal Sin, mientras era Arzobispo de la Diócesis de Manila, escribió a la Universidad para Mujeres de Filipinas:

"Acaban de recibir una copia de un catecismo que es el Catecismo para la Familia aprobado para la Arquidiócesis de Manila, y es ahora también su libro de texto de religión en la Universidad para Mujeres de Filipinas. Aprécienlo mucho, junto con la Biblia. Es un tesoro lleno de verdades fundamentales y de oraciones que les permitirá hacer frente a las muchas dificultades con las que se encontrarán en la vida... Mientras estudian este Catecismo aprenderán a saber cómo ser Pro Dios, Pro Vida y Pro Familia. El conocer más sobre la Verdad les perpará para Amar a Dios sobre todas las cosas (ver Mt. 22, 37-39) y amar a otros tal como Dios les ama (Jn 13, 34). Cuando aprendan a darse a Dios y a darse a los demás por amor a Dios, entonces sabrán que su estudio del catecismo está produciendo fruto. Como mínimo aprendan y obedezcan las leyes de Dios ya que, como dijo Jesús, 'Si me aman, obedecerán mis mandamientos' (Jn 14, 15); 'Porque el amor consiste en cumplir sus mandamientos' (1 Jn 5, 3)".

Esta imagen representa los tres grandes teólogos que han hecho valiosas aportaciones a la Iglesia. El primer teólogo papal fue Santo Domingo, fundador de la orden Dominicana. Santo Tomás de Aquino, el Doctor angelical fue el cuarto teólogo papal. El difunto Mario Luigi Cardenal Ciappi, O.P. (al frente), el 84 sucesor de Sto. Domingo como teólogo papal, fue también el principal director teológico del Apsotolado para la Consagración de la Familia desde 1979 hasta 1996. Es uno de los mejores teólogos y mariólogos de nuestros tiempos.

Lean por favor las cartas que siguen del Cardenal Ciappi. Para su carta de reconocimiento de *El Catecismo para la Familia,* vean la pág. XVIII.

Por primera vez en nuestros tiempos, tenemos los recursos en multimedia para implementar la Fórmula del Multiplicador Mariano que el Cardenal Ciappi describe en la siguiente carta:

00120 Citta del Vaticano
Ciudad del Vaticano

24 de Agosto, 1989

Sr. y Sra. Jerome F. Coniker
Apostolado para la Consagración de la Familia
6305 Third Ave.
Kenosha, WI
U.S.A.

Estimados Jerry y Gwen Coniker y todas las familias del Apostolado:

Quiero animarles para que continúen con su énfasis en la consagración total a Jesús a través de María.

El cuarto párrafo de la Constitución Apostólica de la Revisión de las Indulgencias del Papa Pablo VI dice:

"Por un secreto y compasivo misterio de la Voluntad de Dios, reina entre los hombres una solidaridad sobrenatural. Una consecuencia de esto es que el pecado de una persona daña a las demás, pero al mismo tiempo la santidad de una persona ayuda a las demás".

Si esto es cierto, cuan cierto es que cuando le damos nuestros méritos a María, ella los multiplica por sus propios méritos incalculables. Esto pone en movimiento fuerzas espirituales positivas para reparar el daño causado por el pecado; y si suficientes personas hacen este compromiso, puede cambiar el curso de la historia.

Los méritos de María pueden multiplicar los efectos de la santidad de una persona y ayudar a innumerables almas. Sólo el Cielo sabe la profundidad a la que debe llegar la santidad de un alma para poder cambiar la inclinación de la balanza hacia la paz mundial.

Creo que este apostolado para la consagración de la familia es el camino mejor para poder vencer el gran azote del aborto y renovar la vida familiar.

La ofensiva espiritual debe estar siempre a la vanguardia, dando por sentado el hacer también todos los otros esfuerzos.

La "Campaña de Evangelización de la Era Mariana" puede poner en movimento una serie de eventos que lleven a la era de paz prometida en Fátima. Con Su Santidad el Papa Juan Pablo II, esperamos con expectación y oración que esta era comience al alba del trecer milenio, el año 2001.

Rezando por el éxito de su Apotolado tan necesario, quedo,

Suyo en los Corazones de Jesús y María,

Mario Luigi Card. Ciappi, O.P.

Mario Luigi Cardenal Ciappi, O.P.
Proteólogo de la Casa Pontificia

00120 Citta del Vaticano
Ciudad del Vaticano

9 de octubre, 1994

Queridos Jerry y Gwen:

Una vez más, su conferencia Totus Tuus conságralos en la Verdad servirá a la Igelsia de una manera muy oportuna.

El uso que ustedes hacen de los medios de comuncación social y la manera en que utilizan las cintas de audio y de video son un método de enseñanza a prueba de fallas y permitirá a las familias que viven en esta cultura de los medios de comunicación de hoy, como el Santo Padre tan fecuetenmetne menciona, convertirse en poderosos instumentos de la Inmaculada para traer la era de paz que prometió en Fátima.

Sí, en Fátima se prometió un milagro, el milagro más grande en la historia del mundo, superado tan sólo por la Resurrección. Y este milagro será una era de paz, como verdaderamente nunca antes se le ha concedido al mundo.

Yo cero que esta paz epezará en la Iglesia doméstica, la familia, de allí se extenderá a las parroquias y a la diócesis, al país, y al mundo. ¡Esta paz duradera será el fruto de una vida de servicio y de evangelizacóín de la propia familia y luego de los vecinos, con la verdad que les hará libres!

Nuestra Santísima Madre nos prometió esta era de paz si rezamos el Rosario diariamente, practicamos la Comunión de Reparación los primeros sábados de mes y vivimos vidas consagradas en la verdad. Esta consagración incluye la entrega de todos nuestros bienes, tanto interiores como exterirores a Jesús a través del Corazón Inmaculado de María, y como bien saben que nos gusta agregar en el Apostolado para la Consagración de la Familia, "en unión con San José".

Como principal consejero teológico del Aposotolado para la Consagración de la Familia desde 1979, les he recordado frecuentemente a sus miembros que esta consagración no es solamente una oración, o una devoción, sino un compromiso de vivir un estilo de vida que debe nutrirse con una formación continúa en las verdades eternas de nuestra Fe.

Suyo en los Corazónse de Jesús y María,

Mario Luigi Card. Ciappi, O.P.

Mario Luigi Cardenal Ciappi, O.P.
Teólogo Papal Emérito para los Papas Pío XII,
Juan XXIII, Pablo VI, Juan Pablo I, y Juan Pablo II

#J2-263

Dios es amor (1 Jn 4, 8)

#R2_3-20

#R4_3-9

SECCIÓN II

Jesucristo, Hijo de Dios, Salvador

"...Creo en un solo Señor, Jesucristo, Hijo único de Dios, nacido del Padre antes de todos los siglos: Dios de Dios, Luz de Luz, Dios verdadero de Dios verdadero, engendrado, no creado, de la misma naturaleza del Padre, por quien todo fue hecho; que por nosotros, los hombres, y por nuestra salvación bajó del cielo, y por obra del Espíritu Santo se encarnó de María, la Virgen, y se hizo hombre.

"Y por nuestra causa fue crucificado en tiempos de Poncio Pilato: padeció y fue sepultado, y resucitó al tercer día, según las Escrituras, y subió al cielo, y está sentado a la derecha del Padre; y de nuevo vendrá con gloria para juzgar a vivos y muertos, y Su reino no tendrá fin".

#J2-351-2

Él ha venido no para condenar sino para perdonar, para derramar misericordia.

SECCIÓN II
Primera Parte

La Encarnación

#R2_1-17

Dijo María: "He aquí la esclava del Señor; hágase en mí según tu palabra".

#M3-248-2

El Ángelus

V. El ángel del Señor anunció a María;
R. Y concibió por obra del Espíritu Santo. *Dios te salve María…*
V. He aquí la esclava del Señor;
R. Hágase en mí según tu palabra. *Dios te salve María…*
V. Y el Hijo de Dios se hizo Hombre;
R. Y habitó entre nosotros. *Dios te salve María…*
V. Ruega por nosotros, Santa Madre de Dios.
R. Para que seamos dignos de alcanzar las promesas de nuestro Señor Jesucristo.

Oremos:

Te suplicamos, Señor, que derrames Tu gracia en nuestras almas, para que habiendo conocido por la voz del Ángel la Encarnación de Tu Hijo Jesucristo, por Su Pasión y Cruz, alcancemos la gloria de Su Resurrección. Por el mismo Jesucristo Nuestro Señor. Amén.

CAPÍTULO 19

La Encarnación

P. 72. ¿Cuál es la obra más grande de las que ha hecho Dios?

La obra más grande que Dios ha hecho es que Su Hijo Jesucristo se hiciera hombre, es decir, que creara una naturaleza humana a la que se unió Su naturaleza divina. A esto se le llama la Encarnación.

Sagrada Escritura

Pero cuando llegó la plenitud de los tiempos, Dios envió a su propio Hijo, nacido de una mujer, nacido bajo el dominio de la ley, para liberarnos del dominio de la ley y hacer que recibiéramos la condición de hijos adoptivos de Dios. *Gal 4, 4-5*

Y la palabra se hizo carne y habitó entre nosotros; y hemos visto su gloria, la gloria propia del Hijo único del Padre, lleno de gracia y de verdad. *Jn 1, 14*

Catecismo de la Iglesia Católica

461 Volviendo a tomar la frase de San Juan ("El Verbo se encarnó": Jn 1, 14), la Iglesia llama "Encarnación" al hecho de que el Hijo de Dios haya asumido una naturaleza humana para llevar a cabo por ella nuestra salvación. En un himno citado por San Pablo, la Iglesia canta el misterio de la Encarnación:

> "Tened entre vosotros los mismos sentimientos que tuvo Cristo: el cual, siendo de condición divina, no retuvo ávidamente el ser igual a Dios, sino que se despojó de sí mismo tomando condición de siervo, haciéndose semejante a los hombres y apareciendo en su porte como hombre; y se humilló a sí mismo, obedeciendo hasta la muerte y muerte de cruz" (Flp 2, 5-8; cf. LH, Cántico de vísperas del sábado).

Encíclica "Veritatis Splendor"

118 Él ha venido no para condenar sino para perdonar, para derramar misericordia (cf. Mt 9, 13). Y la misericordia más grande radica en su estar en medio de nosotros y en la llamada que nos ha dirigido para encontrarlo y proclamarlo, junto con Pedro, como "el Hijo de Dios vivo" (Mt 16, 16).

Concilio Vaticano II

Dios, para establecer la paz o comunión con Él y una fraterna sociedad entre los hombres pecadores, dispuso entrar en la historia humana de

Véase: Sagrada Escritura
P. 72. Flp 2, 5-8.
Véase: "Catecismo de la Iglesia Católica"
P. 72. Párrafos **456-483**.

Catecismo para la Familia en Video y Audio
Padre Pablo Straub
P. 72. Cinta #115-B353, 14:39.

modo nuevo y definitivo, enviando a su Hijo en carne nuestra, a fin de arrancar por Él a los hombres del poder de las tinieblas y de Satanás y en Él reconciliar consigo al mundo. *Actividad misionera. 3*

Cuando llegó la plenitud de los tiempos (cf. Ga 4, 4), la palabra se hizo carne y habitó entre nosotros llena de gracia y de verdad (cf Io 1,14). *Divina revelación, 17*

Oración

Jesús, Verbo Divino de Dios, creemos que la obra más grande que Dios ha hecho, es que Tú tomaras nuestra naturaleza humana, te hicieras hombre y habitaras entre nosotros. Cuando María accedió a la petición de Tu Padre, Tú te hiciste hombre en su seno inmaculado, por obra del Espíritu Santo. A Ti te sean dados todo el honor y toda la gloria, ahora y siempre. Amén.

P. 73. ¿Qué quiere decir Encarnación?

Encarnación quiere decir que la Segunda Persona de la Santísima Trinidad, el Hijo de Dios (el Verbo o Palabra de Dios), se hizo hombre y habitó entre nosotros.

#R2.1-14

Concebirás y darás a luz un hijo, al que pondrás por nombre Jesús.

Véase: Sagrada Escritura
P. 73. Mt 1, 18-23; Lc 2, 8-12.
Véase: "Catecismo de la Iglesia Católica"
P. 73. Párrafos **461-464.**

Catecismo para la Familia en Video y Audio
Padre Pablo Straub
P. 73. Cinta #115-B353, 16:19.

"María dijo: 'Aquí está la esclava del Señor, que me suceda como tú dices'" (Lc 1, 38). En ese mismo instante Jesucristo, el Hijo Unigénito de Dios, se hizo hombre en el seno de la Virgen María.

El Hijo es engendrado por el Padre; y el Espíritu Santo procede del Padre y del Hijo. A través de un acto de Su infinito poder, Dios Hijo unió Su propia naturaleza divina a una verdadera naturaleza humana: a un cuerpo y a un alma como los nuestros. Las dos naturalezas fueron unidas en una Persona Divina. María es la Madre de Dios porque es la Madre de Dios Hijo hecho hombre en su seno.

En el preciso momento en que María dio su consentimiento libre para ser la Madre de Jesús, lo concibió en su seno por obra del Espíritu Santo. El resultado fue una Persona divina, con una naturaleza divina y una naturaleza humana.

#R2.1-16

Y el Hijo de Dios se hizo Hombre.

Sagrada Escritura

El ángel entró donde estaba María y le dijo: "Dios te salve, llena de gracia, el Señor está contigo". "Concebirás y darás a luz un hijo, al que pondrás por nombre Jesús". María dijo al ángel: "¿Cómo será esto, pues no tengo relaciones con ningún hombre?". El ángel le contestó: "El Espíritu Santo vendrá sobre ti y el poder del Altísimo te cubrirá con su sombra; por eso, el que va a nacer será santo y se llamará Hijo de Dios". *Lc 1, 28.31.34-35*

Catecismo de la Iglesia Católica

463 La fe en la verdadera encarnación del Hijo de Dios es el signo distintivo de la fe cristiana: "Podréis conocer en esto el Espíritu de Dios: todo espíritu que confiesa a Jesucristo, venido en carne, es de Dios" (1 Jn 4, 2). Esa es la alegre convicción de la Iglesia desde sus comienzos cuando canta "el gran misterio de la piedad": "Él ha sido manifestado en la carne" (1 Tm 3, 16).

744 En la plenitud de los tiempos, el Espíritu Santo realiza en María todas las preparaciones para la venida de Cristo al Pueblo de Dios. Mediante la acción del Espíritu Santo en ella, el Padre da al mundo el Emmanuel, "Dios con nosotros" (Mt 1, 23).

Concilio Vaticano II

En realidad, el misterio del hombre sólo se esclarece en el misterio del Verbo encarnado. Porque Adán, el primer hombre, era figura del que había de venir, es decir, Cristo nuestro Señor. Cristo, el nuevo Adán, en la misma revelación del misterio del Padre y de su amor, manifiesta plenamente el hombre al propio hombre y le descubre la sublimidad de su vocación. *Mundo actual, 22*

Los libros del Antiguo y del Nuevo Testamento y la Tradición venerable manifiestan de un modo cada vez más claro la función de la Madre del Salvador en la economía de la salvación, y vienen como a ponerla delante de los ojos. *Iglesia, 55*

El Padre de las misericordia quiso que precediera a la Encarnación la aceptación de la Madre predestinada, para que de esta manera, así como la mujer contribuyó a la muerte, también la mujer contribuyese a la vida. *Iglesia, 56*

Oración

Verbo Eterno de Dios, en la Encarnación Tú has traído a nuestros ojos, iluminados por la fe, una visión nueva y radiante de Tu gloria. En Ti vemos a Dios hecho visible. Reconocemos en Ti la manifestación del amor de Dios. Desde antes de todos los siglos, Tú quisiste nacer en el tiempo. Tú has venido a elevar todas las cosas hacia Ti, a restaurar la unidad en la creación, y a llevar la humanidad desde este exilio a Tu Reino Celestial.

Te damos la bienvenida como Señor, verdadera luz del mundo. Llévanos a la eterna alegría del Reino Celestial, donde Tú vives y reinas por los siglos de los siglos. Amén.

Diagrama Catequístico

#J2-273-Sp

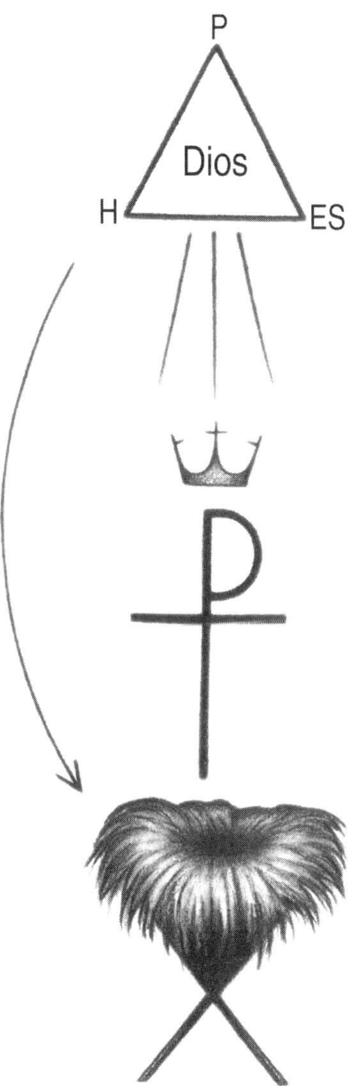

El Nacimiento de Jesús. Jesús es verdadero Dios (triángulo, H), que se hizo hombre y habitó entre nosotros. Nueve meses a partir del anuncio del Ángel, María dio a luz a su Hijo Primogénito en Belén y lo reclinó en un pesebre. Jesucristo (monograma) es el Primogénito de toda la creación, exaltado sobre toda la creación como Señor (corona).

Prácticas de Doctrina - Moral - Culto

(Vea el Apéndice A para las respuestas.)

1. ¿Qué significa "Encarnación"?
2. Jesucristo habitó entre nosotros para revelarnos lo que significa ser un ser humano. ¿Qué tienes que reformar en tu vida para que ésta esté modelada según la vida de Jesucristo como hombre?
3. El Ángelus nos recuerda la Encarnación, la obra más grande de Dios. Reza ahora el Ángelus con agradecimiento y reverencia. Trata de rezarlo tres veces al día.

P. 74. ¿Por qué vino al mundo el Hijo de Dios?

El Hijo de Dios se encarnó y vino al mundo por tres razones: (1) para traernos Su misma vida divina; (2) para salvarnos del pecado; y así: (3) renovar al mundo.

1. El Hijo de Dios vino al mundo para traernos Su misma vida divina.

Al nacer de la Virgen María, el Hijo de Dios en verdad se hace uno de nosotros: igual a nosotros en todo, menos en el pecado. La raza humana perdió la gracia de Dios por el pecado de nuestros primeros padres. Por el amor que nos tiene, Jesús nos trajo de nuevo la gracia a través de Su Vida, Pasión, Muerte y Resurrección. Él nos mostró qué significa ser un hijo de Dios.

2. El Hijo de Dios vino al mundo para salvarnos del pecado.

Ofreciendo por nosotros Su vida en la Cruz, Jesús dio a Su Padre el don más precioso. De esta forma, Él redimió el mundo. La Pasión y la Muerte de nuestro Señor nos muestran la gran maldad del pecado. Fue el pecado lo que le causó a nuestro Señor todos Sus sufrimientos y la muerte; pero Él borró nuestros pecados y nos hizo libres para servir a Dios, y para alcanzar el Cielo, con la ayuda de la gracia divina.

3. El Hijo de Dios vino al mundo para renovarlo.

Por medio de la Iglesia Católica, sus verdades y sus sacramentos, somos capaces de mantener la vida de gracia en nuestras almas. Con la gracia santificante, estamos unidos a Dios, tanto en este

Véase: Sagrada Escritura
P. 74. Jn Mt 9, 10-13; Rm 5, 10-11; 1 Tm 1, 12-17.
Véase: "Catecismo de la Iglesia Católica"
P. 74. Párrafos: **456-460.**

Catecismo para la Familia en Video y Audio
Padre Pablo Straub
P. 74. Cinta #115-B353, 16:57.

mundo como en el Cielo. Mediante esta gracia, Jesús es para nosotros fuente de vida eterna y de salvación; de este modo Él renueva el mundo.

#S13-21-2

La raza humana perdió la gracia de Dios por el pecado de nuestros primeros padres. Jesús nos trajo de nuevo la gracia a través de Su Vida, Pasión, Muerte y Resurrección.

Sagrada Escritura

Tanto amó Dios al mundo que le dio a su Hijo único, para que todo el que crea en él no perezca, sino que tenga vida eterna. Dios no envió a su Hijo al mundo para condenarlo, sino para salvarlo por medio de él. *Jn 3, 16-17*

Dios, con su poder y mediante el conocimiento de aquel que nos llamó con su propia gloria y poder, nos ha otorgado todo lo necesario para la vida y la religión. Y también nos ha otorgado valiosas y sublimes promesas, para que, evitando la corrupción que las pasiones han introducido en el mundo, se hagan partícipes de la naturaleza divina. *2 P 1, 3-4*

Catecismo de la Iglesia Católica

458 El Verbo se encarnó *para que nosotros conociésemos así el amor de Dios:* "En esto se manifestó el amor que Dios nos tiene: en que Dios envió al mundo a su Hijo único para que vivamos por medio de él" (1 Jn 4, 9). "Porque tanto amó Dios al mundo que dio a su Hijo único, para que todo el que crea en él no perezca, sino que tenga vida eterna" (Jn 3, 16).

Diagrama Catequístico

#C41-1

Las Dos Alianzas. En el Antiguo Testamento Dios se reveló a Sí mismo como el único Dios verdadero, haciendo una alianza de mandamientos (tablas) con el pueblo Hebreo. Como estaba sometido a los efectos del pecado original (manzana dentro del corazón), a dicho pueblo se le concedió ahora una ayuda especial. Al cabo de muchos siglos, el Hijo de Dios se hizo hombre (pesebre) para poder hacer a los hombres partícipes de Su naturaleza divina, y dio Su vida como rescate por todos (Calvario). De esta forma Él estableció una nueva alianza que es universal y eterna, renovando así todo el mundo.

Concilio Vaticano II

Así, pues, el Hijo de Dios marchó por los caminos de la verdadera encarnación para hacer a los hombres partícipes de la naturaleza divina; siendo rico, se hizo pobre como nosotros, para que con su pobreza nosotros nos enriqueciéramos. Hijo del hombre, no vino a ser servido, sino a servir y dar su vida en redención de muchos, es decir, de todos. *Actividad misionera, 3*

Prácticas de Doctrina - Moral - Culto

(Vea el Apéndice A para las respuestas.)

1. ¿De qué manera renueva Jesús el mundo?
2. Uno de los frutos de la venida de Jesús a la tierra es el de la vida de la gracia en nuestras almas. ¿Qué puedes hacer tú por tu parte para conservar en tu alma la vida de la gracia?
3. Lee y aprende de memoria el versículo de Juan 3, 16. ¿Qué te mueve a hacer este versículo?

Oración para el Final del Capítulo

Jesús, Divino Salvador, creemos que viniste al mundo para traernos Tu vida divina, para salvarnos del pecado, y para renovar el mundo. Te damos gracias por Tu misericordia y generosidad.

Cuando Tú, el Hijo de Dios, viniste a nosotros como hombre, disolviste la oscuridad de este mundo, y lo llenaste con tu luz gloriosa. Dios de infinita bondad, disuelve la oscuridad del pecado y haz que nuestros corazones brillen con la santidad. Verbo de Dios, cuando te hiciste hombre, la tierra se unió con el Cielo. Danos Tu paz y Tu buena voluntad. Concédenos, ya ahora, gustar un poco del gozo que nos darás cuando la plenitud de Tu gloria llene la tierra.

Jesús, nacido de una Virgen, al venir a vivir con nosotros, has mostrado al mundo el esplendor de Tu gloria. Danos una fe y un amor verdaderos, para poder alabarte a Ti, Dios hecho hombre, como mereces. Toda la gloria te sea dada a Ti, con el Padre y con el Espíritu Santo. Amén.

Libros de Consulta Familiar — Capítulo 19

P. 72. ¿Cuál es la obra más grande de las que ha hecho Dios?
Juan Pablo II, *El evangelio de la vida (Evangelium vitae),* 2;
Juan Pablo II, *La Madre del Redentor (Redemptoris Mater)*, 1, 9-11;
Juan Pablo II, *La dignidad y vocación de la mujer (Mulieris dignitatem)*, 3-4;
Juan Pablo II, *El Espíritu Santo en la vida de la Iglesia y del mundo (Dominum et vivificantem)*, 50.

P. 73. ¿Qué quiere decir la palabra Encarnación?
Juan Pablo II, *La Madre del Redentor (Redemptoris Mater),* 1, 9;
Juan Pablo II, *La dignidad y vocación de la mujer (Mulieris dignitatem)*, 3-4;
Juan Pablo II, *El Espíritu Santo en la vida de la Iglesia y del mundo (Dominum et vivificantem)*, 49-50.

P. 74. ¿Por qué vino al mundo el Hijo de Dios?
Juan Pablo II, *El evangelio de la vida (Evangelium vitae),* 3, 28;
Juan Pablo II, *La Madre del Redentor (Redemptoris Mater)*, 1;
Juan Pablo II, *La dignidad y vocación de la mujer (Mulieris dignitatem)*, 3;
Juan Pablo II, *El Espíritu Santo en la vida de la Iglesia y del mundo (Dominum et vivificantem)*, 24, 31;
Juan Pablo II, *El trabajo humano (Laborem exercens)*, 27;
Juan Pablo II, *Encíclica Veritatis Splendor,* 103, 118.
Tercera Conf. Gral. del Episcopado Latinoamericano, 1979, *Puebla,* 188, 400-407.
Quinta Conf. Gral. del Episcopado Latinoamericano y del Caribe, 2007, *Aparecida,* 6,13, 241, 348.

Héroes de Nuestra Fe: La Historia de Francisco de Fátima - Repaso de la Lección

La Encarnación

Algunos de los ratos más felices de mi vida fueron las horas que pasé observando las ovejas con Jacinta y Lucía. Era nuestra costumbre caminar hacia un buen pasto, almorzar y jugar mientras las ovejas pastaban. Luego de haber visto la visión del infierno, no jugábamos tanto. Solíamos dar nuestros almuerzos a algunos niños pobres de nuestra aldea. Más tarde, con frecuencia nos arrodillábamos para rezar el Rosario y oraciones a los ángeles.

Una ocasión en que habíamos terminado el rezo del Rosario, me fijé en una hilera de hormigas marchando hacia adelante y hacia atrás del lugar en que estábamos sentados frente a un hormiguero a unos cinco metros de distancia. Allí sentado observé cómo las hormigas chocaban unas con otras marchando de prisa en una frenética búsqueda de comida. Veía fácilmente donde las hormigas podían encontrar la comida, pero ellas sólo tropezaban buscando a tientas el camino. De repente se me ocurrió pensar que Dios debe mirarnos de forma similar. Él conoce lo que necesitamos para ser felices y como dárnoslo, pero nosotros nos movemos y tanteamos el camino tropezando unos con otros buscando a tientas en un loco buscar.

Un día en la Cova, entre una multitud, escuché a un sacerdote dirigirse a un grupo de jóvenes. Captó mi atención inmediatamente pues estaba hablando sobre las hormigas.

"Niños", dijo, "¿han querido alguna vez ser una hormiga por unos días?".

Los niños todos rieron y sacudieron sus cabezas.

"Piensen en esto", continuó el sacerdote. "Supongamos que tienen la oportunidad de mostrar a las hormigas cómo pueden convertirse en seres humanos para que pudiesen ser como nosotros y vivir para siempre. Todo lo que tendrían que hacer sería convertirse en hormiga por unos años. ¿Estarían dispuestos a hacerlo?".

"No me gustaría ser hormiga," dijo un niño. "Probablemente sería pisado".

Otro niño intervino diciendo: "¿qué comeríamos? ¿no tendría que comer pedacitos de hojas y cosas parecidas?".

El sacerdote sonrió. "¿No sería eso un pequeño precio a pagar por darle a las hormigas la oportunidad de vivir para siempre?".

Los niños guardaron silencio.

"Niños, tengo una confesión que hacerles", continuó el sacerdote. "Tampoco me gustaría ser hormiga. Pero me alegra que Nuestro Señor Jesús no fuese tan egoísta como yo".

Los niños le miraron perplejos.

"Verán, niños", explicó, "fue un sacrificio más grande para Jesús el convertirse en hombre que para ustedes y yo convertirnos en hormiga. Jesús dejó la perfecta alegría, belleza y paz del Cielo por el dolor, fealdad y odio en la vida del mundo. Quien era infinito, sin principio ni fin, tomó la forma de un indefenso bebé. El que es omnipresente y todopoderoso dejó que se le odiara, persiguiera y clavara en una Cruz como a un común criminal".

"¿Ahora ven ustedes cuanto nos amó el Señor Jesús?".

Los niños afirmaron con la cabeza, al igual que yo. Fue un lindo momento.

El Sacrificio de Jesús

Ahora que estoy en el Cielo comprendo más aún cuán grande fue el sacrificio de Jesús al convertirse en hombre como nosotros. No sólo dejó el Cielo para volverse un indefenso bebé, sabía desde el primer instante de Su vida en el vientre de su Madre que sería odiado, perseguido y crucificado.

En la casa de un pariente una vez vi la copia del famoso cuadro de Nuestra Señora del Perpetuo Socorro. Mostraba a Jesús como un bebé en los brazos de su Madre. Parecía asustado y una de sus sandalias estaba suelta. A ambos lados habían dos ángeles sosteniendo algunas armas que se usarían para hacerle sufrir y matarlo. Me contó mi tía que la razón por la cuál Jesús realizó tantos milagros a través de ese cuadro es porque contiene una importante lección: muestra que Jesús sabía todo lo que tendría que sufrir desde el primer instante de su vida.

Durante mi vida, la gente pensó que yo era muy valiente porque a los nueve años estaba dispuesto a morir antes de desobedecer a nuestro Señor y a nuestra Señora. ¿Pero quién puede comparar mis pequeños sufrimientos a los sufrimientos de Jesús?

En otro capítulo les contaré de la vez en que Lucía, Jacinta y yo pensamos que seríamos matados por algunos hombres del gobierno. Fue una experiencia aterradora. Pero nunca supe con certeza si sería asesinado. Por otro lado, Jesús siempre supo lo que le iba a pasar. Desde el día de la Encarnación sabía que sería odiado, torturado, golpeado y crucificado. Sabía también que sería aplastado por el peso de nuestros pecados. Sabía que tendría que cargar con el castigo de todos los asesinatos, mentiras, robos y otros pecados del mundo entero. Peor aún, sabía que – a pesar de todos sus sacrificios – muchos de nosotros le ignoraríamos y renegaríamos. Aún así, continuó con la Encarnación.

¿Ven ahora cuánto les ama Jesús?

#R2_3-12-2

Cuán grande fue el sacrificio de Jesús al convertirse en hombre como nosotros.

#J2-331-2

Cristo Jesús fue enviado al mundo como verdadero mediador entre Dios y los hombres.

CAPÍTULO 20

Jesús es Dios

P. 75. ¿Es Jesús verdadero Dios?

Jesús es verdadero Dios porque es una de las Personas Divinas, y tiene una naturaleza divina perfecta.

Jesucristo es el Verbo de Dios hecho hombre; en Él hay una sola Persona, y esta Persona es divina: la Segunda Persona de la Santísima Trinidad.

#J2-325-2

Por ser Dios habita en Él corporalmente toda la plenitud de la divinidad.

Véase: Sagrada Escritura
P. 75. Is 9, 6; Mt 17, 1-5; Mc 1, 9-11; 2 P 1, 16-18.
Véase: "Catecismo de la Iglesia Católica"
P. 75. Párrafos: **461-469.**

Catecismo para la Familia en Video y Audio
Padre Pablo Straub
P. 75. Cinta #115-B353, 31:17.

#H1-230-2

Dios con nosotros.

Sagrada Escritura

La virgen concebirá y dará a luz un hijo, a quien pondrán por nombre Emmanuel (que significa: Dios con nosotros). Mt 1, 23

Pues el Señor mismo les dará una señal: ¡Miren!; la joven está encinta y dará a luz a un hijo, a quien le pondrá el nombre de Enmanuel. *Is 7, 14*

Digan a los cobardes: "¡Ánimo, no teman!; miren a su Dios: trae la venganza y el desquite; viene en persona a salvarlos". *Is 35, 4*

Pero sabemos también que el Hijo de Dios ha venido y nos ha dado inteligencia para que conozcamos al Verdadero. Y estamos en el Verdadero, en su Hijo, Jesucristo. Este es el Dios verdadero y la vida eterna. *1 Jn 5, 20*

Catecismo de la Iglesia Católica

468 Después del Concilio de Calcedonia, algunos concibieron la naturaleza humana de Cristo como una especie de sujeto personal. Contra éstos, el quinto Concilio Ecuménico, en Constantinopla, el año 553, confesó a propósito de Cristo: "No hay más que una sola hipóstasis [o persona], que es nuestro Señor Jesucristo, *uno de la Trinidad"* (DS 424). Por tanto, todo en la humanidad de Jesucristo debe ser atribuido a su persona divina como a su propio sujeto, no solamente los milagros sino también los sufrimientos y la misma muerte: "El que ha sido crucificado en la carne, nuestro Señor Jesucristo, es verdadero Dios, Señor de la gloria y uno de la Santísima Trinidad" (DS 432).

Concilio Vaticano II

Cristo Jesús fue enviado al mundo como verdadero mediador entre Dios y los hombres. Por ser Dios habita en *Él corporalmente toda la plenitud de la divinidad* (Cf. Col 2, 9). *Actividad Misionera, 3*

Oración:

Jesucristo, Señor nuestro, creemos que eres verdadero Dios, porque eres el Unigénito Hijo de Dios. En Ti habita la plenitud de la divinidad. Tú eres el Verbo de Dios hecho hombre. En Ti hay una sola Persona: la Segunda Persona de la Santísima Trinidad. Concédenos que te podamos alabar ahora y siempre. Amén

Diagrama Catequístico

#J2-391

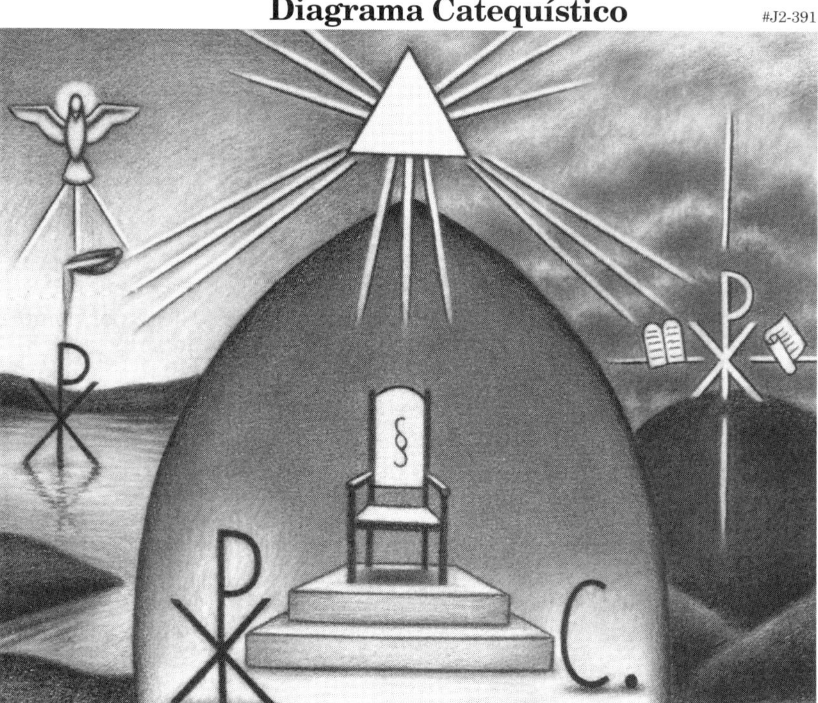

Manifestación de la Divinidad de Jesucristo. En el único Hijo de Dios existe la plenitud de la divinidad (monograma de la izquierda). Al ser bautizado Jesús (agua y concha) el Padre habló (rayos): "Este es mi Hijo amado, en quien me complazco" (Mt 3, 17). El Espíritu Santo descendió en forma de paloma y se posó sobre Él (monograma de la derecha). Cuando Jesús se transfiguró en lo alto del monte, la voz del Padre se dejó oír diciendo: "Éste es mi Hijo amado, en quien me complazco; escuchadle" (Mt 17, 5). Moisés (tablas) y Elías (rollo de los profetas) hablaron con Jesús (monograma entre los dos). Jesús (monograma) le dijo a Caifás (C) "...y aún os declaro que veréis al Hijo del Hombre sentado a la diestra de la majestad de Dios venir sobre las nubes del cielo". A Pilato (sitial del juez, símbolo de la Ley) Jesús le dijo "Mi reino no es de este mundo" (Jn 18, 36).

P. 76. ¿Cómo expresa nuestra fe en la divinidad de Jesucristo el Credo del Concilio de Nicea?

Sobre la divinidad de Jesucristo, el Credo de Nicea dice que es: "Dios de Dios, Luz de Luz, Dios verdadero de Dios verdadero, engendrado, no creado, de la misma naturaleza del Padre".

La enseñanza principal de la Iglesia Católica sobre Jesucristo, es que Él es Dios hecho hombre. Es a Jesucristo, el Dios-hombre, a quien nosotros oímos que nos habla en los Evangelios, y a quien recibimos en la Eucaristía.

Es a Jesús, junto con el Padre y el Espíritu Santo, a quien rezamos: "Gloria al Padre, y al Hijo, y al Espíritu Santo".

Sagrada Escritura

Al principio ya existía la Palabra. La Palabra estaba junto a Dios, y la palabra era Dios.Ya al principio ella estaba junto a Dios. Todo fue hecho por ella y sin ella no se hizo nada de cuanto llegó a existir. En ella estaba la vida y la vida era la luz de los hombres. *Jn 1, 1-4*

Catecismo de la Iglesia Católica

242 Después de ellos, siguiendo la tradición apostólica, la Iglesia confesó en el año 325 en el primer Concilio Ecuménico de Nicea que el Hijo es "consubstancial" al Padre, es decir, un solo Dios con él. El segundo Concilio Ecuménico, reunido en Constantinopla en el año 381, conservó esta expresión en su formulación del credo de nicea y confesó "al Hijo Único de Dios, engendrado del Padre antes de todos los siglos, luz de luz, Dios verdadero de Dios verdadero, engendrado no creado, consubstancial al Padre" (DS 150).

Concilio Vaticano II

Este designio dimana del "amor fontal" o caridad de Dios Padre, (...) Principio sin principio, del que es engendrado el Hijo y procede el Espíritu Santo por el Hijo. *Actividad misionera, 2*

Oración

Jesús, Tú eres nuestro camino hacia Dios. Conociéndote, vemos a Dios en forma humana, y nos damos cuenta de Su amor por nosotros en plena actividad. Al encontrarte a Ti estamos en la presencia de nuestro Padre del Cielo.

Tú nos trajiste una nueva vida. Esta nueva vida, que es la gracia santificante, es una participación en la misma vida de Dios, y nos la comunica el Espíritu Santo. Al ser Tú el Hijo de Dios, nos puedes dar

Véase: "Catecismo de la Iglesia Católica"
P. 76. Párrafos: 184-185, **465.**

Catecismo para la Familia en Video y Audio
Padre Pablo Straub
P. 76. Cinta #115-B353, 36:07.

una participación en esta vida divina, y hacernos hijos adoptivos de Dios, mediante el don del Espíritu Santo, que nos envías.

Para iluminar el mundo, Tú, Verbo Divino, viniste a nosotros, como el Sol de la Verdad y de la Justicia, que brilla ante los hombres. Ilumina nuestros ojos para que seamos capaces de ver Tu gloria en las obras de Tus manos. Concede que Tu presencia traiga perenne luz al Pueblo de Dios, y seamos capaces de dirigirnos a Ti con fe intensa, diciendo:

"Dios de Dios, Luz de Luz, Dios verdadero de Dios verdadero, engendrado, no creado, de la misma naturaleza del Padre", haz que te amemos eternamente. Amén.

P. 77. ¿Dijo Jesús que Él era Dios?

Sí, Jesús dijo que Él era Dios. Por ejemplo cuando dijo a los judíos: "El Padre y yo somos uno" (Jn 10, 30), y "Si Dios fuera el Padre de ustedes, me amarían porque yo salí de Dios y he venido de parte suya. No he venido por mi propia cuenta, sino que Dios me envió... En realidad no lo conocen; yo, en cambio, sí lo conozco. Y si dijera que no lo conozco, sería mentiroso como ustedes. Pero yo lo conozco de veras y pongo en práctica sus palabras... Les aseguro que antes que Abrahán naciera, yo soy." [es decir; Él es Pura Existencia, sin principio ni fin, existiendo siempre en un eterno presente] (Jn 8, 42, 55, 58).

#T3-35-2

Yo y el Padre somos uno.

Véase: Sagrada Escritura
P. 77. Jn 14, 1-11; 20, 24-30.
Véase: "Catecismo de la Iglesia Católica"
P. 77. Párrafo: 590.

Catecismo para la Familia en Video y Audio
Padre Pablo Straub
P. 77. Cinta #115-B353, 39:15.

Los hombres llegan a creer en Dios porque Él les muestra algo de Sí mismo. Los católicos creen en lo que enseña la Iglesia Católica sobre Jesucristo, porque tienen el don sobrenatural de la fe. Así pues, Dios Hijo se manifestó a Sí mismo en lo que hizo y dijo; por la forma en que se relacionó con los demás; y en lo que Él dejó conocer de Sus pensamientos y de Sus sentimientos. Él reveló muchas más cosas sobre Sí que nosotros no somos capaces de entender plenamente. Sin embargo, por medio de la fe y de la virtud del amor, podemos llegar a entender muchas de estas cosas.

Jesús es el centro de nuestra fe católica. Todo lo que dijo o hizo es importante, porque en Él encontramos a Dios nuestro Padre y llegamos a creer en Él. Jesús es nuestro Camino, Verdad, y Vida (cf. Jn 14, 6).

Sagrada Escritura

Y la vida eterna consiste en esto: en que te conozcan a ti el único Dios verdadero, y a Jesucristo tu enviado. *Jn 17, 3*

Catecismo de la Iglesia Católica

589 Jesús escandalizó sobre todo porque identificó su conducta misericordiosa hacia los pecadores con la actitud de Dios mismo con respecto a ellos (cf Mt 9, 13; Os 6, 6). Llegó incluso a dejar entender que compartiendo la mesa con los pecadores (cf Lc 15, 1-2), los admitía al banquete mesiánico (cf Lc 15, 22-32). Pero es especialmente al perdonar los pecados, cuando Jesús puso a las autoridades de Israel ante un dilema. Porque como ellas dicen, justamente asombradas, "¿Quién puede perdonar los pecados sino sólo Dios?" (Mc 2, 7). Al perdonar los pecados, o bien Jesús blasfema porque es un hombre que pretende hacerse igual a Dios (cf Jn 5, 18; 10, 33) o bien dice verdad y su persona hace presente y revela el Nombre de Dios (cf Jn 17, 6.26).

Encíclica "Veritatis Splendor"

2 La luz del rostro de Dios resplandece con toda su belleza en el rostro de Jesucristo, "imagen de Dios invisible" (Col 1, 15), "resplandor de su gloria" (Hb 1, 3), "lleno de gracia y de verdad" (Jn 1, 14). Él es "el Camino, la Verdad y la Vida" (Jn 14, 6). Por esto la respuesta decisiva a cada interrogante del hombre, en particular a sus interrogantes religiosos y morales, la da Jesucristo; más aún, como recuerda el Concilio Vaticano II, la respuesta es la persona misma de Jesucristo.

Concilio Vaticano II

El Padre Eterno, por una disposición libérrima y arcana de su sabiduría y bondad, creó todo el universo, decretó elevar a los hombres a participar de la vida divina y, como ellos hubieran pecado en Adán, no los abandonó, antes bien les dispensó siempre los auxilios para la salvación, en atención a Cristo Redentor, *que es la imagen de Dios invisible, primogénito de toda criatura*. (Col 1, 15). A todos los elegidos, el Padre, antes de todos los siglos, los conoció de antemano y los predestinó a ser conformes con la imagen de su hijo, para que éste sea el primogénito entre muchos hermanos. (Rm 8, 29). *Iglesia, 2*

#A19-15-2

¿Quién puede perdonar los pecados sino sólo Dios?

Oración:

Jesús, por el don de la fe, creemos firmemente que Tú eres el Hijo de Dios. Tus palabras y Tus hechos dan testimonio de Tu naturaleza divina. En el santo monte Tabor, en la presencia de Tus discípulos, revelaste Tu cuerpo glorioso en la maravillosa Transfiguración. Tú ya los habías preparado para Tu muerte cercana. En el monte Tabor Tú quisiste enseñarles, por medio de la Ley y de los Profetas, que el Mesías esperado tenía que sufrir antes de llegar a la gloria de la Resurrección.

Jesús, en Ti el Padre ha renovado todas las cosas y nos ha dado una participación en Tus riquezas. Aunque Tu naturaleza es divina, Tú te despojaste de toda gloria, y, derramando Tu sangre en la Cruz, trajiste Tu paz al mundo. Por eso, Tú has sido exaltado sobre toda la creación, y te has convertido en la fuente de vida eterna para todos los que te sirven. Con todos los coros de los ángeles en el cielo, proclamamos Tu gloria y profesamos nuestra fe en Ti, como hizo Pedro al decir: "Tú eres el Cristo, el Hijo de Dios vivo" (Mt 16, 16). Toda la gloria y el honor te sean dados a Ti, al Padre, y al Espíritu Santo. Amén.

Prácticas de Doctrina - Moral - Culto

(Vea el Apéndice A para las respuestas.)

1. Lee Juan 1, 1-4. ¿Qué verdad importante sobre Jesús se revela en estos versículos?
2. Cita un ejemplo de tu vida en el que tú manifestaste tu fe en Jesús como Dios y Señor.
3. Ahora, en silencio, manifiesta tu confianza en la palabra de Jesús de que Él es Dios.

P. 78. ¿Dijo Jesús que Él era Dios durante Su Pasión?

Sí, la víspera de Su muerte, en la Última Cena, Jesús dijo ser igual a Su Padre al decir que tenía poder para dar vida eterna.

Sagrada Escritura

Dicho esto, Jesús levantó los ojos y exclamó: "Padre, ha llegado la hora. Glorifica a tu Hijo, para que tu Hijo te glorifique. Tú le diste poder sobre todos los hombres, para que él dé la vida eterna a todos los que tú le has dado". *Jn 17, 1-2*

"Padre, yo deseo que todos estos que tú me has dado puedan estar conmigo donde esté yo, para que contemplen la gloria que me has dado, porque tú me amaste antes de la creación del mundo". *Jn 17, 24*

Catecismo de la Iglesia Católica

591 Jesús pidió a las autoridades religiosas de Jerusalén que creyeran en Él en virtud de las obras de su Padre que realizaba (Jn 10, 36-38). Pero tal acto de fe debía pasar por una misteriosa muerte a Sí mismo para un nuevo "nacimiento de lo alto" (Jn 3, 7) atraído por la gracia divina (cf Jn 6, 44). Tal exigencia de conversión frente a un cumplimiento tan sorprendente de las promesas (cf Is 53, 1) permite comprender el trágico desprecio del Sanedrín al estimar que Jesús merecía la muerte como blasfemo (cf Mc 3, 6; Mt 26, 64-66). Sus miembros obraban así tanto por "ignorancia" (cf Lc 23, 34; Hch 3, 17-18) como por el "endurecimiento" (Mc 3, 5; Rm 11,25) de la "incredulidad" (Rm 11, 20).

Concilio Vaticano II

El amor de Dios para con nosotros se manifestó en que el Padre envió al mundo a su Hijo unigénito para que, hecho hombre, regenerara a todo el ser humano con la redención y lo congregara en unidad. Cristo, antes de ofrecerse a sí mismo como víctima inmaculada en el altar de la cruz, rogó al Padre por los creyentes, diciendo: *Que todos sean uno, como tú, Padre, estás en mí y yo en ti, para que también ellos sean uno*

Véase: "Catecismo de la Iglesia Católica"
P. 78. Párrafo: 610.

Catecismo para la Familia en Video y Audio
Padre Pablo Straub
P. 78. Cinta #115-B353, 45:40.

en nosotros; a fin de que el mundo crea que tú me has enviado (Jn 17, 21); e instituyó en su Iglesia el admirable sacramento de la Eucaristía, por el cual se significa y se realiza la unidad de la Iglesia. Dio a los suyos el nuevo mandamiento del amor mutuo y les prometió el Espíritu Consolador, que, Señor y dador de vida, permanecería con ellos para siempre. *Ecumenismo, 2*

#R19_4-9

Padre ha llegado la hora. Glorifica a Tu Hijo, para que Tu Hijo te glorifique.

Oración

Jesús, en Tu oración sacerdotal de la Última Cena, te dirigiste a Tu Padre como a Tu igual. Le pediste que te glorificara; oraste por Tus discípulos y por aquellos que, por la enseñanza de estos discípulos, creerían en Ti, para que ellos fueran uno así como el Padre y Tú son uno.

Jesús, creemos que Tú eres la Palabra, por la que Dios Padre creó el universo. Tú eres también el Salvador que El envió para redimirnos. Por el poder del Espíritu Santo te hiciste hombre y naciste de la Virgen María. Por nuestra causa extendiste Tus brazos en la Cruz, dando fin a la muerte y revelando la Resurrección. Así, cumplías la voluntad de Tu Padre y ganabas para Él un pueblo santo.

Divino Redentor, creemos que eres el Hijo de Dios y que te veremos "sentado a la diestra del Poder y venir sobre las nubes del cielo" (Mt 26, 64). Has ascendido al cielo y te has sentado lleno de majestad a la derecha del Padre. Concédenos que, cuando vengas como Juez, seamos hallados gratos en Tu presencia por siempre. Amén.

Prácticas de Doctrina - Moral - Culto

(Vea el Apéndice A para las respuestas.)

1. La oración que hizo Jesús antes de su Pasión manifiesta que Él es verdadero Dios. Escribe dos versículos del capítulo 17 de San Juan que nos ayudan a ver que Jesús es Dios.
2. ¿Cómo puedes mostrar con tu ejemplo que la muerte de Jesús en la Cruz tiene valor redentor en tu vida?
3. Medita en esta manifestación de fe: "Señor por tu Cruz y tu Resurrección nos has hecho libres, Tú eres el Salvador del mundo".

P. 79. ¿Enseña la Iglesia Católica que Jesús es verdadero Dios?

Sí, la Iglesia Católica siempre ha enseñado y enseñará que Jesús es verdadero Dios, que existe desde toda la eternidad junto con el Padre y el Espíritu Santo. Es Él quien, sosteniendo el universo con su ilimitado poder, "habitó entre nosotros" (Jn 1, 14), como el Verbo hecho carne.

San Juan dijo: "Pues la vida se manifestó, y nosotros la hemos visto y damos testimonio y les anunciamos la vida eterna que estaba junto al Padre y se nos manifestó" (1 Jn 1, 2), y "Éstos han sido escritos para que ustedes crean que Jesús es el Mesías, el Hijo de Dios; y para que, creyendo, tengan en él vida eterna" (Jn 20, 31).

En el Prólogo del Evangelio de San Juan, Jesús, la Palabra de Dios, es aludido como una Persona Divina, que existe desde siempre con Dios Padre. Así, San Juan dice: "Al principio ya existía la Palabra. La Palabra estaba junto a Dios, y la palabra era Dios... Todo fue hecho por ella y sin ella no se hizo nada de cuanto llego a existir...Y la Palabra se hizo carne, y habitó entre nosotros, y hemos visto su gloria, la gloria propia del Hijo único del Padre, lleno de gracia y de verdad" (Jn 1, 1.3.14).

Jesús hombre es pues también la Palabra eterna de Dios.

Véase: "Catecismo de la Iglesia Católica"
P. 79. Párrafos: 464-469.

Catecismo para la Familia en Video y Audio
Padre Pablo Straub
P. 79. Cinta #115-B353, 46:43.

La Iglesia Católica siempre ha enseñado y enseñará que Jesús es verdadero Dios.

Catecismo de la Iglesia Católica

464 El acontecimiento único y totalmente singular de la Encarnación del Hijo de Dios no significa que Jesucristo sea en parte Dios y en parte hombre, ni que sea el resultado de una mezcla confusa entre lo divino y lo humano. El se hizo verdaderamente hombre sin dejar de ser verdaderamente Dios. Jesucristo es verdadero Dios y verdadero hombre. La Iglesia debió defender y aclarar esta verdad de fe durante los primeros siglos frente a unas herejías que la falseaban.

Concilio Vaticano II

Cristo Jesús fue enviado al mundo como verdadero mediador entre Dios y los hombres. Por ser Dios, habita en *Él corporalmente toda la plenitud de la divinidad (Col 2, 9). Actividad Misionera, 3*

Oración

Padre nuestro celestial, nos has enviado a Tu único Hijo, Tu Palabra, que tomó carne de la Virgen María, y se hizo hombre. Abre nuestros corazones para poder recibir su vida, y aumenta nuestra fe en Él. Haz que la luz de esta fe brille en nuestras palabras y acciones.

Con gratitud adoramos Su Humanidad, en la que participa de nuestra misma vida humana. Haz que el poder de Su divinidad nos ayude a responder a la llamada que nos hace para recibir el perdón y la vida. Que recibamos a Cristo como a nuestro Redentor, y nos encontremos con Él con confianza cuando venga para ser nuestro Juez.

Concédenos participar de la gloria de Su Encarnación, que lo contemplemos en Su Reino celestial y gocemos de Su presencia para siempre.

Tú has mostrado a los hombres el esplendor de Jesucristo, nuestra Luz. Nosotros lo amamos como Señor nuestro, verdadera Luz que alumbra al mundo.

Haz que vivamos más plenamente la vida que profesamos, y lleguemos a la gloria de Su Reino donde vive y reina por los siglos de los siglos. Amén.

P. 80. ¿Hay algunos otros textos en el Nuevo Testamento que muestren a Jesús como Dios?

Hay varios pasajes, además de los ya citados, en los que se enseña la divinidad de Jesús:

1. Al expresar su fe en la Resurrección, Santo Tomás exclamó: "¡Señor mío y Dios mío!" (Jn 20, 28).

2. Dios Padre, hablándole a Cristo se dirige a Él como a Dios con las siguientes palabras: "del Hijo, en cambio, afirma: Tu Trono, oh Dios, permanece para siempre; tu cetro real gobierna con equidad" (Hb 1, 8).

3. "Suyos son los patriarcas y de ellos, en cuanto hombre, procede Cristo, que está sobre todas las cosas y es Dios bendito por siempre. Amén" (Rm 9, 5).

4. "Tengan, pues, los sentimientos que corresponden a quienes están unidos a Cristo Jesús. El cual, siendo de condición divina, no consideró codiciable el ser igual a Dios" (Flp 2, 5-6).

5. La vida cristiana se vive con una ansiosa anticipación, "en espera de la feliz esperanza: la manifestación gloriosa de nujestro gran Dios y Salvador Jesucristo" (Tt 2, 13; ver también 2 P 1, 1; Rm 9, 5).

6. Con frecuencia se le da a Jesús el titulo de "Señor". Si se le llama así es porque se reconoce Su divinidad: "Para que ante el nombre de Jesús se doble toda rodilla en los cielos, en la tierra y en los abismos, y toda lengua proclame que Jesucristo es Señor, para gloria de Dios Padre" (Flp 2, 10-11).

7. El mismo Jesús se aplica a sí mismo términos que son propios de Dios, tales como "Yo Soy", ya señalado en el Capítulo 25. Esta frase

Véase: "Catecismo de la Iglesia Católica"
P. 80. Párrafos: 461, **590**, 635, 1130.

Catecismo para la Familia en Video y Audio
Padre Pablo Straub
P. 80. Cinta #115-B353, 47:57.

se refiere a la existencia y ser eternos de Dios. "Les aseguro que antes que Abrahán naciera, yo soy" (Jn 8, 58; cf. Ex 3, 14).

#R4_1-7

Señor mío y Dios mío.

Catecismo de la Iglesia Católica

448 Con mucha frecuencia, en los evangelios, hay personas que se dirigen a Jesús llamándole "Señor". Este título expresa el respeto y la confianza de los que se acercan a Jesús y esperan de El socorro y curación (cf Mt 8,2; 14,30; 15,22, etc). Bajo la moción del Espíritu Santo, expresa el reconocimiento del misterio divino de Jesús (cf Lc 1, 43; 2, 11). En el encuentro con Jesús resucitado, se convierte en adoración: "Señor mío y Dios mío" (Jn 20, 28). Entonces toma una connotación de amor y de afecto que quedará como propio de la tradición cristiana: "¡Es el Señor!" (Jn 21, 7).

449 Atribuyendo a Jesús el título divino de Señor, las primeras confesiones de fe de la Iglesia afirman desde el principio (cf Hch 2, 34-36) que el poder, el honor y la gloria debidos a Dios Padre convienen también a Jesús (cf Rm 9, 5; Tt 2, 13; Ap 5, 13) porque Él es de "condición divina" (Flp 2, 6) y el Padre manifestó esta soberanía de Jesús resucitándolo de entre los muertos y exaltándolo a su gloria (cf Rm 10, 9; 1 Co 12, 3; Flp 2, 11).

Oración

Padre, inunda nuestros corazones con la buena nueva de Cristo, imagen perfecta Tuya, y transfórmanos cada vez más y más en Su imagen, para que como Jesús y a través Suyo podamos glorificarte por siempre. Amén.

P. 81. ¿Cómo describe a Jesús el Nuevo Testamento?

A lo largo del Nuevo Testamento, Jesús es representado como divino. Por ejemplo, es presentado como la "Palabra hecha carne", es decir, Dios que asume una naturaleza humana. También se habla de Él como Creador. San Juan dice: "Todo fue hecho por ella y sin ella no se hizo nada de cuanto llegó a existir" (Jn 1, 3).

San Pablo escribió: "porque en él fueron creadas todas las cosas, las del cielo y las de la tierra, las visibles y las invisibles... todo lo ha creado Dios por él y para él. Cristo existe antes que todas las cosas y todas tienen en él su consistencia" (Col 1, 16-17).

Sólo en Dios se encuentran la salvación y el perdón. Por eso a Jesús se le llama el Salvador de todos, y Él personalmente perdona los pecados por su propia autoridad (cf. Lc 5, 10-25).

#C17-6

A Jesús se le llama el Salvador, y Él personalmente perdona los pecados por su propia autoridad.

Catecismo de la Iglesia Católica

151 Para el cristiano, creer en Dios es inseparablemente creer en Aquel que Él ha enviado, "su Hijo amado", en quien ha puesto toda su complacencia (Mc 1, 11). Dios nos ha dicho que le escuchemos. (cf Mc 9, 7). El Señor mismo dice a sus discípulos: "Creed en Dios, creed también en mí" (Jn 14, 1). Podemos creer en Jesucristo porque es Dios, el Verbo hecho carne: "A Dios nadie le ha visto jamás: el Hijo único, que está en el seno del Padre, Él lo ha contado" (Jn 1, 18). Porque "ha visto al Padre" (Jn 6, 46), El es único en conocerlo y en poderlo revelar (cf Mt 11, 27).

Véase: "Catecismo de la Iglesia Católica"
P. 81. Párrafo: 291.

Catecismo para la Familia en Video y Audio
Padre Pablo Straub
P. 81. Cinta #115-B353, 52:29.

Concilio Vaticano II

Quiso Dios, con su bondad y sabiduría, revelarse a Sí mismo y manifestar el misterio de su voluntad (cf Eph 1, 9): por Cristo, la Palabra hecha carne, y con el Espíritu Santo, pueden los hombres llegar hasta el Padre y participar de la naturaleza divina (cf. Eph 2, 18; 2 Pe 1, 4). En esta revelación, Dios invisible (cf. Col 1, 15; 1 Tim 1, 17) movido de amor, habla a los hombres como amigos (cf. Ex 33, 11; Jn 15, 14-15), trata con ellos (cf. Bar 3, 38) para invitarlos y recibirlos en su compañía. *Divina revelación, 2*

Oración

Dios de amor, Padre de todos, la obscuridad que cubría la tierra ha dado paso a la brillante aurora de Tu Palabra hecha carne. Haznos seguidores de esta Luz y haz también que seamos fieles a Tu Palabra. Te lo pedimos en Su Nombre todopoderoso y santo. Amén.

Prácticas de Doctrina - Moral - Culto

(Vea el Apéndice A para las respuestas.)

1. Cita dos pasajes del Nuevo Testamento donde se muestra que Jesús es Dios.
2. En el Ángelus decimos: "El Verbo se hizo carne y habitó entre nosotros" ¿Qué nos enseña nuestra fe sobre el significado de estas palabras, y qué significan ellas para ti?
3. Si tienes algún amigo que no cree que Jesús es Dios ¿qué acciones de tu vida pueden ayudarle a conocer que tú eres un cristiano?

Oración para el Final del Capítulo.

Padre celestial, concédenos tener siempre presente la sabiduría y amor que has revelado en Tu Hijo. Ayúdanos a ser como Él en nuestros pensamientos, palabras y acciones. Abre nuestros ojos a Su ejemplo y nuestros oídos al sonido de Sus palabras en el Evangelio, para que, a través de todos los actos de nuestras vidas, se acreciente nuestra participación en la vida que nos ofrece.

Forma en nosotros la imagen de Tu Hijo y haz más profunda su vida en nosotros. Ayúdanos a hacer vida nuestra Su ejemplo de amor.

Ayúdanos a ser como Cristo, Tu Hijo, que amó al mundo y murió por nuestra salvación. Inspíranos con Su amor y guíanos con Su ejemplo. Cambia nuestro egoísmo en entrega, para que imitemos Su sacrificio de amor.

Haz que permanezcamos siempre unidos a Jesús. Danos la gracia de seguirlo más fielmente, y así poder llegar a la gloria de Su Reino, por los siglos de los siglos. Amén.

Libros de Consulta Familiar — Capítulo 20

P. 75. ¿Por qué es Jesús verdadero Dios?
Juan Pablo II, *El evangelio de la vida (Evangelium vitae),* 36;
Juan Pablo II, *La dignidad y vocación de la mujer (Mulieris dignitatem),* 3-4;
Juan Pablo II, *El Espíritu Santo en la vida de la Iglesia y del mundo (Dominum et vivificantem)*, 33.
Cuarta Conf. Gral. del Episcopado Latinoamericano, 1992, *Santo Domingo,* 88.

P. 76. ¿Cómo expresa nuestra fe en la divinidad de Jesucristo el Credo del Concilio de Nicea?
Juan Pablo II, *Catequesis en nuestros días (Catechesi tradendae)*, 28;
Juan Pablo II, *El evangelio de la vida (Evangelium vitae),* 103;
Juan Pablo II, *El Espíritu Santo en la vida de la Iglesia y del mundo (Dominum et vivificantem)*, 49;
Juan Pablo II, *El misterio y el culto a la Eucaristía (Dominicae cenae)*, 9, 11.

P. 79 ¿Enseña la Iglesia Católica que Jesús es verdadero Dios?
Juan Pablo II, *El evangelio de la vida (Evangelium vitae)*, 3, 36, 76;
Juan Pablo II, *La dignidad y vocación de la mujer (Mulieris dignitatem),* 3-4;
Juan Pablo II, *La misericordia divina (Dives in misericordia),* 2.

P. 80. ¿Hay algunos otros textos en el Nuevo Testamento que muestren a Jesús como Dios?
Juan Pablo II, *La dignidad y vocación de la mujer (Mulieris dignitatem),* 12-13;
Juan Pablo II, *El Espíritu Santo en la vida de la Iglesia y del mundo (Dominum et vivificantem)*, 24.

P. 81. ¿Cómo describe a Jesús el Nuevo Testamento?
Juan Pablo II, *Catequesis en nuestros días (Catechesi tradendae)*, 7-8;
Juan Pablo II, *El evangelio de la vida (Evangelium vitae)*, 3;
Juan Pablo II, *Los fieles laicos (Christifideles laici),* 7;
Juan Pablo II, *La dignidad y vocación de la mujer (Mulieris dignitatem),* 12;
Juan Pablo II, *El Espíritu Santo en la vida de la Iglesia y del mundo (Dominum et vivificantem),* 24-25. 27-30.

Repaso de Memoria, Sección II, Primera Parte

preguntas y respuestas cortas para memorizar

P. 73. ¿Qué significa Encarnación? Encarnación significa que la Segunda Persona de la Santísima Trinidad se hizo hombre.

P. 74. ¿Por qué vino al mundo el Hijo de Dios? El Hijo de Dios vino al mundo: 1) para hacernos participar de Su misma vida; 2) para salvarnos del pecado; y 3) para renovar el mundo.

P. 75. ¿Es Jesús verdadero Dios? Sí, Jesús es verdadero Dios porque es la Segunda Persona de la Santísima Trinidad y por tanto posee la plenitud de la vida divina.

P. 77. ¿Dijo Jesús que Él era Dios? Sí, Jesús dijo que Él era Dios. Por ejemplo dijo: "Yo y el Padre somos uno" (Juan 10, 30).

P. 78. ¿Dijo Jesús que Él era Dios durante la Pasión? Sí, Jesús, durante Su Pasión, dijo que Él era Dios. La noche antes de morir, al tiempo que celebraba la Última Cena, Jesús dijo que Él tenía el poder de dar vida eterna.

P. 80. ¿Hay algunos otros textos en el Nuevo Testamento que muestren a Jesús como Dios? Sí, muchos textos del Nuevo Testamento muestran que Jesús es Dios. Por ejemplo, (1) expresando su fe en la resurrección Santo Tomás exclamó: "Señor mío y Dios mío". (Juan 20, 28); (2) Dios Padre, hablando a Cristo, se Le dirije como a Dios con las siguientes palabras: "Pero del Hijo [dice]: *Tu trono, ¡oh Dios!, por los siglos de los siglos*." (Hebreos 1, 8); (3) "Tened entre vosotros los mismos sentimientos que Cristo: el cual, siendo de condición divina, no retuvo ávidamente el ser igual a Dios" (Filipenses 2, 5-6).

Héroes de Nuestra Fe: La Historia de Francisco de Fátima – Repaso de la Lección

Jesús Cumple Siempre Su Palabra

Una vez mi madre nos contó una historia acerca de un muchacho que siempre mentía. Un día, cuando necesitaba verdaderamente ayuda, nadie le creyó porque no tenían confianza en él. Él sufría de grandes dolores estomacales y nadie le creía. Cuando se desmayó, sus familiares se dieron cuenta de que decía la verdad.

Yo pensé en Jesús. Si Jesús hubiera faltado sólo en una palabra de las que dijo, comprendo que sería difícil creer en todo lo que dijo. Pero Jesús fue y sigue siendo confiable. Nada de lo que dijo dejó de cumplirse. Dijo que resucitaría de la muerte y resucitó. Dijo que sufriría mucho y sería rechazado por los hombres y así ocurrió. Jesús predijo muchas cosas que nos parecen imposibles que ocurran y siempre se cumplió perfectamente su palabra. Es por esto por lo que confiamos ciegamente en todo lo que dijo. Y cuando dice que Él es Dios, lo creemos porque Él cumple siempre Su palabra.

#R2.1-7

Él fue concebido directamente por obra del Espíritu Santo en el seno virginal de María y nació según el curso normal de las cosas, sin detrimento de la virginidad de Su Madre.

#J2-381

Recorrió todo Israel, enseñando a la gente acerca de Su Padre, del Reino celestial y de la necesidad del arrepentimiento.

SECCIÓN II
Segunda Parte

Jesús es Verdadero Hombre y Nuestro Redentor

#J2-310-2

El Hijo de Dios con su encarnación se ha unido, en cierto modo con todo hombre.

CAPÍTULO 21

Jesús es Verdadero Hombre

P. 82. ¿Es Jesucristo verdadero hombre?

Jesús, el Hijo de Dios, se hizo verdadero hombre, con verdadera carne, con un cuerpo y un alma humana.

Jesús es tan hombre como nosotros, excepto en el pecado. Experimentó la alegría y la tristeza, el placer y el dolor como todos los seres humanos sentimos. Jesús, en cuanto hombre, tuvo inteligencia y voluntad humanas y un cuerpo físico mortal.

A la vez Jesucristo es verdadero Dios, que se hizo hombre y habitó entre nosotros. San Juan dice: "Y la Palabra se hizo carne [es decir, la Encarnación] y habitó entre nosotros" (Jn 1, 14).

#H1-234-2

Trabajó con manos de hombre, pensó con inteligencia de hombre, obró con voluntad de hombre, amó con corazón de hombre.

Los antiguos Padres de la Iglesia enseñaron que lo que Cristo asumió fue nuestra naturaleza humana íntegra, aunque sin pecado. Él fue concebido directamente por obra del Espíritu Santo en el seno virginal de María y nació según el curso normal de las cosas, sin detrimento de la virginidad de su Madre. A causa de esta acción extraordinaria de Dios, a María se le llama la Bienaventurada

Véase: "Catecismo de la Iglesia Católica"
P. 82. Párrafos: **464-470, 476, 478.**

Catecismo para la Familia en Video y Audio
Padre Pablo Straub
P. 82. Cinta #115-B354, 02:54

Virgen. Jesús no tuvo padre humano. José era el esposo de María y actuó como padre nutricio durante la niñez de Jesús.

La prueba más grande de la bondad y el amor de Dios hacia nosotros es el don de su amado Hijo. Todo amor se dirige hacia lo que se ama. Jesús, el Hijo de Dios, amó al hombre, por eso se hizo hombre. El amor y la misericordia infinita hizo que dejara el Reino de la felicidad eterna; que descendiera del trono de su majestad, poder y gloria; que se convirtiera en un niño indefenso; que sufriera y muriera por nosotros, a fin de que pudiésemos vivir para siempre en el Cielo. En el pesebre vemos el amor de Dios que se humilla hasta el punto de mendigar el amor de nuestro corazón. Cuando apenas tenía cuarenta días de nacido, María lo llevó al templo para ofrecérselo a Dios como la Víctima de nuestra Redención.

#R2_4-9

El amor y la misericordia infinitas hicieron que dejara el Reino de la felicidad eterna, que se convirtiera en un niño indefenso.

Sagrada Escritura

El Espíritu Santo vendrá sobre ti y el poder del Altísimo te cubrirá con su sombra; por eso, el que va a nacer será santo y se llamará Hijo de Dios. *Lc 1, 35*

Pero no hay comparación entre el delito y el don. Porque si por el delito de uno solo todos murieron, mucho más la gracia de Dios, hecha don gratuito en otro hombre, Jesucristo, se ha derramado abundamente sobre todos. *Rm 5, 15*

La luz resplandece en la oscuridad, y la oscuridad no pudo sofocarla. Vino un hombre, enviado por Dios, que se llamaba Juan. Este vino como testigo, para dar testimonio de la luz, a fin de que todos creyeran por él. No era él la luz, sino testigo de la luz. La palabra era la luz verdaera, que con su venida al mundo iluminaba a todo hombre. Estaba en el mundo, aunque fue hecho por ella, no la reconoció.

Vino a los suyos, pero los suyos no la recibieron. A cuantos la recibieron, a todos aquellos que creen en su nombre, les dio capacidad para ser hijos de Dios. Estos son los que no nacen por vía de generación humana, ni porque el hombre lo desee, sino que nacen de Dios. Y la palabra se hizo carne y habitó entre nosotros; y hemos visto su gloria, la gloria propia del hijo único del Padre, lleno de gracia y de verdad. Juan dio testimonio de él, proclamando: "Este es aquel de quien yo dije: 'El que viene detrás de mí es superior a mí, porque existía antes que yo'. En efecto, de su plenitud todos nosotros hemos recibido gracia en abundanacia. Porque la ley fue dada por medio de Moisés, pero la gracia y la verdad nos llegaron por medio de Cristo Jesús. A Dios nadie lo ha visto jamás; el Hijo único, que es Dios y que está en el seno del Padre, nos lo ha dado a conocer". *Jn 1, 5-18*

#H1-250

Cristo posee dos voluntades y dos operaciones naturales, divinas y humanas, no opuestas, sino cooperantes

Catecismo de la Iglesia Católica

475 De manera paralela, la Iglesia confesó en el sexto Concilio Ecuménico (Cc. de Constantinopla III, en el año 681) que Cristo posee dos voluntades y dos operaciones naturales, divinas y humanas, no opuestas, sino cooperantes, de forma que el Verbo hecho carne, en su obediencia al Padre, ha querido humanamente todo lo que ha decidido divinamente con el Padre y el Espíritu Santo para nuestra salvación (cf DS 556-559). La voluntad humana de Cristo "sigue a su voluntad divina sin hacerle resistencia ni oposición, sino todo lo contrario estando subordinada a esta voluntad omnipotente" (DS 556).

Concilio Vaticano II

El Hijo de Dios con su encarnación se ha unido, en cierto modo con todo hombre. Trabajó con manos de hombre, pensó con inteligencia de hombre, obró con voluntad de hombre, amó con corazón de hombre. Nacido de la Virgen María, se hizo verdaderamente uno de los nuestros, semejante en todo a nosotros, excepto en el pecado. *Mundo actual, 22*

#R19_3-2

[La Palabra] Vino a su casa, y los suyos no la recibieron.
Pero a todos los que la recibieron les dio poder de hacerse hijos de Dios.

Oración

Jesús, creemos que eres verdadero hombre. Tú, el Hijo de Dios, te hiciste un hombre real, de carne, con un cuerpo humano y un alma humana. Con gratitud recordamos Tu humanidad, la vida que compartes con los hijos de los hombres. Tú sentiste las alegrías y tristezas que sentimos nosotros, seres humanos. Tú tomaste nuestra naturaleza humana íntegra, pero sin pecado, y viviste entre nosotros.

El amor y la misericordia infinita fueron la causa de que vinieras a nosotros como un niño indefenso, y que sufrieras y hasta murieras por nosotros, a fin de que nosotros tuviéramos la vida eterna.

Concédenos, a los que celebramos Tu venida como hombre, participar más plenamente de Tu vida divina. Haz que el poder de Tu divinidad nos ayude a corresponder mejor a Tu llamada para recibir el perdón y la vida.

Verbo divino hecho hombre, nacido de la Virgen María, que te has humillado hasta compartir nuestra naturaleza humana, haz que lleguemos a participar cada día más de Tu divinidad.

Llena nuestros corazones de Tu amor. Condúcenos por Tu sufrimiento y muerte a la gloria de Tu Resurrección. Cuando vengas de nuevo en Tu gloria, concédenos la vida eterna. Cuando vengas como nuestro juez, haz que te recibamos con confianza. Con Tu advenimiento nos diste una nueva visión de Tu gloria. Tú naciste de la Virgen María y viniste a compartir nuestra vida. Concédenos compartir Tu vida eterna en la gloria de Tu Reino. Amén.

Prácticas de Doctrina - Moral - Culto

(Vea el Apéndice A para las respuestas.)

1. ¿Cómo es Jesús verdadero hombre?
2. Al hacerse hombre, Jesús nos demostró su amor por nosotros. Piensa ahora en momentos de tu vida en los que tú puedes amar a Jesús en agradecimiento.
3. Manifiesta en una oración tu fe en que Jesús nos ilumina y nos da fuerzas para que podamos resistir cualquier tentación que se nos presente.

P. 83. ¿Cómo mostró Jesús Su preocupación por los hombres?

Jesús mostró Su preocupación por los hombres mediante Su naturaleza humana. En su Humanidad vemos el amor de Dios por el hombre. A Dios no lo podemos ver, pero desde que Dios envió a Su divino Hijo a vivir entre nosotros y a salvarnos por su muerte en la Cruz, podemos ver lo mucho que Dios nos ama. Durante Su ministerio público, realizó muchos milagros para ayudar a la gente.

Jesús amó a cada uno y gastó Su vida tratando de ayudarlo en sus necesidades, incluyendo a aquellos que se le oponían. Recorrió todo

---

Véase: Sagrada Escritura
P. 83. Jn 3, 16-17; Rm 5, 6-8.
Véase: "Catecismo de la Iglesia Católica"
P. 83. Párrafos: **478, 595-617.**

Catecismo para la Familia en Video y Audio
Padre Pablo Straub
P. 83. Cinta #115-B354, 09:39

Israel, enseñando a la gente acerca de Su Padre, del Reino celestial y de la necesidad del arrepentimiento. También sobre la necesidad de amar a Dios con todo el corazón, con toda el alma y con toda la mente, y de amar al prójimo como a uno mismo. Jesús amó especialmente a los pobres, a los enfermos y a los atribulados. Jesús amó a los pecadores y les perdonó sus pecados. Hasta ofreció Su vida para salvar a toda la humanidad.

#R19_3-4

Durante su ministerio público realizó muchos milagros para ayudar a la gente.

Sagrada Escritura

Dios, en efecto, tuvo a bien hacer habitar en él toda la plenitud. Y por medio de él reconciliar consigo todas las cosas, tanto las de la tierra como las del cielo, trayendo la paz por medio de su sangre derramada en la cruz. También ustedes estaban en otro tiempo lejos de Dios y eran sus enemigos declarados a causa de sus malas acciones. Ahora, en cambio, por la muerte que Cristo ha sufrido en su cuerpo mortal, los ha reconciliado con Dios para presentarlos a él como un pueblo sin mancha ni reproche. *Col 1, 19-22*

Jesús recorría todos los pueblos y aldeas, enseñando en las sinagogas judías, anunciando la buena noticia del reino y sanando todas las enfermedades y dolencias. Al ver a la gente, sintió compasión de ellos, porque estaban cansados y desorientados como ovejas sin pastor. *Mt 9, 35-36*

Catecismo de la Iglesia Católica

607 Este deseo de aceptar el designio de amor redentor de su Padre anima toda la vida de Jesús (cf Lc 12, 50; 22, 15; Mt 16, 21-23) porque su Pasión redentora es la razón de ser de su Encarnación: "¡Padre líbrame de esta hora! Pero ¡si he llegado a esta hora para esto!" (Jn 12, 27). "El cáliz que me ha dado el Padre ¿no lo voy a beber?" (Jn 18, 11). Y todavía en la cruz, antes de que "todo esté cumplido", dice: "Tengo sed" (Jn 19, 28).

Concilio Vaticano II

Para esto envió Dios a su Hijo, a quien constituyó en heredero de todo (cf. Hb 1, 2), para que sea Maestro, Rey y Sacerdote de todos, Cabeza del pueblo nuevo y universal de los hijos de Dios. *Iglesia, 13*

Cristo, pues, al asumir la naturaleza humana, unió a sí con cierta solidaridad sobrenatural a todo el género humano como una sola familia y estableció la caridad como distintivo de sus discípulos con estas palabras: En esto conocerán todos que sois mis discípulos, si tenéis caridad unos con otros (Jn 13, 35). *Seglares, 8*

#R19_4-10

Jesús recorría todos los pueblos y aldeas, enseñando en las sinagogas judías, anunciando la buena noticia del reino y sanando todas las enfermedades y dolencias.

Oración

Señor Jesús, vemos Tu amor, tanto el amor divino como el humano, por el hombre, en Tu preocupación por él durante Tu vida pública en la tierra. Y lo vemos especialmente en Tu Pasión y Muerte. En los Evangelios leemos los hechos llenos de cariño y de compasión por la muchedumbre. Amaste a los pobres, a los enfermos, a los pecadores y a los niños. Por eso pudiste decir: "Vengan a mí todos los que están fatigados y agobiados, y yo los aliviaré. Carguen con mi yugo y aprendan de mí, que soy sencillo y humilde de corazón, y encontrarán descanso para sus vidas" (Mt 11, 28-29). Jesús, por favor, ayúdanos en nuestras necesidades. Amén.

Diagrama Catequístico

#M8-7-Sp

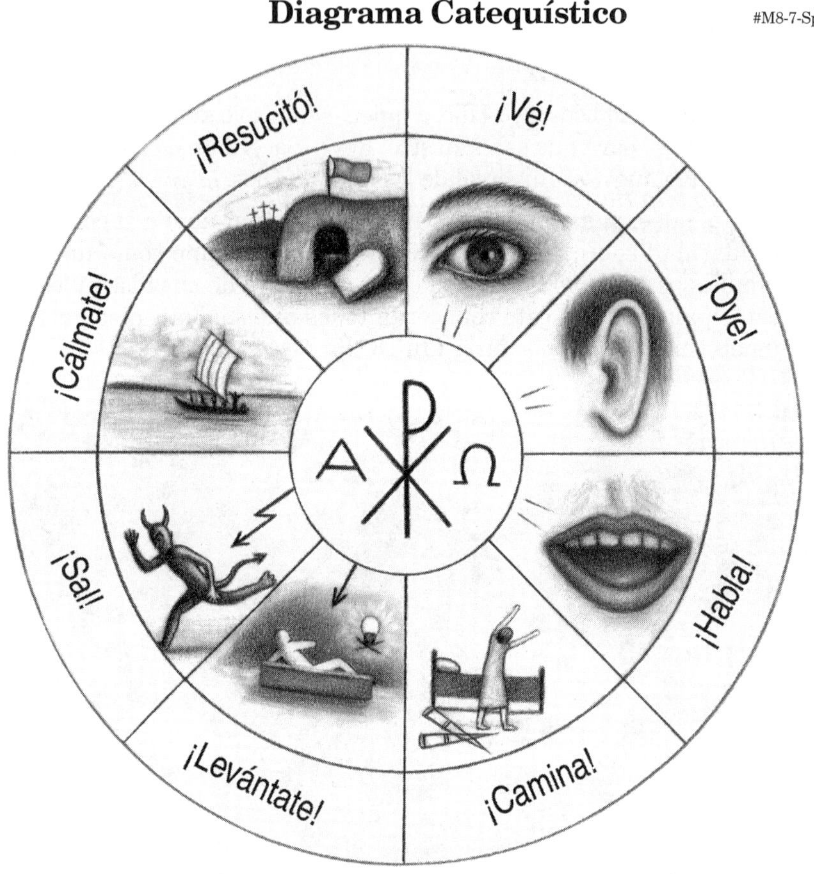

Los Milagros de Jesús. Al hacerse hombre, Jesús ha ayudado a todos, Él hizo muchos milagros para beneficiarnos. Dio vista a los ciegos (ojo), oído a los sordos (oreja), habla a los mudos (boca), salud a los enfermos (cama), vida a los muertos (tumba), libertad a los poseídos del demonio, calma al mar alborotado (barca). Su mayor milagro fue su propia Resurrección de entre los muertos.

Prácticas de Doctrina - Moral - Culto

(Vea el Apéndice A para las respuestas.)

1. Como verdadero hombre Jesús nos mostró su cuidado por nosotros de muchas formas. ¿Puedes escribir algunas de ellas que recuerdes?
2. ¿Has experimentado la solicitud de Jesús por ti en tu vida? Haz una lista de las cosas que Él ha hecho por ti.

3. ¿Cómo puedes demostrar tu agradecimiento a Jesús por el cuidado que Él tiene de ti?

Oración para el Final del Capítulo

Salvador de la humanidad, Tú amaste a los hijos de los sitios por donde caminaste, y los enriqueciste con el testimonio de la justicia y de la verdad. Tú has vivido y muerto para que renaciéramos en el Espíritu y estuviéramos llenos de amor por todos los hombres. Tú has venido a la tierra para aliviarnos del dolor de nuestro destierro; y has querido asumir las limitaciones de nuestra naturaleza como Tuyas. Levántanos cuando nuestro corazón flaquee. Que por Tu advenimiento recibamos el perdón y la misericordia.

Señor Jesús, nuestro Dios y Salvador, danos a beber siempre del agua de la vida, don gratuito del Espíritu que brota de Tu Sagrado Corazón, porque eres todo bondad y amas a toda la humanidad. Te glorificamos junto con Tu eterno Padre y Tu Espíritu dador de vida.

Señor Jesús, en virtud de Tu paso salvador de la muerte a la vida, derrama Tu Santo Espíritu sobre nuestros corazones; lléनanos de temor y reverencia hacia Ti, y de amor y compasión por nuestro prójimo, porque Tuyo es el poder y la gloria por siempre. Amén

Libros de Consulta Familiar — Capítulo 21

P. 82. ¿Es Jesucristo verdadero hombre?

Juan Pablo II, *El evangelio de la vida (Evangelium vitae)*, 3;
Juan Pablo II, *La dignidad y vocación de la mujer (Mulieris dignitatem)*, 3, 11, 25;
Juan Pablo II, *El Espíritu Santo en la vida de la Iglesia y del mundo (Dominum et vivificantem)*, 49-50.
Cuarta Conf. Gral. del Episcopado Latinoamericano, 1992, *Santo Domingo,* 8.
Quinta Conf. Gral. del Episcopado Latinoamericano y del Caribe, 2007, *Aparecida,* 242.

P. 83. ¿Cómo mostró Jesús su preocupación por los hombres?

Juan Pablo II, *Catequesis en nuestros días (Catechesi tradendae)*, 9;
Juan Pablo II, *El evangelio de la vida (Evangelium vitae)*, 2;
Juan Pablo II, *Los fieles laicos (Christifideles laici),* 53;
Juan Pablo II, *La dignidad y vocación de la mujer (Mulieris dignitatem)*, 12-13;
Juan Pablo VI, *La evangelización en el mundo moderno (Evangelii nuntiandi),* 6-9, 12;
Juan Pablo II, *El Espíritu Santo en la vida de la Iglesia y del mundo (Dominum et vivificantem),* 39;
Juan Pablo II, *El Redentor del hombre (Redemptor hominis),* 8;
Juan Pablo II, *A los jóvenes del mundo,* 7-8;
Juan Pablo II, *Enclíclica Veritatis Splendor*, 8.

Héroes de Nuestra Fe: La Historia de Francisco de Fátima - Repaso de la Lección

Jesús, Nuestro Salvador

Era domingo. Nuestro párroco, en su homilía, nos decía que a Jesús se le llama "Salvador" porque Él nos salvó de nuestros pecados. También se le llama "Redentor" porque nos "redimió" o "rescató" del diablo. Para ayudarnos a comprenderlo, nos narró la historia de San Pedro Nolasco.

San Pedro Nolasco nació en el seno de una familia muy rica. Él vivió en España durante un período de guerras entre moros y cristianos. Como resultado, muchos cristianos fueron hechos esclavos de los moros. La condición de estos esclavos era atroz y sin esperanza alguna. Eran tratados como propiedad de sus dueños y por supuesto no podían practicar su fe. Como esclavos, trabajaban sin poder ganar algún dinero con el que pudieran comprar su libertad. Cuando San Pedro Nolasco creció y vió la situación, se compadeció enormemente al ver a estos esclavos y decidió hacer algo para ayudarlos.

El pade de San Pedro murió cuando tenía tan solo quince años. Toda su fortuna la gastó en fundar un grupo de sacerdotes dedicados a liberar los esclavos. Con el beneplácito de su Obispo, San Pedro y sus compañeros se fueron a la parte de España controlada por los moros y compraron miles de esclavos pertenecientes a los moros. Cuando se quedaban sin dinero para comprarlos, ellos se ofrecían a cambio de los pobres esclavos hasta que sus comunidades conseguían el dinero para liberarlos. Esto impresionó tanto a los moros que muchos de ellos se convirtieron e ingresaron en la Iglesia Católica.

El sacrificio de San Pedro Nolasco y sus compañeros fue parecido al sacrificio que Jesús hizo por nuestra redención.

Nosotros somos como los esclavos de la historia hasta que vino Jesús a redimirnos. El pecado original y nuestros pecados personales nos hicieron esclavos del demonio. La justicia exige que cada pecado tenga su castigo. Nosotros mismos, no podemos pagar el castigo por los pecados porque, al rechazar las gracias que recibimos, seguimos cometiendo nuevos pecados. Sólo alguien "libre" de pecado puede pagar el castigo del pecado al igual que uno que no es esclavo es capaz de ganar dinero para comprar la libertad del esclavo. Jesús es este alguien "libre" de pecado que pagó el castigo de nuestros pecados para satisfacer la Justicia Divina y así nos dio la oportunidad de entrar en el cielo.

#J2-552

Por el amor que se tengan unos a los otros reconocerán todos que son discípulos míos.

#J2-378

Vino (...) a liberar a los hombres de la esclavitud más grande, la del pecado, que es el obstáculo en su vocación de Hijos de Dios y causa de todas sus servidumbres humanas.

CAPÍTULO 22

Jesús Nuestro Salvador

P. 84. ¿Por qué se hizo hombre Jesucristo?

Jesucristo se hizo hombre para ser nuestro salvador y redentor. Dios Padre envió a Su Hijo para librar a los hombres del poder del demonio y hacer las paces entre Dios y el hombre. Para realizar esto Jesús se hizo hombre, pudiendo así predicar su verdad sobre el Reino de su Padre.

Jesús siguió predicando, aún cuando los jefes religiosos del pueblo judío trataron de hacerle daño. Finalmente consiguieron entregarlo a la muerte por medio de los romanos, porque decía ser Dios. Jesús se convirtió en nuestro Salvador, mediante Su muerte sacrificial libremente ofrecida.

#R3_4-5

Dios Padre envió a Su Hijo para librar a los hombres del poder del demonio y hacer las paces entre Dios y el hombre.

Sagrada Escritura

"El Espíritu del Señor está sobre mí, porque me ha ungido para anunciar la buena noticia a los pobres; me ha enviado a procalamar la liberación a los cautivos, a dar vista a los ciegos, a libertar a los

Véase: "Catecismo de la Iglesia Católica"
P. 84. Párrafos: **456-460.**

Catecismo para la Familia en Video y Audio
Padre Pablo Straub
P. 84. Cinta #115-B354, 13:56.

oprimidos y a proclamar un año de gracia del Señor". Después enrolló el libro, se lo dio al ayudante y se sentó. Todos los que estaban en la sinagoga tenían sus ojos fijos en él. Y comenzó a decirles: "Hoy se ha cumplido ante ustedes esta profecía". *Lc 4, 18-21*

#J2-368-Sp

Han sido llamados a comportarse así, pues también Cristo sufrió por ustedes, dejándoles un ejemplo para que sigan sus huellas.

Estaba en el mundo, pero el mundo, aunque fue hecho por ella, no la reconoció. Vino a los suyos, pero los suyos no la recibieron, a todos aquellos que creen en su nombre, les dio capacidad para ser hijos de Dios. Éstos son los que no nacen por vía de generación humana, ni porque el hombre lo desee, sino que nacen de Dios. *Jn 1, 10-13*

Sin embargo, la misma ley me ha llevado a romper con la ley, a fin de vivir para Dios. Estoy crucificado con Cristo, y ya no vivo yo, sino que es Cristo quien vive en mí. Ahora, en mi vida terrena, vivo creyendo en el Hijo de Dios que me amó y se entregó por mí. *Gál 2, 19-20*

Han sido llamados a comportarse así, pues tambien Cristo sufrió por ustedes, dejándoles un ejemplo para que sigan sus huellas. *1 P 2, 21*

Catecismo de la Iglesia Católica

608 Juan Bautista, después de haber aceptado bautizarle en compañía de los pecadores (cf Lc 3,21; Mt 3, 14-15), vio y señaló a Jesús como el "Cordero de Dios que quita los pecados del mundo" (Jn 1, 29; cf Jn 1, 36). Manifestó así que Jesús es a la vez el Siervo doliente que se deja llevar en silencio al matadero (Is 53, 7; cf Jr 11, 19) y carga con el pecado de las multitudes (cf Is 53, 12) y el cordero pascual símbolo de la redención de Israel cuando celebró la primera Pascua (Ex 12, 3-14; cf Jn 19, 36; 1 Co 5,7). Toda la vida de Cristo expresa su misión: "Servir y dar su vida en rescate por muchos" (Mc 10, 45).

Encíclica "Veritatis Splendor"

1 Llamados a la salvación mediante la fe en Jesucristo, "luz verdadera que ilumina a todo hombre" *(Jn 1, 9)*, los hombres llegan a ser "luz en el Señor" e "hijos de la luz" *(Ef 5, 8)*, y se santifican "obedeciendo a la verdad" *(1 P 1, 22)*.

Concilio Vaticano II

Dios habló a nuestros padres en distintas ocasiones y de muchas maneras por los profetas. Ahora, *en esta etapa final nos ha ahablado por el Hijo* (Heb 1, 1-2). Pues envió a su Hijo, la Palabra eterna, que alumbra a todo hombre, para que habitara entre los hombres y les contara la intimidad de Dios (cf. Jn 1, 1-18). *Divina revelación, 4*

#R19_5-8

Toda la vida de Cristo expresa Su misión: Servir y dar Su vida en rescate por muchos.

Oración

Jesús, te reconocemos como nuestro Salvador y Redentor, porque, como Dios hecho hombre, predicaste el evangelio del Reino de Dios y te entregaste a la muerte por amor a Tu Padre y a nosotros. Tú libraste a todas las criaturas de la esclavitud del pecado, e hiciste la paz entre Dios y los hombres. Te damos gracias por Tu amor hacia toda la humanidad y hacia cada uno de nosotros en particular. También nosotros queremos entregarte nuestras vidas en un servicio fiel. Toda la gloria y todo el honor sean dados al Padre, y al Hijo, y al Espíritu Santo, por los siglos de los siglos. Amén.

P. 85. ¿Qué quiere decir que Jesús es nuestro Salvador?

Jesucristo es nuestro Salvador porque por Él toda la humanidad puede librarse de la esclavitud del pecado, y salvarse para la vida eterna con Dios.

San Pablo habla del pecado como de una esclavitud. Jesús es nuestro salvador porque Él nos libró del pecado. Él dijo: "Pues no recibísteis un espíritu de esclavos para recaer en el temor; antes bien, recibísteis un espíritu de hijos adoptivos que nos hace exclamar: ¡Abbá, Padre!" (Rm 8, 15). "Manteneos, pues, firmes y no os dejéis oprimir nuevamente bajo el yugo de la esclavitud" (Gal 5, 1).

#L3-17-2

Jesucristo es nuestro Salvador porque por Él toda la humanidad puede librarse de la esclavitud del pecado, y salvarse para la vida eterna con Dios.

Sagrada Escritura

Porque la creación misma espera anhelante que se manifeste lo que serán los hijos de Dios. Condenada al fracaso, no por propia voluntad, sino por aquel que así lo dispuso, la creación vive en la esperanza de ser también liberada de la servidumbre de la corrupción y participar así en la gloriosa libertad de los hijos de Dios. *Rm 8, 19-21*

Entonces Jesús continuó diciendo: "Les aseguro que yo soy la puerta por la que deben entrar las ovejas. Todos los que vinieron antes que yo, eran ladrones y bandidos. Por eso, las ovejas no les hicieron caso. Yo soy la puerta. Todo el que entre en el corral de las ovejas por esta puerta, estará a salvo, y sus esfuerzos por buscar el alimento no serán

Véase: "Catecismo de la Iglesia Católica"
P. 85. Párrafos: 421, 601, 605-617, 714.

Catecismo para la Familia en Video y Audio
Padre Pablo Straub
P. 85. Cinta #115-B354, 21:48.

en vano. El ladrón va al rebaño únicamente para robar, matar y destruir. Yo he venido para dar vida a los hombres y para que la tengan en plenitud. Yo soy el buen pastor. El buen pastor da la vida por las ovejas. *Jn 10, 7-11*

Catecismo de la Iglesia Católica

549 Al liberar a algunos hombres de los males terrenos del hambre, de la injusticia, de la enfermedad y de la muerte, Jesús realizó unos signos mesiánicos; no obstante, no vino para abolir todos los males aquí abajo, sino a liberar a los hombres de la esclavitud más grave, la del pecado, que es el obstáculo en su vocación de hijos de Dios y causa de todas sus servidumbres humanas.

#R3_4-10

Yo soy el buen pastor. El buen pastor da la vida por las ovejas.

Concilio Vaticano II

Dios, para establecer la paz o comunión con Él y armonizar la sociedad fraterna entre los hombres, pecadores, decretó entrar en la historia de la humanidad de un modo nuevo y definitivo, enviando a su Hijo en nuestra carne para arrancar por su medio a los hombres del poder de las tinieblas y de Satanás (Cf. Col 1, 13; Hch 10, 38). *Actividad misionera, 3*

Por la palabra de la predicación y por la celebración de los sacramentos, cuyo centro y cima es la Santísima Eucaristía, la

actividad misionera hace presente a Cristo autor de la salvación.
Actividad misionera, 9

Oración

Te alabamos a Ti, nuestro Salvador. Por Tu muerte nos has abierto el camino de la salvación. Guía a Tu pueblo para que camine por Tus sendas. En sus sufrimientos enséñales a ver Tu Pasión, y a que muestren a los demás Tu poder de salvación. A Ti sea dado todo honor y gloria ahora y siempre. Amén.

P. 86. ¿Existe otro Salvador aparte de Jesús?

No hay salvación posible sino es en Jesucristo, ni la ha habido, ni la puede haber jamás.

#J2-321-2

Hasta que Jesús murió en la Cruz y pagó el precio por el pecado del hombre, ninguna alma humana podía entrar al cielo.

Nadie se puede librar de la esclavitud del pecado por su propio poder. La Sagrada Escritura dice: "Porque no hay bajo el cielo otro nombre dado a los hombres por el que nosotros debamos salvarnos" (cf. Hch 4, 12). Hasta que Jesús murió en la Cruz y pagó el precio por el pecado del hombre, ninguna alma humana podía entrar al cielo.

Véase: Sagrada Escritura
P. 86. Jn 1, 29; Rm 5, 19.
Véase: "Catecismo de la Iglesia Católica"
P. 86. Párrafo: 452.

Catecismo para la Familia en Video y Audio
Padre Pablo Straub
P. 86. Cinta #115-B354, 22:35

San Pablo Dice: "Porque era Dios el que reconciliaba al mundo en Cristo, no teniendo en cuenta los pecados de los hombres, y confiándonos el mensaje de la reconciliación" (2 Cor 5, 19).

El misterio de Cristo se manifiesta en la historia de los hombres y del mundo–una historia sometida al pecado–no tan sólo como el misterio de la Encarnación, sino también como el misterio de la salvación y redención. Dios Padre amó tanto a los pecadores que entregó a su Hijo, reconciliando al mundo consigo. Cristo, en su ilimitado amor por nosotros, libremente se sometió a la Pasión y muerte por los pecados de los hombres, para que, por ella, pudieran alcanzar la salvación.

La vida de Nuestro Señor muestra el amor de Dios por nosotros, porque todo lo que Él dijo e hizo, toda Su vida y Su muerte, fue para beneficio de los demás. Pasó Su vida enseñando a los hombres la verdad sobre Su Padre y sobre ellos mismos. Compartió Su vida y sufrimientos y los curó de sus enfermedades. Todo esto lo hizo por amor a ellos y a Su Padre, que lo llamó para prestar este servicio. La vida de Jesús nos muestra de un modo humano que la vida de Dios es una vida de amor. El Padre, el Hijo y el Espíritu Santo se entregan mutuamente el uno al otro desde toda la eternidad. Habiendo recibido de Jesús una perfecta vida humana de amor, el Padre ahora da esta vida de Su Hijo a quienes se dirigen a Él con fe.

#E4_-4-11

Yo he venido para dar vida a los hombres y para que la tengan en plenitud.

Diagrama Catequístico

#J2-436

La Salvación por Medio de Cristo. Dios (triángulo) ha salvado a los todos los hombres (hombre ahogándose) por medio de su Hijo (monograma), que vino a la tierra para padecer y morir por nuestros pecados. Él nos trae la salvación por medio de la Iglesia (bote en el mar), especialmente a través de los Sacramentos (salvavidas), para así salvarnos de la muerte eterna. Cristo es en la Iglesia la fuente de gracia y de vida eterna.

Sagrada Escritura

Jesús le respondió: "Yo soy el camino, la verdad y la vida. Nadie puede llegar hasta el Padre, sino por mí. Si me conocieran, conocerían también a mi Padre. Desde ahora lo conocen, pues ya lo han visto". *Jn 14, 6-7*

Hijos míos, les escribo estas cosas para que no pequen. Pero si alguno peca, tenemos ante el Padre un abogado, Jesucristo, el Justo. Él se ha entregado como víctima por nuestros pecados; y no solamente por los nuestros, sino por los del mundo entero. *1 Jn 2, 1-2*

Catecismo de la Iglesia Católica

430 Jesús quiere decir en hebreo: "Dios salva". En el momento de la anunciación, el ángel Gabriel le dio como nombre propio el nombre de Jesús que expresa a la vez su identidad y su misión. Ya que ¿quién puede perdonar pecados, sino Dios? (Mc 2,7); es Él quien, en Jesús, su Hijo eterno hecho hombre, "salvará a su pueblo de sus pecados" (Mt 1, 21). En Jesús, Dios recapitula así toda la historia de la salvación en favor de los hombres.

Concilio Vaticano II

Cristo, a quien el Padre santificó o consagró y envió al mundo, se *entregó a sí mismo por nosotros para redimirnos de toda iniquidad y purificar para sí un pueblo peculiar suyo, celador de buenas obras* (Tt 2, 14), y así, por su pasión entró en la gloria. *Presbíteros, 12*

P. 87. ¿Cómo redimió Cristo a la humanidad?

Cristo redimió a la humanidad de la esclavitud del pecado y del demonio por Su muerte y resurrección.

Éramos esclavos del demonio a causa del pecado original y de nuestros pecados personales. Pero Jesús nos liberó, dándonos la libertad de los hijos de Dios, porque, por Su Resurrección, destruyó la muerte y nos dio la vida de la gracia.

#J2-311-2

Cristo redimió a la humanidad de la esclavitud del pecado y del demonio por Su muerte y resurrección.

Véase: Sagrada Escritura
P. 87. Col 1, 13-20.
Véase: "Catecismo de la Iglesia Católica"
P. 87. Párrafos: **517, 613, 616**-617.

Catecismo para la Familia en Video y Audio
Padre Pablo Straub
P. 87. Cinta #115-B354, 23:43.

En obediencia a la voluntad de Su Padre, Jesús se entregó a Sí Mismo por nosotros en su Pasión y resucitó de entre los muertos, para redimirnos del pecado y hacernos un pueblo agradable al Padre. Él es el Mesías, el Hijo de Dios. Él dijo con frecuencia que lo que hacía era para que se cumpliera lo que estaba escrito en las Escrituras, que revelan la voluntad del Padre.

"Redimir" significa recuperar algo que se había perdido, vendido o regalado. Por el pecado, el hombre había perdido Su patrimonio: la unión eterna con Dios, la felicidad eterna en el cielo. El hijo de Dios, hecho hombre, nos devolvió ese patrimonio al ofrecerse a Su Padre celestial como víctima por nuestra redención. Los sacrificios del Antiguo Testamento eran símbolos del nuevo sacrificio del Cordero – el Cordero de Dios que fue sacrificado para dar el honor y la reparación dignos de Su Padre. Por eso se le llama el Redentor, y por eso a Su obra se le llama redención.

Él ofreció Su vida por amor nuestro y para dar toda la gloria a Su Padre. Cumplió la voluntad de Su Padre para honrarlo y para hacer a todos los hombres felices para siempre en el Reino de Su Padre. Ahora el Padre da Su propia vida divina, la vida de la gracia, a quienes se vuelven a Él con fe.

Al pecar el hombre le faltó al amor a Dios; pero la obra de redención obrada por Cristo, fue un acto de amor y obediencia infinitamente perfecto, y que abarcó toda Su vida en la tierra. Su infancia transcurrida en Egipto y sus treinta años en el hogar de Nazaret, fueron tan parte de nuestra redención, como lo fueron los tres años de Su vida pública y Su muerte. Su muerte en la Cruz fue el punto culminante de Su vida terrena de obediencia a la voluntad del Padre.

Todo lo que Dios hace tiene un valor infinito. Puesto que Cristo es Dios, la más pequeña de sus obras y sufrimientos es suficiente para satisfacer por todos los pecados de los hombres. Pero en el plan del Padre, Su Hijo tenía que llevar a cabo un acto de perfecta obediencia, hasta el punto de entregarse a la muerte en el Calvario.

Sagrada Escritura

Porque Dios es único, como único es también el mediador entre Dios y los hombre: un hombre, Jesucristo, que se entregó a sí mismo para redimir a todos. Este es el testimoni dado a su debido tiempo. *1 Tm 2, 5-6*

Sepan que no han sido liberados de la conducta idolátrica heredada de sus antepasados con bienes perecederos -el oro o la plata- sino con la sangre preciosa de Cristo, cordero sin mancha y sin tacha. *1 Pe 1, 18-19*

Catecismo de la Iglesia Católica

561 'La vida entera de Cristo fue una continua enseñanza: su silencio, sus milagros, sus gestos, su oración, su amor al hombre, su predilección por los pequeños y los pobres, la aceptación total del sacrificio en la cruz por la salvación del mundo, su resurrección, son la actuación de su palabra y el cumplimiento de la revelación' (CT 9).

Encíclica "Veritatis Splendor"

87 Jesús manifiesta, además, con su misma vida y no sólo con palabras, que la libertad se realiza en el amor, es decir, en el don de uno mismo. El que dice: "Nadie tiene mayor amor que el que da su vida por sus amigos" (Jn 15, 13), va libremente al encuentro de la Pasión (cf. Mt 26, 46), y en su obediencia al Padre en la Cruz da la vida por todos los hombres (cf. Flp 2, 6-11). De este modo, la contemplación de Jesús crucificado es la vía maestra por la que la Iglesia debe caminar cada día si quiere comprender el pleno significado de la libertad: el don de uno mismo en el servicio a Dios y a los hermanos.

Concilio Vaticano II

Pero el Señor vino en persona para liberar y vigorizar al hombre, renovándole interiormente y expulsando al príncipe de este mundo (cf. Jn 12:31), que le retenía en la esclavitud del pecado. El pecado rebaja al hombre, impidiéndole lograr su propia plenitud. *Mundo actual, 13*

#J2-550

Sepan que no han sido liberados de la conducta idolátrica heredada de sus antepasados con bienes perecederos – el oro o la plata – sino con la sangre preciosa de Cristo.

#R4_1-20

Jesús nos liberó, dándonos la libertad de los hijos de Dios.

Oración

Jesús, creemos que por Tu muerte y Resurrección redimiste a la humanidad de la esclavitud del pecado y del maligno. No hay salvación en nadie más que en Ti.

Tu Padre amó tanto al mundo que te entregó a Ti, Su único Hijo, para librarnos del antiguo poder del pecado y de la muerte. Ayúdanos a quienes esperamos Tu venida y llévanos a la verdadera libertad. Siguiendo el plan de salvación de Tu Padre, Tú aceptaste la cruz y nos libraste del poder del enemigo. Tu Padre decretó que el hombre fuera salvado por el leño de la Cruz. El árbol donde el hombre fue derrotado, se sustituyó por el árbol de la Cruz, árbol victorioso; donde tuvo origen la muerte, allí surgió la vida dada por Ti. Haz que también nosotros lleguemos a participar en la gloria de Tu Resurrección. Te lo pedimos por Tu poderosísimo y Santo Nombre. Amén.

Prácticas de Doctrina - Moral - Culto

(Vea el Apéndice A para las respuestas.)

1. Jesucristo, al hacerse hombre y ofrecer Su muerte en la Cruz como un sacrificio, se hizo nuestro Salvador. ¿De qué nos salvó Jesucristo? ¿Para qué nos salvó?

2. ¿Cómo puedes tú cooperar con el acto salvador de Jesús en la Cruz? Escribe unas cuantas cosas concretas de tu vida diaria que vas a hacer para cooperar con Jesús.
3. ¿Has agradecido a Jesús el que te haya librado de la esclavitud del pecado? Manifiesta tu gratitud cooperando continuamente con Él en Su acto salvador.

Diagrama Catequístico

#J2-394

Jesús el Redentor. Por amor a Su Padre y a todos nosotros, Jesús se entregó al sufrimiento (columna de los azotes) y a la muerte de Cruz (Calvario), siendo crucificado por los Romanos (Bandera romana). El sol se obscureció y hubo un terremoto (grietas en el Monte Calvario). Cristo ha resucitado (Sepulcro), destruyendo a la muerte con Su muerte, y ofreciendo Su vida para que nosotros fuéramos hechos hijos de Dios. Él creó por Sí Mismo una nueva humanidad.

Diagrama Catequístico

#J2-395

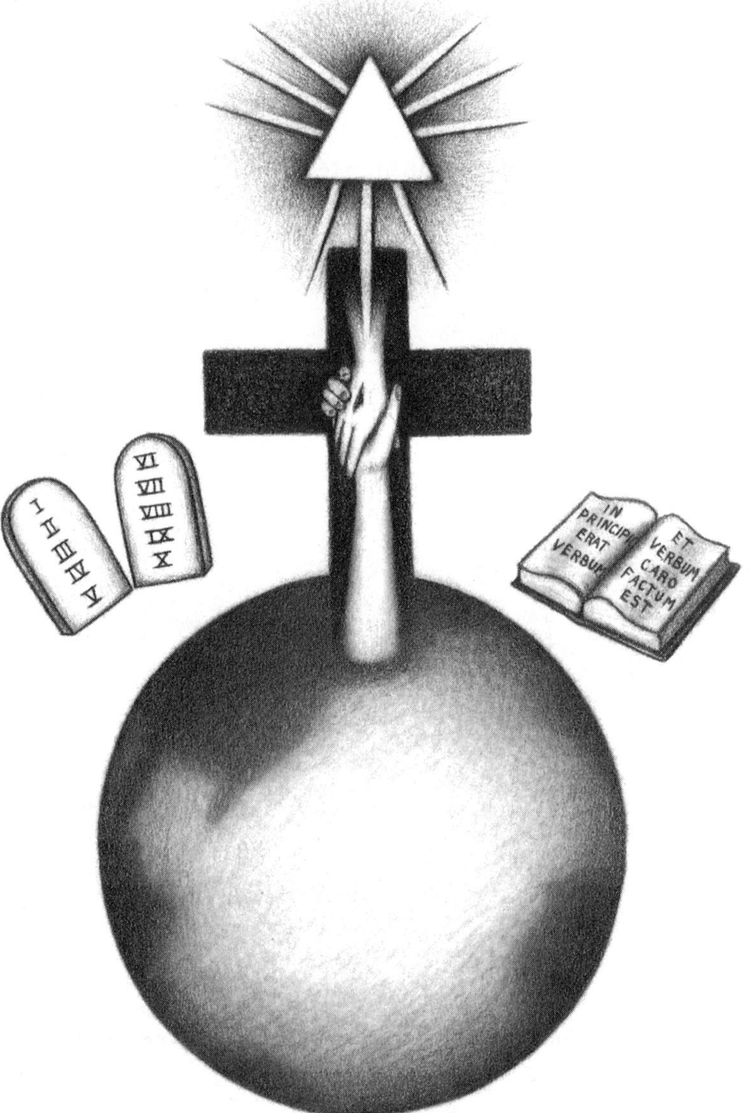

La Reconciliación entre Dios y el Hombre. Dios (triángulo) amó tanto al mundo que entregó a Su Hijo. Jesús entró en este mundo como Dios hecho hombre, para ser su Salvador y Redentor. Vino a nosotros como nuestro Hermano para enseñarnos y mostrarnos lo que significa amar a Dios y ser de Dios (apretón de manos de Jesús con la humanidad). Esto se hizo mediante Su vida aquí en la tierra, Su muerte en el Calvario (Cruz) y Su gloriosa Resurrección. Jesucristo con Su Encarnación (Evangelio: Al principio era el Verbo, y el Verbo se hizo carne) cumplió las profecías y la historia del Antiguo Testamento al cumplir la alianza (tablas de los mandamientos) que hizo Dios con Su Pueblo. De esta manera Dios reconcilió al mundo (globo de la tierra) consigo.

Oración para el Final del Capítulo

Jesús, Mediador de la Nueva Alianza, concédenos que en el sacrificio de la Misa nos acerquemos a Ti, encontremos la salvación al ser rociados con Tu Sangre y nos atraigas a Tu Reino donde eres Señor por siempre.

En la Sagrada Comunión Tú nos renuevas con el alimento y la bebida de la salvación. Haz que Tu Sangre sea para nosotros una fuente de agua que salta hasta la vida eterna. Por medio de este sacramento defiéndenos de los que nos amenazan con el mal, ya que nos has librado y salvado de la muerte por Tu preciosa Sangre. Óyenos en los momentos de tribulación y protégenos por el poder de Tu nombre, para que quienes participamos de Tu lucha en la tierra, merezcamos participar en Tu victoria.

Señor Jesús, Redentor de todos y Autor de nuestra salvación, por el sacrificio de Tu muerte has conquistado a la muerte. Oye las súplicas de Tu familia y levántanos de nuestra esclavitud al mal, para que seamos redimidos por Ti y veamos la gloria de Tu Padre. Enséñanos a buscar los bienes que no perecen y a tener confianza en Tu preciosa Sangre, derramada como precio de nuestra redención.

Señor Jesús, Tú has revelado Tu justicia a todas las naciones. Nosotros estábamos condenados; pero Tú fuiste juzgado en nuestro lugar. Envíanos Tu poder salvador, y cuando vengas en Tu gloria, derrama Tu misericordia sobre aquellos por quienes fuiste condenado. A Ti te sea dado todo el poder, el honor y la gloria. Amén.

Libros de Consulta Familiar — Capítulo 22

P. 84. ¿Por qué se hizo hombre Jesucristo?

Juan Pablo II, 2, 28; *El evangelio de la vida (Evangelium vitae);*
Juan Pablo II, *La Madre del Redentor (Redemptoris Mater)*, 1;
Pablo VI, *La evangelización en el mundo moderno (Evangelii nuntiandi)*, 8;
Juan Pablo II, *La dignidad y vocación de la mujer (Mulieris dignitatem)*, 3-4;
Juan Pablo II, *Reconciliación y Penitencia (Reconciliatio et poenitentia)*, 7;
Juan Pablo II, *El Espíritu Santo en la vida de la Iglesia y del mundo (Dominum et vivificantem),* 50;
Juan Pablo II, *El trabajo humano (Laborem exercens),* 26;
Juan Pablo II, *En el centenario de la Rerum Novarum (Centesimus Annus)*, 25;
Juan Pablo II, *El Redentor del hombre (Redemptor hominis),* 9;
Juan Pablo II, *Enclíclica Veritatis Splendor,* 1.
Tercera Conf. Gral. del Episcopado Latinoamericano, 1979, *Puebla,* 166, 190, 353.
Cuarta Conf. Gral. del Episcopado Latinoamericano , 1992, *Santo Domingo,* 4.

P. 85. ¿Qué quiere decir que Jesucristo es nuestro Salvador?

Juan Pablo II, *La dignidad y vocación de la mujer (Mulieris dignitatem)*, 7;
Pablo VI, *La evangelización en el mundo moderno (Evangelii nuntiandi)*, 33-34;
Juan Pablo II, *El Espíritu Santo en la vida de la Iglesia y del mundo (Dominum et vivificantem),* 24;
Juan Pablo II, *En el centenario de la Rerum Novarum (Centesimus Annus)*, 55;
Juan Pablo II, *Reconciliación y Penitencia (Reconciliatio et poenitentia),* 7;
Juan Pablo II, *El Redentor del hombre (Redemptor hominis),* 9;
Juan Pablo II, *La misericordia divina (Dives in misericordia),* 7-8.

Segunda Conf. Gral. del Episcopado Latinoamericano, 1968, *Medellín,* 4.
Cuarta Conf. Gral. del Episcopado Latinoamericano, 1992, *Santo Domingo,* 13, 124, 288.
Quinta Conf. Gral. del Episcopado Latinoamericano y del Caribe, 2007, *Aparecida,* 12, 15-18.

P. 86. ¿Existe otro Salvador?

Juan Pablo II, *El Redentor del hombre (Redemptor hominis)*, 7-8.
Segunda Conf. Gral. del Episcopado Latinoamericano, 1968, *Medellín,* 6,12.
Tercera Conf. Gral. del Episcopado Latinoamericano, 1979, *Puebla,* 174-178, 180, 195, 197, 213, 214, 276, 289.
Cuarta Conf. Gral. del Episcopado Latinoamericano, 1992, *Santo Domingo,* 8, 288.
Quinta Conf. Gral. del Episcopado Latinoamericano y del Caribe, 2007, *Aparecida,* 22.

P. 87. ¿Cómo redimió Cristo a la humanidad?

Juan Pablo II, *El evangelio de la vida (Evangelium vitae)*, 82;
Juan Pablo II, *El Custodio del Redentor (Redemptoris Custos)*, 7-9;
Juan Pablo II, *La dignidad y vocación de la mujer (Mulieris dignitatem)*, 3-4, 11-12;
Pablo VI, *La evangelización en el mundo moderno (Evangelii nuntiandi), 33-34;*
Juan Pablo II, *El Espíritu Santo en la vida de la Iglesia y del mundo (Domium et vivificantem),* 24, 40;
Juan Pablo II, *El Redentor del hombre (Redemptor hominis)*, 8;
Juan Pabo II, *Encíclica Veritatis Splendor*, 18, 85.
Quinta Conf. Gral. del Episcopado Latinoamericano y del Caribe, 2007, *Aparecida,* 104.

Héroes de Nuestra Fe: La Historia de Francisco de Fátima - Repaso de la Lección

La Redención

Luego de la visión del infierno el 13 de julio de 1917, Jacinta, Lucía y yo sufrimos una de las mayores pruebas. Muchos de los líderes portugueses de la época habían perdido su fe. Fueron llevados a creer falsas filosofías que decían que nada existe excepto la materia. De acuerdo con esas enseñanzas, Dios no existe ni tampoco el alma, ni el cielo, ni el infierno.

Los que creían estas mentiras se convirtieron en enemigos declarados de la Iglesia Católica. Cuando algunos de los líderes locales escucharon sobre las apariciones de Nuestra Señora, pensaron que nos podían utilizar para mofarse de nuestra religión. El 13 de julio Nuestra Señora reveló un secreto a Lucía y a Jacinta y les ordenó no revelarlo a nadie excepto a mí. Los líderes locales oyeron sobre esto y decidieron forzarnos a revelar el secreto o declarar haber inventado toda la historia de las apariciones. De cualquier manera, estaban seguros de poder debilitar la fe de las personas en nosotros y en la Iglesia.

Niños Encarcelados

El 13 de agosto esperábamos ver nuevamente a Nuestra Señora pero fuimos llevados ante el gobernador del área donde vivíamos. No se nos permitió que nuestros padres fueran con nosotros, aún cuando Lucía, la mayor del grupo, contaba con sólo 10 años.

El gobernador habló con cada uno de nosotros individualmente. Primero trató de ofrecernos dinero a cambio de que reveláramos el secreto. Cuando esto no funcionó, nos amenazó con freírnos en aceite caliente. Pero nada que dijera consiguió que reveláramos el secreto o que negáramos haber visto a Nuestra Señora.

Cuando el gobernador se dio cuenta de que no nos podía intimidar con su palabras, nos encarceló a Lucía y a mí y ordenó a la policía que se llevaran a Jacinta. Realmente creímos que nos iban a matar.

Dios me dio la gracia para consolarme y confortar a Lucía con el pensamiento de que si nos mataban iríamos directamente al Cielo. Pero las horas que pasamos en la cárcel junto a criminales adultos me persiguió por mucho tiempo.

Muchos de los hombres en las celdas habían cometido crímenes horribles, pero les pedimos que rezaran con nosotros. Cuando uno de ellos no se quitó el sombrero para rezar el Rosario, le recordé que debía mostrar más respeto a Nuestra Señora. No objetó. Hasta me dio el sombrero. Rezamos todos juntos el Rosario y Dios trajo paz en ese horrible lugar.

Jesús, Nuestro Redentor

Es algo extraño estar encerrado en una oscura y sucia celda cuando se ha vivido toda la vida en libertad. ¡Cómo añoraba la Cova y los pastos abiertos! ¡Cuánto lloré sabiendo que no nos sería posible ver a Nuestra Señora en la Cova como nos lo pidiera! Cuando en esa horrible prisión pensé en su bello rostro, mi corazón sufría por la desilusión.

Mi recuerdo de ese día es que me vino a la mente cómo era el mundo antes de que Jesús redimiera a la humanidad. Como prisioneros no podíamos liberarnos de esa cárcel. No teníamos dinero para pagar por nuestra libertad. No contábamos con una llave para abrir las puertas de la prisión. Dependíamos solamente de que alguien de fuera nos salvara.

Antes de que Jesús se hiciera hombre así era el mundo. Cada ser humano cometía nuevos pecados. No había nadie para liberar a los hombres del pecado o para abrir las puertas de la muerte y que las alma de la cárcel del mundo podía liberar a ese mundo – sólo Jesús, nuestro Salvador y Redentor. Hasta la venida de Jesús los hombres vivían en la tierra temiendo a la muerte, igual que cuando vivimos en esa celda con temor al gobernador y a su caldero de aceite hirviendo. Pero cuando Jesús murió por nuestros pecados y resucitó de entre los muertos, cambió el mundo de un calabozo a la antesala del Cielo.

Cuando nuestro padre vino para llevarnos a casa sentimos algo de lo que debieron sentir las almas de aquellos que habían muerto y estaban esperando la Redención, al ver que Jesús descendió a los infiernos. ¡Qué alegría respirar aire puro! ¡Qué alegría ver el cielo abrirse para siempre en todas direcciones! ¡Qué alegría salir de la oscuridad de una celda a la luz del sol!

CAPÍTULO 23

La Pasión de Nuestro Señor: la Agonía en el Monte de los Olivos

"Entonces fue Jesús con sus discípulos a un huerto llamado Getsemaní, y les dijo: – Siéntense aquí mientras voy a orar un poco más allá. Llevó consigo a Pedro y a los dos hijos de Zebedeo; comenzó a sentir tristeza y angustia, y les dijo: – Me muero de tristeza, quédense aquí y velen conmigo'.

"Después, avanzando un poco más, cayó rostro en tierra y suplicando así: – Padre mío, si es posibloe, aleja de mí este cáliz de amargura; pero no se haga como yo quiero, sino como quieres tú'.

"Regresó junto a los discípulos y los encontró dormidos. Entonces dijo a Pedro: – ¿De modo que no han podido velar conmigo ni siquiera una hora? Velen y oren, para que puedan afrontar la prueba; pues el espíritu está bien dispuesto, pero la carne es débil'.

#R3_1-12

Me muero de tristeza, quédense aquí y velen conmigo.

"Se alejó de nuevo por segunda vez y volvió a orar así: – Padre mío, si no es posible evitar que yo beba este cáliz de amargura, hágase tu voluntad. Regresó y volvió a encontrarlos dormidos, porque sus ojos se cerraban de sueño. Los dejó y volvió a orar por tercera vez, repitiendo las mismas palabras'.

"Entonces regresó donde estaban los discípulos y les dijo: – ¿Todavía están durmiendo y descansando? Ha llegado la hora y el Hijo del hombre va a ser entregado en manos de los pecadores. Vamos, levántense. Ya está aquí el que me va a entregar" (Mt 26, 36-46).

P. 88. ¿Qué manifiestan la agonía y la oración del huerto?

La agonía y la oración de Jesús en el huerto del Monte de los Olivos, manifiestan su deseo de hacer la voluntad de Su Padre a toda costa: "Pero no se haga lo que yo quiero, sino lo quieras tú" (Mc 14, 36).

También manifiesta todo el tormento espiritual que experimentó Jesús por nuestra causa, al ponerse totalmente en manos del Padre. El tormento experimentado, debido al rechazo de la humanidad, le causó un dolor inimaginable.

#R3_1-2

La agonía y la oración de Jesús en el huerto del Monte de los Olivos, manifiestan Su deseo de hacer la voluntad de Su Padre a toda costa.

Véase: "Catecismo de la Iglesia Católica"
P. 88. Párrafos:539, 555, 607.

Catecismo para la Familia en Video y Audio
Padre Pablo Straub
P. 88. Cinta #115-B354, 30:33

Sagrada Escritura

Estaba en el mundo, pero el mundo, aunque fue hecho por ella, no la reconoció. Vino a los suyos, pero los suyos no la recibieron. *Jn 1, 10-11*

Catecismo de la Iglesia Católica

612 El cáliz de la Nueva Alianza que Jesús anticipó en la Cena al ofrecerse a sí mismo (cf Lc 22, 20), lo acepta a continuación de manos del Padre en su agonía de Getsemaní (cf Mt 26, 42) haciéndose "obediente hasta la muerte" (Flp 2,8). Jesús ora: "Padre mío, si es posible, que pase de mí este cáliz..." (Mt 26, 39). Expresa así el horror que representa la muerte para su naturaleza humana. Ésta, en efecto, como la nuestra, está destinada a la vida eterna; además, a diferencia de la nuestra, está perfectamente exenta de pecado que es la causa de la muerte; pero sobre todo está asumida por la persona divina del "Príncipe de la Vida" (Hch 3, 15), de "el que vive" (Ap 1, 18). Al aceptar en su voluntad humana que se haga la voluntad del Padre, acepta su muerte como redentora para "llevar nuestras faltas en su cuerpo sobre el madero" (1 P 2, 24).

#R3_1-7

Padre mío, si es posible, que pase de mí este cáliz...

P. 89. ¿Por qué fueron tan graves los sufrimientos que Cristo soportó por nosotros?

Los sufrimientos que Cristo experimentó por nosotros fueron extremadamente duros y esto, en gran medida, se debe al rechazo de su infinito amor por nosotros.

#R3_1-3

Pero no se haga lo que yo quiero, sino lo quieras tú.

Sagrada Escritura

El amor no consiste en que nosotros hayamos amado a Dios, sino en que él nos amó a nosotros, y envió a su hijo como víctima por nuestros pecados. *1 Jn 4, 10*

Sin embargo, él llevaba nuestros sufrimientos, soportaba nuestros dolores. Nosotros lo creíamos castigado, herido por Dios y humillado, pero eran nuestras rebeldías las que lo traspasaban, y nuestras culpas las que lo trituraban. Sufrió el castigo para nuestro bien y con sus heridas nos sanó. Andábamos todos errantes como ovejas, cada uno por su camino, y el Señor cargó sobre él todas nuestras culpas. *Is 53, 4-6*

Catecismo de la Iglesia Católica

1851 En la Pasión, la misericordia de Cristo vence al pecado. En ella, es donde éste manifiesta mejor su violencia y su multiplicidad: incredulidad, rechazo y burlas por parte de los jefes y del pueblo, debilidad de Pilato y crueldad de los soldados, traición de Judas tan

Véase: Sagrada Escritura
P. 89. Is 53, 7-12; Hb 12, 3.
Véase: "Catecismo de la Iglesia Católica"
P. 89. Párrafos: 312, 572, 766.

Catecismo para la Familia en Video y Audio
Padre Pablo Straub
P. 89. Cinta #115-B354, 36:49

dura a Jesús, negaciones de Pedro y abandono de los discípulos. Sin embargo, en la hora misma de las tinieblas y del príncipe de este mundo (cf Jn 14, 30), el sacrificio de Cristo se convierte secretamente en la fuente de la que brotará inagotable el perdón de nuestros pecados.

Concilio Vaticano II

Por lo demás, Cristo, como siempre lo ha profesado y profesa la Iglesia, abrazó voluntariamente, y movido por inmensa caridad, su pasión y muerte por los pecados de todos los hombres, para que todos consigan la salvación. Es, pues, deber de la Iglesia en su predicación el anunciar la cruz de Cristo como signo del amor universal de Dios y como fuente de toda gracia. *Religiones no cristianas, 4*

#R3-96

Los sufrimientos que Cristo experimentó por nosotros fueron extremadamente duros y esto, en gran medidia, se debe al rechazo de su infinito amor por nosotros.

Prácticas de Doctrina - Moral - Culto

(Vea el Apéndice A para las respuestas.)

1. Jesús rezó en el Huerto de los Olivos al empezar Su Pasión. ¿Sabes tú por qué rezó?
2. Trata de recordar la última vez en que, por cumplir la Voluntad de Dios, te pusiste en peligro de tener alguna dificultad o de no ser entendido o perseguido.
3. Piensa ahora en los momentos en que encuentras dificultades para cumplir la Voluntad de Dios en tu papel de hija o hijo, de padre o madre, de amigo,

trabajador o ciudadano. Haz ahora una lista de las cosas que puedes hacer para dominar estas dificultades.

Oración para el final del capítulo

Jesús, Tu Pasión comienza. Tu sufrimiento es del alma. El miedo se apodera de Ti; el temor causado por la certeza y la cercanía de Tu muerte y por los sufrimientos que todo ello va a traer. Experimentas repugnancia ante el pensamiento de los pecados por los que vas a sufrir tanto. ¡Qué terribles son los pecados de todos los hombres, de todas las naciones y de todas las épocas, con toda su vileza y malicia al ser comparados con la autoridad suprema de Dios, su infinita bondad, su infinita justicia y belleza!

La tristeza invade lo más profundo de Tu alma, tristeza causada por el conocimiento de todos aquellos que al final van a rechazar lo que Tú obtendrás a base de tanto sacrificio. Tú previste que los hombres rechazarían Tu Iglesia, o la utilizarían mal, causando su propia ruina. Todas estas imágenes terribles se erigen ante Ti y traspasan Tu corazón. Estás triste hasta la muerte. Humildemente te pedimos que nos perdones la parte que nosotros hemos tenido en esta agonía de Tu alma, por cometer tantos pecados..

Una humilde obediencia hacia Tu Padre, y un tierno amor por nosotros te hizo sufrir voluntariamente, aún los más grandes tormentos. Ayúdanos a mostrarte que estamos agradecidos por Tu generosidad, concediéndonos una verdadera contrición por nuestros pecados y un ardiente amor hacia Ti, que eres nuestro mejor amigo y nuestro Dios, ahora y para siempre. Amén.

Libros de Consulta Familiar — Capítulo 23

P. 88. ¿Qué manifiestan la agonía y la oración del huerto?
Juan Pablo II, *Sentido cristiano del sufrimiento (Salvifici doloris)*, 18.

P. 89. ¿Por qué fueron tan graves los sufrimientos que Cristo soportó por nosotros?
Juan Pablo II, *Sentido cristiano del sufrimiento (Salvifici doloris)*, 14-19;
Juan Pablo II, *El Espíritu Santo en la vida de la Iglesia y del mundo (Dominum et vivificantem)*, 31-32, 39.
Quinta Conf. Gral. del Episcopado Latinoamericano y del Caribe, 2007, *Aparecida,* 32.

CAPÍTULO 24

La Pasión de Nuestro Señor: Jesús Ante Pilato

"Entonces, les soltó a Barrabás; y a Jesús, después de azotarlo, lo entregó para que fuera crucificado. Los soldados del procurador llevaron a Jesús al pretorio y reunieron en torno a él a toda la tropa. Lo desnudaron y le echaron por encima un manto de color rojo; trenzando una corona de espinas y se la pusieron en la cabeza, y una caña en su mano derecha; luego se arrodillaban ante él y se burlaban, diciendo: – ¡Salve, Rey de los judíos!" (Mt 27, 26-30).

#R3_3-9

En el mundo estaba y el mundo fue hecho por ella y el mundo no la conoció. Vino a su casa y los suyos no la recibieron.

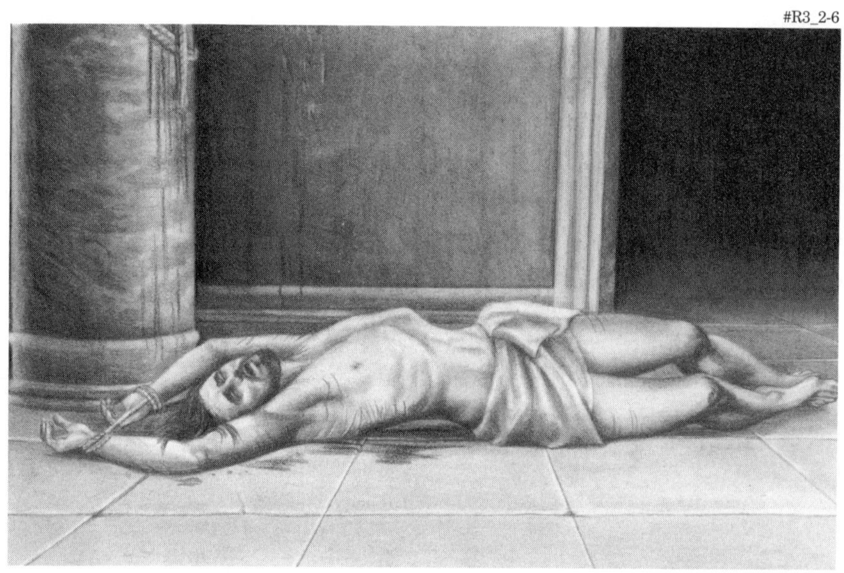

A Jesús, después de azotarlo, lo entregó para que fuera crucificado.

"Pilato salió, una vez más, y les dijo: – Miren, lo traigo de nuevo para que quede bien claro que yo no encuentro delito alguno en este hombre. Salió, pues, Jesús afuera. Llevaba sobre su cabeza la corona de espinas y sobre sus hombros el manto rojo. Pilato lo presentó con estas palabras: ¡Este es el hombre!".

"Los jefes de los sacerdotes y los guardias, al verlo, comenzaron a gritar: – ¡Crucifícalo, crucifícalo! Pilato les dijo: – Llévenselo ustedes y crucifíquenlo; porque yo no encuentro delito alguno en él. Los judíos insistieron: – Nosotros tenemos una ley y, según ella, debe morir, porque se ha presentado a sí mismo como Hijo de Dios. Al oír esto, Pilato sintió aún más miedo. Entró de nuevo en el palacio y preguntó a Jesús: – ¿De dónde eres tú? Pero Jesús no les contestó. Pilato le dijo: – ¿Te niegas a contestarme? ¿Es que no sabes que yo tengo autoridad tanto para dejarte en libertad como para ordenar que te crucifiquen? Jesús le respondió: – No tendrías autoridad alguna sobre mí, si no te la hubieran dado de lo alto; por eso, el que me entregó a ti tiene más culpa que tú".

"Desde ese momento Pilato intentaba ponerlo en libertad. Pero los judíos le gritaban: – Si pones en libertad a este hombre, no eres amigo del emperador romano. Porque cualquiera que tenga la pretensión de ser rey, es enemigo del emperador. Pilato, al oír esto, mandó que sacaran fuera a Jesús y lo sentó en el tribunal, en el lugar conocido con el nombre de 'Enlosado' (que en la lengua de los jud[ios se llama 'Gàbbata'). Era la víspera de la fiesta de la pascua, hacia el mediodía. Pilato dijo a los judíos: ¡Aquí tienen a su rey! Ellos comenzaron a gritar: – ¡Mátalo! ¡Crucifícalo! Pilato insitió: – ¿Cómo voy a crucificar a su rey? Pero los jefes de los sacerdotes contestaron: – Nuestro único rey es el emperador romano. Entonces Pilato les entregó a Jesús para que lo crucificaran" (Jn 19, 4-16).

P. 90. ¿A qué juicios fue sometido Jesús antes de su muerte?

Antes de su crucifixión, Jesús fue acusado falsamente, sometido por ello a juicio y tratado cruelmente por: (1) los jefes de los sacerdotes y los ancianos; (2) el Tetrarca Herodes; y (3) el gobernador romano, Poncio Pilato. Fue Poncio Pilato el que lo condenó a morir en la Cruz como un delincuente común.

#R3-93-2

Antes de su crucifixión, Jesús fue acusado falsamente.

"Tomando consigo a los Doce, les dijo: -Miren, estamos subiendo a Jerusalén, y todo lo escrito por los profetas sobre el Hijo del hombre se va a cumplir. Será entregado a los paganos, injuriado, maltratado y escupido; después de azotarlo, lo matarán, pero al tercer día resucitará" (Lc 18, 31-33). Pero sus discípulos no podían ni empezar a entender este misterio de redención (cfr. Lc 18, 34) hasta que este misterio se cumplió (cfr. Lc 24, 25).

Jesús, cuyo verdadero nombre significa "Salvador" tenía la cruz siempre "ante sus ojos". Jesús ansiaba la Cruz, porque sólo por ella el fuego de su amor se encendería sobre la tierra (cfr. Lc 12, 49); y

Véase: "Catecismo de la Iglesia Católica"
P. 90. Párrafos: **571-597.**

Catecismo para la Familia en Video y Audio
Padre Pablo Straub
P 90. Cinta #115-B354, 38:35

por ella "...reunir en uno a los hijos de Dios que estaban dispersos" (Jn 11, 52).

#R3_2-3

He venido a encender fuego a la tierra; y ¡cómo desearía que ya estuviera ardiendo! Tengo que pasar por una terrible prueba, y estoy angustiado hasta que se cumpla.

Sagrada Escritura

"Al acercarse el tiempo de su salida de este mundo, Jesús tomó la decisión de ir a Jerusalén...[Allí iba a sufrir el amargo bautismo de la Cruz para salvarnos] He venido a encender fuego a la tierra; y ¡cómo desearía que ya estuviera ardiendo! Tengo que pasar por una terrible prueba, y estoy angustiado hasta que se cumpla. *Lc 9, 51-52; 12, 49-50*

Catecismo de la Iglesia Católica

574 Desde los comienzos del ministerio público de Jesús, fariseos y partidarios de Herodes, junto con sacerdotes y escribas, se pusieron de acuerdo para perderle (cf Mc 3,6). Por algunas de sus obras (expulsión de los demonios, cf Mt 12, 24; perdón de los pecados, cf Mc 2, 7; curaciones en sábado, cf Mc 7, 14-23; interpretación original de los preceptos de pureza de la Ley cf Mc 7, 14-23; familiaridad con los publicanos y los pecadores públicos, (cf Mc 2, 14-17), Jesús apareció a algunos malintencionados sospechoso de posesión diabólica (cf Mc 3, 22; Jn 8, 48; 10, 20). Se le acusa de blasfemo (cf Mc 2, 7; Jn 5, 18; 10, 33) y de falso profetismo (cf Jn 7, 12; 7, 52), crímenes religiosos que la Ley castigaba con pena de muerte por lapidación (cf Jn 8, 59; 10, 31).

Oración

Jesús, los soldados azotaron Tu cuerpo con látigos, los judíos azotaron Tu alma con su lengua, y nosotros te azotamos con nuestros pecados. Cada latigazo que te damos con nuestros pecados hace estremecer todo Tu sistema nervioso, y el sonido resuena en la corte celestial de Tu Padre, implorando a la vez nuestro perdón. Cada gota de Tu preciosa sangre que dolorosamente se abre paso por Tu piel y carne magulladas es ofrecida por nosotros. Tú correspondes a esos sangrientos azotes con amor por nosotros, que somos los que te los propinamos. A Ti te sean dadas la alabanza y la acción de gracias por toda la eternidad. Amén.

#J2-334-2

Aquí tienen a su Rey.

P. 91. ¿Cuál fue la misión de Cristo sobre la tierra?

La misión de Cristo sobre la tierra, dada por su Padre, fue la de salvarnos de los horrores del infierno, y la de llevarnos a los goces de la vida eterna en el Reino de los Cielos. Esto lo llevó a cabo por sus sufrimientos y por su muerte en la Cruz.

También podemos decir que el Hijo de Dios se hizo hombre para salvarnos de satanás, del pecado y de la muerte. En el Credo de Nicea decimos: “Por nosotros los hombres y por nuestra salvación

Véase: “Catecismo de la Iglesia Católica”
P. 91. Párrafos: **456-460.**

Catecismo para la Familia en Video y Audio
Padre Pablo Straub
P. 91. Cinta #115-B354, 39:48

bajó del cielo... Por nuestra causa fue crucificado en tiempos de Poncio Pilato; padeció y fue sepultado".

#R3_5-21

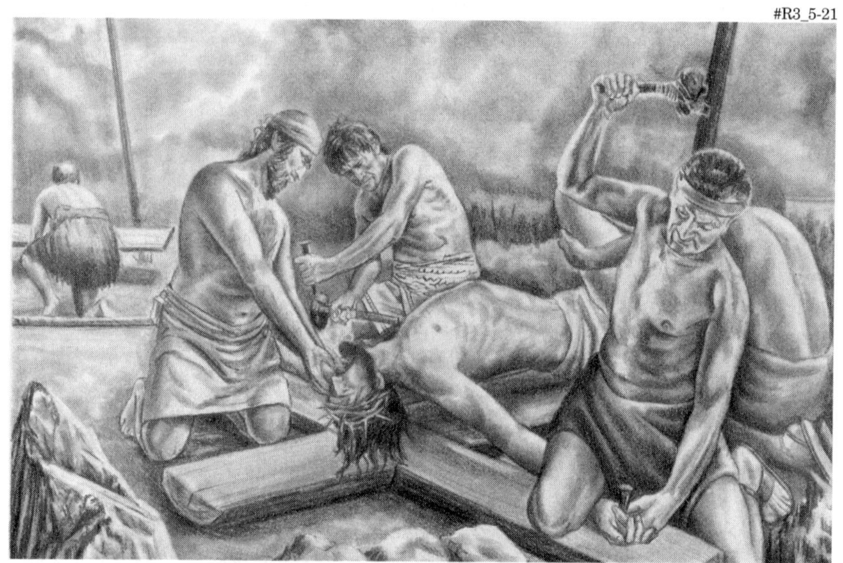

Por nuestra causa fue crucificado en tiempos de Poncio Pilato.

Sagrada Escritura

El cual, siendo de condición divina, no consideró codiciable el ser igual a Dios. Al contrario, se despojó de su grandeza, tomó la condición de esclavo y se hizo semejante a los hombres. Y en su condición de hombre, se humilló a sí mismo haciéndose obediente hasta la muerte, y una muerte de cruz. Por eso Dios lo exaltó y le dio el nombre que está por encima de todo nombre. Para que ante el nombre de Jesús se doble toda rodilla en los cielos, en la tierra y en los abismos. Y toda lengua proclame que Jesucristo es Señor, para gloria de Dios Padre. *Flp 2, 6-11*

Catecismo de la Iglesia Católica

457 El Verbo se encarnó *para salvarnos reconciliándonos con Dios:* "Dios nos amó y nos envió a su Hijo como propiciación por nuestros pecados"(1 Jn 4, 10). "El Padre envió a su Hijo para ser salvador del mundo" (1 Jn 4, 14). "Él se manifestó para quitar los pecados" (1 Jn 3, 5):

> Nuestra naturaleza enferma exigía ser sanada; desgarrada, ser restablecida; muerta, ser resucitada. Habíamos perdido la posesión del bien, era necesario que se nos devolviera. Encerrados en las tinieblas, hacía falta que nos llegara la luz; estando cautivos, esperábamos un salvador; prisioneros, un socorro; esclavos, un libertador. ¿No tenían importancia estos razonamientos? ¿No merecían conmover a Dios hasta el punto de hacerle bajar hasta nuestra naturaleza humana para visitarla, ya que la humanidad se encontraba en un estado tan miserable y tan desgraciado?" (San Gregorio de Nisa, oratio catechetica 15, PG 45, 48B).

P. 92. ¿En qué sentido hablamos de la necesidad de la Pasión y muerte de Jesús?

Hablamos de la necesidad de la Pasión y muerte de Jesús en el sentido de que la voluntad de Dios fue que la redención del hombre se llevara a cabo de este modo particular. La Pasión de nuestro Señor, no fue algo que tenía que ser así de modo absoluto. Nuestra redención pudo haber sido obtenida de una gran variedad de formas, si Dios así lo hubiera querido.

#R3_1-5

A diario me sentaba en el templo para enseñar, y no me arrestaron. Pero todo esto ha ocurrido para que se cumpla lo que escribieron los profetas.

Sagrada Escritura

¿O crees que no puedo acudir a mi Padre, que pondría en seguida a mi disposición más de doce legiones de ángeles? Pero, ¿cómo se cumplirían las Escrituras, según las cuales tiene que suceder así? Luego se dirigió a la gente y dijo: "Han salido a detenerme con espadas y palos como si fuera un bandido. A diario me sentaba en el templo para enseñar, y no me arrestaron. Pero todo esto ha ocurrido para que se cumpla lo que escribieron los profetas". Entonces todos los discípulos lo abandonaron y huyeron. *Mt 26, 53-56*

Pero el Señor quiso quebrantarlo con sufrimientos. Y si él entrega su vida como expiación, verá su descendencia. *Is 53, 10*

Véase: Sagrada Escritura
P. 92. Rm 3, 23-26.
Véase: "Catecismo de la Iglesia Católica"
P. 92. Párrafo: 572.

Catecismo para la Familia en Video y Audio
Padre Pablo Straub
P. 92. Cinta #115-B354, 41:34

Catecismo de la Iglesia Católica

599 La muerte violenta de Jesús no fue fruto del azar en una desgraciada constelación de circunstancias. Pertenece al misterio del designio de Dios, como lo explica san Pedro a los judíos de Jerusalén ya en su primer discurso de Pentecostés: 'Fue entregado según el determinado designio y previo conocimiento de Dios' (Hch 2, 23). Este lenguaje bíblico no significa que los que han 'entregado a Jesús' (Hch 3, 13) fuesen solamente ejecutores pasivos de un drama escrito de antemano por Dios.

P. 93. ¿ Predijo el mismo Jesús que tenía que sufrir?

Sí, Jesús declaró que era necesario que Él sufriera, y así obtenernos la vida eterna. Por eso dijo: "Y como Moisés levantó la serpiente en el desierto, así tiene que ser levantado el Hijo del Hombre, para que todo el que crea tenga por él la vida eterna" (Jn 3, 14, 15).

Después de su Resurrección, dijo Jesús: "¿No era necesario que el Cristo padeciera eso y entrara así en su gloria?" (Lc 24, 26).

Siglos antes de la Pasión y Muerte de Cristo, los profetas del Antiguo Testamento lo preanunciaron. Son particularmente relevantes los pasajes del poema del Siervo de Yahveh de Isaías (cfr. Is 53). Jesús, hablando del cumplimiento de estas profecías antiguas, dijo: "Es necesario que se cumpla todo lo que está escrito en la Ley de Moisés, en los Profetas y en los Salmos acerca de mi" (Lc 24, 44).

Jesús, hablando de la voluntad de su Padre para con Él, dijo: "Por eso me ama el Padre, porque doy mi vida para recobrarla de nuevo" (Jn 10, 17). Jesús con perfecta libertad, amorosamente acepta esta pesada carga sobre Sí, para que obtuviéramos la salvación. "Nadie me la quita (la vida), yo la doy voluntariamente. Tengo poder para darla y poder para recobrarla de nuevo" (Jn 10, 18).

Sagrada Escritura

Tiene que ser así para que el mundo sepa que amo al Padre y que cumplo la misión que me encomendó. "Levántense. Vámonos de aquí".
Jn 14, 31

En esto hemos conocido lo que es el amor: en que él ha dado su vida por nosotros. También nosotros debemos dar la vida por los hermanos.
Jn 3, 16

Véase: "Catecismo de la Iglesia Católica"
P. 93. Párrafo: 572.

Catecismo para la Familia en Video y Audio
Padre Pablo Straub
P. 93. Cinta #115-B354, 46:04

#J2-542

Y como Moisés levantó la serpiente en el desierto, así tiene que ser levantado el Hijo del Hombre, para que todo el que crea tenga por Él la vida eterna.

Catecismo de la Iglesia Católica

606 El Hijo de Dios "bajado del cielo no para hacer su voluntad sino la del Padre que le ha enviado" (Jn 6, 38), "al entrar en este mundo, dice: [...] He aquí que vengo [...] para hacer, oh Dios, tu voluntad... En virtud de esta voluntad somos santificados, merced a la oblación de una vez para siempre del cuerpo de Jesucristo" (Hb 10, 5-10). Desde el primer instante de su Encarnación el Hijo acepta el designio divino de salvación en su misión redentora: "Mi alimento es hacer la voluntad del que me ha enviado y llevar a cabo su obra" (Jn 4, 34). El sacrificio de Jesús "por los pecados del mundo entero" (1 Jn 2, 2), es la expresión de su comunión de amor con el Padre: "El Padre me ama porque doy mi vida" (Jn 10, 17). "El mundo ha de saber que amo al Padre y que obro según el Padre me ha ordenado" (Jn 14, 31).

Encíclica "Veritatis Splendor"

87 Por lo tanto, Jesús es la síntesis viviente y personal de la perfecta libertad en la obediencia total a la voluntad de Dios. Su carne crucificada es la plena revelación del vínculo indisoluble entre libertad y verdad.

Concilio Vaticano II

Nadie por sí y sus propias fuerzas se libra del pecado, ni se eleva sobre sí mismo; nadie se ve enteramente libre de su debilidad, de su soledad y de su servidumbre, sino que todos tienen necesidad de Cristo modelo, maestro, liberador, salvador y vivificador. *Actividad misionera, 8*

Prácticas de Doctrina - Moral - Culto

(Vea el Apéndice A para las respuestas.)

1. Jesús sufrió para darnos la vida eterna. Al hacer esto ¿qué nos muestra el Señor?
2. Medita ahora en el versículo de la Sagrada Escritura que dice: "en esto hemos conocido lo que es el amor: en que él dio su vida por nosotros" (1 Juan 3, 16). Escribe lo que has pensado.
3. ¿Qué haces tú para ser capaz de dar tu vida por Jesús y por tus hermanos y hermanas?

Oración para el final del capítulo

Jesús, Tú rechazas una corona de oro y vestidos regios para aceptar en su lugar una corona de espinas y los harapos púrpura para ser burlado y despreciado. Tú consientes ser un rey de burla, cuando, en realidad, Tú eres el verdadero Rey de nuestras almas.

Nos sometemos completamente a Tu divino reinado de amor. Preferimos más bien ser considerados locos a los ojos de los hombres por Tu causa, y que reines sobre nosotros, que ser dirigentes del mundo, pero esclavos del príncipe de las tinieblas. Te profesamos una inquebrantable lealtad a Ti, nuestro Rey, y te pedimos que reines supremo en nuestros corazones, en nuestras vidas y en los corazones de todos los hombres.

Jesús, ayúdanos a ser devotos súbditos de Tu reino, ennoblecidos con los divinos poderes de Tu gracia, para hacer el bien y evitar el mal; para amar a Dios con todo nuestro corazón, con toda nuestra alma y con todas nuestras fuerzas, y amar a nuestro prójimo como a nosotros mismos; para ejercer dominio sobre las perversas tentaciones del mundo, del demonio y de la carne. Como hijos de la real familia de Dios, por la gracia, reclamamos un amoroso derecho de ser admitidos en Tu íntima amistad, con el privilegio de sentir la sagrada influencia de Tu santo amor, que nos ha divinizado, haciendo que nuestros más íntimos pensamientos y afectos sean como los Tuyos, a Ti te sea dada toda gloria y toda la alabanza por siempre. Amén

Libros de Consulta Familiar — Capítulo 24

P. 90. ¿A qué juicios fue sometido Jesús antes de su muerte?
Juan Pablo II, *Sentido cristiano del sufrimiento (Salvifici doloris)*, 15-18;
Juan Pablo II, *El Redentor del hombre (Redemptor hominis)*, 12.

P. 91. ¿Cuál fue la misión de Cristo sobre la tierra?
Juan Pablo II, *El evangelio de la vida (Evangelium vitae)*, 47;
Juan Pablo II, *Sentido cristiano del sufrimiento (Salvifici doloris)*, 14-18;
Pablo VI, *La evangelización en el mundo moderno (Evangelii nuntiandi)*, 8;
Juan Pablo II, *El trabajo humano (Laborem exercens)*, 27;
Juan Pablo II, *En el centenario de la Rerum Novarum (Centesimus Annus)*, 25.

P. 92. ¿En qué sentido hablamos de la necesidad de la Pasión y muerte de Jesús?
Juan Pablo II, *El Espíritu Santo en la vida de la Iglesia y del mundo (Dominum et vivificantem)*, 27-32;
Juan Pablo II, *Reconciliación y Penitencia (Reconciliatio et poenitentia)*, 7;
Juan Pablo II, *El Redentor del hombre (Redemptor hominis)*, 8-9.

P. 93. ¿ Predijo el mismo Jesús que tenía que sufrir?
Juan Pablo II, *Catequesis en nuestros días (Catechesi tradendae)*, 9;
Juan Pablo II, *El Redentor del hombre (Redemptor hominis)*, 8-9;
Juan Pablo II, *A los jóvenes del mundo*, 5.

#S11-7-Sp2

Sus sufrimientos nos han salvado de nuestros pecados y de todas sus consecuencias, y hemos recibido todas las gracias y dones que nos llevan a la vida eterna.

CAPÍTULO 25

La Pasión de Nuestro Señor: la Crucifixión de Jesús

#J2-339-2

Se han repartido mis vestidos han echado a suertes mi túnica.

"...Se hicieron, pues, cargo de Jesús quien, llevando a hombros su propia cruz, salió de la ciudad hacia un lugar llamado 'La Calavera' (que en la lengua de los judíos se dice 'Gólgota'). Allí lo crucificaron junto con otros dos, uno a cada lado de Jesús. Pilato mandó escribir y poner sobre la cruz un letrero con estra inscripción: 'Jesús de Nazaret, el rey de los judíos'.

"Leyeron el letrero muchos judíos, porque el lugar donde Jesús había sido crucificado estaba cerca de la ciudad, y estaba escrito en hebreo, en latín y en griego. Los jefes de los sacerdotes se presentaron a Pilato y le dijeron: No escribas: 'El Rey de los judíos', sino más bien: 'Este hombre ha dicho: Yo soy el rey de los judíos'. Pero Pilato les contesto: 'Lo que he escrito, escrito queda'.

"Junto a la cruz de Jesús estaban su madre, la hermana de su madre, María la mujer de Cleofás, y María Magdalena. Jesús, al ver a su madre y junto a ella al discípulo a quien tanto amaba, dijo a su madre: Mujer, ahí tienes a tu hijo. Después dijo al discípulo: Ahí tienes a tu madre. Y desde aquel momento, el discípulo la recibió como suya.

"Después, Jesús, sabiendo que todo se había cumplido, para que también se cumpliera la Escritura, exclamó: Tengo sed. Había allí una jarra con vinagre. Los soldados colocaron en la punta de una caña una esponja empapada en el vinagre y se la acercaron a la boca. Jesús probó el vinagre y dijo: Todo está cumplido. E inclinando la cabeza, entregó el espíritu." (Juan 19:17-30)

P. 94. ¿Qué sufrió Jesús en la Cruz?

Jesús sufrió en la Cruz una agonía, tanto física como espiritual, que no se puede expresar con palabras.

La cruz era un instrumento de muerte tan horrible, que las autoridades romanas no la usaban con sus propios ciudadanos. A este tormento se añadía el indescriptible dolor de un amor rechazado. Jesús fue rechazado, no tan sólo por los palestinos, sino que también por todos aquellos que prefieren una forma de vida contraria a la Voluntad de Dios.

#J2-338-2

Jesús sufrió en la Cruz una agonía, tanto física como espiritual, que no se puede expresar con palabras.

Véase: "Catecismo de la Iglesia Católica"
P. 94. Párrafos: 478, 599, 766.

Catecismo para la Familia en Video y Audio
Padre Pablo Straub
P. 94. Cinta #115-B354, 47:34

Jesús sufrió en la Cruz no sólo un dolor físico extremo, sino también la soledad y la desolación, así como la angustia de ver el inexpresable dolor de la que Él amaba más profundamente, su Madre María Santísima.

Aún en el terrible tormento de esas horas, Jesús, el Hijo de Dios y Sumo Sacerdote de nuestra salvación, conservó la paciencia y la grandeza de alma.

#J2-343-2

Tengo sed.

Sagrada Escritura

Por tanto, también nosotros, ya que estamos rodeados de tal nube de testigos, liberémonos de todo impedimento y del pecado que continuamente nos asalta, y corramos con perserverancia en la carrera que se abre ante nosotros, fijos los ojos en Jesús, autor y perfeccionador de la fe, el cual, animado por la alegría que le esperaba, soportó sin acobardarse la cruz y ahora está sentado a la derecha del trono de Dios. Fíjense, pues, en aquel que soportó en su persona tal contradicción de parte de los pecadores, a fin de que no se dejen vencer por el desaliento.Ustedes no han llegado todavía a derramar la sangre en su combate contra el pecado. *Hb 12, 1-4*

Catecismo de la Iglesia Católica

603 Jesús no conoció la reprobación como si él mismo hubiese pecado (cf Jn 8, 46). Pero, en el amor redentor que le unía siempre al Padre (cf Jn 8, 29), nos asumió desde el alejamiento con relación a Dios por nuestro pecado hasta el punto de poder decir en nuestro nombre en la cruz: "Dios mío, Dios mío, ¿por qué me has abandonado?" (Mc 15, 34; Sal 22, 2). Al haberle hecho así solidario con nosotros, pecadores, "Dios no perdonó ni a su propio Hijo, antes bien le entregó por todos nosotros" (Rm 8, 32) para que fuéramos "reconciliados con Dios por la muerte de su Hijo" (Rm 5, 10).

Oración

Jesús, Tú no estabas solo al ofrecer Tu Sacrificio. El seguirte hasta el Calvario era la prueba más cierta de amor. Por eso María, Tu Madre amorosa, estuvo al pie de Tu Cruz, clavada a ella en espíritu, como una co-víctima contigo. Nunca nadie te ha amado tanto como Tu bendita Madre, por eso nadie sufrió por Ti como ella. Haz que disfrutemos siempre de su amor y protección maternales. Amén.

P. 95. ¿Cuáles son las "siete Palabras" de Jesús, que se conservan en los Evangelios?

#J2-340-2

Yo te aseguro que hoy estarás conmigo en el Paraíso.

Las "siete Palabras" de Jesús que se conservan en el Evangelio son:

1. "Padre, perdónales, porque no saben lo que hacen" (Lc 23, 34).

2. (Al ladrón que había sido crucificado con Él, y que le pidió misericordia, le dijo). "Te aseguro que hoy estarás conmigo en el Paraíso" (Lc 23, 43).

Véase: "Catecismo de la Iglesia Católica"
P. 95 Párrafo: 2605.

Catecismo para la Familia en Video y Audio
Padre Pablo Straub
P. 95. Cinta #115-B354, 51:21

3. (A su Madre le dijo) "Mujer, ahí tienes a tu Hijo". (Y a San Juan, Jesús exclamó) "Ahí tienes a tu madre" (Jn 19, 26, 27).

4. (A su Padre, con palabras de oración tomadas de un salmo profético le dijo) " Dios mío, Dios mío, ¿por qué me has abandonado?" (Mt 27, 46; Sal 22, 2).

5. "Tengo sed" (Jn 19, 28).

6. "Todo está cumplido" (Jn 19. 30).

7. "Padre, en tus manos pongo mi espíritu" (Lc 23, 46; cf. Sal 31, 6).

#J2-305-2

Padre, en Tus manos pongo mi espíritu.

Oración

Jesús, Tú eres el Redentor, el Abogado y la Víctima por todos nosotros que somos pecadores. Tú profieres Tus últimas palabras en medio de los gritos ensordecedores del odio que triunfa; en medio de los silbidos, y de las maldiciones y del macabro deleite de Tus enemigos. No pediste justicia contra ellos, sino la misericordia, al implorar, como un Hijo a su Padre, "Padre, perdónales porque no saben lo que hacen" (Lc 23, 34). Señor, nosotros pecadores también imploramos Tu misericordia y la gracia de vivir una vida digna de Tu Reino celestial, ahora y por siempre. Amén.

P. 96. ¿Cómo murió Jesús?

Jesús murió crucificado. Jesús después de haber estado clavado en la Cruz cerca de tres horas, inclinó su cabeza y entregó su espíritu (cf. Jn 19, 30). Así el Hijo de Dios murió por nosotros pecadores.

San Pablo escribió: "En verdad, apenas habrá quien muera por un justo; por un hombre de bien tal vez se atrevería uno a morir; mas la prueba de que Dios nos ama es que Cristo, siendo nosotros todavía pecadores, murió por nosotros" (Rm 5, 7-8).

#J2-335-2

Él ofrece a todos la posibilidad de que, en la forma
de Dios sólo conocida, se asocien a este misterio pascual.

Catecismo de la Iglesia Católica

618 La Cruz es el único sacrificio de Cristo "único mediador entre Dios y los hombres" (1 Tm 2, 5). Pero, porque en su Persona divina encarnada, "se ha unido en cierto modo con todo hombre"(GS 22, 2), Él "ofrece a todos la posibilidad de que, en la forma de Dios sólo conocida, se asocien a este misterio pascual" (GS 22, 5). Él llama a sus discípulos a "tomar su cruz y a seguirle" (Mt 16, 24) porque Él "sufrió por nosotros dejándonos ejemplo para quesigamos sus huellas" (1 P 2, 21). Él quiere, en efecto, asociar a su sacrificio redentor a aquellos mismos que son sus primeros beneficiarios (cf Mc 10, 39; Jn 21, 18-19; Col 1, 24). Eso lo realiza en forma excelsa en su Madre, asociada más íntimamente que nadie al misterio de su sufrimiento redentor (cf Lc 2,35): "Fuera de la

Cruz no hay otra escala por donde subir al cielo" (Sta. Rosa de Lima, vida).

#J2-336-2

Jesús, después de haber estar clavado en la Cruz cerca de tres horas, inclinó Su cabeza y entregó Su espíritu.

Oración

Jesús, ten piedad de nuestras almas por las que soportaste todo este dolor y por las que moriste en sangrienta agonía. Perdónanos, porque no sabíamos lo que estábamos haciendo. Amén.

P. 97. ¿Qué efectos produce la Pasión de Cristo?

La Pasión de Jesús produce efectos eternos. Sus sufrimientos nos han salvado de nuestros pecados y de todas sus consecuencias, y hemos recibido todas las gracias y dones que nos llevan a la vida eterna.

Esta liberación que Jesús nos ha obtenido por su Pasión, tiene efectos aún para este mundo. La redención no está confinada a la vida interior de la gracia y amor del alma.

Los hombres liberados del pecado también pueden, con la gracia de Dios, transformar este mundo en un reino, donde haya más libertad, justicia y paz, es decir el Reino de Dios.

Véase: "Catecismo de la Iglesia Católica"
P. 97. Párrafos: 601, **613-615,** 1020-1029, 1987-1996.

Catecismo para la Familia en Video y Audio
Padre Pablo Straub
P. 97. Cinta #115-B355, 02:13

Sagrada Escritura

Con su muerte, el Hijo nos ha obtenido la redención y el perdón de los pecados, en virtud de la riqueza de gracia que Dios derramó abundantemente sobre nosotros con gran sabiduría e inteligencia. *Ef 1, 7-8*

Porque todos pecaron y todos están privados de la gloria de Dios: pero ahora Dios los salva gratuitamente por su bondad en virtud de la redención de Cristo Jesús, a quien Dios ha hecho mediante la fe en su muerte, instrumento de perdón. Ha manifestado así su fuerza salvadora pasando por alto los pecados cometidos en el pasado. *Rm 3, 23-25*

#J2-324-2

Los hombres liberados del pecado también pueden, con la gracia de Dios, transformar este mundo en un reino, donde haya más libertad, justicia y paz, es decir el Reino de Dios.

Catecismo de la Iglesia Católica

1026 Por su muerte y su Resurrección Jesucristo nos ha "abierto" el cielo. La vida de los bienaventurados consiste en la plena posesión de los frutos de la redención realizada por Cristo, que asocia a su glorificación celestial a quienes han creído en El y han permanecido fieles a su voluntad. El cielo es la comunidad bienaventurada de todos los que están perfectamente incorporados a Él.

Encíclica "Veritatis Splendor"

119 La moral cristiana consiste fundamentalmente en el seguimiento de Jesucristo, en el abandonarse a Él, en el dejarse transformar por su gracia y ser renovados por su misericordia, que se alcanzan en la vida de comunión de su Iglesia.

Concilio Vaticano II

Dado que Jesús, el Hijo de Dios, manifestó su amor entregando su vida por nosotros, nadie tiene mayor amor que el que entrega su vida por Él y por sus hermanos (cf. 1 Jn 3, 16; Jn 15,13). *Iglesia, 42*

Prácticas de Doctrina - Moral - Culto

(Vea el Apéndice A para las respuestas.)

1. En la Cruz, Jesús no tan sólo sufrió los dolores físicos más horrorosos, sino también el dolor indescriptible de que su amor era rechazado. ¿Quién rechazó el amor de Jesús?
2. ¿De qué formas has rechazado tú el amor de Jesús?
3. ¿Cómo puedes corresponder al amor de Jesús con más generosidad?

Oración para el Final del Capítulo

Jesús, te ofreciste a Ti mismo como Víctima, por los pecados del mundo y por los nuestros. Tus llagas sangrantes son una prueba de amar hasta la muerte. Contemplamos Tu cabeza inclinada para llamarnos, a pesar de nuestros pecados; Tus brazos extendidos para abrazarnos, a pesar de que fuimos nosotros los que te clavamos; Tu cuerpo colgado de la Cruz para redimirnos, aunque parece que a nosotros algunas veces no nos importa. No nos pertenecemos a nosotros mismos, sino a Ti, que nos has comprado a un gran precio.

Somos Tu don de despedida lleno de amor para Tu Madre. Tu Madre es Tu regalo de despedida lleno de amor para nosotros. Ella es la más querida y cariñosa de las madres. Tú la creaste para Ti de acuerdo con Tu propio deseo divino. Ella ha sido creada inmensamente superior en todo a todas las madres; ella es la bendita entre todas las mujeres. Te damos gracias por darnos una Madre tan buena y amable. Ojalá la amemos tanto como se merece, de la misma forma como Tú la amas. Haz que nosotros, como Juan, la tomemos como nuestra madre, para que en esta vida, ella nos haga ser posesión Tuya; y en el cielo, Dios nos haga su posesión por toda la eternidad.

En Tus manos encomendamos nuestro espíritu, sin reservas y para siempre; nuestra alma con todas sus facultades, nuestro cuerpo con todos sus sentidos, todo nuestro ser, para que sea poseído y gobernado por Tu Espíritu Santo en todo durante esta vida. Enséñanos a hacer Tu voluntad en todas las cosas y a reconocer Tu Divina Providencia en lo que nos suceda. Haz que siempre estemos unidos a Ti por el amor y la confianza, hasta exhalar nuestro último aliento, para que, conscientes de Tu muerte en la Cruz por nosotros, inclinemos nuestra cabeza en humilde sumisión a la voluntad de Dios, y reverentemente encomendemos nuestra alma en las manos de Tu Padre por toda la eternidad. Amén.

Libros de Consulta Familiar — Capítulo 25

P. 94. ¿Qué sufrió Jesús en la Cruz?
Juan Pablo II, *El evangelio de la vida (Evangelium vitae)*, 25, 49, 50, 51.

P. 95. ¿Cuáles son las "siete Palabras" de Jesús, que se conservan en los Evangelios?
Juan Pablo II, *Sentido cristiano del sufrimiento (Salvifici doloris)*, 18.

P. 96. ¿Cómo murió Jesús?
Juan Pablo II, *El evangelio de la vida (Evangelium vitae)*, 33.

P. 97. ¿Qué efectos produce la Pasión de Cristo?
Juan Pablo II, *El Custodio del Redentor (Redemptoris Custos)*, 8;
Juan Pablo II, *El Esplendor de la Verdad (Veritatis Splendor)*, 87, 103.

Repaso de Memoria, Sección II, Segunda Parte

preguntas y respuestas cortas para memorizar

P. 82. ¿Es Jesús verdadero hombre? Jesucristo, el Hijo de Dios, se hizo verdadero hombre; con un cuerpo y un alma humanos.

P. 84. ¿Por qué razón Jesucristo se hizo hombre? Jesucristo se hizo hombre para ser nuestro Salvador y Redentor.

P. 85. ¿Qué queremos expresar cuando decimos que Jesús es nuestro Salvador? Cuando decimos que Jesús es nuestro Salvador queremos expresar que Él tiene el poder de salvar a todo el género humano del pecado y de la muerte. Jesús nos salvó para llevarnos a la vida eterna ya que tomó sobre sí los castigos que merecíamos por nuestros pecados.

P. 86. ¿Hay algún otro Salvador además de Jesús? No, no hay otro Salvador, tan sólo Jesús es Salvador.

P. 87. ¿Cómo redimió Jesús a la humanidad? Por el pecado nosotros nos convertimos en esclavos del pecado y del demonio. Jesús nos liberó al sufrir Él, el castigo que merecían nuestros pecados y ganando el premio de la vida eterna para todos los que creen en Él y practican sus enseñanzas. Redimir quiere decir "liberar" o también "volver a comprar".

P. 89. ¿Por qué fueron tan grandes los sufrimientos de Jesús? Los sufrimientos de Jesús fueron tan grandes debido a la frialdad y al odio con que le pagamos a cambio de su amor.

P. 90. ¿Cuáles fueron los juicios que sufrió Jesús antes de morir? Antes de morir en la Cruz, Jesús fue juzgado y maltratado por: (1) los sumos sacerdotes y los jefes de los judíos; (2) por Herodes; y (3) por Poncio Pilato, que era el Gobernador romano, quien lo condenó a la muerte y muerte de Cruz.

P. 94. ¿Cuáles fueron los sufrimientos de Cristo en la Cruz? En la Cruz, Jesucristo sufrió terribles dolores de cuerpo y de alma. Además de este espantoso dolor en su cuerpo, Jesús sufrió terriblemente de soledad y tristeza.

P. 96. ¿Cómo murió Jesús? Jesús murió cruelmente crucificado.

#R4_2-1-2

Ya que han resucitado con Cristo, busquen las cosas de arriba,
donde está Cristo sentado a la derecha de Dios.
Piensen en las cosas de arriba, no en las de la tierra.

SECCIÓN II
Tercera Parte

La Resurrección y la Ascensión

#R4_1-37

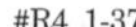

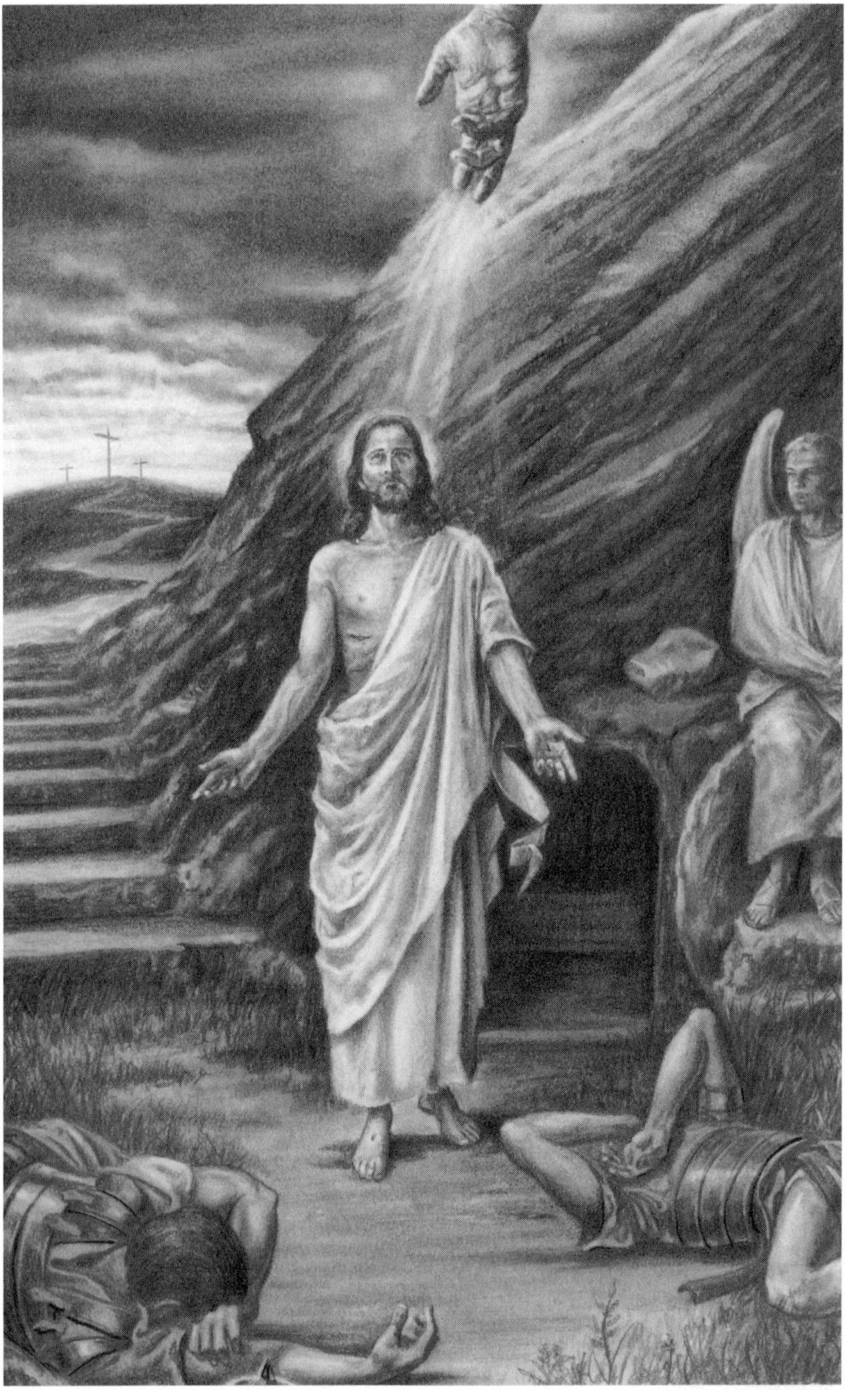

Ha resucitado como lo había dicho.

CAPÍTULO 26

La Resurrección

"Pasado el sábado, al alba del primer día de la semana, María Margalena y la otra María fueron a visitar el sepulcro.

"De pronto hubo un gran temblor. El ángel del Señor bajó del cielo, se acercó, rodó la piedra del sepulcro y se sentó en ella. Su aspecto era como el del relámpago y su vestido blanco como la nieve. Al verlo, los guardias se pusieron a temblar y se quedaron como muertos.

"Pero el ángel se dirigió a las mujeres y les dijo: – Ustedes no teman; sé que buscan a Jesús, el crucificado. No está aquí, ha resucitado como lo había dicho. Vengan a ver el sitio donde estaba puesto. Vayan enseguida a decir a sus discípulos: Ha resucitado de entre los muertos y va camino de Galilea; allí lo verán. Eso es todo.

"Ellas salieron rápidamente del sepulcro y, con temor pero con mucha alegría, corrieron a llevar la noticia a los discípulos.

"Jesús salió a su encuentro y las saludó. Ellas se acercaron, se echaron a sus pies y lo adoraron. Entonces Jesús les dijo: – No teman, digan a mis hermanos que vayan a Galilea; allí me verán" (Mt 28, 1-10).

#R4_1-12

Es en y a través de su cuerpo, resucitado y glorificado, como Jesús se hace accesible mediante la Iglesia a la humanidad.

P. 98. ¿Cómo mostró Jesucristo el poder que tiene como Hijo de Dios?

El poder que Jesús tiene como Hijo de Dios se nos dio a conocer a través de Su Resurrección.

#R4_1-20

El poder que Jesús tiene como Hijo de Dios
se nos dio a conocer a través de Su Resurrección.

Véase: Sagrada Escritura
P. 98. Hch 2, 23-24; 13, 34-35.
Véase: "Catecismo de la Iglesia Católica"
P. 98. Párrafos: 428, 444, 631-637, **648-649, 651.**

Catecismo para la Familia en Video y Audio
Padre Pablo Straub
P. 98. Cinta #115-B355, 03:07.

Hasta Su Resurrección permaneció humilde y obediente hasta la muerte; pero al resucitarse a Sí mismo glorioso de entre los muertos fue exaltado como Señor de todos. Al tercer día se resucitó a Sí mismo de entre los muertos como había prometido hacerlo. Su Resurrección dio la prueba final de que Él era el Hijo de Dios, como Él afirmaba ser. Al vencer a la muerte corporal, por Su propio poder, como evidencia Su Resurrección, Jesús se manifestó a Sí mismo como dueño de la vida y de la muerte. Por consiguiente, Él es verdadero Dios y verdadero Hombre, Él es nuestro Salvador.

Durante muchos siglos, desde Adán hasta Jesús, hubo un gran número de hombres y mujeres por todo el mundo que creyeron en Dios y obedecieron sus leyes. Como esas almas no merecían el castigo eterno, después de su muerte vivieron en un estado de felicidad, pero sin ninguna visión de Dios.

Jesús se apareció con su alma humana a estas almas, mientras su cuerpo yacía en la tumba, para anunciarles la buena nueva de la redención (cf. *Catecismo de la Iglesia Católica,* 631-637) y para conducirlos a Dios Padre. Durante todo este tiempo, su naturaleza divina permaneció unida tanto a su cuerpo, como a su alma. En el Credo de los Apóstoles decimos: "Descendió a los infiernos".

Jesús resucitó de entre los muertos con un cuerpo glorioso, es más un cuerpo glorificado, como el que tendrán los justos después de resucitar, al final del mundo. Era, y es, un cuerpo que ya no puede sufrir o morir; un cuerpo que mostró el resplandor y la belleza de un alma unida a Dios; un cuerpo que podía pasar de un lugar a otro con la velocidad del pensamiento; un cuerpo que pudo atravesar una pared sólida; un cuerpo que no necesitaba ni alimento, ni bebida, ni descanso. Es en y a través de su cuerpo, resucitado y glorificado, como Jesús se hace accesible mediante la Iglesia a la humanidad. Su divino poder está en acción especialmente por medio de los sacramentos, proporcionándonos la gracia que necesitamos para la salvación y santificación.

Sagrada Escritura

A este Jesús, Dios lo resucitó, y de ello somos testigos todos nosotros. *Hch 2.32*

Y cuál la excelsa grandeza de su poder para con nosotros, los creyentes, manifestada a través de su fuerza poderosa. Es la fuerza con que Dios actuó en Cristo al resucitarlo de entre los muertos y sentarlo a su derecha en los cielos. *Ef 1, 19-20*

Catecismo de la Iglesia Católica

445 Después de su Resurrección, su filiación divina aparece en el poder de su humanidad glorificada: "Constituido Hijo de Dios con poder, según el Espíritu de santidad, por su Resurrección de entre los muertos" (Rm 1, 4; cf Hch 13, 33). Los apóstoles podrán confesar: "Hemos visto su gloria, gloria que recibe del Padre como Hijo único, lleno de gracia y de verdad" (Jn 1, 14).

Concilio Vaticano II

Esta obra de la redención humana y de la perfecta glorificación de Dios, preparada por las maravillas que Dios obró en el pueblo de la Antigua Alianza, Cristo el Señor la realizó principalmente por el misterio pascual de su bienaventurada pasión, resurrección de entre los muertos y gloriosa ascensión. Por este misterio, "con su muerte destruyó nuestra muerte y con su resurrección restauró nuestra vida".
Sagrada liturgia, 5

#J2-366-2

Esas almas no merecían el castigo eterno, después de su muerte vivieron en un estado de felicidad, pero sin ninguna visión de Dios.

Oración

Jesús, creemos que por Tu Resurrección, Tu cuerpo fue glorificado al unirse nuevamente a Tu alma gloriosa. Tú resucitaste triunfante por Tu propio poder. Tu cuerpo adquirió cualidades espirituales: inmortalidad, belleza, gloria, libertad y el poder de trasladarse velozmente y sin obstáculos. La divinidad llena de resplandores de Tu cuerpo glorificado, y torrentes de alegría se derraman en Tu alma y en Tu Sagrado Corazón. Concédenos que en Tu segunda venida, también nosotros, por Tu gran misericordia, tengamos cuerpos glorificados, que participen para siempre, junto con nuestras almas en Tu amor, alegría y paz. Amén.

#R4_1-29

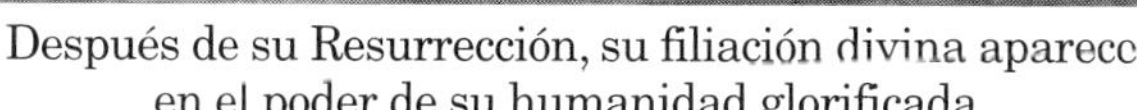

Después de su Resurrección, su filiación divina aparece en el poder de su humanidad glorificada.

P. 99. ¿Por qué es tan importante la Resurrección de nuestro Señor?

La Resurrección del Señor es muy importante porque, no sólo confirma la Fe de la Iglesia, sino porque es el misterio central por el que Dios nos llama a una vida eterna.

La Iglesia celebra la Resurrección de Cristo con gran alegría. No sólo en el tiempo de Pascua, sino cada Domingo del año es una celebración de la Resurrección de nuestro Señor. Éste es el día en que Jesucristo rompió las cadenas de la muerte y resucitó triunfante del sepulcro. La Fe en la Resurrección es la base de la esperanza "para una herencia incorruptible, incontaminada e imperecedera. Una herencia reservada en los cielos para ustedes" (1 Pe 1, 4).

Sagrada Escritura

Entonces Jesús afirmó: "Yo soy la resurección y la vida. El que cree en mí, aunque haya muerto, vivirá y todo el que esté vivo y crea en mí, jamás morirá". *Jn 11, 25-26*

Véase: "Catecismo de la Iglesia Católica"
P. 99. Párrafos: **638, 651-658.**

Catecismo para la Familia en Video y Audio
Padre Pablo Straub
P. 99. Cinta #115-B355, 07:31.

Si nuestra esperanza en Cristo no va más allá de esta vida, somos los más miserables de todos los hombres. Pero no, Cristo ha resucitado de entre los muertos, como primer fruto de quienes duermen el sueño de la muerte. Porque lo mismo que por un hombre vino la muerte, también por un hombre ha venido la resurrección de los muertos. Y como por su unión con Adán todos los hombre mueren, así también por su unión con Cristo, todos retornarán a la vida. *1 Co 15, 19-20*

La fe es el fundamento de lo que se espera y la prueba de lo que no se ve. *Hb 11, 1*

Catecismo de la Iglesia Católica

653 La verdad de la *divinidad de Jesús* es confirmada por su Resurrección. Él había dicho: "Cuando hayáis levantado al Hijo del hombre, entonces sabréis que Yo Soy" (Jn 8, 28). La Resurrección del Crucificado demostró que verdaderamente, él era "Yo Soy", el Hijo de Dios y Dios mismo. San Pablo pudo decir a los judíos: "La Promesa hecha a los padres, Dios la ha cumplido en nosotros... al resucitar a Jesús, como está escrito en el salmo primero: 'Hijo mío eres tú; yo te he engendrado hoy'" (Hch 13, 32-33; cf Sal 2, 7). La Resurrección de Cristo está estrechamente unida al misterio de la Encarnación del Hijo de Dios: es su plenitud según el designio eterno de Dios.

#D2-21-2

Yo soy la resurección y la vida. El que cree en Mí, aunque haya muerto, vivirá.

Oración

Jesús, ¡qué gran amor mostraste a las piadosas mujeres! Te siguieron al Calvario y quisieron estar contigo, aún cuando creían que estabas en el sepulcro. En recompensa por ese amor y fidelidad, Tú te apareciste a ellas inmediatamente después de Tu Resurrección. Que por Tu gracia participemos del amor y de la fidelidad de estas santas mujeres, y estemos contigo por siempre en el Cielo. Amén.

#R4_1-27

Cristo resucitó de entre los muertos como primer fruto de quienes duermen el sueño de la muerte.

P. 100. ¿Por qué la Resurrección de Cristo juega un papel central en la vida de fe?

La Resurrección juega un papel central en la vida de fe, porque es el acontecimiento clave que fundamenta la Fe de la Iglesia en Jesús como Salvador y Redentor.

La Resurrección histórica, corporal y perpetua, de Jesús de entre los muertos es la evidencia de que Jesús ha conquistado a los enemigos de la humanidad: el demonio, el pecado y la muerte. La Resurrección también confirma que todo lo que Jesús enseñó sobre su divinidad y su misión mesiánica es verdadero. Más aún, la Resurrección apunta al triunfo sobre el demonio, el pecado y la

Véase: Sagrada Escritura
P. 100. 1 Co 15, 20-28.
Véase: "Catecismo de la Iglesia Católica"
P. 100. Párrafos: **651-655.**

Catecismo para la Familia en Video y Audio
Padre Pablo Straub
P. 100. Cinta #115-B355, 09:24.

muerte, que pertenece a aquellos que aceptan plenamente a Jesús como a su Salvador.

Los apóstoles y discípulos consideraron la Resurrección tan importante que se arriesgaron a la prisión, la tortura y la muerte por proclamar la realidad histórica de la Resurrección.

#A18-19-2

Los Apóstoles y discípulos consideraron la Resurrección tan importante que se arriesgaron a la prisión, la tortura y la muerte.

Sagrada Escritura

Y si Cristo no ha resucitado, tanto mi anuncio como la fe de ustedes no tienen sentido... Y si Cristo no ha resucitado, la fe de ustedes no tiene sentido y siguen aún sumidos en sus pecados. *1 Co 15, 14.17*

Así pues, ya que han resucitado con Cristo, busquen las cosas de arriba, donde está Cristo sentado a la derecha de Dios. Piensen en las cosas de arriba, no en las de la tierra. *Col 3, 1-2*

Catecismo de la Iglesia Católica

638 "Os anunciamos la Buena Nueva de que la Promesa hecha a los padres Dios la ha cumplido en nosotros, los hijos, al resucitar a Jesús" (Hch 13, 32-33). La Resurrección de Jesús es la verdad culminante de nuestra fe en Cristo, creída y vivida por la primera comunidad cristiana como verdad central, transmitida como fundamental por la Tradición, establecida en los documentos del Nuevo Testamento, predicada como parte esencial del Misterio Pascual al mismo tiempo que la Cruz:

Cristo ha resucitado de los muertos,
con su muerte ha vencido la muerte.
Y a los sepultados ha dado la vida.
(Liturgia bizantina, Tropario de Pascua.)

Oración

Jesús, creemos que resucitaste por Tu divino poder, según lo habías prometido, como Vencedor glorioso. Al salir Tú de la tumba, la tierra tembló y los guardias se estremecieron de miedo. Tu cuerpo brilla ahora como el sol. Las llagas de Tus manos y de Tus pies centellean como joyas preciosas. La muerte ha sido vencida, su victoria rota y su aguijón destruido. Tú triunfas, no sólo para Ti, sino para que también nosotros triunfemos sobre el sepulcro.

Este misterio refuerza nuestra esperanza en otra vida mejor después de la muerte; en la resurrección de nuestro cuerpo en el último día, y en una eternidad llena de felicidad. Esperamos firmemente morir en estado de gracia, para que Tú nos resucites gloriosos. Esperamos que, por Tu Resurrección gloriosa, hagas nuestros cuerpos como el Tuyo en la gloria, y nos permitas habitar contigo en el cielo por toda la eternidad.

Adoramos Tu sagrada humanidad que recibe este reino eterno de honor, poder, alegría y gloria. Nos alegramos contigo, nuestro Dueño inmortal, glorioso y todopoderoso. Amén.

#J2-358-2

La Resurrección apunta al triunfo sobre el demonio, el pecadoy la muerte.

P. 101. ¿En qué consiste el anuncio Pascual?

El anuncio Pascual son las palabras del ángel a las santas mujeres: "No está aquí; ha resucitado" (Lc 24, 6).

#R4_1-18

No está aquí; ha resucitado.

Sagrada Escritura

Les recuerdo, hermanos, el evangelio que les anuncié, que recibieron y en el que han perseverado. Es el evangelio que los está salvando, si lo conservan tal y como lo anuncié; de no ser así habrían creído en vano. Porque yo les transmití, en primer lugar, lo que a mi vez recibí: que Cristo murió por nuestros pecados según las Escrituras... y que se apareció a Pedro y luego a los Doce. *1 Co 15, 1-5*

Catecismo de la Iglesia Católica

640 "¿Por qué buscar entre los muertos al que vive? No está aquí, ha resucitado" (Lc 24, 5-6). En el marco de los acontecimientos de Pascua, el primer elemento que se encuentra es el sepulcro vacío. No es en sí una prueba directa. La ausencia del cuerpo de Cristo en el sepulcro podría explicarse de otro modo (cf Jn 20, 13; Mt 28, 11-15). A pesar de eso, el sepulcro vacío ha constituido para todos un signo esencial. Su

Véase: "Catecismo de la Iglesia Católica"
P. 101. Párrafo: 640.

Catecismo para la Familia en Video y Audio
Padre Pablo Straub
P. 101. Cinta #115-B355, 16:23.

descubrimiento por los discípulos fue el primer paso para el reconocimiento del hecho de la Resurrección. Es el caso, en primer lugar, de las santas mujeres (cf Lc 24, 3.22-23), después de Pedro (cf Lc 24, 12). "El discípulo que Jesús amaba" (Jn 20, 2) afirma que, al entrar en el sepulcro vacío y al descubrir "las vendas en el suelo" (Jn 20, 6), "vio y creyó" (Jn 20, 8). Eso supone que constató en el estado del sepulcro vacío (cf Jn 20, 5-7) que la ausencia del cuerpo de Jesús no había podido ser obra humana y que Jesús no había vuelto simplemente a una vida terrenal como había sido el caso de Lázaro (cf Jn 11, 44).

Concilio Vaticano II

Dios habló a nuestros padres en distintas ocasiones y de muchas maneras por los profetas. *Ahora, en esta etapa final nos ha hablado por el Hijo* (Heb 1,1-2). Pues envió a su Hijo, la Palabra eterna, que alumbra a todo hombre, para que habitara entre los hombres y les contara la intimidad de Dios (cf. Jn. 1, 1-18). Jesucristo, Palabra hecha carne, "hombre enviado a los hombres", *habla las palabras de Dios* (Jn 3, 34) y realiza la obra de la salvación que el Padre le encargó (cf. Jn 14, 9); Él, con su presencia y manifestación, con sus palabras y obras, signos y milagros, sobre todo con su muerte y gloriosa resurrección, con el envío del Espíritu de la verdad, lleva a plenitud toda la revelación y la confirma con testimonio divino; a saber, que Dios está con nosotros para librarnos de las tinieblas del pecado y la muerte y para hacernos resucitar a una vida eterna. *Divina revelación, 4*

Prácticas de Doctrina - Moral - Culto

(Vea el Apéndice A para las respuestas.)

1. ¿Qué verdades nos reveló Jesucristo con su Resurrección?
2. ¿Cuál es nuestra esperanza después de la Resurrección de Jesús? ¿Cómo manifiestas esta esperanza en tus acciones diarias?
3. ¿Influye la Resurrección de Jesús en tus decisiones diarias?

Oración para el Final del Capítulo

Jesús, eres infinitamente bueno con todos, y jamás dejas de premiar a quienes quieren agradarte. Tu bondad también se manifestará en nosotros, si nos mantenemos fieles ante los sufrimientos y las tentaciones. Cuántas veces te hemos sido infieles; cuántas veces te hemos olvidado en tiempo de dolor y de tribulación. Prometemos serte más fieles en el futuro. Danos un verdadero amor por Ti; un ardiente y sacrificado amor, que busque agradarte perfectamente y se parezca a Ti en el sufrimiento.

Jesús, fue algo muy natural que te aparecieras a Tu santa Madre, ya que es la persona más cercana y más querida para Ti en el orden de la naturaleza y de la gracia. Recibiste de ella la vida, que ahora es tan gloriosa.

Ella posee la más íntima participación en Tus misterios, entre los cuales esta gloria de Tu Resurrección es el regalo más grande. Ella participó como nadie en los dolores y la amargura de Tu Pasión, y así también ahora ella participa más que todos los demás en la gloria de Tu triunfo. Es, por tanto muy conveniente que ella participe ahora de un modo especial en Tu gloria.

Señor Jesús, muy de mañana el día de Tu Resurrección manifestaste Tu amor y llevaste la primera luz de la aurora a los que habitaban en tinieblas. Tu muerte nos ha abierto un camino. No sometas a juicio a Tus siervos; haz que Tu Espíritu Santo nos guíe al lugar de la justicia y de la eterna bienaventuranza. Te lo pedimos por Tu Santísimo y Poderoso Nombre. Amén.

Libros de Consulta Familiar — Capítulo 26

P. 98. ¿Cómo mostró Jesucristo el poder que tiene como Hijo de Dios?
Juan Pablo II, *El Espíritu Santo en la vida de la Iglesia y del mundo (Dominum et vivificantem)*, 24.

P. 99. ¿Por qué es tan importante la Resurrección de nuestro Señor?
Juan Pablo II, *El evangelio de la vida (Evangelium vitae)*, 82, 97, 104;
Juan Pablo II, *El Espíritu Santo en la vida de la Iglesia y del mundo (Dominum et vivificantem)*, 24-25.

P. 100. ¿Por qué la Resurrección de Cristo juega un papel central en la vida de fe?
Juan Pablo II, *Catequesis en nuestros días (Catechesi tradendae)*, 10;
Juan Pablo II, *El Espíritu Santo en la vida de la Iglesia y del mundo (Dominum et vivificantem)*, 24, 58;
Juan Pablo II, *El trabajo humano (Laborem exercens)*, 27.

P. 101. ¿En qué consiste el anuncio Pascual?
Juan Pablo II, *La dignidad y vocación de la mujer (Mulieris dignitatem)*, 16.

Héroes de Nuestra Fe: La Historia de Francisco de Fátima - Repaso de la Lección

La Resurrección

Los líderes del gobierno de la localidad hicieron todo lo posible para destruir nuestra fe. Pero no lo lograron. Si algo consiguieron fue fortalecerla. ¿Cómo no íbamos a aferrarnos a nuestra fe cuando los que la odiaban tan to mentían sin reserva? Ciertamente compadecía a los líderes del gobierno por su falta de fe.

De regreso de la prisión a casa, alcancé a escuchar una conversación entre dos soldados. No era mi propósito espiar, pero a mi pesar, no pude evitar escuchar fascinado. Uno de ellos tenía más o menos la edad de mi papá. El otro parecía más joven, quizás entre diecinueve o veinte años de edad. Pero cuando subían al vagón estaban en medio de una discusión.

"¿Cómo es que puedes creer en ese cuento de hadas de la Resurrección de Cristo?" decía el hombre mayor. "¿No puedes ver que la ciencia tiene una explicación razonable de lo que le pasó a Jesús?".

"¿Cuál es esa?" preguntó el más joven.

"Hay dos posibles explicaciones 'científicas'", explicó el soldado mayor. "Primero, es posible antes que nada que Jesús nunca murió en la cruz. Bien puede ser que su Madre y sus amigos le bajaron de la cruz antes de que muriera y le cuidaran por dos días. Al tercer día estaba lo suficientemente bien como para presentarse a sus amigos. Naturalmente, todos se sorprendieron al verle y se corrió el rumor de que había resucitado de entre los muertos".

"¿Cómo explicas la Ascensión?" preguntó el joven soldado.

"Si la primera parte del argumento es correcta", le contesta el hombre mayor, "la Ascensión fue probablemente el día en que Jesús realmente murió. Pues eso no sería extraño después de las lesiones que recibió el Viernes Santo".

El hombre joven reflexionó por un momento.

"Así de momento lo que dices suena razonable. Pero surgen más preguntas de tu contestación. Por un lado: ¿cómo sobrevivió Jesús la estocada a su corazón? ¿Por qué mentirían Juan y María al decir que Él había resucitado de entre los muertos?

"Eso es fácil de explicar", dijo el hombre mayor. "La lanza probablemente traspasó a uno de los dos criminales. María y Juan querían ayudar a que Jesús quedara bien haciendo ver como que Jesús había hecho lo que había dicho que haría – resucitar de entre los muertos".

El hombre joven movió la cabeza. "¿No es mucho creer que Jesús pudo sobrevivir los golpes, la flagelación, cargar con la cruz y la crucifixión? Pero si Jesús sobrevivió y murió 40 días después, ¿cómo explicas sus acciones en el intervalo? Aparece y desaparece. Atraviesa puertas cerradas. El día de su muerte asciende al Cielo frente a muchos testigos. ¿Sería "científico" suponer que los apóstoles expusieran sus vidas por la verdad de la Resurrección y de la Ascensión cuando sabían que Jesús sencillamente murió por sus lesiones?".

Con una risita, el hombre mayor le dice: "Muy bien, muy bien. ¿No te dije que había dos explicaciones científicas? No esperaba que tomaras tan en serio la primera, pero la segunda es mía".

El hombre joven esperó en silencio.

"Como dices", continuó el hombre mayor, "los hechos sugieren que Jesús murió en la cruz. Pero ¿qué pasó después? En aquellos días los hombres no sabían nada sobre la mente, cómo las personas se imaginan las cosas que quieren ver. Los Apóstoles sabían que Jesús predijo su Resurrección. Querían creer. María Magdalena era una persona enferma, mentalmente inestable. Confundió a un jardinero con Jesús. Luego corrió a decírselo a los Apóstoles. Ellos corrieron al lugar pero no vieron nada".

El hombre mayor hizo un momento de silencio para dejar que sus palabras surtieran efecto.

"En la oscuridad de esa noche tuvieron una alucinación", y continuó, "no es de sorprenderse. Todos estaban al borde de una crisis nerviosa. No habían comido ni dormido bien por varios días. María les dio la clave. El traspasar paredes y las heridas ambas sugieren una alucinación. Al cabo de varias semanas se calmaron. Terminaron las alucinaciones: imaginaron una Ascensión para poder explicar el por qué no podían ver más a Jesús. ¿No te explica esto la Resurrección y la Ascensión?"

El hombre joven pensó un momento.

"Debo confesar", respondió por fin, "que esperaba más de ti. No has explicado nada. Por un lado, basas toda la explicación en un error. Dices que los Apóstoles querían creer en la Resurrección. Bien, pues no, con la excepción de Juan, eran hombres desalentados sin ninguna fe en Jesús. Cuando María les dijo que había visto a Jesús, no la creyeron. Cuando los Diez dijeron a Tomás que habían visto a Jesús, tampoco les creyó. Tomás dijo a los Diez que tenía que ver para creer. No era un soñador en busca de una visión. Era un científico buscando una prueba.

"Hablas como si los Apóstoles y María Magdalena fueron los únicos testigos de la Resurrección. Pero ¿qué de los 500 testigos que menciona San Pablo?" y añadió: "¿Es en efecto 'científico' suponer que 500 personas tuvieran la misma alucinación al mismo tiempo? Las personas no pueden tocar las alucinaciones de la forma que María Magdalena y los Apóstoles tocaron a Jesús. Y si fue una alucinación, ¿por qué el cuerpo de Jesús desapareció de la tumba? Si los Apóstoles alucinaban, no tenían necesidad de un cuerpo ¿y qué fue de él? Tu historia no explica nada de eso.

"Siempre se me enseñó que la mejor hipótesis es la simple explicación lógica de los hechos y la simple explicación lógica de los hechos es que:

"¡Jesús murió, resucitó de entre los muertos y ascendió al Cielo!".

Al terminar el joven soldado su explicación, el vagón llegó a nuestra aldea y el hombre mayor aprovechó la ocasión para dar por terminada la conversación. Más tarde supe que el hombre más joven era un seminarista que había sido reclutado por el ejército. Doy gracias a Dios por la sabiduría de hombres como él, que saben contestar a las mentiras ingeniosas de los hombres infieles.

Recé por estos dos hombres hasta mi muerte – por el joven para que conservara su fe y por el hombre mayor para que fuera salvado de su incredulidad. ¡Me alegra decir que ambas oraciones fueron escuchadas!

#J2-329-2

¿Por qué buscar entre los muertos al que vive?

CAPÍTULO 27

Jesús se Aparece a los Apóstoles

#R4.4-5-2

La paz con ustedes.

"Aquel mismo domingo, por la tarde, estaban reunidos los discípulos en una casa con las puertas cerradas por miedo a los judíos. Jesús se presentó en medio de ellos y les dijo: 'La paz esté con ustedes'. Y les mostró las manos y el costado. Los discípulos, se llenaron de alegría al ver al Señor.

"Jesús les dijo de nuevo: 'La paz esté con ustedes'. Y añadió: 'Como el Padre me ha enviado, yo también los envío a ustedes'. Sopló sobre ellos y les dijo: 'Reciban el Espíritu Santo. A quienes les perdonen los pecados, Dios se los perdonará; y a quienes se los retengan, Dios se los retendrá'.

"Tomás, uno del grupo de los Doce, a quien llamaban 'El Mellizo', no estaba con ellos cuando se les apareció Jesús. Le dijeron, pues, los demás discípulos: Hemos visto al Señor. Tomás les contestó: 'Si no veo las señales dejadas en sus manos por los clavos y no meto mi dedo en ellas, si no meto mi mano en la herida abierta de su costado, no lo creeré'.

"Ocho días después, se encontraban de nuevo reunidos en casa todos los descípulos de Jesús. Estaba también Tomás. Aunque las puertas estaban cerradas, Jesús se presentó en medio de ellos y les dijo: 'La paz esté con ustedes'. Después dijo a Tomás: 'Acerca tu dedo y comprueba mis manos; acerca tu mano y métela en mi costado. Y no seas incrédulo, sino creyente'. Tomás contestó: '¡Señor mío y Dios mío!' Jesús le dijo: '¿Has creído porque me has visto? Dichosos los que han creído sin haber visto'" (Jn 20, 19-29).

P. 102. ¿Cómo llevó Jesús a sus Apóstoles a la fe en su Resurrección?

Jesús condujo a sus Apóstoles a creer en su Resurrección al hacerse presente, con su cuerpo resucitado y glorioso, por cuarenta días entre los que lo seguían; comiendo con ellos, hablando con ellos y permitiéndoles que lo tocaran y lo sintieran. Con toda claridad, aquel a quien vieron, tocaron y oyeron no era ni un espíritu sin cuerpo, ni una ilusión.

#R4_1-7-2

Dichosos los que han creído sin haber visto.

Sagrada Escritura

Depués de su pasión, Jesús se les presentó con muchas y evidentes pruebas de que estaba vivo, apareciéndoseles durante cuarenta días y hablándoles del reino de Dios. *Hch 1, 3*

Véase: "Catecismo de la Iglesia Católica"
P. 102. Párrafos: 641-645.

Catecismo para la Familia en Video y Audio
Padre Pablo Straub
P. 102. Cinta #115-B355, 17:13.

Estaban comentando lo sucedido, cuando el mismo Jesús se presentó en medio y les dijo: "La paz esté con ustedes". Espantados y llenos de miedo, creían ver un fantasma. Pero él les dijo: ¿De qué se asustan? ¿Por qué surgen dudas en su interior? Vean mis manos y mis pies; soy yo en persona. Tóquenme y convénzanse de que un fantasma no tiene carne ni huesos, como ven que yo tengo. Y dicho esto, les mostró las manos y los pies. Pero como aún se resistían a creer por la alegría y el asombro, les dijo: ¿Tienen algo de comer? Ellos le dieron un trozo de pescado asado. Él lo tomó y lo comió delante de ellos. *Lc 24, 36-43*

Catecismo de la Iglesia Católica

642 Todo lo que sucedió en estas jornadas pascuales compromete a cada uno de los apóstoles – y a Pedro en particular – en la construcción de la era nueva que comenzó en la mañana de Pascua. Como testigos del Resucitado, los apóstoles son las piedras de fundación de su Iglesia. La fe de la primera comunidad de creyentes se funda en el testimonio de hombres concretos, conocidos de los cristianos y, para la mayoría, viviendo entre ellos todavía. Estos "testigos de la Resurrección de Cristo" son ante todo Pedro y los Doce, pero no solamente ellos: Pablo habla claramente de más de quinientas personas a las que se apareció Jesús en una sola vez, además de Santiago y de todos los apóstoles. (cf 1 Co 15, 4-8).

#R4_1-10

Como testigos del Resucitado, los apóstoles son las piedras de fundación de Su Iglesia.

Oración

Amabilísimo Príncipe de la Paz, que diste la paz a Tus Apóstoles, te pedimos que de la abundancia de Tu Sagrado Corazón, nos des esa paz que el mundo no puede dar, para que guardemos fielmente Tus mandamientos y te sirvamos sin temor a nuestros enemigos.

Jesús, antes de Tu muerte predijiste a Pedro y a los demás Apóstoles, que en Tu Iglesia se les daría el poder de atar y de desatar los pecados. Cuando te apareciste a Tus Apóstoles les diste de hecho el poder de perdonar los pecados y la autoridad para juzgar. Este poder se les dio, no sólo a ellos, sino a todos sus sucesores legítimos.

Jesús, haz que este modo amoroso con que atrajiste a Tomás a la fe, fortalezca en nosotros el espíritu de amor, de confianza y de fe en Tu presencia real en el Santísimo Sacramento, donde no podemos verte. Haz que demostremos esta fe con nuestra devoción ferviente en la Misa, en la Santa Comunión y en nuestras visitas al Sagrario. Te lo pedimos por Tu Santísimo y todopoderoso Nombre. Amén.

P. 103. ¿Cómo llevó el Espíritu Santo a los Apóstoles a creer en la Resurrección de Jesús?

El Espíritu Santo, por medio del don interno de la fe, confirmó a los Apóstoles a aceptar la Resurrección de Jesús, hasta con manifestaciones externas, como es evidente en Tomás y en todos los demás Apóstoles durante los primeros días y años de la Iglesia.

Sagrada Escritura

Por su parte, los apóstoles daban testimonio con mucha fortaleza de la resurrección de Jesús, y todos gozaban de gran estima. *Hch 4, 33*

Nosotros y el Epíritu Santo que Dios ha dado a los que le obedecen somos testigos de todo esto. *Hch 5, 32*

Catecismo de la Iglesia Católica

644 Tan imposible les parece la cosa que, incluso puestos ante la realidad de Jesús resucitado, los discípulos dudan todavía: creen ver un espíritu. "No acaban de creerlo a causa de la alegría y estaban asombrados" (Lc 24, 41). Tomás conocerá la misma prueba de la duda y, en la última aparición en Galilea referida por Mateo, "algunos sin embargo dudaron" (Mt 28, 17). Por esto la hipótesis según la cual la resurrección habría sido un "producto" de la fe (o de la credulidad) de los apóstoles no tiene consistencia. Muy al contrario, su fe en la Resurrección nació -bajo la acción de la gracia divina- de la experiencia directa de la realidad de Jesús resucitado.

Véase: Sagrada Escritura
P. 103. Lc 24, 36-49.
Véase: "Catecismo de la Iglesia Católica"
P. 103. Párrafos: 640-645.

Catecismo para la Familia en Video y Audio
Padre Pablo Straub
P. 103. Cinta #115-B355, 21:35.

Concilio Vaticano II

La santa madre Iglesia considera deber suyo celebrar con un sagrado recuerdo, en días determinados a través del año, la obra salvífica de su divino Esposo. Cada semana, en el día que llamó 'del Señor', conmemora su resurrección, que una vez al año celebra también, junto con su santa pasión, en la máxima solemnidad de la Pascua.

Además, en el círculo del año desarrolla todo el misterio de Cristo, desde la Encarnación y la Navidad hasta la Ascensión, Pentecostés y la expectativa de la dichosa esperanza y venida del Señor.

Conmemorando así los misterios de la redención, abre las riquezas del poder santificador y de los méritos de su Señor, de tal manera que, en cierto modo, se hacen presentes en todo tiempo para que puedan los fieles ponerse en contacto con ellos y llenarse de la gracia de la salvación. *Sagrada Liturgia, 102*

#A18-17-2

Su fe en la Resurrección nació – bajo la acción de la gracia divina – de la experiencia directa de la realidad de Jesús resucitado.

Prácticas de Doctrina - Moral - Culto

(Vea el Apéndice A para las respuestas.)

1. Después de su Resurrección ¿qué hizo Jesús para fortalecer la fe de sus discípulos?
2. Lee y medita el versículo de la Escritura que dice: "...Dichosos los que no han visto y han creído" (Juan 20, 29).
3. ¿Qué cosas concretas puedes hacer tú para fortalecer tu fe en la Resurrección?

Oración para el Final del Capítulo

Jesús, Tú manifestaste a los Apóstoles que era necesario que sufrieras, y al tercer día resucitaras de entre los muertos. Si fue necesario que Tú sufrieras para entrar en la gloria del cielo, quiere decir que ciertamente no hay otro camino para nosotros. Hemos sido redimidos por la Cruz y por este signo debemos alcanzar nuestra propia salvación y la de los demás. Sin la Cruz no hay salvación.

Fortalécenos con Tu gracia para que, siguiendo Tu ejemplo y lo que nos dices por Tus palabras en la Escritura, y por amor Tuyo, pacientemente soportemos las tribulaciones y sufrimientos que nuestro trabajo nos ocasione. En la misma medida en que participemos de Tus sufrimientos, participaremos también de Tu gloria en la vida después de la muerte. Concédenos la gracia de participar de Tu gloria en la bienaventuranza eterna del cielo.

Te damos gracias por el inestimable beneficio de la institución del Sacramento de la Penitencia. Por medio de la Confesión frecuente, nos das un aumento de la gracia santificante, una firme confianza en Dios, la paz de la conciencia, la fuerza para resistir las tentaciones, la facilidad para realizar obras buenas y una alegría duradera.

En este Sacramento recibimos el precio de Tu preciosa Sangre y de Tus Cinco Santas Llagas. Te agradecemos todas las gracias que hayamos recibido en este Sacramento, por el que has hecho posible nuestra resurrección espiritual; ayúdanos a usar este gran medio de gracia con confianza, alegría y celo.

Qué bueno y paciente eres al soportar nuestras faltas y sacar de ellas un bien para nosotros. Cuando nos damos cuenta de cómo nos has buscado a nosotros, discípulos Tuyos, perdidos y sin fe, y cómo nos has visitado con Tu gracia, llenos de admiración por Tu amorosa bondad, exclamamos: "¡Señor mío y Dios mío!". Amén.

Libros de Consulta Familiar — Capítulo 27

P. 103. ¿Cómo llevó el Espíritu Santo a los Apóstoles a creer en la Resurrección de Jesús?
Juan Pablo II, *El Espíritu Santo en la vida de la Iglesia y del mundo (Dominum et vivificantem)*, 24.

CAPÍTULO 28

Creer en la Resurrección

P. 104. ¿Qué enseña la Iglesia acerca de la Resurrección?

La Iglesia Católica enseña que Jesús resucitó con su cuerpo de entre los muertos, por el poder de Dios Padre y por su propio poder.

#R4_1-14

Jesús Se revela definitivamente Hijo de Dios con poder, según el Espíritu de santidad, por Su resurrección de entre los muertos.

Sagrada Escritura

El Padre me ama, porque yo doy mi vida para recuperarla de nuevo. Nadie tiene poder para quitármela; soy yo quien la doy por mi propia voluntad. Yo tengo poder para darla y para recuperarla de nuevo. Esta es la misión que recibí de mi Padre. *Jn 10, 17-18*

Véase: Sagrada Escritura
P. 104. Hch 2, 22-36.
Véase: "Catecismo de la Iglesia Católica"
P. 104. Párrafo: 649.

Catecismo para la Familia en Video y Audio
Padre Pablo Straub
P. 104. Cinta #115-B355, 22:30.

Catecismo de la Iglesia Católica

648 La Resurrección de Cristo es objeto de fe en cuanto es una intervención trascendente de Dios mismo en la creación y en la historia. En ella, las Tres Personas Divinas actúan juntas a la vez y manifiestan su propia originalidad. Se realiza por el poder del Padre que "ha resucitado" (cf Hch 2, 24) a Cristo, su Hijo, y de este modo ha introducido de manera perfecta su humanidad -con su cuerpo- en la Trinidad. Jesús se revela definitivamente "Hijo de Dios con poder, según el Espíritu de santidad, por su resurrección de entre los muertos" (Rm 1, 3-4). San Pablo insiste en la manifestación del poder de Dios (cf Rm 6, 4; 2 Co 13, 4; Flp 3, 10; Ef 1, 19-22; Hb 7,16) por la acción del Espíritu que ha vivificado la humanidad muerta de Jesús y la ha llamado al estado glorioso de Señor.

P. 105. ¿Qué significa creer que Jesús resucitó con su cuerpo de entre los muertos?

Creer que Jesús resucitó con su cuerpo de entre los muertos, es creer que Dios, hecho hombre, venció el pecado y la muerte. Nosotros hemos de creer también que esta victoria está a nuestro alcance, a través de su Iglesia.

Sagrada Escritura

La muerte ha sido vencida. ¿Dónde está, muerte, tu victoria? ¿Dónde está, muerte, tu aguijón? El aguijón de la muerte es el pecado, y la ley ha servido para dar fuerza al pecado. Pero nosotros damos gracias a Dios que nos da la victoria por medio de nuestro Señor Jesucristo. *1 Co 15, 54-57*

Catecismo de la Iglesia Católica

654 Hay un doble aspecto en el misterio pascual: por su muerte nos libera del pecado, por su Resurrección nos abre el acceso a una nueva vida. Esta es, en primer lugar, la justificación que nos devuelve a la gracia de Dios, "a fin de que, al igual que Cristo fue resucitado de entre los muertos... así también nosotros vivamos una nueva vida" (Rm 6, 4). Consiste en la victoria sobre la muerte y el pecado y en la nueva participación en la gracia (cf Ef 2, 4-5; 1 P 1, 3). Realiza la adopción filial porque los hombres se convierten en hermanos de Cristo, como Jesús mismo llama a sus discípulos después de su Resurrección: "Id, avisad a mis hermanos" (Mt 28, 10; Jn 20, 17). Hermanos no por naturaleza, sino por don de la gracia, porque esta filiación adoptiva confiere una participación real en la vida del Hijo único, la que ha revelado plenamente en su Resurrección.

Véase: Sagrada Escritura
P. 105. Ef 2, 4-7; Rm 6, 3-11.
Véase: "Catecismo de la Iglesia Católica"
P. 105. Párrafos: 651-655.

Catecismo para la Familia en Video y Audio
Padre Pablo Straub
P. 105. Cinta #115-B355, 23:14.

Concilio Vaticano II

Mas como Jesús, después de haber padecido muerte de cruz por los hombres, resucitó, se presentó por ello constituido en Señor, Cristo y Sacerdote para siempre (cf. Act 2, 36; Hebre 5, 6; 7, 17-21) y derramó sobre sus discípulos el Espíritu prometido por el Padre (cf. Act 2, 33). Por esto la Iglesia, enriquecida con los dones de su Fundador y observando fielmente sus preceptos de caridad, humildad y abnegación, recibe la misión de anunciar el reino de Cristo y de Dios e instaurarlo en todos los pueblos, y constituye en la tierra el germen y el principio de este reino. *Iglesia, 5*

#C15-40

Por su Resurrección nos abre el acceso a una nueva vida.

Prácticas de Doctrina - Moral - Culto

(Vea el Apéndice A para las respuestas.)

1. ¿Qué venció Jesús con su Resurrección?
2. ¿Cómo puede, la consideración del triunfo de Jesús en su Resurrección, ayudarte en las dificultades y contrariedades de la vida?
3. Pide al Señor que te dé la fuerza de vencer el pecado y la muerte por su Resurrección.

Oración para el Final del Capítulo

Jesús, hasta este momento Pedro había recibido solamente la promesa del primado (cf. Mt 16, 15-19), pero después de ese encuentro por la mañana, Tú finalmente se lo conferiste con toda la plenitud y majestad, en presencia de los otros Apóstoles. Nosotros creemos firmemente que este primado es un oficio divinamente conferido, tanto por su origen y naturaleza, porque te representa a Ti; divino por su extensión, porque abarca a toda la Iglesia, tanto al cuerpo discente (los laicos), como al cuerpo docente (la jerarquía). Éste también incluye todo el poder supremo, divino en su operación y significado, dado que toda la Iglesia -su ser, sus atributos, su estabilidad, su vida, su crecimiento y trabajo- depende de este Primado.

Jesús, después de haber conferido a Pedro la mayor dignidad en Tu Iglesia, le predijiste que en su vejez iba a ser hecho prisionero, atado y llevado al martirio de la cruz. Todo esto es una prueba de su amor por Ti, y por su rebaño, como buen pastor que era.

Nosotros te agradecemos por todas las gracias y privilegios que nos has concedido como católicos. Ayúdanos a utilizar bien de esas gracias, y a ser agradecidos por cada muestra de Tu cariño. Danos un amor generoso, como el que tuvo Pedro por Ti. Ayúdanos a sentir amor por Ti cuando nos llegue el sufrimiento, así como cuando estemos alegres. Te lo pedimos en Tu sacrosanto y todopoderoso Nombre. Amén

Libros de Consulta Familiar — Capítulo 28

P. 104. ¿Qué enseña la Iglesia acerca de la Resurrección?
Juan Pablo II, *El Espíritu Santo en la vida de la Iglesia y del mundo (Dominum et vivificantem),* 24.

P. 105. ¿Qué significa creer que Jesús resucitó con su cuerpo de entre los muertos?
Juan Pablo II, *El evangelio de la vida (Evangelium vitae),* 28.

CAPÍTULO 29

Los Beneficios de la Resurrección

P. 106. ¿Qué ha hecho Jesucristo por nosotros a través de Su Resurrección?

#J3-10-2

Cuando Jesucristo pasó de la muerte a la vida, hizo posible nuestro tránsito de la muerte del pecado a la vida en Él.

Cuando Jesucristo pasó de la muerte a la vida, hizo posible nuestro tránsito de la muerte del pecado a la vida en Él. Siendo el primogénito de entre los muertos, Jesucristo ofrece vida eterna a todos. En Él nos convertimos en personas renovadas espiritualmente.

Recibimos la vida nueva de la gracia en el Bautismo, por el que nos convertimos en hijos de Dios. Dice San Pedro: "Bendito sea Dios, Padre de nuestro Señor Jesucristo, que por su gran misericordia, a través de la resurrección de Jesucristo de entre los muertos, nos ha hecho renacer para una esperanza viva, para una herencia

---

Véase: Sagrada Escritura
P. 106. 1 Cor 15, 35-53; 2 Cor 5, 14-17.
Véase: "Catecismo de la Iglesia Católica"
P. 106. Párrafos: 638, 651, 653-655, **989,** 994, **1003**-1004.

Catecismo para la Familia en Video y Audio
Padre Pablo Straub
P. 106. Cinta #115-B355, 23:51.

incorruptible, incontaminada e imperecedera. Una herencia reservada en los cielos para ustedes" (1 Pe 1, 3-4).

#A33-18-2

Pedir a Dios una buena conciencia por medio de la Resurrección de Jesucristo.

Sagrada Escritura

Y precisamente porque era Hijo, aprendió sufriendo a obedecer. Llegado a la perfección se convirtió en causa de salvación eterna par todos los que le obedecen. *Hb 5, 8-9*

Porque a los que conoció de antemano, los destinó también desde el principio a reproducir la imagen de su Hijo, llamado a ser el primogénito entre muchos hermanos. *Rm 8, 29*

Aquello anunciaba anticipademente el bautismo que ahora los salva y que no consiste en limpiar la suciedad corporal, sino en implorar de Dios una conciencia limpia en virtud de la resurrección de Jesucristo. *1 Pe 3, 21*

Catecismo de la Iglesia Católica

995 Ser testigo de Cristo es ser "testigo de su Resurrección" (Hch 1, 22; cf 4, 33), "haber comido y bebido con él después de su Resurrección de entre los muertos" (Hch 10, 41). La esperanza cristiana en la resurrección está totalmente marcada por los encuentros con Cristo resucitado. Nosotros resucitaremos como Él, con Él, por Él.

Encíclica "Veritatis Splendor"

73 El cristiano, gracias a la Revelación de Dios y a la fe, conoce la "novedad" que marca la moralidad de sus actos; éstos están llamados a expresar la mayor o menor coherencia con la dignidad y vocación que le han sido dadas por la gracia.

Concilio Vaticano II

El Hijo de Dios, en la naturaleza humana unida a sí, redimió al hombre, venciendo la muerte con su muerte y resurrección, y lo transformó en una nueva criatura (cf Gal 6, 15; 2 Cor 5, 17). *Iglesia, 7*

Oración

Jesús, creemos que por Tu Resurrección eres el primogénito de los muertos, y a todos nos das vida eterna. En Ti somos renovados espiritualmente. Tú nos das la vida divina de la gracia y derramas tu Espíritu Santo sobre nosotros.

Te alabamos Señor, con la mayor alegría por Tu Resurrección, por la cual te convertiste en nuestro sacrificio Pascual. Tú eres el verdadero Cordero que quita el pecado del mundo. Por Tu muerte destruiste la muerte, y por Tu Resurrección nos diste nueva vida. Tú has abierto las puertas del cielo para recibir a los que te son fieles. Tu muerte nos rescató de la muerte; Tu Resurrección nos devolvió a la vida. Concédenos que nosotros Tus indignos siervos, nos mantengamos fieles a esa vida, ahora y siempre. Amén.

P. 107. ¿Cómo nos ayuda ahora el Señor resucitado?

El Señor resucitado: (1) nos da la vida sobrenatural de la gracia y (2) derrama sobre nosotros su Santo Espíritu.

#W2-15

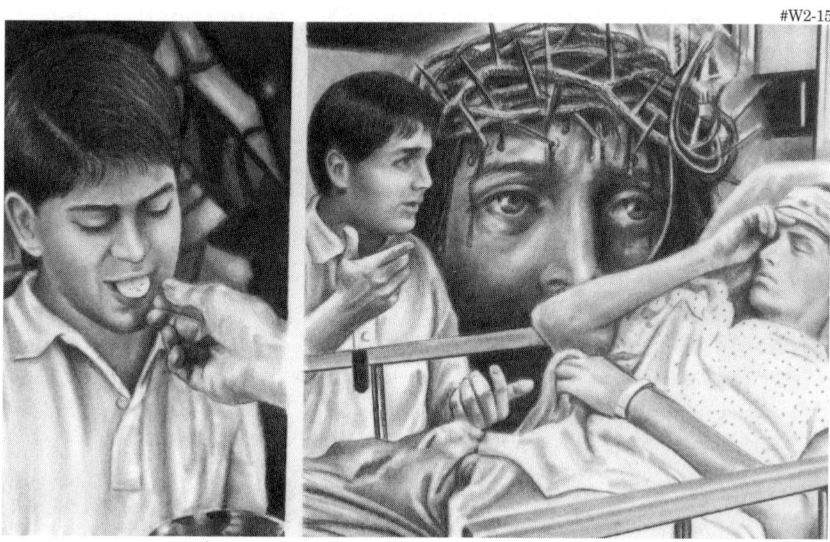

Él, ahora, comparte con nosotros su propia vida divina por medio del don de la gracia.

1. El Señor nos da la vida sobrenatural de la gracia.

A través de su muerte y resurrección, Jesús nuestro Señor, nos salvó de la muerte y nos dio una vida nueva. Él, ahora, comparte con nosotros su propia vida divina por medio del don de la gracia. Jesús nos da la vida sobrenatural de la gracia especialmente a través de los sacramentos, comenzando por el Bautismo.

2. El Jesús resucitado nos ayuda al derramar su Santo Espíritu para hacernos santos y agradables a Dios.

Debemos vivir nuestras vidas según el modelo que dejó Jesús. El Padre da su propia vida a aquellos que lo buscan con fe y amor. El Padre, el Hijo y el Espíritu Santo, descienden y comparten su amor con los que se entregan a Jesús. En especial, Jesús nos envía a Dios Espíritu Santo para darnos fuerza y guiarnos; para santificarnos. "Y yo rogaré al Padre y les dará otro Consolador, para que esté siempre con ustedes" (Jn 14, 16).

Véase: Sagrada Escritura
P. 107. 1 Jn 4, 7-14.
Véase: "Catecismo de la Iglesia Católica"
P. 107. Párrafos: 989, 1262-1270, 1988-2005.

Catecismo para la Familia en Video y Audio
Padre Pablo Straub
P. 107. Cinta #115-B355, 25:19.

Sagrada Escritura

Decía esto refiriéndose al Espíritu que recibirían los que creyeran en él. Y es que aún no había sido dado el Espíritu, porque Jesús no había sido glorificado. *Jn 7, 39*

El poder de Dios lo ha exaltado, y él habiendo recibido del Padre el Espíritu Santo prometido, lo ha derramado, como ahora lo están viendo y oyendo. *Hch 2, 33*

Y si el Espíritu de Dios que resucitó a Jesús de entre los muertos habita en ustedes, el mismo que resucitó a Jesús de entre los muertos hará revivir sus cuerpos mortales por medio de ese Espíritu suyo que habita en ustedes. *Rm 8,11*

Catecismo de la Iglesia Católica

1997 La gracia es una participación en la vida de Dios. Nos introduce en la intimidad de la vida trinitaria: por el Bautismo el cristiano participa de la gracia de Cristo, Cabeza de su Cuerpo. Como "hijo adoptivo" puede ahora llamar "Padre" a Dios, en unión con el Hijo único. Recibe la vida del Espíritu que le infunde la caridad y que forma la Iglesia.

Concilio Vaticano II

A fin de que los no cristianos, bajo la acción del Espíritu Santo, que abre sus corazones (Hch 16, 14), creyendo se conviertan libremente al Señor y se unan a Él con sinceridad, quien, por ser *camino, verdad y vida* (Jn 14, 6), colma todas sus exigencias espirituales, más aún, las colma infinitamente.

Esta conversión hay que considerarla ciertamente inicial, pero suficiente para que el hombre perciba que, arrancado del pecado, es introducido en el misterio del amor de Dios, quien lo llama a iniciar una comunicación personal con Él en Cristo. Puesto que, por la acción de la gracia de Dios, el nuevo convertido emprende un camino espiritual por el que, participando ya por la fe del misterio de la Muerte y de la Resurrección, pasa del hombre viejo al nuevo hombre perfecto en Cristo. *Actividad misionera, 13*

Oración

Señor Jesús, por Tu victoria, Tú rompiste el poder del maligno y destruiste el pecado y la muerte. Haz que triunfemos sobre el pecado todos los días de nuestra vida. Al someterte a la muerte Tú nos rescataste para la vida. Todo el honor y la gloria para Ti, ahora y siempre. Amén.

#F1-53-2

Jesús nos envía a Dios Espíritu Santo para darnos fuerza y guiarnos; para santificarnos.

Prácticas de Doctrina - Moral - Culto

(Vea el Apéndice A para las respuestas.)

1. ¿De qué forma continúa Jesús ayudándonos después de su Resurrección?
2. ¿Cómo puedes tú cooperar con la gracia de la Resurrección?
3. ¿Cómo puedes demostrar a Jesús, de palabra y con hechos, el agradecimiento por su victoriosa y continua presencia entre nosotros?

Oración para el Final del Capítulo

Jesucristo Salvador nuestro, nos regocijamos por Tu triunfo sobre la muerte, por Tu Resurrección nos has dado nueva vida llenándonos de tus abundantes dones. Aviva nuestros corazones y santifícanos con los dones de Tu Santo Espíritu.

Tú nos has devuelto a la vida por Tu triunfante Muerte y Resurrección. Continúa en nosotros esta obra de salvación. Concédenos a los que participamos en el misterio del Sacrificio Eucarístico, que nos mantengamos siempre fieles a Tu servicio. Envía tus abundantes bendiciones a tu pueblo, que devotamente recuerda Tu Muerte y Resurrección en la Santa Misa con la firme esperanza de nuestra resurrección a la vida eterna.

Señor Jesucristo, Salvador resucitado, Tú escogiste el sufrimiento y la muerte para abrirnos con Tu triunfo las puertas de la vida eterna. Permanece a nuestro lado para ayudarnos en nuestro peregrinar. Líbranos de todo mal por el poder de Tu Resurrección. Concédenos que, recordando siempre Tu amor por nosotros, seamos dignos de alabarte por siempre en la casa del Padre en compañía de Tus santos. Haz que nuestra vida mortal culmine en la infinita alegría de resucitar contigo. Amén.

Diagrama Catequístico

#J2-396

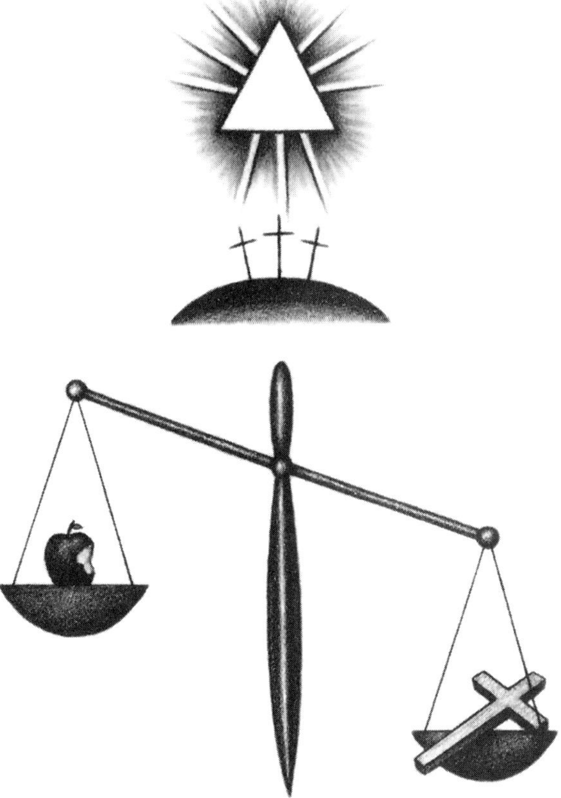

La Justicia de Dios Satisfecha. Jesucristo es el primogénito entre muchos hermanos, ya que al morir, destruyó la muerte y, resucitando, nos dio nueva vida. Como Señor resucitado, Él nos hace partícipes de su vida divina por la gracia, especialmente a través de los Sacramentos, y nos da al Espíritu Santo para santificarnos y hacernos agradables a Dios. Todo esto es posible porque Jesús, por sus sufrimientos y muerte (Calvario), ha pagado la deuda que nosotros debíamos por nuestros pecados. A través suyo todas las criaturas se pueden salvar de la esclavitud de la corrupción y del pecado (manzana). Como Redentor nuestro, Él pagó nuestra deuda (Cruz en la balanza) por el pecado y nos volvió a comprar el Cielo que habíamos perdido, y de esta manera Él cumplió en nuestro nombre el deber de justicia que teníamos para con Dios. Con Él tenemos la perfecta satisfacción para estar reconciliados con Dios.

Libros de Consulta Familiar — Capítulo 29

P. 106. ¿Qué ha hecho Jesucristo por nosotros a través de su Resurrección?

Juan Pablo II, *El evangelio de la vida (Evangelium vitae),* 38, 67;
Juan Pablo II, *Los fieles laicos (Christifideles laici)*, 37;
Juan Pablo II, *Encíclica Veritatis Splendor,* 118.
Quinta Conf. Gral. del Episcopado Latinoamericano y del Caribe, 2007, *Aparecida,* 27.

P. 107. ¿Cómo nos ayuda ahora el Señor resucitado?

Juan Pablo II, *El evangelio de la vida (Evangelium vitae)*, 84;
Juan Pablo II, *El Custodio del Redentor (Redemptoris Custos)*, 7;
Juan Pablo II, *Reconciliación y Penitencia (Reconciliatio et poenitentia)*, 20;
Juan Pablo II, *Encíclica Veritatis Splendor,* 118.

Héroes de Nuestra fe: La Historia de Francisco de Fátima - Repaso de la Lección

¡He visto y tocado a Jesús Resucitado!

He tratado de imaginarme a Jesús Resucitado. Debió ser algo inaudito verle y tocarle. ¡Qué suerte tuvo Santo Tomás de poner su mano en el costado de Jesús!

Un día, el profesor nos preguntó en la clase: "Niños, ¿alguno de ustedes ha visto o tocado a Jesús Resucitado alguna vez?

Todos nos quedamos sorprendidos con la pregunta y tuvimos el mismo pensamiento: "Naturalmente que ninguno de nosotros lo ha visto ni tocado. La Resurrección acaeció hace ya mucho tiempo".

La respuesta fue unánime: "No".

Nuestro profesor nos replicó diciendo: "¿No saben que yo he visto y tocado a Jesús Resucitado?

El silencio en la clase fue apasionante.

El añadió: "Todos los que están aquí tienen la oportunidad de verle y tocarle".

Todos le preguntamos cómo sería eso posible.

Nos preguntó: "¿No van a Misa los domingos?".

Todos contestamos que sí.

Y volvió a preguntar: "¿Y comulgan en la Misa?".

Y volvimos a decir que sí.

Entonces nos aclaró que cada uno de nosotros hemos visto y tocado a Jesús Resucitado.

Y preguntamos a coro: "¿Por qué?".

"¿No saben que la Eucaristía que reciben en la Sagrada Comunión es el verdadero Cuerpo y Sangre de Cristo?".

Todos nos quedamos confundidos.

Y añadió: "La Eucaristía que reciben es el mismo Jesús en apariencia de pan".

Entonces se nos iluminó la mente.

Y volvió a preguntarnos: "¿No ven la Sagrada Forma y la tocan con la lengua?".

Todos afirmamos con la cabeza.

"Entonces puedo afirmar que todos han visto y tocado a Jesús Resucitado".

Quedamos maravillados de lo que habíamos aprendido aquel día. Desde entonces, cada vez que recibía la comunión agradezcía a Dios por ese regalo tan grande. Pues sabía que lo que recibía no es un mero símbolo sino el mismo Cuerpo y Sangre de Cristo Resucitado.

#R4_2-4

Después los llevó fuera de la ciudad hasta un lugar cercano a Betania y alzando las manos, los bendijo.

#R4_2-6

Y mientras los bendecía se separó de ellos y fue llevado al cielo.

CAPÍTULO 30

La Ascensión: Jesús Regresa al Padre

"Entonces les abrió la inteligencia para que comprendieran las Escrituras, y les dijo: – Estaba escrito que el Mesías tenía que morir y resucitar de entre los muertos al tercer día, y que en su nombre se anunciaría a todas las naciones, comenzando desde Jerusalén, la conversión y el perdón de los pecados. Ustedes son testigos de estas cosas. Por mi parte, les voy a enviar el don prometido por mi Padre. Ustedes quédense en la ciudad hasta que sean revestidos de la fuerza que viene de lo alto.

"Después los llevó fuera de la ciudad hasta un lugar cercano a Betania y alzando las manos, los bendijo. Y mientras los bendecía se separó de ellos y fue llevado al cielo. Ellos, después de postrarse ante él, regresaron a Jerusalén con gran alegría. Y estaban continuamente en el templo bendiciendo a Dios" (Lc 24, 45-53).

#R4_2-2

En Su nombre se anunciaría a todas las naciones
... la conversión y el perdón de los pecados.

P. 108. ¿ Qué significa la Ascensión de Cristo?

La Ascensión de Cristo significa que Jesús "fue levantado en presencia de ellos, y una nube le ocultó a sus ojos" (Hch 1, 9). Él subió al Cielo con su cuerpo glorificado con el cual Él había resucitado, y con su alma.

#R4_2-8

Intercede sin cesar por nosotros como el mediador
que nos asegura permanentemente la efusión del Espíritu Santo.

Sagrada Escritura

Después de hablarles, el Señor Jesús fue elevado al cielo y se sentó a la derecha de Dios. *Mc 16, 19*

Catecismo de la Iglesia Católica

667 Jesucristo, habiendo entrado una vez por todas en el santuario del cielo, intercede sin cesar por nosotros como el mediador que nos asegura permanentemente la efusión del Espíritu Santo.

Oración

Jesús, con Tu cuerpo resucitado te mostraste claramente a Tus discípulos, y luego fuiste elevado al cielo, viéndolo ellos, para reclamar para nosotros una participación en Tu vida divina. Haz que nosotros te sigamos en la nueva creación, porque Tu Ascensión es nuestra gloria y nuestra esperanza. Toda la alabanza, toda la gloria y todo el honor sean para Ti, ahora y siempre. Amén.

Véase: Sagrada Escritura
P. 108. Hch 1, 9-11.
Véase: "Catecismo de la Iglesia Católica"
P. 108. Párrafos: **659-667**.

Catecismo para la Familia en Video y Audio
Padre Pablo Straub
P. 108. Cinta #115-B355, 31:43.

Diagrama Catequístico

#J2-437

El Camino Hacia la Gloria. Jesús es el Mesías, el Hijo único de Dios, que, al llevar a cabo en la tierra su misión, cumplió las profecías del Antiguo Testamento. Ésta era la Voluntad de Dios (Triángulo y rayos). De esta forma el camino que lleva a la vida con Dios ha comenzado entre los hombres, y todos ellos están llamados a seguirlo. El pecado original rompió todo contacto con Dios (línea de puntos). Jesús es el Camino. Él se hizo hombre y nació en este mundo (cuna). Pasó treinta años viviendo una vida oculta de trabajo y oración (hacha y sierra). Después de predicar por tres años el Reino de Dios, ofreció su vida en la Cruz (Calvario) por nuestra salvación, para librarnos del pecado y de la muerte (serpiente y árbol). Resucitó de entre los muertos, y, después de cuarenta días, subió a los cielos (flecha sobre el Monte de los Olivos, monograma).

P. 109. ¿Cuáles son los dos aspectos más importantes del misterio de la Ascensión?

Los dos aspectos más importantes del misterio de la Ascensión son: 1) la completa glorificación de la Humanidad victoriosa de Jesús en el cielo, y 2) la culminación de su ministerio visible en la tierra.

#J2-386-2

Por lo cual Dios le exaltó y le otorgó el Nombre, que está sobre todo nombre. Para que al nombre de Jesús toda rodilla se doble en los cielos, en la tierra y en los abismos.

Sagrada Escritura

Y cuál la excelsa grandeza de su poder para con nosotros, los creyentes, manifestada a través de su fuerza poderosa. Es la fuerza con que Dios actuó en Cristo al resucitarlo de entre los muertos y sentarlo a su derecha en los cielos. *Ef 1,19-20*

Eso de "subió" ¿no quiere decir que también bajó a las regiones inferiores de la tierra? Y el que bajó es el mismo que ha subido a lo alto de los cielos para llenarlo todo. *Ef 4, 9-10*

Cristo se ha manifestado como hombre mortal, el Espíritu ha dado testimonio de él, los ángeles lo han contemplado, ha sido predicado entre las naciones, creído en el mundo, elevado por Dios gloriosamente. *1 Tm 3, 16*

"Por eso Dios lo exaltó y le dio el nombre que está por encima de todo nombre, para que ante el nombre de Jesús se doble toda rodilla en los

Véase: "Catecismo de la Iglesia Católica"
P. 109. Párrafos: 660, **2749**.

Catecismo para la Familia en Video y Audio
Padre Pablo Straub
P. 109. Cinta #115-B355, 36:08.

cielos, en la tierra y en los abismos, y toda lengua proclame que Jesucristo es Señor, para gloria de Dios Padre. Flp 2, 9-11

Catecismo de la Iglesia Católica

659 "Con esto, el Señor Jesús, después de hablarles, fue elevado al Cielo y se sentó a la diestra de Dios" (Mc 16, 19). El cuerpo de Cristo fue glorificado desde el instante de su Resurrección como lo prueban las propiedades nuevas y sobrenaturales, de las que desde entonces su cuerpo disfruta para siempre (cf Lc 24, 31; Jn 20, 19.26). Pero durante los cuarenta días en los que él come y bebe familiarmente con sus discípulos (cf Hch 10, 41) y les instruye sobre el Reino (cf Hch 1, 3), su gloria aún queda velada bajo los rasgos de una humanidad ordinaria (cf Mc 16, 12; Lc 24, 15; Jn 20, 14-15; 21, 4). La última aparición de Jesús termina con la entrada irreversible de su humanidad en la gloria divina simbolizada por la nube (cf Hch 1,9; cf también Lc 9, 34-35; Ex 13, 22) y por el cielo (cf Lc 24, 51) donde él se sienta para siempre a la derecha de Dios (cf Mc 16, 19; Hch 2, 33; 7, 56; cf también Sal 110, 1). Sólo de manera completamente excepcional y única, se muestra a Pablo "como un abortivo" (1 Co 15, 8) en una última aparición que constituye a éste en apóstol (cf 1 Co 9, 1; Ga 1, 16).

Oración

Jesús, Tú ascendiste al cielo para entrar en Tu gloria. Mientras estuviste en la tierra, Tú siempre disfrutaste de la visión de Dios; pero tan sólo mostraste la gloria de Tu humanidad sagrada en Tu Transfiguración y en la Resurrección. Al subir al cielo, ocupaste Tu lugar, como triunfador, al lado de Tu Padre celestial y eres exaltado por encima de todas las demás criaturas. Nosotros nos alegramos por la gloria en la que entraste para reinar como Rey de cielos y tierra. Cuando llegue el fin de nuestras vidas, danos la gracia de participar de tu alegría por siempre en el cielo. Amén.

P. 110. ¿Qué ha hecho Cristo en nuestro favor mediante Su Ascensión?

Mediante Su Ascensión, Cristo ha ganado para nosotros una participación en Su vida divina. Él ha subido al Cielo para prepararnos un lugar. Sin embargo, no nos ha dejado abandonados aquí en la Tierra.

Sagrada Escritura

No se inquieten. Crean en Dios y crean también en mí. En la casa de mi Padre hay lugar para todos; si no fuera así, ya lo habría dicho; ahora voy a prepararles ese lugar. *Jn 14, 1-2*

Véase: Sagrada Escritura
P. 110. Jn 14, 16-18; Hb 9, 24; 1 Jn 2, 1-2.
Véase: "Catecismo de la Iglesia Católica"
P. 110. Párrafos: 662, **668**-670, 1743.

Catecismo para la Familia en Video y Audio
Padre Pablo Straub
P. 110. Cinta #115-B355, 39:51.

Y sepan que yo estoy con ustedes todos los días hasta el final de los tiempos. *Mt 28, 20*

Catecismo de la Iglesia Católica

788 Cuando fueron privados los discípulos de su presencia visible, Jesús no los dejó huérfanos (cf Jn 14, 18). Les prometió quedarse con ellos hasta el fin de los tiempos (cf Mt 28, 20), les envió su Espíritu (cf Jn 20, 22; Hch 2, 33). Por eso, la comunión con Jesús se hizo en cierto modo más intensa: "Por la comunicación de su Espíritu a sus hermanos, reunidos de todos los pueblos, Cristo los constituye místicamente en su cuerpo" (LG 7).

Encíclica "Veritatis Splendor"

83 Ante todo, debemos mostrar el fascinante esplendor de aquella verdad que es Jesucristo mismo. En Él, que es la Verdad (cf. Jn 14, 6), el hombre puede, mediante los actos buenos, comprender plenamente y vivir perfectamente su vocación a la libertad en la obediencia a la ley divina, que se compendia en el mandamiento del amor a Dios y al prójimo.

#R4_3-2

Les prometió quedarse con ellos hasta el fin de los tiempos, les envió su Espíritu.

P. 111. ¿Cómo está Cristo presente en la Iglesia?

Cristo está presente en la Iglesia a través del Espíritu Santo.

Gracias al Espíritu Santo, conocemos que Cristo está presente en los sacramentos, especialmente en la Sagrada Eucaristía. También

Véase: "Catecismo de la Iglesia Católica"
P. 111. Párrafos: **737-741**.

Catecismo para la Familia en Video y Audio
Padre Pablo Straub
P. 111. Cinta #115-B355, 46:33.

está presente en las almas de todos los que lo aman, y se esfuerzan por hacer su Voluntad.

Sagrada Escritura

Y yo rogaré al Padre y les dará otro Consolador, para que esté siempre con ustedes. Es el Espíritu de la verdad que no puede recibir el mundo, porque ni lo ve ni lo conoce; ustedes, en cambio, lo conocen porque vive en ustedes y con ustedes está. No los dejaré huérfanos; regresaré con ustedes. *Jn 14, 16-18*

Catecismo de la Iglesia Católica

737 La misión de Cristo y del Espíritu Santo se realiza en la Iglesia, Cuerpo de Cristo y Templo del Espíritu Santo. Esta misión conjunta asocia desde ahora a los fieles de Cristo en su Comunión con el Padre en el Espíritu Santo: El Espíritu Santo prepara a los hombres, los previene por su gracia, para atraerlos hacia Cristo. Les manifiesta al Señor resucitado, les recuerda su palabra y abre su mente para entender su Muerte y su Resurrección. Les hace presente el Misterio de Cristo, sobre todo en la Eucaristía para reconciliarlos, para conducirlos a la Comunión con Dios, para que den "mucho fruto" (Jn 15, 5.8.16).

Concilio Vaticano II

El deber y el derecho del seglar al apostolado deriva de su misma unión con Cristo Cabeza. Insertos por el bautismo en el Cuerpo místico de Cristo, robustecidos por la confirmación en la fortaleza del Espíritu Santo, es el mismo Señor el que los destina al apostolado. Son consagrados como sacerdocio real y nación santa (cf. 1 Pe 2, 4-10) para ofrecer hostias espirituales en todas sus obras y para dar testimonio de Cristo en todo el mundo. Son los sacramentos, y sobre todo la Eucaristía, los que comunican y alimentan en los fieles la caridad, que es como el alma de todo apostolado.

El apostolado se ejercita en la fe, en la esperanza y en la caridad que el Espíritu Santo difunde en el corazón de todos los hijos de la Iglesia. Más aún, el precepto de la caridad, que es el mandamiento máximo del Señor, urge a todos los cristianos a procurar la gloria de Dios por el advenimiento de su reino y la vida eterna a todos los hombres, a fin de que conozcan al único Dios verdadero y a su enviado Jesucristo (cf. Jn 17, 3). *Seglares, 3*

Oración

Jesús, termina la obra de Tu gracia. Haz que surjan muchos hombres y mujeres apostólicos que, llenos de un ardiente amor a todas las almas, y con verdadera sabiduría, vayan a anunciar el Evangelio a los que son cristianos tan sólo de nombre, a los alejados de la Iglesia y a los que la han dejado. Aumenta el número de misioneros devotos y dales Tu Santo Espíritu, para que los guíe y dirija. Todo esto te lo pedimos por Tu santo y poderoso Nombre. Amén.

#E5-33

Urge a todos los cristianos a procurar la gloria de Dios por el advenimiento de su reino y la vida eterna a todos los hombres, a fin de que conozcan al único Dios verdadero y a su enviado Jesucristo

Prácticas de Doctrina - Moral - Culto

(Vea el Apéndice A para las respuestas.)

1. Aunque Jesús subió a los cielos, no nos ha abandonado. ¿Dónde se encuentra ahora especialmente presente?
2. Jesús también se encuentra presente en las almas de aquellos que le aman. ¿Cómo puedes hacerle más presente en tu vida? Piensa y haz una lista de cosas concretas que tú puedes hacer.
3. Con su Ascensión Jesús nos ha preparado un lugar para nosotros en el cielo. Deja que este pensamiento te ayude a cumplir con fidelidad la lista de cosas concretas que tu pensaste en el número anterior.

Oración para el Final del Capítulo

Jesús, nosotros creemos en el misterio de la Santísima Trinidad: un solo Dios y tres Personas distintas: el Padre, el Hijo y el Espíritu Santo, cada una existiendo separada y distintamente en la única naturaleza divina.

También creemos que por Tu redención, a través de la gracia, participamos de la naturaleza divina, y somos hechos hijos de Dios por adopción. Somos hermanos y hermanas Tuyos más jóvenes, por tanto pertenecemos a Tu familia, y tenemos a Dios como nuestro Padre.

Como has prometido estar con Tu Iglesia hasta el fin del mundo, esto hace que la Iglesia sea infalible en materias doctrinales y morales. Dado que Tú estás con ella y la sostienes, no puede errar en su oficio de Maestra e intérprete de Tu revelación. Te damos gracias, Señor, por las magníficas bendiciones y privilegios que has otorgado a Tu Iglesia para asegurar así nuestra salvación. Llena nuestros corazones de gratitud por los beneficios de nuestra Fe Católica. Danos respeto y sumisión a la jerarquía eclesiástica, la cual está investida con verdadero poder divino y glorioso. Te lo pedimos por tu santo y poderoso Nombre. Amén.

#E5-29

Insertos por el bautismo en el Cuerpo místico de Cristo, robustecidos por la confirmación en la fortaleza del Espíritu Santo, es el mimo Señor que los destina al apostolado.

Libros de Consulta Familiar — Capítulo 30

P. 111. ¿Cómo está Cristo presente en la Iglesia?

Juan Pablo II, *El evangelio de la vida (Evangelium vitae)*, 84;
Juan Pablo II, *El Espíritu Santo en la vida de la Iglesia y del mundo (Dominum et vivificantem)*, 61-64;
Juan Pablo II, *El misterio y el culto a la Eucaristía (Dominicae cenae)*, 3;
Juan Pablo II, *Reconciliación y Penitencia (Reconciliatio et poenitentia)*, 24.
Quinta Conf. Gral. del Episcopado Latinoamericano y del Caribe, 2007, *Aparecida*, 246-265.

#P25-9-2

Mi Reino no es de este mundo.

CAPÍTULO 31

Cristo Rey: Centro de Nuestra Vida

"Después condujeron a Jesús desde la casa de Caifás, hasta el palacio del gobernador. Era de madrugada. Los judíos no entraron en el palacio para no contraer impureza legal, y poder celebrar así la cena de pascua. Pilato, por su parte, salió a donde estaban ellos y les preguntó: '¿De qué acusan a éste hombre?' Ellos le contestaron: 'Si no fuera un criminal, no te lo habríamos entregado'. Pilato les dijo: 'Llévenselo y júzguenlo según su ley'. Los judíos dijeron: 'Nosotros no estamos autorizados para condenar a muerte a nadie'. Así se cumplió la palabra de Jesús, que había anunciado de qué forma iba a morir.

"Pilato volvió a entrar en su palacio, llamó a Jesús y le interrogó: '¿Eres tú el rey de los judíos?' Jesús le contestó: '¿Dices esto por ti mismo o te lo han dicho otros de mí?' Pilato respondió: '¿Acaso soy yo judío? Son los de tu propia nación y los jefes de los sacerdotes los que te han entregado a mí. ¿Qué has hecho?' Jesús le explicó: 'Mi reino no es de este mundo. Si lo fuera, mis seguidores hubieran luchado para impedir que yo fuera entregado a los judíos. Pero no, mi reino no es de este mundo'. Pilato insistió: 'Entonces, ¿eres rey?' Jesús le respondió: 'Soy rey, como tú dices. Y mi misión consiste en dar testimonio de la verdad. Precisamente para eso he nacido y para eso he venido al mundo. Todo el que pertenece a la verdad escucha mi voz'. Pilato le preguntó: '¿Y qué es la verdad?' Después de decir esto, Pilato salió de nuevo y dijo a los judíos: 'Yo no encuentro delito alguno en este hombre'" (Jn 18, 28-38).

P. 112. ¿Cuál es el plan de Dios para la humanidad?

El plan de Dios para nosotros es llevar a cabo nuestra salvación, la cual culmina en formar a sus seguidores en la fe, para que sean uno con Él, tanto en la mente como en el deseo por toda la eternidad. Así pues, nos convertimos en miembros permanentes del nuevo Pueblo de Dios, con Jesús como nuestra Cabeza –nos convertimos en el "Cristo Total".

Véase: Sagrada Escritura
P. 112. Mt 25, 31-46; Ef 4, 4-8; 1 P 2, 9-10.
Véase: "Catecismo de la Iglesia Católica"
P. 112. Párrafos: **1067**, 1372, 1442.

Catecismo para la Familia en Video y Audio
Padre Pablo Straub
P. 112. Cinta #115-B355, 48:56.

En el Credo decimos: “Está sentado a la derecha de Dios Padre, Todopoderoso”. Siendo Dios, Jesús es en todas las cosas igual al Padre; como hombre, Jesús está por encima de todos los Santos, en la unión más cercana posible con Dios Padre.

Dado que Cristo es el centro de toda la obra de la salvación que Dios lleva a cabo, también a través de Él toda la creación puede dar gloria a Dios. Jesús nos pide que le creamos y pongamos en Él toda nuestra esperanza para el futuro, y que le amemos con todo nuestro corazón. Con esto nosotros glorificamos a Dios, y obtenemos nuestra salvación. El dijo: “El Padre ama al Hijo y le ha confiado todo. El que cree en el Hijo, tiene la vida eterna” (Jn 3, 35. 36).

En su Pasión, Jesucristo se dio Él mismo por nosotros para redimirnos del pecado y hacernos un pueblo agradable a Dios. Después Él envió al Espíritu Santo, Espíritu de adopción, y nos hizo hijos de Dios. Así Él hizo un nuevo pueblo, lleno de la gracia de Dios. Este pueblo de Dios, unido a Jesús como su Cabeza, constituye “El Cristo total”. Jesucristo lo ofrece a su Padre, y así le da la gloria. Este es el plan del Padre para la salvación de la humanidad.

#C15-35

Jesucristo se dio Él mismo por nosotros para redimirnos del pecado y hacernos un pueblo agradable a Dios.

Sagrada Escritura

Y fue también él, quien constituyó a unos apóstoles, a otros profetas, a otros evangelistas, y a otros pastores y doctores. Capacita así a los creyentes para la tarea del ministerio y para la edificación del cuerpo de Cristo, hasta que lleguemos todos a la unidad de la fe y del pleno conocimiento del Hijo de Dios, hasta que logremos ser hombres perfectos, hasta que consigamos la madurez conforme a la plenitud de Cristo. *Ef 4, 11-13*

Si de algo vale una advertencia hecha en nombre de Cristo, si de algo sirve una exhortación nacida del amor, si vivimos unidos en el Espíritu, si ustedes tienen un corazón compasivo, llénenme de alegría teniendo unos mismos sentimientos, compartiendo un mismo amor, viviendo en armonía y sintiendo lo mismo. *Flp 2, 1-2*

A Dios, que tiene poder sobre todas las cosas y que, en virtud de la fuerza con que actúa en nosotros, es capaz de hacer mucho mas de lo que nosotros pedimos o pensamos, a él la gloria en la Iglesia y en Cristo Jesús pr siempre y para siempre. Amén. *Ef 3, 20-21*

#A17-4

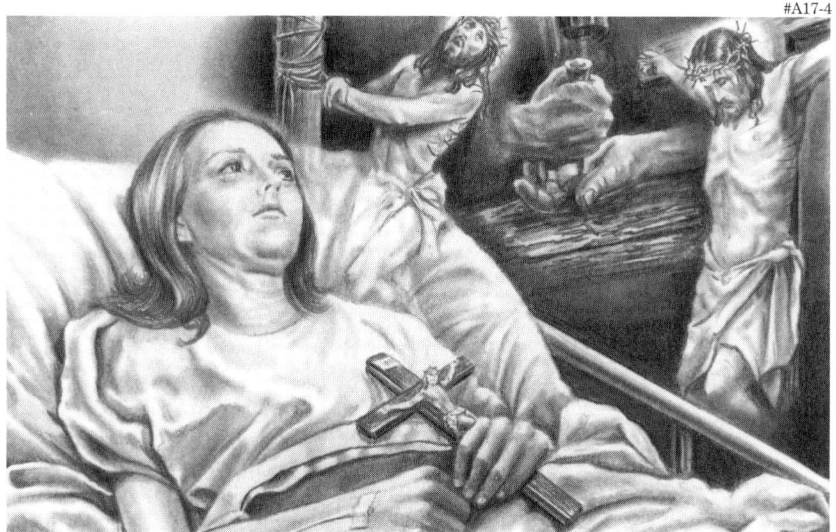

Hasta que lleguemos todos a la unidad de la fe y del pleno conocimiento del Hijo de Dios, hasta que logremos ser hombres perfectos.

Catecismo de la Iglesia Católica

436 Cristo viene de la traducción griega del término hebreo “Mesías” que quiere decir “ungido”. Pasa a ser nombre propio de Jesús porque Él cumple perfectamente la misión divina que esa palabra significa. En efecto, en Israel eran ungidos en el nombre de Dios los que le eran consagrados para una misión que habían recibido de Él. Este era el caso de los reyes, de los sacerdotes y, excepcionalmente, de los profetas. Este debía ser por excelencia el caso del Mesías que Dios enviaría para instaurar definitivamente su Reino. El Mesías debía ser ungido por el

Espíritu del Señor a la vez como rey y sacerdote, y también como profeta. Jesús cumplió la esperanza mesiánica de Israel en su triple función de sacerdote, profeta y rey.

1066 En el Símbolo de la fe, la Iglesia confiesa el misterio de la Santísima Trinidad y su "designio benevolente" sobre toda la creación: El Padre realiza el "misterio de su voluntad" dando a su Hijo Amado y al Espíritu Santo para la salvación del mundo y para la gloria de su Nombre. Tal es el Misterio de Cristo, revelado y realizado en la historia según un plan, una "disposición" sabiamente ordenada que san Pablo llama "la Economía del Misterio" y que la tradición patrística llamará "la Economía del Verbo encarnado" o "la Economía de la salvación".

#Y1-11

Capacita así a los creyentes para la tarea del ministerio
y para la edificación del cuerpo de Cristo.

Encíclica "Veritatis Splendor"

87 De este modo la Iglesia, y cada cristiano en ella, está llamado a participar de la función real de Cristo en la cruz (cf. Jn 12, 32), de la gracia y de la responsabilidad del Hijo del hombre, que "no ha venido a ser servido, sino a servir y a dar su vida como rescate por muchos" (Mt 20, 28).

Concilio Vaticano II

Este pueblo mesiánico tiene por Cabeza a Cristo, *que fue entregado por nuestros pecados y resucitó para nuestra salvación* (Rm 4, 25), y teniendo ahora un nombre que está sobre todo nombre, reina gloriosamente en los cielos. La condición de este pueblo es la dignidad y la libertad de los hijos de Dios, en cuyos corazones habita el Espíritu Santo como en un templo. Tiene por ley el nuevo mandato de amar como el mismo Cristo nos amó a nosotros (cf. Jn 13, 34). Y tiene en último lugar, como fin, el dilatar más y más el reino de Dios, incoado por el mismo Dios en la tierra, hasta que al final de los tiempos, Él mismo también lo consume, cuando se manifieste Cristo, vida nuestra (cf. Col 3, 4), *y la misma criatura sea libertada de la servidumbre de la corrupción para participar en la libertad de los hijos de Dios* (Rom 8, 21). Este pueblo mesiánico, por consiguiente, aunque no incluya a todos los hombres actualmente y con frecuencia parezca una grey pequeña, es, sin embargo, para todo el género humano, un germen segurísimo de unidad, de esperanza y de salvación. Cristo, que lo instituyó para ser comunión de vida, de caridad y de verdad, se sirve también de él como de instrumento de la redención universal y lo envía a todo el universo como luz del mundo y sal de la tierra (cf. Mt 5, 13-16). *La Iglesia, 9*

Este es el mandamiento mío: que os améis
los unos a los otros como yo os he amado.

Oración

Jesús, como Dios, Tú estás por encima de todas tus criaturas. Tú eres humilde y sumiso al hablar de tu Reino. Declaras que tu Reino está en el mundo, pero no es de este mundo; que es un Reino espiritual, sobrenatural, el Reino de la verdad. Este Reino lucha con armas espirituales y con estos medios conquista los corazones, que le pertenecen por todos los derechos. Tú eres testigo de esta verdad: Tú mismo eres la Verdad. Concédenos que siempre seamos súbditos de tu Reino. Amén.

Diagrama Catequístico

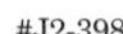

Cristo Rey. Al vencer a la muerte por su propio poder en la Resurrección (tumba vacía), Jesús ha mostrado ser el Dueño de la vida y de la muerte; por tanto, Jesucristo, el Hijo de Dios, Segunda Persona de la Santísima Trinidad, es verdadero Dios y verdadero hombre. Durante cuarenta días (línea de puntos), se apareció a sus discípulos para completar su formación. Luego, en el monte de los Olivos (montaña) dio a sus discípulos el mandato final de ir y predicar el Evangelio a todo el mundo. Subió a los cielos (monograma y flecha) y está sentado a la derecha (trono) de su Padre (triángulo), y reina con Él y con el Espíritu Santo en la gloria eterna. El paso de Cristo de la muerte a la vida nos ha traído a nosotros nuestro paso de la muerte en pecado a la vida en Cristo. Dios ha restablecido todas las cosas en Cristo.

P. 113. ¿Es Jesucristo el centro de toda la obra de la salvación que Dios lleva a cabo?

Sí, Jesucristo es el centro de la obra de la salvación que Dios lleva a cabo, porque el Padre lo escogió para que así fuera, teniendo en cuenta su Encarnación, Nacimiento, Muerte y Resurrección.

Jesucristo se hizo hombre para que, como hombre perfecto, pudiera salvar a todos los hombres y restablecer todas las cosas que fueron dañadas por su caída. Así, por los misterios de nuestra salvación —por su Muerte y Resurrección—, Él recibió todo el poder en el cielo y en la tierra; y fundó su Iglesia, medio para nuestra salvación. Así, en Cristo nuestro Redentor, nos unimos a todos los hombres. Jesús dijo: "El Padre ama al Hijo y ha puesto todo en su mano. El que cree en el Hijo tiene vida eterna" (Jn 3, 35-36).

Toda la obra de la salvación recibe su significado de Jesucristo, Palabra hecha carne. Esta obra, que empezó con la creación, se manifestó con la venida de Cristo, con Su vida sobre la tierra, con su Muerte y su Resurrección, y será completada con su segunda venida gloriosa. Así Dios muestra Su poder en Su acción en la historia de Israel, y en la vida, Muerte y Resurrección de Su Hijo Encarnado.

Sagrada Escritura

Bendito sea Dios, Padre de nuestro Señor Jesucristo, que desde lo alto del cielo nos ha bendecido en Cristo con toda clase de bienes espirituales. Él nos eligió en Cristo antes de la creación del mundo, para que fuéramos su pueblo y nos mantuviéramos sin mancha en su presencia. Movido por su amor. Él nos destinó de antemano, por decisión gratuita de su volunta, a ser adoptados como hijos suyos por medio de Jesucristo, y ser así un himno de alabanza a la gloriosa gracia que derramó sobre nosotros, por medio de su Hijo querido. Con su muerte, el Hijo nos ha obtenido la redención y el perdón de los pecados, en virtud de la riqueza de gracia, que Dios derramó abundantemente sobre nosotros con gran sabiduría e inteligencia. Él nos ha dado a conocer su plan salvífico, que había decidido realizar en Cristo. Llevando su proyecto salvador a su plenitud al constituir a Cristo en cabeza de todas las cosas, las del cielo y las de la tierra. *Ef 1, 3-10*

Y cuando le estén sometidas todas las cosas, entonces el mismo Hijo se someterá también al que le sometió todo, para que Dios sea todo en todas las cosas. *1 Cor 15, 28*

Véase: Sagrada Escritura
P. 113. Jn 15, 5; Ef 2, 4-10; Hb 7, 25; Ap 22, 13-16.
Véase: "Catecismo de la Iglesia Católica"
P. 113. Párrafos: 457, 461, **571**.

Catecismo para la Familia en Video y Audio
Padre Pablo Straub
P. 113. Cinta #115-B355, 51:54.

#R4_2-13

El Señor es el fin de la historia humana, punto de convergencia hacia el cual tienden los deseos de la historia y de la civilización, centro de la humanidad.

Catecismo de la Iglesia Católica

2074 Jesús dice: "Yo soy la vid; vosotros los sarmientos. El que permanece en mí como yo en él, ése da mucho fruto; porque sin mí no podéis hacer nada" (Jn 15, 5). El fruto evocado en estas palabras es lasantidad de una vida hecha fecunda por la unión con Cristo. Cuando creemos en Jesucristo, participamos en sus misterios y guardamos sus mandamientos, el Salvador mismo ama en nosotros a su Padre y a sus hermanos, nuestro Padre y nuestros hermanos. Su persona viene a ser, por obra del Espíritu, la norma viva e interior de nuestro obrar. "Este es el mandamiento mío: que os améis los unos a los otros como yo os he amado" (Jn 15, 12).

Concilio Vaticano II

El Verbo de Dios, por quien todo fue hecho, se encarnó para que, hombre perfecto, salvara a todos y recapitulara todas las cosas. El Señor es el fin de la historia humana, punto de convergencia hacia el cual tienden los deseos de la historia y de la civilización, centro de la humanidad, gozo del corazón humano y plenitud total de sus aspiraciones. *Mundo actual, 45*

Pero habiendo resucitado Jesús, después de morir en la cruz por los hombres, apareció constituido para siempre como Señor, como Cristo y como Sacerdote (cf. Hch 2, 36; Hb 5, 6; 7, 17-21), y derramó en sus discípulos el Espíritu prometido por el Padre (cf. Hch 2, 33). Por eso la Iglesia, enriquecida con los dones de su Fundador, observando fielmente sus preceptos de caridad, de humildad y de abnegación, recibe la misión de anunciar el Reino de Cristo y de Dios, de establecerlo en medio de todas las gentes, y constituye en la tierra el germen y el principio de este Reino. *La Iglesia, 5*

Oración

Jesús, Tu Ascensión es la garantía de nuestra ascensión corporal al cielo después del Juicio Final, si permanecemos fieles a Ti, y morimos en estado de gracia. Tú entraste en Tu glorioso Reino para preparar un lugar para nosotros, y prometiste venir de nuevo para llevarnos contigo. Permítenos ascender al cielo contigo. Concédenos que nos desprendamos de todas las cosas pasajeras de la tierra y que así busquemos solamente las alegrías que son verdaderas y duraderas. A Ti todo honor y gloria, ahora y siempre. Amén.

Prácticas de Doctrina - Moral - Culto

(Vea el Apéndice A para las respuestas.)

1. Piensa en las veces en que tú dejas que Cristo sea el rey de tu vida.
2. ¿De qué forma puedes tú cooperar con Dios para llevar a cabo su plan de que Jesús verdaderamente sea el Rey y centro de toda tu vida cristiana?
3. Pide a Jesús que los hombres cooperen completamente con Dios para llevar a cabo el plan que Dios tiene.

Oración para el Final del Capítulo

Jesús, Tú eres verdadero Rey, porque Tu venciste al mundo para establecer entre los hombres la Ley de Dios; cada hombre te debe una fidelidad leal e íntegra.

Jesús, como católicos, somos miembros de Tu Reino, y Tú eres nuestro Rey. A Ti te debemos fidelidad, obediencia y amor. Ayúdanos a llevar a cabo esos sagrados deberes para contigo. Deseamos escuchar Tu voz y seguirte con alegría en todas las cosas. Te aceptamos como nuestro Rey y nos sometemos a Tu autoridad.

Reina soberanamente en nuestros corazones y en nuestras vidas. Tu Reino es la paz del cielo, Tu Ley es el amor. Ayúdanos a orar y trabajar para que Tu Reino llegue a cada alma, a cada familia, a cada nación.

Jesús, Tú ascendiste al Cielo para ser nuestro Mediador con Tu Padre. Allí mostrando las llagas que recibiste por la gloria de Dios y por la salvación de las almas, constantemente estás intercediendo por nosotros.

Jesús, Rey de toda la creación, Tu Padre te ungió a Ti con el óleo de la alegría como Eterno Sacerdote y Rey Universal. Como Sacerdote ofreciste Tu vida sobre el altar de la Cruz y redimiste a la raza humana por este único, perfecto sacrificio de paz. Como Rey Tú exiges el dominio sobre toda la creación, para poder presentar a Tu Padre un Reino eterno y universal: un Reino de verdad y vida; un Reino de santidad y gracia, y un Reino de justicia, de amor y de paz.

Jesús, en la hora de nuestro propia vuelta al hogar, cuando comparezcamos ante Tu Padre para dar cuenta de nuestras vidas en la tierra, ten misericordia de nosotros, para que, como Tú dijiste, también nosotros podamos decir: "Yo te he glorificado en la tierra, llevando a cabo la obra que me encomendaste realizar" (Jn 17, 4). Amén.

Repaso de Memoria, Sección II, Tercera Parte

preguntas y respuestas cortas para memorizar

P. 98. ¿Cómo mostró Jesús su poder de Hijo de Dios? Jesús mostró su poder de Hijo de Dios por su Resurrección, que quiere decir que resucitó de entre los muertos.

P. 99. ¿Por qué la Resurrección de Jesús es tan importante? La Resurrección de Jesús es tan importante porque manifiesta que Jesús es Dios, y tiene el poder de darnos vida eterna.

P. 101. ¿A qué llamamos la proclamación pascual? Proclamación quiere decir anuncio. La proclamación pascual es el mensaje que el ángel dio a las santas mujeres el Domingo de Resurrección: "¡Él ha resucitado!".

P. 102. ¿Cómo enseñó Jesús a sus Apóstoles a que creyeran en su Resurrección? Jesús enseñó a sus Apóstoles a que creyeran en Su Resurrección, haciéndose ver por ellos durante cuarenta días después de haber resucitado. Jesús comió con ellos, les habló, y les permitió que lo tocaran.

P. 103. ¿Cómo llevó el Espíritu Santo a los Apóstoles a creer en la Resurrección de Jesús? El Espíritu Santo llevó a los Apóstoles a creer en la Resurrección de Jesús dándoles el don de la fe.

P. 106. ¿Qué ha hecho Jesús por nosotros con su Resurrección? Cuando Jesús murió y luego resucitó, nos abrió a todos el camino hacia el cielo.

P. 107. ¿Cómo nos ayuda ahora Jesús resucitado? Jesús resucitado nos ayuda ahora llenándonos con su gracia (es decir, con su propia vida) a través del Espíritu Santo.

P. 108. ¿Qué se entiende por la Ascensión de Jesucristo? Con la Ascensión queremos decir que Jesús, a los cuarenta días de su Resurrección, subió al cielo con su cuerpo glorificado.

P. 109. ¿Cuáles son los dos aspectos distintos que hemos de considerar en el misterio de la Ascensión de Jesús? El misterio de la Ascensión implica: (1) que la naturaleza humana de Jesús fue perfectamente glorificada; y (2) que Jesús acabó Su misión aquí en la tierra.

P. 110. ¿Qué ha hecho Jesús por nosotros con su Ascensión? Con su Ascensión, Jesús, con Su naturaleza divina y Su naturaleza humana, nos prepara un lugar para cada uno de nosotros en el cielo.

Libros de Consulta Familiar — Capítulo 31

P. 112. ¿Cuál es el plan de Dios para la humanidad?
Juan Pablo II, *El evangelio de la vida (Evangelium vitae)*, 6, 36, 44, 66;
Juan Pablo II, *El trabajo humano (Laborem exercens)*, 24;
Juan Pablo II, *Encíclica Veritatis Splendor*, 2.
Tercera Conf. Gral. del Episcopado Latinoamericano, 1979, *Puebla*, 330-331.
Quinta Conf. Gral. del Episcopado Latinoamericano y del Caribe, 2007, *Aparecida*, 41, 95, 107, 292, 349-352, 389, 390.

P. 113. ¿Por qué es Jesucristo el centro de toda la obra de la salvación que Dios lleva a cabo?
Juan Pablo II, *La dignidad y vocación de la mujer (Mulieris dignitatem)*, 3;
Juan Pablo II, *El Redentor del hombre (Redemptor hominis)*, 12.
Tercera Conf. Gral. del Episcopado Latinoamericano, 1979, *Puebla*, 333.
Quinta Conf. Gral. del Episcopado Latinoamericano y del Caribe, 2007, *Aparecida*, 21, 101-103, 131-147, 332, 336, 353, 354.

#H5-30

Envió el Espíritu Santo de parte del Padre, para que realizara interiormente su obra salvífica e impulsara a la Iglesia hacia su propia dilatación.

SECCIÓN III

EL ESPÍRITU SANTO

"...Creo en el Espíritu Santo, Señor y dador de vida, que procede del Padre y del Hijo, que con el Padre y el Hijo recibe una misma adoración y gloria, y que habló por los Profetas".

#R19_1-4

Sólo el Espíritu de Dios conoce las cosas de Dios.
En cuanto a nosotros, no hemos recibido el espíritu
del mundo, sino que el Espíritu que viene de Dios,
para que conozcamos lo que Dios gratuitamente nos ha dado.

SECCIÓN III
Primera Parte

La Persona del Espíritu Santo

#M3-389

¿O es que no saben que su cuerpo es templo del Espíritu Santo que han recibido de Dios y que habita en ustedes? Ya no se pertenecen a ustedes mismos. Porque han sido comprados ¡y a qué precio!; den, pues, gloria a Dios con su cuerpo.

CAPÍTULO 32

El Espíritu Santo

P. 114. ¿Quién es Dios Espíritu Santo?

Dios Espíritu Santo es la Tercera Persona de la Santísima Trinidad y es Dios, exactamente como el Padre y el Hijo son Dios.

También se le llama Paráclito (o Consolador), y Abogado, porque intercede por la humanidad ante Dios. Se le llama también el Espíritu de Verdad, el Espíritu de Dios, y el Espíritu de Amor. Lo recibimos cuando somos bautizados y continúa habitando dentro de nosotros y nos santifica, siempre y cuando no lo arrojemos por el pecado mortal.

#H5-22-2

Lo recibimos cuando somos bautizados y continúa habitando dentro de nosotros y nos santifica, siempre y cuando no lo arrojemos por el pecado mortal.

Sagrada Escritura

Eso es lo que nos ha manifestado Dios por medio de su Espíritu. El Espíritu, en efecto, lo escudriña todo, incluso las profundidades de Dios. Pues ¿quién conoce lo íntimo del hombre a no ser el mismo espíritu del hombre que está en él? Del mismo modo, sólo el Espíritu de Dios conoce las cosas de Dios. En cuanto a nosotros, no hemos

Véase: Sagrada Escritura
P. 114. Jn 14, 16-17; Ga 4, 6.

Catecismo para la Familia en Video y Audio
Padre Pablo Straub
P. 114. Cinta # 115-B356, 02:19.

recibido el espíritu del mundo, sino que el Espíritu que viene de Dios, para que conozcamos lo que Dios gratuitamente nos ha dado. *1 Cor 2, 10-12*

¿O es que no saben que su cuerpo es templo del Espíritu Santo que han recibido de Dios y que habita en ustedes? Ya no se pertenecen a ustedes mismos. Porque han sido comprados ¡y a qué precio!; den, pues, gloria a Dios con su cuerpo. *1 Cor 6, 19-20*

#R19_1-5

Desde el comienzo y hasta la consumación de los tiempos, cuando Dios envía a su Hijo, envía siempre a su Espíritu: la misión de ambos es conjunta e inseparable.

Catecismo de la Iglesia Católica

684 El Espíritu Santo con su gracia es el "primero" que nos despierta en la fe y nos inicia en la vida nueva que es: "que te conozcan a ti, el único Dios verdadero, y a tu enviado, Jesucristo" (Jn 7, 13). No obstante, es el "último" en la revelación de las personas de la Santísima Trinidad. San Gregorio Nacianceno, "el Teólogo", explica esta progresión por medio de la pedagogía de la "condescendencia" divina: El Antiguo Testamento proclamaba muy claramente al Padre, y más oscuramente al Hijo. El Nuevo Testamento revela al Hijo y hace entrever la divinidad del Espíritu. Ahora el Espíritu tiene derecho de ciudadanía entre nosotros y nos da una visión más clara de sí mismo. En efecto, no era prudente, cuando todavía no se confesaba la divinidad del Padre, proclamar abiertamente la del Hijo y, cuando la divinidad del Hijo no era aún admitida, añadir el Espíritu Santo como un fardo suplementario si empleamos una expresión un poco atrevida... Así por avances y progresos "de gloria en gloria", es como la luz de la Trinidad estalla en resplandores cada vez más espléndidos (San Gregorio Nacianceno, or. theol. 5, 26).

743 Desde el comienzo y hasta la consumación de los tiempos, cuando Dios envía a su Hijo, envía siempre a su Espíritu: la misión de ambos es conjunta e inseparable.

Oración

Dios, Espíritu Santo, Espíritu Divino de amor y de luz que procede del Padre y del Hijo, te adoramos como la Tercera Persona de la Santísima Trinidad, Dios nuestro. Del mismo modo como adoramos a Dios Padre y a Dios Hijo, te adoramos a Ti, en unión con los ángeles y los santos que rodean Tu trono en las alturas. Deseamos que seas alabado y glorificado ahora y siempre. Amén.

P. 115. ¿Qué queremos decir con las palabras: "El Espíritu Santo procede del Padre y del Hijo"?

Dios Padre y Dios Hijo contemplan mutuamente Su infinita hermosura. De entre esas dos divinas Personas brota un Amor que es divino y personal. Es un Amor tan perfecto que es un Amor viviente. Tal amor es Dios, el Espíritu Santo, la Tercera Persona de la Santísima Trinidad.

#T3-35-2

De entre esas dos divinas Personas brota un Amor que es divino y personal.

El Padre y el Hijo eternamente se comunican el uno al otro este Amor Personal (Dios Espíritu Santo). El amor que tiene Dios por

Véase: Sagrada Escritura
P. 115. Rm 8, 9; Ef 1, 13-14.

Catecismo para la Familia en Video y Audio
Padre Pablo Straub
P. 115 Cinta # 115-B356, 07:13.

nosotros le ha llevado a hacernos partícipes de Su misma vida divina. Podemos decir que el Espíritu de Amor, Dios Espíritu Santo, es el que hace esto posible. Dado que la obra de santificación de las almas es una obra especialmente atribuida al Amor divino, decimos que el Espíritu Santo es el Santificador, el que nos hace santos; aunque lo que hace una Persona, lo hacen también las Tres.

#Y1-10

Espíritu de verdad, de libertad y amor: en Él nos es dado interiorizar la ley y percibirla y vivirla como el dinamismo de la verdadera libertad personal: "la ley perfecta de la libertad".

Sagrada Escritura

Y sin embargo, les digo la verdad: les conviene que yo me vaya, porque si no me voy, el Espíritu Consolador no vendrá a ustedes; pero si me voy, lo enviaré. *Jn 16, 7*

Cuando venga el Espíritu de la verdad, los iluminará para que puedan entender la verdad completa. Él no hablará por su cuenta, sino que dirá únicamente lo que ha oído, y les anunciará las cosas venideras. Él me glorificará, porque todo lo que les dé a conocer, lo recibirá de mi. Todo lo que tiene el Padre, también es mío; por eso les he dicho que todo lo que el Espíritu les dé a conocer, lo recibirá de mí. *Jn 16, 13-15*

Catecismo de la Iglesia Católica

248 La tradición oriental expresa en primer lugar el carácter de origen primero del Padre por relación al Espíritu Santo. Al confesar al Espíritu como "salido del Padre" (Jn 15, 26), esa tradición afirma que éste *procede* del Padre *por el* Hijo (cf AG 2). La tradición occidental expresa en primer lugar la comunión consubstancial entre el Padre y el Hijo diciendo que el Espíritu procede del Padre y del Hijo (Filioque).

Lo dice "de manera legítima y razonable" (Cc de Florencia, 1439: DS 1302), porque el orden eterno de las personas divinas en su comunión consubstancial implica que el Padre sea el origen primero del Espíritu en tanto que "principio sin principio" (DS 1331), pero también que, en cuanto Padre del Hijo Único, sea con él "el único principio del que procede el Espíritu Santo" (Cc de Lyon II, 1274: DS 850). Esta legítima complementariedad, si no se desorbita, no afecta a la identidad de la fe en la realidad del mismo misterio confesado.

Encíclica "Veritatis Splendor"

83 Es cuanto acontece con el don del Espíritu Santo, Espíritu de verdad, de libertad y amor: en Él nos es dado interiorizar la ley y percibirla y vivirla como el dinamismo de la verdadera libertad personal: "la ley perfecta de la libertad" (Sant 1, 25).

Concilio Vaticano II

Mas lo que ha sido predicado una vez por el Señor, o lo que en Él se ha obrado para salvación del género humano, debe ser proclamado y difundido hasta los últimos confines de la tierra, comenzando por Jerusalén, de suerte que lo que una vez se obró para todos en orden a la salvación alcance su efecto en todos en el curso de los tiempos.

Para que esto se realizara plenamente, Cristo envió de parte del Padre al Espíritu Santo, para que lo llevara a cabo interiormente su obra salvífica e impulsara a la Iglesia a extenderse a sí misma. El Espíritu Santo obraba ya, sin duda, en el mundo antes de que Cristo fuera glorificado. Sin embargo, el día de Pentecostés descendió sobre los discípulos para permanecer con ellos para siempre (cf. Jn 14 16); la Iglesia se manifestó publicamente ante la multitud, comenzó la difusión del Evangelio por la predicación. *Actividad misionera, 4*

Oración

Dios Espíritu Santo, creemos que en la divinidad, Tú eres la consumación de la vida íntima de Dios. El Padre al contemplarse a Sí mismo, engendra la idea de la viviente, perfecta y eterna imagen de Sí mismo. Este es Dios Hijo, que es la expresión del infinito autoconocimiento del Padre. El Padre y el Hijo se ven el uno al otro en su divina belleza y se abrazan mutuamente en un amor infinito. Tú eres ese amor que procede del Padre y el Hijo. Tú eres la entrega plenamente gozosa del uno al otro, y el perfecto descanso del uno en el otro. Tú eres el lazo y la unidad, el abrazo y el beso, la alegría que brota como de una fuente, la jubilosa felicidad y el bendito y silencioso descanso de la Trinidad.

Tu mismo nombre: "Espíritu", significa que Tú eres la "Expiración" de Dios Padre y Dios Hijo. Eres el Espíritu que es "Santo", porque en virtud de Tu origen eres la santidad de Dios, y la santidad de Dios es una con su amor infinito de Sí mismo. Aunque eres el amor mutuo del Padre y del Hijo, también, como ellos, Tú eres Dios, igual a ellos en todo. Como Dios, Tú nunca tuviste principio; Tú siempre has sido. Como Dios eres digno de adoración, amor y devoción.

Divino Amor, que unes al Padre y al Hijo, Espíritu de poder, Consolador fiel de los afligidos, deja que el esplendor de Tu luz penetre hasta lo más profundo de nuestros corazones. Envía los celestiales rayos de Tu amor al santuario de nuestras almas para que, penetrándolas, sean encendidas de amor divino y consuman todas nuestras debilidades y negligencias.

Espíritu Santo, ten misericordia de nosotros. Haz nuestras almas dóciles y rectas. Manifiesta misericordia para con nuestras debilidades, con tal clemencia, que nuestra nada encuentre gracia ante Tu infinita grandeza, para que nuestra impotencia encuentre misericordia ante Tu poder infinito; y para que nuestras ofensas encuentren perdón ante la multitud de Tus misericordias. Por nuestro Señor y Salvador, Jesucristo. Amén.

#R4_3-1

Lo que en Él se ha obrado para salvación del género humano, debe ser proclamado y difundido hasta los últimos confines de la tierra.

Prácticas de Doctrina - Moral - Culto

(Vea el Apéndice A para las respuestas.)

1. ¿Quién es el Espíritu Santo?
2. ¿De qué manera puedes adorar y glorificar al Padre, al Hijo y al Espíritu Santo en tu vida diaria?
3. Cita una oración que mencione al Padre, al Hijo y al Espíritu Santo. Lee despacio la Oración resumen al final del pasaje de la Escritura y haz que sea tu oración personal.

P. 116. ¿Qué dijo Jesucristo sobre el Espíritu Santo?

Jesús prometió que enviaría al Espíritu Santo para que permaneciera con nosotros.

Jesucristo dijo a los Apóstoles en la noche de la Última Cena: "Y yo rogaré al Padre y les dará otro Consolador, para que esté siempre con ustedes. Es el Espíritu de la verdad que no puede recibir el mundo, porque ni lo ve ni lo conoce; ustedes, en cambio, lo conocen porque vive en ustedes y con ustedes está" (Jn 14, 16-17).

#R4_3-2

Cuando venga el Consolador, el Espíritu de la verdad que yo les enviaré y que procede del Padre, él dará testimonio de mí.

Véase: Sagrada Escritura
P. 116. Hch 1, 1-8.
Véase: "Catecismo de la Iglesia Católica"
P. 116. Párrafos: 692, 728, 2615.

Catecismo para la Familia en Video y Audio
Padre Pablo Straub
P. 116 Cinta # 115-B356, 08:23.

Sagrada Escritura

Les he dicho todo esto mientras estoy con ustedes; pero el Consolador, el Espíritu Santo, a quien el Padre enviará en mi nombre, hará que recuerden lo que yo les he enseñado y les explicará todo. *Jn 14, 25-26*

Cuando venga el Consolador, el Espíritu de la verdad que yo les enviaré y que procede del Padre, él dará testimonio de mí. *Jn 15, 26*

El último día, el más importante de la fiesta, Jesús, de pie ante la muchedumbre, afirmó solemnemente: Si alguien tiene sed, que venga a mí y beba. Como dice la escritura, de lo más profundo de todo aquél que crea en mí brotarán ríos de agua viva. Decía esto refiriéndose al Espíritu que recibirían los que creyeran en él. Y es que aún no había sido dado el Espíritu, porque Jesús no había sido glorificado. *Jn 7, 37-39*

Catecismo de la Iglesia Católica

729 Solamente cuando ha llegado la hora en que va a ser glorificado, Jesús *promete* la venida del Espíritu Santo, ya que su Muerte y su Resurrección serán el cumplimiento de la Promesa hecha a los Padres (cf Jn 14, 16-17.26; 15, 26; 16, 7-15; 17, 26): el Espíritu de Verdad, el otro Paráclito, será dado por el Padre en virtud de la oración de Jesús; será enviado por el Padre en nombre de Jesús; Jesús lo enviará de junto al Padre porque él ha salido del Padre. El Espíritu Santo vendrá, nosotros lo conoceremos, estará con nosotros para siempre, permanecerá con nosotros; nos lo enseñará todo y nos recordará todo lo que Cristo nos ha dicho y dará testimonio de Él; nos conducirá a la verdad completa y glorificará a Cristo. En cuanto al mundo, lo acusará en materia de pecado, de justicia y de juicio"

Encíclica "Veritatis Splendor"

25 El Señor prometió a sus discípulos el Espíritu Santo, que les "recordaría" y les haría comprender sus mandamientos *(cf. Jn 14, 26)*, y, al mismo tiempo, sería el principio fontal de una vida nueva para el mundo *(cf. Jn 3, 5-8; Rm 8, 1-13)*.

Concilio Vaticano II

El mismo Señor Jesús, antes de dar voluntariamente su vida para salvar al mundo, de tal manera organizó el ministerio apostólico y prometió enviar el Espíritu Santo, que ambos están asociados en la realización de la obra de la salvación en todas partes y para siempre. *Actividad misionera, 4*

Oración

Espíritu Santísimo de Dios, Jesús habló de Ti como del "Paráclito" o "Abogado", cuando se disponía a llamarte desde el cielo. Tu misión era actuar como testigo de Cristo ante el mundo, defendiendo Su persona, Su autoridad y Su doctrina. Para asegurar nuestra salvación eterna, Te entregamos nuestras mentes para que las guíes y nuestros corazones a tus inspiraciones. Haz que seamos testigos de Jesucristo en el mundo, especialmente por nuestro buen ejemplo. Te lo pedimos por el mismo Cristo, nuestro Señor. Amén.

Prácticas de Doctrina - Moral - Culto

(Vea el Apéndice A para las respuestas.)

1. ¿Qué dice Nuestro Señor sobre el Espíritu Santo en Juan 14, 16-17; 25-26?
2. La palabra Paráclito significa "aquel que viene en ayuda". Recuerda ahora ocasiones en las que has experimentado la ayuda del Espíritu Santo. Describe por escrito una de estas experiencias.
3. Lee de nuevo Juan 14, 16-17. Dale gracias al Padre y a Jesús por el don del Espíritu Santo. Pídele al Espíritu Santo que siempre permanezca contigo, te inspire, dé fortaleza y guíe a conseguir una mayor intimidad con Jesús.

#R4_3-18

Y yo rogaré al Padre y les dará otro Consolador, para que esté siempre con ustedes. Es el Espíritu de la verdad que no puede recibir el mundo, porque ni lo ve ni lo conoce; ustedes, en cambio, lo conocen porque vive en ustedes y con ustedes está.

Oración Para el Final del Capítulo

Santo Espíritu de Dios, la Encarnación de Jesús, que es lo más importante de toda la obra de la salvación y la prueba más honda del amor que Dios nos tiene, se realizó por Tu poder divino. La Encarnación fue la más excelsa unión de una naturaleza humana con Dios, y es la fuente de toda santidad.

Espíritu de Vida, Tu aliento divino llenó el Santuario del vientre de María y operó la existencia de la unión de la Palabra eterna de Dios con Su naturaleza humana. Tú eres el misterioso palpitar de Su vida interior, impulsándola a las maravillosas profundidades de la piedad.

Creemos que la naturaleza de Cristo, tanto la divina como la humana, están unidas en una sola Persona divina, la eterna Palabra de Dios, la Segunda Persona de la adorable Trinidad. Espíritu creador, Tú efectuaste esta maravillosa unión. Tu poder infinito creó el alma humana del Salvador, e hizo concebir Su Sagrado Cuerpo en el seno de Su Santísima Madre. El Angel habló a María: "El Espíritu Santo vendrá sobre Ti y el poder del Altísimo Te cubrirá con Su sombra; por eso el que ha de nacer será santo y será llamado Hijo de Dios" (Lc 1, 35).

Espíritu de infinito amor y vida, también Te alabamos, y Te damos gracias por Tu constante operar en el alma de Jesús que, con Su cooperación, produjo un maravilloso aumento de gracia, sabiduría, santidad y gloria. Haz que nosotros, como partícipes de Su vida divina en virtud del Bautismo, estemos también siempre abiertos a Tu voluntad y a Tu gracia. Te lo pedimos por Jesucristo, nuestro Señor y Salvador. Amén.

Libros de Consulta Familiar — Capítulo 32

P 114. ¿Quién es el Espíritu Santo?

Juan Pablo II, *La dignidad y vocación de la mujer (Mulieris dignitatem)*, 29;
Juan Pablo II, *El Espíritu Santo en la vida de la Iglesia y del mundo (Dominum et vivificantem)*, Véase todo el libro.
Tercera Conf. Gral. del Episcopado Latinoamericano, 1979, *Puebla,* 201.
Cuarta Conf. Gral. del Episcopado Latinoamericano, 1992, *Santo Domingo,* 17.

P. 115. ¿Qué queremos decir con las palabras: "El Espíritu Santo procede del Padre y del Hijo"?

Juan Pablo II, *El Espíritu Santo en la vida de la Iglesia y del mundo (Dominum et vivificantem)*, 8.

P. 116. ¿Qué dijo Jesucristo sobre el Espíritu Santo?

Juan Pablo II, *La dignidad y vocación de la mujer (Mulieris dignitatem)*, 15;
Juan Pablo II, *El Espíritu Santo en la vida de la Iglesia y del mundo (Dominum et vivificantem)*, 30;
Juan Pablo II, *Encíclica Veritatis Splendor,* 83.
Tercera Conf. Gral. del Episcopado Latinoamericano, 1979, *Puebla,* 202
Quinta Conf. Gral. del Episcopado Latinoamericano y del Caribe, 2007, *Aparecida,* 33.

Repaso de Memoria, Sección III, Primera Parte

preguntas y respuestas cortas para memorizar

P. 114. ¿Quién es el Espíritu Santo? El Espíritu Santo es la Tercera Persona de la Santísima Trinidad. El Espíritu Santo es también Dios, como el Padre y el Hijo son Dios.

P. 115. ¿Qué queremos expresar cuando decimos: "El Espíritu Santo procede del Padre y del Hijo"? Dios Padre y Dios Hijo se aman con un Amor eterno. Este Amor eterno y vivo que emana entre los dos es el Espíritu Santo. Llamamos al Espíritu Santo santificador de las almas porque santificar a las almas es una obra propia del Amor. Lo que una cualquiera de las Personas de la Santísima Trinidad hace al exterior de su vida íntima trinitaria, lo hacen las Tres, con la excepción de que solamente el Hijo de Dios se hizo hombre.

Héroes de Nuestra Fe: La Historia de Francisco de Fátima – Repaso de la Lección

El Espíritu de Dios

Muchas de las cosas que me desconcertaban del Espíritu Santo durante mi vida en la tierra se aclararon cuando llegué aquí al cielo. En el cielo vemos a Dios y todo y a todos en Dios. En la muerte vi mi propia vida de principio a fin. Vi todos mis pecados y todas las gracias que Dios me había dado durante mi vida.

Vi cómo en el Bautismo había recibido la gracia santificante que es la vida de la Santísima Trinidad. Con esta vida divina recibí las virtudes teologales de la fe, esperanza y caridad como en forma de semilla. La oración, estudio, sacrificio y buenas obras alimentaron esas semillas y las hicieron crecer.

Me preguntaba cómo era lo que el catecismo decía que el Espíritu Santo hacía esto o aquello en las almas. Sabía que había recibido a las tres divinas Personas. Ahora entiendo que el Espíritu Santo es el amor del Padre y del Hijo y todos comparten la misma Divina Voluntad. Hablando del Espíritu Santo en particular, decíamos que Dios es amor. Ahora veo que si hablamos sólo de "Dios", nuestras débiles mentes humanas podrían muy pronto olvidar el misterio de un Dios y tres Personas. Antes no comprendía estas cosas, pero por la virtud de la fe que recibí en el Bautismo creía en Dios, Padre, Hijo y Espíritu Santo.

Luego de las apariciones de Nuestra Señora, empecé a ver la estrecha relación entre Nuestra Señora y el Espíritu Santo. Me gustaba pensar que la nube que aparece a sus pies simbolizaba la presencia del Espíritu Santo, su Esposo.

Dios es Amor

Una noche, antes de irnos a dormir, mi madre nos llamó a Jacinta y a mí. Ella nos habló acerca de Dios. Aprendimos de ella que la mejor palabra para expresar a Dios era "amor". Ella nos contó una historia.

Habían un hombre y una mujer que estaban casados. Ambos tenían empleos muy bien remunerados, por lo que podían ahorrar mucho dinero, más de lo que necesitaban para tener una vida cómoda. Ellos pasaban la mayoría del tiempo disfrutando y yendo de vacaciones. Viajaban, frecuentaban los salones de juego, compraban y hacían todo lo que se les antojaba. Compartían su dinero entre ellos pero con nadie más. Decidieron no tener hijos para disfrutar mejor su tiempo, dedicándose al ocio y al placer. Su amor era tan egoísta que no lo querían compartir con los hijos.

Cuando mi madre acabó la historia, me vino a la mente que si mis padres hubieran decidido no tener hijos, como los de la historia que nos acababa de contar, ni mi hermana ni yo hubiéramos podido disfrutar la vida en la tierra y mucho menos experimentar la belleza de la Santísima Trinidad en el cielo.

Mi madre nos dijo que el amor de una pareja debería ser como el de Dios. Dios no podría ser amor si en Él sólo existieran dos Personas. Dios sólo puede ser amor porque en Él existen tres Personas. Dios Espíritu Santo es el amor entre Dios Padre y Dios Hijo, de semejante forma que los hijos son el amor entre el marido y la mujer.

El amor de la pareja, en la historia que nos contó mi madre, no era realmente "amor" porque estaba lleno de egoísmo. El verdadero amor es generoso y lleno de vida. El verdadero amor exige ser compartido con los demás.

#C15-24

La comunidad cristiana está integrada por hombres que, reunidos en Cristo, son guiados por el Espíritu Santo en su peregrinar hacia el reino del Padre y han recibido la buena nueva de la salvación para comunicarla a todos.

SECCIÓN III
Segunda Parte

El Espíritu Santo en la Vida de la Iglesia

#H5-35

El Espíritu Santo dirige toda la labor de Cristo en la Iglesia.
Es como el alma de la Iglesia Católica.

CAPÍTULO 33

La Obra del Espíritu Santo en la Iglesia

P. 117. ¿Cuándo vino el Espíritu Santo a la Iglesia?

Cincuenta días después de la Pascua y diez días después del comienzo de la primera novena del jueves de la Ascensión, el Espíritu Santo vino a la Iglesia primitiva el Domingo de Pentecostés, bajo la apariencia de un viento impetuoso y unas lenguas de fuego. Él transformó a los Apóstoles de hombres débiles y miedosos, en hombres de fe llenos de valor, por medio de los cuales Cristo quería difundir su Evangelio a las naciones.

Sagrada Escritura

Al llegar el día de Pentecostés, estaban todos juntos en el mismo lugar. De repente vino del cielo un ruido, semejante a una ráfaga de viento impetuoso, y llenó toda la casa donde se encontraban. Entonces aparecieron lenguas como de fuego, que se repartían y se posaban sobre cada uno de ellos. Todos quedaron llenos de Espíritu Santo y comenzaron a hablar en lenguas extrañas, según el Espíritu los movía a expresarse. *Hch 2, 1-4*

Catecismo de la Iglesia Católica

731 El día de Pentecostés (al término de las siete semanas pascuales), la Pascua de Cristo se consuma con la efusión del Espíritu Santo que se manifiesta, da y comunica como Persona divina: desde su plenitud, Cristo, el Señor (cf Hch 2, 36), derrama profusamente el Espíritu.

Concilio Vaticano II

Consumada la obra que el Padre encomendó realizar al Hijo sobre la tierra (cf. Jn 17,4) fue enviado al Espíritu Santo el día de Pentecostés a fin de santificar indefinidamente la Iglesia y para que de este modo los fieles tengan acceso al Padre por medio de Cristo en un mismo Espíritu (cf. Ef 2,18). Él es el Espíritu de vida o la fuente de agua que salta hasta la vida eterna (cf. Jn 4, 14; 7, 38-39), por quien el Padre vivifica a los hombres muertos por el pecado hasta que resucite sus cuerpos mortales en Cristo (cf. Rom 8, 10-11). *La Iglesia, 4*

Véase: "Catecismo de la Iglesia Católica"
P. 117 Párrafos: 732.

Catecismo para la Familia en Video y Audio
Padre Pablo Straub
P. 117 Cinta # 115-B356, 09:19.

Diagrama Catequístico

#H5-43

El Espíritu Santo está presente en la Iglesia. El Espíritu Santo (paloma) está presente de una forma especialísima en la Iglesia (barca). El Espíritu Santo fue enviado para dar vida a la Iglesia. Guía al Papa (tiara), a los Obispos y a los sacerdotes en la labor que hacen por Cristo, cuando enseñan sus doctrinas, guían a las almas y dan la gracia a las personas con la administración de los Sacramentos. El Espíritu Santo dirige toda la labor de Cristo en la Iglesia. Es como el alma de la Iglesia Católica.

Oración

Espíritu Santísimo, al descender sobre los Apóstoles en la fiesta de Pentecostés, Tú pusiste el fundamento de la Iglesia de Cristo. Tú los confirmaste en la fe y en la caridad para que, sin temor, pudieran predicar el Nombre de Jesús, tanto a los judíos como a los gentiles.

Espíritu de Verdad, Tú preservas a la Iglesia del error al investir a su cabeza visible, el Papa, con el don de la infalibilidad en materia de fe y moral. Tú eres en verdad el Alma de la Iglesia Católica. Sé Tú siempre la vida de nuestras almas. Amén.

P. 118. ¿Cómo lleva a cabo el Espíritu Santo la obra de Cristo en la Iglesia?

El Espíritu Santo lleva a cabo la obra de Cristo en la Iglesia cuando las personas responden a la invitación que hace Dios a amarle a Él y al prójimo.

Así como Jesucristo es el centro de la historia de la salvación, del mismo modo el misterio de Dios es el centro del cual toma su origen esta historia, y hacia este centro el Señor la ordena como a su último fin. Cristo crucificado y resucitado conduce a los hombres al Padre, al enviar al Espíritu Santo sobre el Pueblo de Dios.

#W2-4

Los gozos y las esperanzas, las tristezas y las angustias de los hombres de nuestro tiempo, sobre todo de los pobres y de cuantos sufren, son a la vez gozos y esperanzas, tristezas y angustias de los discípulos de Cristo.

Véase: Sagrada Escritura
P. 118. Jn 16 13-15, Rm 15, 15-19.
Véase: "Catecismo de la Iglesia Católica"
P. 118 Párrafos: **257, 259,** 485, 494, 1824, 2055.

Catecismo para la Familia en Video y Audio
Padre Pablo Straub
P. 118 Cinta # 115-B356, 11:36.

El Espíritu Santo estaba ya actuando en el mundo, antes de que Jesús resucitara de entre los muertos y subiera al cielo. Pero para llevar a término la salvación de todos los hombres, Jesús envió al Espíritu Santo de parte del Padre. Ahora el Espíritu Santo lleva a cabo su obra de salvación en las almas de los hombres, y esparce la Iglesia por todas las partes del mundo.

#L3-26-2

El Espíritu Santo lleva a cabo la obra de Cristo en la Iglesia cuando las personas responden a la invitación que hace Dios a amarle a Él y al prójimo.

Sagrada Escritura

En esto conocemos que permanecemos en él, y él en nosotros: en que él nos ha comunicado su Espíritu.Y nosotros hemos visto y damos testimonio de que el Padre ha enviado a su Hijo como Salvador del mundo. *1 Jn 4, 13, 14*

Catecismo de la Iglesia Católica

243 Antes de su Pascua, Jesús anuncia el envío de otro Paráclito' (Defensor), el Espíritu Santo. Éste, que actuó ya en la Creación (cf Gn 1, 2) y 'por los profetas' (Credo de Nicea-Constantinopla), estará ahora junto a los discípulos y en ellos (cf Jn 14, 17), para enseñarles (cf Jn 14, 16) y conducirlos 'hasta la verdad completa' (Jn 16, 13). El Espíritu Santo es revelado así como otra persona divina con relación a Jesús y al Padre.

1110 En la liturgia de la Iglesia, Dios Padre es bendecido y adorado como la fuente de todas las bendiciones de la creación y de la salvación, con las que nos ha bendecido en su Hijo para darnos el Espíritu de adopción filial.

Concilio Vaticano II

Los gozos y las esperanzas, las tristezas y las angustias de los hombres de nuestro tiempo, sobre todo de los pobres y de cuantos sufren, son a la vez gozos y esperanzas, tristezas y angustias de los discípulos de Cristo. Nada hay verdaderamente humano que no encuentre eco en su corazón. La comunidad cristiana está integrada por hombres que, reunidos en Cristo, son guiados por el Espíritu Santo en su peregrinar hacia el reino del Padre y han recibido la buena nueva de la salvación para comunicarla a todos. *Mundo actual, 1*

#E4-82

El Espíritu Santo hace a la Iglesia agradable a Dios
a causa de la vida divina de la gracia que le da.

Oración

Padre, Tu Hijo ascendió a lo más alto del cielo, y desde Su trono a Tu diestra, derramó sobre los corazones de Tus hijos adoptivos al Espíritu Santo de Tu promesa. Tú distribuyes Tus dones de gracia para cada tiempo y estación, así como guías a Tu Iglesia en los maravillosos caminos de Tu Providencia. Danos Tu Santo Espíritu que nos ayude siempre con Su poder, para que con amorosa confianza nos volvamos a Ti en todas nuestras tribulaciones, y Te demos gracias en todas nuestras alegrías.

Espíritu Santo, Tú eres uno con el Padre y el Hijo. Tú eres el amor mutuo entre ambos. Tú formaste la humanidad sagrada de nuestro Señor Jesucristo, y la enriqueciste con la plenitud de Tus dones y gracias. Bajo Tu guía, Él, víctima inocente por los pecados del mundo, subió al altar de la cruz.

Dios, Padre nuestro, al resucitar a Jesucristo Tu Hijo, conquistaste el poder de la muerte y nos abriste el camino de la vida eterna. Levántanos y renueva nuestra vida por el Espíritu que habita en nosotros, especialmente por medio del Sacrificio de la Misa.

Tu Espíritu, nos ha hecho hijos tuyos, que tienen la confianza de llamarte Padre. Aumenta Tu Espíritu de amor en nosotros y llévanos a nuestra herencia prometida.

Por el poder del Espíritu, purifica nuestros corazones y fortalécenos en Tu amor. Envía Tu Espíritu a vivir en nuestros corazones, y haznos templos de su gloria. Haz que, con Tu ayuda, nunca perdamos los dones y gracias que Tú nos has dado por su medio. Esto te lo pedimos por Jesucristo nuestro Señor. Amén.

Prácticas de Doctrina - Moral - Culto

(Vea el Apéndice A para las respuestas.)

1. ¿Qué nos enseña nuestra Fe católica sobre Pentecostés? ¿Por qué la fiesta de Pentecostés es tan importante para nosotros, los cristianos?
2. ¿Cómo puedes tú y tu familia corresponder mejor a la invitación de Dios de amarle a Él y a nuestro prójimo? Al responder, trata de ser muy concreto.
3. Lee despacio la Oración final que sigue a la cita del Vaticano II. Luego cierra los ojos y reza al Espíritu Santo con tus propias palabras.

P. 119. ¿Dónde está presente de modo especial Dios Espíritu Santo?

Dios Espíritu Santo está presente de modo especial en la Iglesia Católica.

El Espíritu Santo comunica la vida divina de la gracia a la Iglesia Católica. Él está presente para ayudar a la Iglesia a continuar la obra de Cristo en el mundo. Por su gracia el pueblo es movido a estar unido a Dios y a los hombres con amor sincero, y para cumplir sus responsabilidades para con Dios y para con los hombres. Hace a la Iglesia agradable a Dios a causa de la vida divina de la gracia que le da. Hace crecer a la Iglesia por el poder del Evangelio. La renueva con sus dones, y la conduce a la perfecta unión con Jesús.

Véase: Sagrada Escritura
P. 119 Mt 28, 19; Jn 17, 20-23.
Véase: "Catecismo de la Iglesia Católica"
P. 119 Párrafos: 748, 750, **767-68, 813,** 819, 822, **845.**

Catecismo para la Familia en Video y Audio
Padre Pablo Straub
P. 119 Cinta # 115-B356, 14:31.

El Espíritu Santo también está presente fuera de la Iglesia Católica en otras Iglesias Cristianas y grupos de creyentes en Cristo. Es más, Él está activo en lo que se conoce como Movimiento Ecuménico, que promueve la unión de todos los cristianos en la plenitud de la verdad, según ha sido revelado por Cristo y los Apóstoles.

Dios Espíritu Santo está también activo entre otros creyentes. Les ayuda a buscar y encontrar la verdad y la bondad. Más aún, guía los esfuerzos de la Iglesia Católica en su relación con otros creyentes.

#C15-43-Sp

Él Espíritu Santo está activo en lo que se conoce como Movimiento Ecuménico, que promueve la unión de todos los cristianos en la plenitud de la verdad, según ha sido revelado por Cristo y los Apóstoles.

Sagrada Escritura

Y sin embargo, les digo la verdad: les conviene que yo me vaya, porque si no me voy, el Espíritu Consolador no vendrá a ustedes; pero si me voy, lo enviaré. *Jn 16, 7*

Catecismo de la Iglesia Católica

749 El artículo sobre la Iglesia depende enteramente también del que le precede, sobre el Espíritu Santo. "En efecto, después de haber mostrado que el Espíritu Santo es la fuente y el dador de toda santidad, confesamos ahora que es Él quien ha dotado de santidad a la Iglesia" (Catecismo R., 1, 10, 1). La Iglesia, según la expresión de los Padres, es el lugar 'donde florece el Espíritu' (San Hipólito de Roma, t.a., 35).

Encíclica: "Veritatis Splendor"

2 La Iglesia, pueblo de Dios en medio de las naciones, mientras mira atentamente a los nuevos desafíos de la historia y a los esfuerzos que los hombres realizan en la búsqueda del sentido de la vida, ofrece a todos la respuesta que brota de la verdad de Jesucristo y de su Evangelio.

#T9_2_3-4

Por Su gracia el pueblo es movido a estar unido a Dios y a los hombres con amor sincero, y para cumplir sus responsabilidades para con Dios y para con los hombres.

Concilio Vaticano II

Sin embargo, el día de Pentecostés descendió sobre los discípulos para permanecer con ellos para siempre; la Iglesia se manifestó publicamente ante la multitud; comenzó la difusión del Evangelio por la predicación y fue, por fin, prefigurada la unión de los pueblos en la catolicidad de la fe por medio de la Iglesia de la Nueva Alianza, que habla en todas las lenguas, comprende y abraza en la caridad todas las lenguas y supera así la dispersión de Babel. Fue en Pentecostés cuado empezaron los "hechos de los Apóstoles", del mismo modo que Cristo fue concebido cuando el Espíritu Santo vino sobre la Virgen María, y Cristo fue impulsado a la obra de su ministerio cuando el mismo Espíritu Santo descendió sobre Él mientras oraba. *Actividad misionera, 4*

Oración

Espíritu Santo, Dedo de la Diestra del Padre, en los primeros días del cristianismo, de mil maneras distintas, mostraste que eras el alma y el corazón de la Iglesia. Tú le diste fuerza y belleza sobrenaturales. Tu influjo divino explica Su irresistible atracción, es decir, Su poder para atraer a las almas. Tú obraste en la iglesia primitiva produciendo signos de nueva vida con fuerza, belleza y eficacia. Alabanza y acciones de gracias te sean dadas a Ti, Espíritu Dador de Vida, por el maravilloso poder de Tu gracia.

Fuego divino, enciende, en todos los que participan de Tu apostolado, el fuego que transformó a los discípulos en el Cenáculo. Así ya no serán simples hombres, sino hombres que vivirán para transmitir Tu vida divina a las almas de sus prójimos. Enciende en Sus voluntades un ardiente deseo por la vida interior, ya que Su apostolado será un éxito en la medida en que ellos vivan esa vida sobrenatural, de la que Tú eres el principio soberano, y Jesucristo es la fuente.

Sé misericordioso con todos los hijos de la Iglesia Católica, para que sean fieles a Sus enseñanzas, y así salven Sus almas.

Dirige Tu mirada llena de gracia sobre las benditas almas del Purgatorio. Confórtalas, y dales refrigerio con las gracias que manan de Tu amor misericordioso.

Sé también misericordioso con los demás cristianos, con los que pertenecen a religiones no cristianas, con los agnósticos, los ateos y los pecadores. Dales la gracia de reconocerte, con el Padre y el Hijo, como la única fuente de verdadera felicidad, y de amarte con todo Su corazón. Todo esto te lo pedimos por Cristo nuestro Señor. Amén.

Prácticas de Doctrina - Moral - Culto

(Vea el Apéndice A para las respuestas.)

1. El Espíritu Santo está presente en la Iglesia dándole vida divina con su gracia. ¿Qué nos permite hacer la gracia?
2. ¿Está el Espíritu Santo también presente fuera de la Iglesia Católica? ¿Qué puedes hacer tú para promover la unidad de todos los cristianos?
3. Lee Juan 17, 11-12. Reza por la unidad de los cristianos. Si puedes, invita a tu familia para que se una a tu oración.

P. 120. ¿Qué hace Dios Espíritu Santo por la Iglesia?

Por medio del Espíritu Santo la Iglesia es capaz de llevar a cabo la obra de salvación que Cristo le encomendó cuando aquella nació.

El Espíritu Santo vino para permanecer en la Iglesia para siempre. En el día de Pentecostés, la Iglesia públicamente fue dada a conocer a quienes estaban reunidos en Jerusalén. A partir de ahí, el Evangelio comenzó a difundirse a todas las naciones. Hoy el Espíritu Santo sigue siendo el Alma del Apostolado de la Iglesia. El Espíritu Santo da su vida divina de gracia a la Iglesia.

Véase: "Catecismo de la Iglesia Católica"
P. 120. Párrafos: 686, 688, 692, 1996-**1997, 1999.**

Catecismo para la Familia en Video y Audio
Padre Pablo Straub
P. 120 Cinta # 115-B356, 19:56.

El Espíritu Santo guía al Papa, a los Obispos y sacerdotes de la Iglesia en su misión de enseñar la doctrina de Cristo, guiar a las almas dándoles la gracia de Dios, cuidar a los enfermos, enseñar a los niños, guiar a los jóvenes, confortar a los que están tristes y ayudar a los necesitados.

El Espíritu Santo guía al Pueblo de Dios en el conocimiento de la verdad. Ora en Él y le recuerda que sus miembros son hijos adoptivos de Dios. Congrega a la Iglesia en el amor y en el culto.

#F1-46-2

El Espíritu Santo guía al Pueblo de Dios en el conocimiento de la verdad.

Sagrada Escritura

Pero el Consolador, el Espíritu Santo, a quien el Padre enviará en mi nombre, hara que recuerden lo que yo les he enseñado y les explicará todo. *Jn 14, 26*

Sopló sobre ellos y les dijo: -Reciban el Espíritu Santo. A quienes les perdonen los pecados, Dios se los perdonará; y a quienes se los retengan, Dios se los retendrá. *Jn 20, 22-23*

Porque todos nosotros... hemos recibido un mismo Espíritu en el bautismo, a fin de formar un solo cuerpo; y también todos participamos del mismo Espíritu. *1 Cor 12, 13*

Catecismo de la Iglesia Católica

976 El Símbolo de los Apóstoles vincula la fe en el perdón de los pecados a la fe en el Espíritu Santo, pero también a la fe en la Iglesia y en la comunión de los santos. Al dar el Espíritu Santo a sus apóstoles, Cristo resucitado les confirió su propio poder divino de perdonar los pecados: "Recibid el Espíritu Santo. A quienes se los retengáis, les quedan retenidos" (Jn 20, 22-23).

Concilio Vaticano II

El Espíritu habita en la Iglesia y en los corazones de los fieles como en un templo (1 Co 3, 16; 6, 19), y en ellos ora y da testimonio de la adopción de hijos (cf. Gal 4, 6; Rm 8, 15-16 y 26). *La Iglesia, 4*

El mismo Señor Jesús, antes de dar voluntariamente su vida para salvar al mundo, de tal manera organizó el ministerio apostólico y prometió enviar al Espíritu Santo, que ambos están asociados en la realización de la obra de la salvación en todas partes y para siempre. *Actividad misionera, 4*

#C15-16-2

El Espíritu Santo da su vida divina de gracia a la Iglesia.

Oración

Dios, Padre nuestro, ¡qué asombrosa es la obra del Espíritu Santo, que se nos manifiesta en dones tan diversos!

Qué maravillosa es la unidad que el Espíritu crea en la diversidad de Tus hijos, al habitar en Sus corazones, llenando así toda la Iglesia con Su presencia, y guiándola con Su sabiduría. Haz que siempre estemos atentos a Sus inspiraciones, y confiemos en Su fuerza que nunca falla.

Espíritu dador de vida, creador y santificador nuestro, Tú nos has dado la vida y el ser, y nos has llevado a la plenitud de la revelación de Cristo, que Él dio a su Iglesia Católica. Tú has adornado nuestras almas con la gracia santificante, haciéndolas templos tuyos; las has enriquecido con virtudes celestiales, y santificado por medio de los santos Sacramentos. Todos estos beneficios nos han llegado por medio de la Santa Iglesia Católica. Te damos gracias, ahora y siempre, porque nos has hecho hijos de esta Iglesia, que Tú vivificas y diriges en unión con el Padre y el Hijo. Amén.

#H5-26

El Espíritu habita en la Iglesia y en los corazones de los fieles como en un templo, y en ellos ora y da testimonio de la adopción de hijos.

P. 121. ¿Por qué se le llama al Espíritu Santo el Alma de la Iglesia?

Al Espíritu Santo se le llama el Alma de la Iglesia, porque la anima con su presencia divina, dando vida sobrenatural a todos sus miembros.

Sagrada Escritura

Y yo rogaré al Padre y les dará otro Consolador, para que esté siempre con ustedes. Es el Espíritu de la verdad, que no puede recibir el mundo, porque ni lo ve ni lo conoce; ustedes, en cambio, lo conocen, porque vive en ustedes y con ustedes está. *Jn 14, 16-17*

¿No saben que son templos de Dios y que el Espíritu de Dios habita en ustedes? *1 Co 3, 16*

Catecismo de la Iglesia Católica

797 "Lo que nuestro espíritu, es decir, nuestra alma, es para nuestros miembros, eso mismo es el Espíritu Santo para los miembros de Cristo, para el Cuerpo de Cristo que es la Iglesia" (San Agustín

Véase: Sagrada Escritura
P. 121 Rom 8, 9-17.
Véase: " Catecismo de la Iglesia Católica"
Párrafos: 692, **809,** 813.

Catecismo para la Familia en Video y Audio
Padre Pablo Straub
P. 121 Cinta # 115-B356, 20:26.

serm. 267, 4). "A este Espíritu de Cristo, como a principio invisible, ha de atribuirse también el que todas las partes del cuerpo estén íntimamente unidas, tanto entre sí como con su excelsa Cabeza, puesto que está todo él en la Cabeza, todo en el Cuerpo, todo en cada uno de los miembros" (Pío XII, "Mystici Corporis": DS 3808). El Espíritu Santo hace de la Iglesia "el Templo del Dios vivo" (2 Co 6, 16; cf 1 Co 3, 16-17; Ef 2, 21): En efecto, es a la misma Iglesia, a la que ha sido confiado el `Don de Dios' ...Es en ella donde se ha depositado la comunión con Cristo, es decir, el Espíritu Santo, arras de la incorruptibilidad, confirmación de nuestra fe y escala de nuestra ascensión hacia Dios... Porque allí donde está la Iglesia, allí está también el Espíritu de Dios; y allí donde está el Espíritu de Dios, está la Iglesia y toda gracia (San Ireneo, haer. 3, 24, 1).

Encíclica "Veritatis Splendor"

118 Por numerosos y grandes que sean los obstáculos opuestos por la fragilidad y el pecado del hombre, el Espíritu, que renueva la faz de la tierra *(cf. Sal 104 [103], 30)*, posibilita el milagro del cumplimiento perfecto del bien. Esta renovación, que capacita para hacer lo que es bueno, noble, bello, grato a Dios y conforme a su voluntad, es en cierto sentido el colofón del don de la misericordia, que libera de la esclavitud del mal y da la fuerza para no pecar más.

#F1-123

La apertura hacia Dios y la respuesta voluntaria a la guía de Su Espíritu Santo es necesaria para la santidad.

¿No saben que son templos de Dios y que el espíritu de Dios habita en ustedes?

Concilio Vaticano II

Y para que nos renováramos incesantemente en Él (cf. Ef 4, 23) nos concedió participar de su Espíritu, quien, siendo uno solo en la Cabeza y en los miembros, de tal modo vivifica todo el cuerpo, lo une y lo mueve, que su oficio pudo ser comparado por los Santos Padres con la función que ejerce el principio de la vida o el alma en el cuerpo humano. *La Iglesia, 7*

Oración

Padre celestial, por medio de Cristo, has dado el Espíritu Santo a todos los pueblos. Llena nuestros corazones con Su amor. Que el fuego de Tu Espíritu, que llenó los corazones de los discípulos de Jesús de valentía y amor, haga santos nuestros pensamientos, palabras y obras para que toda nuestra vida te sea agradable.

Envía al Espíritu Santo de Pentecostés a nuestros corazones para que nos mantenga siempre en Tu amor, para que podamos amarte perfectamente y alabarte como conviene. Concédenos vivir en santidad y ser Tus testigos en el mundo.

Llena con el Espíritu de Cristo a quienes llamas a vivir en medio del mundo y sus preocupaciones. Ayúdalos a construir Tu Reino eterno por medio de Su trabajo en la tierra. Haz que sean testigos efectivos de la verdad del Evangelio y hagan que Tu Iglesia tenga una presencia viva y vibrante en medio del mundo.

Por medio del Espíritu Santo, Alma de tu Iglesia, aumenta Tus dones espirituales en la Iglesia, para que Tu pueblo fiel continúe creciendo en santidad a imitación de Tu Hijo Amado.

Espíritu Santo, Creador, asiste misericordiosamente a Tu Iglesia Católica, y con Tu poder celestial, fortalécela y hazla firme contra las embestidas de sus enemigos. Por Tu amor y Tu gracia, renueva el espíritu de Tus siervos a quienes has ungido, para que en Ti, glorifiquen al Padre y a Su único Hijo, Jesucristo, Señor Nuestro.

Ayúdanos a ser siempre obedientes al Santo Padre, el Papa, quien enseña infaliblemente en materia de fe y moral. Haz que seamos hijos fieles de la Iglesia Católica, que es la columna y fundamento de la verdad. Ayúdanos a sostener siempre su doctrina, buscar sus intereses y defender sus derechos. Te lo pedimos en el nombre de Jesús. Amén.

Prácticas de Doctrina - Moral - Culto

(Vea el Apéndice A para las respuestas.)

1. ¿Cómo anima y alimenta el Espíritu Santo la vida de la gracia en la Iglesia para que ella continúe la labor de salvación que Cristo comenzó?
2. ¿De qué forma concreta puedes tú y tu familia tomar parte en la labor que tiene la Iglesia de llevar a todos los hombres la Buena Nueva del amor de Dios por todos?
3. Reza la Oración para el final del Capítulo después de la pregunta 121. Dale gracias al Espíritu Santo por Su misión en la Iglesia.

P. 122. ¿Cuál es la tarea del Espíritu Santo en la Iglesia?

El Espíritu Santo: (1) conserva a la Iglesia como el Cuerpo de Cristo y como Su Esposa para que le sea fiel en santidad hasta el fin del mundo y (2) siempre ayuda a la Iglesia a purificarse y renovarse a sí misma y a sus miembros.

#T3-38-2

Así se manifiesta toda la iglesia como una muchedumbre reunida por la unidad del padre y del Hijo y del Espíritu Santo

1. El Espíritu Santo conserva a la Iglesia como el Cuerpo de Cristo.

El Espíritu Santo, a quien Jesús, el día de Pentecostés, envió a su Iglesia de parte del Padre, continúa Su obra en ella, y lo seguirá haciendo hasta el fin de los tiempos. Él lleva a efecto la unión entre Cristo y Sus miembros, San Pablo describe esta unión como el "Cuerpo de Cristo". Cada miembro del cuerpo está unido a los demás, con Cristo como cabeza, por un fuerte vínculo interior, que es el Espíritu Santo.

2. El Espíritu Santo siempre ayuda a la Iglesia a purificarse y renovarse a sí misma y a sus miembros.

Cada cristiano recibe al Espíritu Santo en el sacramento del Bautismo y en el de la Confirmación. El Espíritu Santo, con el Padre y el Hijo, viven de hecho en el cristiano. Jesús dijo: "El que me ama,

Véase: Sagrada Escritura
P. 122. Rm 12, 3-8.
Véase: "Catecismo de la Iglesia Católica"
P. 122. Párrafos: 687, 696, **733-41,** 797-801.

Catecismo para la Familia en Video y Audio
Padre Pablo Straub
P. 122 Cinta # 115-B356, 20:57.

se mantendrá fiel a mis palabras. Mi Padre lo amará y mi Padre y yo vendremos a él y viviremos en él" (Jn 14, 23).

Por medio del Espíritu Santo, el cristiano participa de la vida de gracia, que es la vida de Dios en su alma. San Pablo le recuerda al cristiano que es santo, porque el Espíritu Santo mora en él. "¿No saben que son templos de Dios y que el Espíritu de Dios habita en ustedes? Si alguno destruye el templo de Dios, Dios le destruirá a él; porque el templo de Dios es santo, y ese templo son ustedes" (1 Cor 3, 16-17).

La santidad se espera de toda la Iglesia. Al darse a Sí Mismo a todos, Dios hace posible que cada uno se dé completamente a Él y a sus prójimos.

El Espíritu Santo ilumina nuestra mente para aceptar y creer la doctrina de Jesús y nos da la fuerza para vivir conforme a ella. La apertura hacia Dios y la respuesta voluntaria a la guía de Su Espíritu Santo es necesaria para la santidad. San Pablo dice: "No apaguen la fuerza del Espíritu" (1Ts 5, 19).

La santidad se espera de toda la Iglesia. Al darse a Sí Mismo a todos, Dios hace posible que cada uno se dé completamente a Él y a sus prójimos. Todos son llamados a la santidad, conforme a los dones y talentos que cada uno posee.

San Pablo, también habla de carismas, es decir, "dones de la gracia", que son bendiciones, dadas gratuitamente, de naturaleza extraordinaria y transitoria, que el Espíritu Santo confiere directamente a algunos individuos para el bien de otros (cf Co 12, 4-11). Estas gracias pueden beneficiar también indirectamente al que las posee, pero su finalidad inmediata es el beneficio espiritual de la comunidad cristiana.

Para que podamos vivir bien como hijos de Dios, el Espíritu Santo nos ayuda de muchas maneras. Nos da "gracias actuales" para ayudarnos a pensar, desear y hacer lo que le agrada a Dios. Sin Su gracia es imposible hacer nada para conseguir nuestra salvación o la de los demás. Con la ayuda de la gracia del Espíritu Santo, la Iglesia es constantemente purificada y renovada espiritualmente.

Sagrada Escritura

Hay diversidad de carismas, pero el Espíritu es el mismo. Hay diversidad de servicios, pero el Señor es el mismo. Hay diversidad de actividades, pero uno mismo es el Dios que activa todo las cosas en todos. A cada cual se le concede la manifestación del Espírutu para el bien de todos. Porque a uno Dios a través del Espíritu, le concede hablar con sabiduría, mientras que a otro, gracias al mismo Espíritu, le da un profundo conocimiento. Por el mismo Espíritu Dios concede a uno el don de la fe, a otro el carisma de curar enfermedades, a otro el poder de realizar milagros, a otro el hablar de parte de Dios, a otro, el distinguir entre espíritus falsos y verdaderos, a otro, el hablar un lenguage misterioso y a otro, en fin, el don de interpretar ese lenguaje. Todo esto lo hace el mismo y único Espíritu, que reparte a cada uno sus dones como él quiere. *1 Cor 12, 4-11*

Catecismo de la Iglesia Católica

737 La misión de Cristo y del Espíritu Santo se realiza en la Iglesia, Cuerpo de Cristo y Templo del Espíritu Santo. Esta misión conjunta asocia desde ahora a los fieles de Cristo en su Comunión con el Padre en el Espíritu Santo: El Espíritu Santo *prepara* a los hombres, los previene por su gracia, para atraerlos hacia Cristo. Les *manifesta* al Señor resucitado, les recuerda su palabra y abre su mente para entender su Muerte y su Resurrección. Les *hace presente* el Misterio de Cristo, sobre todo en la Eucaristía para reconciliarlos, para *conducirlos a la Comunión* con Dios, para que den "mucho fruto" (Jn 15, 5.8.16).

1989 La primera obra de la gracia del Espíritu Santo es la *conversión*, que obra la justificación según el anuncio de Jesús al comienzo del Evangelio: "Convertíos porque el Reino de los cielos está cerca" (Mt 4, 17). Movido por la gracia, el hombre se vuelve a Dios y se aparta del pecado, acogiendo así el perdón y la justicia de lo alto. "La justificación entraña, por tanto, el perdón de los pecados, la santificación y la renovación del hombre interior" (Cc. de Trento: DS 1528).

#H5-28-2

El Espíritu Santo nos da "gracias actuales" para ayudarnos
a pensar, desear y hacer lo que le agrada a Dios.

#C15-23

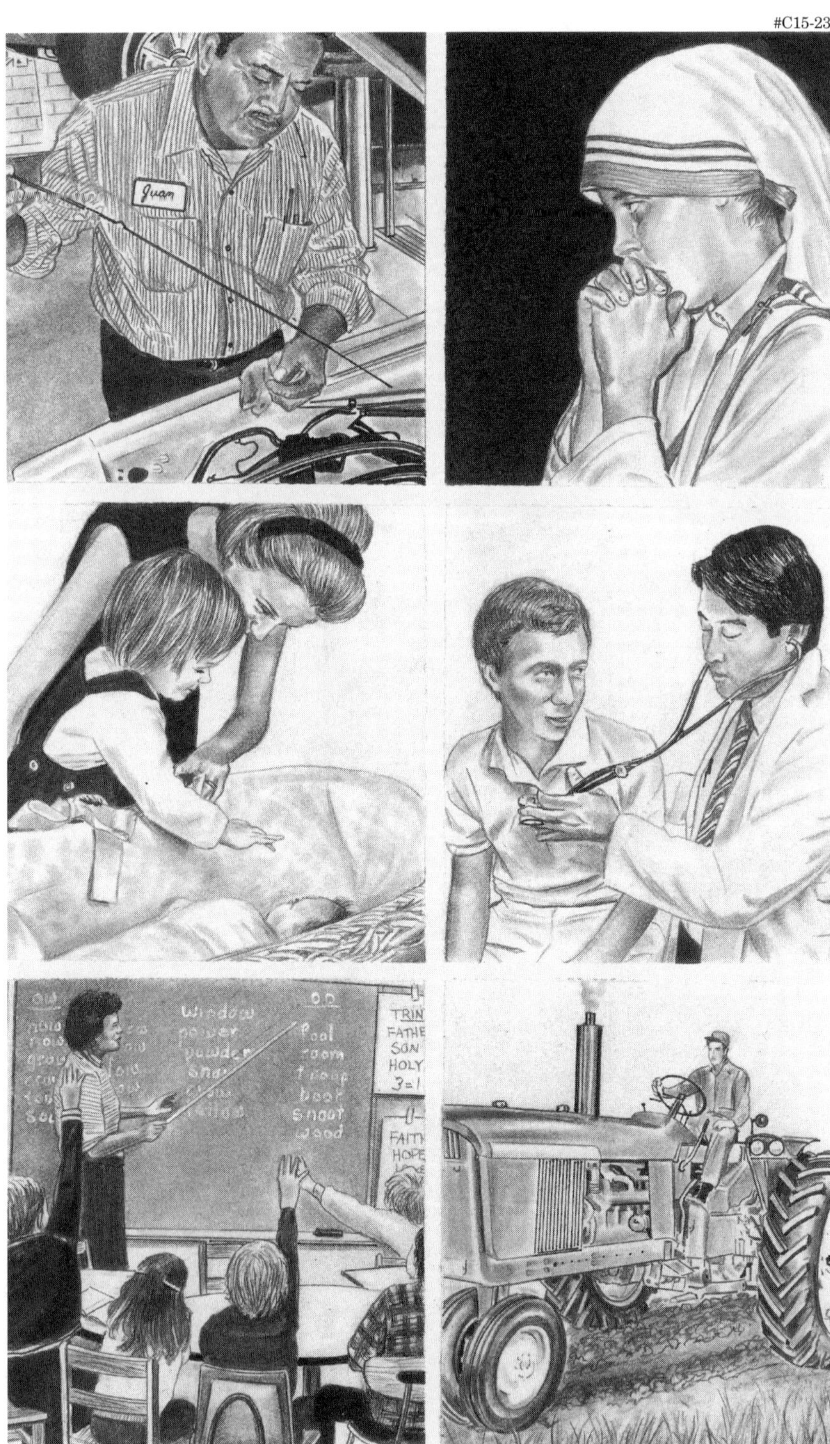

Hay diversidad de servicios, pero el Señor es el mismo. Hay diversidad de actividades, pero uno mismo es el Dios que activa todas las cosas en todos.

Encíclica "Veritatis Splendor"

27 En el Espíritu, la Iglesia acoge y transmite la Escritura como testimonio de las «maravillas» que Dios ha hecho en la historia *(cf. Lc 1, 49)*, confiesa la verdad del Verbo hecho carne con los labios de los Padres y de los Doctores, practica sus preceptos y la caridad en la vida de los Santos y de las Santas, y en el sacrificio de los Mártires, celebra su esperanza en la Liturgia.

108 En la raíz de la nueva evangelización y de la vida moral nueva, que ella propone y suscita en sus frutos de santidad y acción misionera, está el *Espíritu de Cristo*, principio y fuerza de la fecundidad de la santa Madre Iglesia, como nos recuerda Pablo VI: «No habrá nunca evangelización posible sin la acción del Espíritu Santo».

Concilio Vaticano II

La unifica en comunión y ministerio, la provee y gobierna con diversos dones jerárquicos y carismáticos y la embellece con sus frutos (cf. Ef 4, 11-12; I Cor 12, 4 ; Gal 5, 22). Con la fuerza del Evangelio rejuvenece la Iglesia, la renueva incesantemente y la conduce a la unión consumada con su Esposo. En efecto, el Espíritu y la Esposa dicen al Señor Jesús: ¡Ven! (cf. Ap 22, 17).

Y así toda la Iglesia aparece como "un pueblo reunido en virtud de la unidad del Padre y del Hijo y del Espíritu Santo" *La Iglesia, 4*

Diagrama Catequístico

#H5-39-Sp

Justificado o no justificado (impenitente). Diagrama de la izquierda: La inhabitación de Dios (triángulo) en el alma (corazón) es una gracia inmensa. El pecador es justificado por Dios; el Espíritu Santo (paloma) le da una vida nueva, una participación en la vida de Jesucristo (hermano). El alma justificada entra en una comunión íntima con la Santísima Trinidad (amigo). Por tanto, el alma en estado de gracia (rayos de luz) es hecha santa y justificada por el Espíritu Santo, se convierte en hijo de Dios Padre, hermano de Jesucristo, amigo del Espíritu Santo y heredero del cielo. Diagrama de la derecha: Alguien en pecado mortal, es decir un pecador, está desposeído de la gracia debido al pecado (corazón ennegrecido); y por tanto es enemigo de Dios, está separado de Jesucristo, muerto espiritualmente, excluido del cielo, a no ser que se arrepienta. Este es el retrato del pecador impenitente, es decir que no se ha arrepentido.

Prácticas de Doctrina - Moral - Culto

(Vea el Apéndice A para las respuestas.)

1. ¿Por qué llamamos Cuerpo Místico de Cristo a la Iglesia Católica? ¿Cuál es la función del Espíritu Santo en el Cuerpo Místico de Cristo?
2 Eres miembro del Cuerpo Místico de Cristo; ¿De qué forma tratas de ser un miembro digno de dicho Cuerpo?
3. Pide a diario al Espíritu Santo que te ayude a ti y a tu familia en los esfuerzos por la santidad, para ser dignos miembros del Cuerpo Místico de Cristo.

Oración Para el Final del capítulo

Ven Espíritu Santo Creador
Ven a visitar el corazón
Y llena con Tu gracia viva y eficaz
Nuestras almas, que Tú creaste por amor.

Tú, a quien llaman el gran consolador,
Don del Dios altísimo y Señor,
Eres vertiente viva, fuego que es amor,
De los dones del Padre, el dispensador.

Tú, Dios que plenamente se nos da
Dedo de la mano paternal,
Eres Tú la promesa que el Padre nos dio;
Tu palabra enriquece hoy nuestro cantar.

Los sentidos tendrás que iluminar,
Nuestro corazón inflamarás
Y nuestro cuerpo frente a toda tentación
Con Tu fuerza constante ven a reafirmar.

Aparta de nosotros la opresión
Tu paz danos pronto, sin tardar;
Y, siendo Tú nuestro guía, nuestro conductor,
Evitemos así cualquier error o mal.

Danos a nuestro Padre a conocer
A Jesús, el Hijo comprender,
Y a Ti Dios que procedes de Su mutuo amor
Te creemos con sólida y ardiente fe. Amén.

Libros de Consulta Familiar— Capítulo 33

P. 117. ¿Cuándo vino el Espíritu Santo a la Iglesia?

Juan Pablo II, *El Espíritu Santo en la vida de la Iglesia y del mundo (Dominum et vivificantem)*, 25.
Tercera Conf. Gral. del Episcopado Latinoamericano, 1979, *Puebla,* 198.

P. 118. ¿Cómo lleva a cabo el Espíritu Santo la obra de Cristo en la Iglesia?

Pablo VI, *La evangelización en el mundo moderno (Evangelii nuntiandi),* 75;
Juan Pablo II, *El Espíritu Santo en la vida de la Iglesia y del mundo (Dominum et vivificantem)*, 67.
Quinta Conf. Gral. del Episcopado Latinoamericano y del Caribe, 2007, *Aparecida,* 262, 374.

P. 119. ¿Dónde está presente de modo especial el Espíritu Santo?

Juan Pablo II, *Catequesis en nuestros días (Catechesi tradendae),* 24;
Pablo VI, *La evangelización en el mundo moderno (Evangelii nuntiandi),* 75;
Juan Pablo II, *El Espíritu Santo en la vida de la Iglesia y del mundo (Dominum et vivificantem)*, 25;
Juan Pablo II, *Los fieles laicos (Christifideles laici)*, 18-20
Juan Pablo II, *Encíclica Veritatis Splendor,* 103.
Quinta Conf. Gral. del Episcopado Latinoamericano y del Caribe, 2007, *Aparecida,* 230-232, 236.

P. 120. ¿Qué hace el Espíritu Santo por la Iglesia?

Juan Pablo II, *La dignidad y vocación de la mujer (Mulieris dignitatem)*, 29;
Juan Pablo II, *El Espíritu Santo en la vida de la Iglesia y del mundo (Dominum et vivificantem)*, 7, 25.
Tercera Conf. Gral. del Episcopado Latinoamericano, 1979, *Puebla,* 206, 243, 1117.
Cuarta Conf. Gral. del Episcopado Latinoamericano, 1992, *Santo Domingo,* 11, 19, 32, 55. 102, 301.
Quinta Conf. Gral. del Episcopado Latinoamericano y del Caribe, 2007, *Aparecida,* 171.

P. 121. ¿Por qué se le llama al Espíritu Santo el Alma de la Iglesia?

Pablo VI, *La evangelización en el mundo moderno (Evangelii nuntiandi)*, 75;
Juan Pablo II, *El Espíritu Santo en la vida de la Iglesia y del mundo (Dominum et vivificantem)*, 25-26.

P. 122. ¿Cuál es la tarea del Espíritu Santo en la Iglesia?

Pablo VI, *La evangelización en el mundo moderno (Evangelii nuntiandi)*, 75;
Juan Pablo II, *El Espíritu Santo en la vida de la Iglesia y del mundo (Dominum et vivificantem)*, 7, 25-27;
Juan Pablo II, *Los fieles laicos (Christifideles laici),* 16-17;
Juan Pablo II, *Encíclica Veritatis Splendor*103, 118.
Tercera Conf. Gral. del Episcopado Latinoamericano, 1979, *Puebla,* 638.
Cuarta Conf. Gral. del Episcopado Latinoamericano, 1992, *Santo Domingo,* 23, 27-29.
Quinta Conf. Gral. del Episcopado Latinoamericano y del Caribe, 2007, *Aparecida,* 150-153, 222, 311, 367, 547.

#B7-5

El Espíritu...posibilita el milagro del cumplimiento del bien.

CAPÍTULO 34

La Devoción al Espíritu Santo

P. 123. ¿Cómo debemos honrar al Espíritu Santo?

Debemos amar y honrar al Espíritu Santo como a nuestro Dios, de la misma forma como honramos al Padre y al Hijo.

También debemos permitir que el Espíritu Santo guíe nuestra vida. Por la oración, aprendemos a discernir sus inspiraciones en nuestra alma; inspiraciones que siempre traen paz.

Debemos darnos cuenta de la importancia del Espíritu Santo y de su obra, tanto en la Iglesia como en nuestra vida. Todo cristiano recibe el Espíritu Santo en el sacramento del Bautismo y de la Confirmación. Mediante su presencia los hombres son movidos constantemente a tener comunión con Dios y con los hombres y a cumplir todas sus obligaciones.

Unidos a Cristo, los seguidores de Jesús son conducidos por el Espíritu Santo en su peregrinación hacia el Reino de su Padre y del Hijo. Debemos pedirle siempre la luz y la fortaleza que necesitamos para vivir una vida santa y salvar nuestras almas.

Sagrada Escritura

Pedro le dijo: "Ananías, ¿por qué has permitido que Satanás te convenciera para engañar al Espíritu Santo...No has mentido a los hombres, sino a Dios". *Hch 5, 3-4*

Así pues, yo, el prisionero por amor al Señor; les ruego que, como corresponde a la vocación a la que han sido llamados, se comporten, con gran humildad, amabilidad y paciencia, aceptándose mutuamente con amor. Preocúpense de conservar, mediante el vínculo de la paz, la unidad que es el fruto del Espíritu. Uno solo es el cuerpo y uno solo el Espíritu, como también es una la esperanza que enciera la vocación a la que han sido llamados. *Ef 4, 1-4*

Y no causen tristeza al espíritu Santo de Dios, que es como un sello impreso en ustedes para distinguirlos el día de la liberación. Que desaparezca de entre ustedes toda agresividad, rencor, ira, indignación, injurias y toda clase de maldad. Sean más bien bondadosos y compasivos los unos con los otros, y perdónense mutuamente, como Dios los ha perdonado por medio de Cristo. *Ef 4, 30-32*

Catecismo de la Iglesia Católica

685 Creer en el Espíritu Santo es, por tanto, profesar que el Espíritu Santo es una de las personas de la Santísima Trinidad Santa, consubstancial al Padre y al Hijo, "que con el Padre y el Hijo recibe una misma adoración y gloria" (Símbolo de Nicea-Constantinopla). Por eso se ha hablado del misterio divino del Espíritu Santo en la "teología" trinitaria, en tanto que aquí no se tratará del Espíritu Santo, sino en la "Economía" divina.

Encíclica "Veritatis Splendor"

108 Es el Espíritu Santo aquél que ha dado firmeza a las almas y a las mentes de los discípulos, aquél que ha iluminado en ellos las cosas divinas.

Concilio Vaticano II

Consumada la obra que el Padre encomendó realizar al Hijo sobre la tierra (cf. Jn 17, 4, fue enviado el Espíritu Santo el día de Pentecostés a fin de santificar indefinidamente la Iglesia y para que de este modo los fieles tengan acceso al Padre por medio de Cristo en un mismo Espíritu (cf. Ef 2, 18). Él es el Espíritu de vida o la fuente de agua que salta hasta la vida eterna (cf. Jn 4, 14; 7, 38-39), por quien el Padre vivifica a los hombres muertos por el pecado hasta que resucite sus cuerpos mortales (cf. Rom 8, 10-11). El Espíritu habita en la Iglesia y en el corazón de los fieles como en un templo (cf. I Cor 3, 16; 6, 19), y en ellos ora y da testimonio de su adoptación como hijos (cf. Gal 4,6; Rom 8, 15-16 y 26). *La Iglesia, 4*

Oración

Espíritu Santo, Dios y Santificador nuestro, ojalá nunca nos movamos en la superficie de nuestras almas, sino que nos sumerjamos hasta las profundidades donde Tú habitas. ¡Queridísimo Huésped nuestro!, Tú nos has permitido penetrar en este Sagrado Santuario donde te escondes. Ayúdanos a ser conscientes de Tu presencia en el alma, y del operar de Tu gracia en nosotros, para que recibamos fortaleza y consuelo: fortaleza para hacer el bien y vencer el mal; y consuelo, para hacernos capaces de aceptar las cruces y dolores de la vida con paciencia y alegremente.

Libra a nuestras almas de las ataduras a las cosas terrenas, que tan frecuentemente nos impiden hacer Tu voluntad. Haz que en el interior de nuestras almas pensemos en Ti, al tratar con quienes trabajan y viven con nosotros, para que al pensar en Ti nos ayudes a acrecentar y a preservar la paz de nuestras almas. Haz que triunfemos sobre las dificultades, confirma nuestra confianza en Ti, y bendice todos nuestros sacrificios y trabajos. Te lo pedimos por Cristo nuestro Señor. Amén.

#S2-280

El Espíritu habita en la Iglesia y en los corazones de los fieles como en un templo.

Prácticas de Doctrina - Moral - Culto

(Vea el Apéndice A para las respuestas.)

1. Podemos honrar al Espíritu Santo de muchas maneras. Describe algunas de ellas.
2. Al tomar una decisión ¿cómo podemos conocer la que es más agradable a Dios?
3. Date cuenta ahora de que Dios está presente en tu corazón. Dale gracias por el número de veces que has experimentado su protección, su guía y su fuerza. Lee despacio y recita la siguiente oración desde el fondo de tu corazón. Si se te ocurren más cosas que añadir, hazlo.

   Ven, Espíritu Santo, te necesito,
   Espíritu Santo, te lo ruego, ven.
   Ven con tu fortaleza y tu poder,
   Ven de la manera que Tú solo sabes.
   Ven, Espíritu Santo, te necesito,
   Espíritu Santo, te lo ruego, ven.
   Ven con tu luz y tu guía,
   Ven de la manera que Tú solo sabes.

#H5-34-2

Debemos pedirle siempre la luz y la fortaleza que necesitamos para vivir una vida santa y salvar nuestras almas.

Oración Para el Final del Capítulo

¡Oh Espíritu Santo¡, Tú eres el alma viviente de la Iglesia Santa de Dios. Sólo por Ti, que habitas en la Iglesia como en un tabernáculo viviente, se hace posible el gran misterio de la Iglesia de Jesucristo.

Espíritu Santo de Dios, ayúdanos a apreciar la gran e inestimable felicidad de ser hijos de la Santa Madre Iglesia. Por la Confirmación, en la que nos diste la plenitud de Ti mismo, danos el valor y el celo para cumplir con nuestra vocación de mensajeros de Cristo en el mundo. Haz que seamos apóstoles sinceros y ayúdanos a ser fieles a nuestro deber de proclamar el Evangelio y hacer que se sienta su influencia en la vida de los demás.

Espíritu de Verdad, guarda siempre en nosotros un espíritu de amor devoto, y de sumisión a la Santa Madre Iglesia. Ayúdanos a cumplir con lo que nos toca para llevar a cabo la unidad de todos los hombres en Dios. Esto Te lo pedimos en el Poderosísimo y Santísimo nombre de Jesús. Amén.

Repaso de Memoria Sección III, Segunda Parte

preguntas y respuestas cortas para memorizar

P. 117. ¿Cuándo descendió el Espíritu Santo sobre la Iglesia?
El Espíritu Santo descendió sobre la Iglesia en forma de un viento

impetuoso y de lenguas de fuego cincuenta días después de la Resurrección. Él transformó a los Apóstoles de débiles y miedosos en hombres llenos de valor para vivir su fe.

P. 119. ¿Dónde se encuentra especialmente presente el Espíritu Santo? El Espíritu Santo se encuentra presente de un modo especial en la Iglesia Católica.

#S2-263

Al Espíritu de Jesús, acogido por el corazón humilde y dócil del creyente, se debe el florecer de la vida moral cristiana y el testimonio de santidaden la gran variedad de las vocaciones.

SECCIÓN III
Tercera Parte

El Espíritu Santo en la Vida del Cristiano

#J3-24-2

La gracia santificante, llamada también habitual, es un don de Dios que nos hace santos y agradables a Él. Nos concede una partipación en la misma naturaleza divina de Dios y la comunión con las personas divinas.

CAPÍTULO 35

La Gracia Santificante

P. 124. ¿Qué acontece cuando una persona acepta el Espíritu de Cristo?

Cuando una persona acepta el Espíritu de Cristo, recibe el poder de ser hijo adoptivo de Dios. Participa realmente de la divina naturaleza de Dios, y en la comunión de las Tres Divinas Personas. Además el Señor le conduce a una nueva forma de vida. El poder de ser hijos de Dios es lo que llamamos gracia santificante.

Las tres Personas de la Santísima Trinidad toman parte en la obra de la santificación al comunicar la gracia al hombre. Esto, sin embargo, es especialmente la obra de Dios Espíritu Santo, porque es una obra del Amor, y el Espíritu Santo es el Amor personal del Padre y del Hijo. Él santifica nuestras almas por medio del don de la gracia.

#F1-67

La Ley nueva es la gracia del Espíritu Santo dada a los fieles mediante la fe en Cristo. Actúa por la caridad, utiliza el Sermón del Señor para enseñarnos lo que hay que hacer.

Sagrada Escritura

En efecto, el pago del pecado es la muerte, mientras que Dios nos ofrece como don la vida eterna por medio de Cristo Jesús, nuestro Señor. *Rm 6, 23*

Véase: Sagrada Escritura
P. 124. Jn 1, 12; Rm 8, 14-17; Ga 4, 5; Tit 3, 4-7, 2 P 1, 4; 1 Jn 1-3.
Véase: "Catecismo de la Iglesia Católica"
P. 124. Párrafos: **1265-1266, 1997-1999, 2002-2003.**

Catecismo para la Familia en Video y Audio
Padre Pablo Straub
P. 124 Cinta # 115-B356, 30:08

Jesús le contestó: "El que me ama, se mantendrá fiel a mis palabras. Mi Padre lo amará, y mi Padre y yo vendremos a él y viviremos en él". *Jn 14, 23*

Catecismo de la Iglesia Católica

1966 La Ley nueva es la *gracia del Espíritu Santo* dada a los fieles mediante la fe en Cristo. Actúa por la caridad, utiliza el Sermón del Señor para enseñarnos lo que hay que hacer, y los sacramentos para comunicarnos la gracia de realizarlo: "El que quiera meditar con piedad y perspicacia el Sermón que nuestro Señor pronunció en la montaña, según lo leemos en el Evangelio de San Mateo, encontrará en él sin duda alguna la carta perfecta de la vida cristiana... Este sermón contiene todos los preceptos propios para guiar la vida cristiana" (S. Agustín serm. Dom. 1,1).

Encíclica "Veritatis Splendor"

107 Cuanto [el cristiano] más obedece con la ayuda de la gracia a la ley nueva del Espíritu Santo, tanto más crece en la libertad a la cual está llamado mediante el servicio de la verdad, la caridad y la justicia.

108 Al Espíritu de Jesús, acogido por el corazón humilde y dócil del creyente, se debe, por tanto, el florecer de la vida moral cristiana y el testimonio de la santidad en la gran variedad de las vocaciones, de los dones, de las responsabilidades y de las condiciones y situaciones de vida.

#L3-9-2

Cuando [el cristiano] más obedece con la ayuda de la gracia a la ley nueva del Espíritu Santo, tanto más crece en la libertad a la cual está llamado mediante el servicio de la verdad, la caridad y la justicia.

Concilio Vaticano II

Porque todos los fieles cristianos, dondequiera que vivan, están obligados a manifestar con el ejemplo de su vida y el testimonio de la palabra el hombre nuevo de que se revistieron por el bautismo, y la virtud del Espíritu Santo, por quien han sido fortalecidos con la confirmación, de tal forma que todos los demás, al contemplar sus buenas obras, glorifiquen al Padre (cf. Mt 5, 16) y perciban, con mayor plenitud el sentido genuino de la vida humana y el vínculo universal de la unión de los hombres. *Actividad misionera, 11*

Oración

Espíritu Divino, Tú eres nuestro santificador. Por Tu divina gracia quieres hacernos más como Jesús, nuestro Salvador. Pues sólo podemos ser santos en la medida en que nos hagamos semejantes a Él quien es "el Camino, la Verdad y la Vida". Dios no ha puesto otro cimiento para nuestra salvación, perfeccióny glorificación. Sólo Tú puedes conducirnos a Cristo y realizar la unión de nuestras almas con el Hijo de Dios. Infunde Tu gracia en nuestras mentes y corazones.

¡Oh Espíritu Santo!, ¡Fuego Viviente!, queremos ofrecernos a Ti, con el mismo amor con que Jesús se ofrece a Sí mismo en todas las Misas que se celebran en todo el mundo. Te pedimos, por los méritos de este Santo Sacrificio, que tengas misericordia de nosotros y nos conviertas en un sacrificio viviente y agradable a Ti. Transforma nuestras almas a imagen y semejanza de Jesús, y concédenos tener parte en la abundancia de las gracias ocultas en Su Sagrado Corazón. Ven y vive en nuestros corazones como vives en el Sagrado Corazón de Jesús, para que la plenitud de Tu luz y el poder de Tu gracia reine en nosotros.

Espíritu del Padre y del Hijo, haz que el poder de Tu amor sea experimentado para siempre en los corazones de los hombres; que Tu luz irradie en las almas de los que vagan en las tinieblas. Hazlos volver al Corazón de Jesús que da vida, y a las saludables fuentes de Tu preciosísima Sangre. Fortalece a las almas que te aman. Perfecciona en ellas Tus siete dones y Tus doce frutos. Conviértelos aquí en Tus templos para que te adoren por siempre en el cielo. Amén.

Prácticas de Doctrina - Moral - Culto

(Vea el Apéndice A para las respuestas.)

1 ¿Qué Sacramento nos da el Espíritu de Cristo?

2. ¿Cómo manifestar a las personas de tu familia, de la escuela, del lugar de trabajo o de la comunidad, que tú vives de acuerdo con el Espíritu de Cristo?

3. Enciende una vela; renueva las promesas bautismales y pide al Espíritu Santo que te guíe y te dé fuerzas para vivir una verdadera vida cristiana.

   Las promesas bautismales son:

   ¿Renuncias a Satanás y a todas sus obras?

   ¿Y a todas sus seducciones?

   ¿Crees en Dios, Padre todopoderoso, creador del cielo y de la tierra?

   ¿Crees en Jesucristo, Su único Hijo, nuestro Señor, que nació de santa María Virgen, murió, fue sepultado, resucitó de entre los muertos y está sentado a la derecha del Padre?

   ¿Crees en el Espíritu Santo, en la Santa Iglesia Católica, en la comunión de los santos, en el perdón de los pecados, en la resurrección de la carne y en la vida eterna? (tomado de la liturgia del Sábado Santo).

P. 125. ¿Qué es la gracia santificante?

La gracia santificante, llamada también habitual, es un don de Dios que nos hace santos y agradables a Él. Nos concede una partipación en la misma naturaleza divina de Dios y la comunión con las personas divinas.

Por medio de la gracia santificante, nuestras almas participan de la misma naturaleza de Dios, ya en esta vida. Esta gracia nos capacita para ser santos y agradables a Dios, porque nos ayuda a vivir como hijos obedientes de Dios.

Sagrada Escritura

Nosotros, en cambio, creemos que nos salvamos por la gracia de Jesús, el Señor. *Hch 15, 11*

En efecto, de su plenitud todos nosotros hemos recibido gracia en abundancia. Porque la ley fue dada por medio de Moisés, pero la gracia y la verdad nos llegaron por medio de Cristo Jesús. *Jn 1, 16-17*

Catecismo de la Iglesia Católica

1266 La Santísima Trinidad da al bautizado *la gracia santificante, la gracia de la justificación* que:

Véase: Sagrada Escritura
P. 125. Jn 4, 14; 2 P 1, 3-4; 1 Jn 1, 3.
Véase: "Catecismo de la Iglesia Católica"
P. 125. Párrafos: **1996-2000, 2023.**

Catecismo para la Familia en Video y Audio
Padre Pablo Straub
P. 125 Cinta # 115-B356, 30:18

— le hace capaz de creer en Dios, de esperar en Él y de amarlo mediante las *virtudes teologales*;

— le concede poder vivir y obrar bajo la moción del Espíritu Santo mediante los *dones del Espíritu Santo*;

— le permite crecer en el bien mediante las *virtudes morales*.

Así todo el organismo de la vida sobrenatural del cristiano tiene su raíz en el santo Bautismo.

Concilio Vaticano II

Quiso Dios, con su bondad y sabiduría, revelarse a Sí mismo y manifestar el misterio de su voluntad (cf. Ef 1, 9): por Cristo, la Palabra hecha carne, y con el Espíritu Santo, pueden los hombres llegar hasta el Padre y participar de la naturaleza divina (cf. Ef 2, 18; 2 Pe 1, 4).
Divina revelación, 2

#W2-13-Sp

[La gracia santificante] le concede poder vivir y obrar bajo la moción del Espíritu Santo mediante los dones del Espíritu Santo.

Oración

Espíritu creador, en la naturaleza cambiaste el desorden, en orden y belleza; formaste y embelleciste el universo; llamaste los mares, los cielos y la tierra a la existencia, por un simple acto de Tu Voluntad. Todas las cosas que existen son obra de Tu mano creadora. ¡Te adoramos y te alabamos!

Espíritu vivificante de Dios, en el orden de la gracia Tú has realizado obras aún más admirables. Por Tu poder divino, Tú llevas a cabo la obra de la salvación al unirnos a Dios en amor y santidad, así como unes al Padre y al Hijo en la Trinidad. Haz que nos demos cuenta de que la amorosa unión de nuestras almas con Dios, por medio de la gracia santificante, es obra de Tu misericordia. Recibimos la gracia, una esperanza que no defrauda "porque al darnos el Espíritu Santo, Dios ha derramado Su amor en nuestros corazones" (Rm 5, 5).

Carísimo Espíritu Santo, ayúdanos a tener en la más alta estima el inapreciable don de la gracia santificante, que fue infundida en nuestras almas al ser bautizados. Danos Tu gracia, para que nunca te ofendamos o perdamos Tu amistad por el pecado sino que guardemos las promesas que fueron hechas entonces en nuestro nombre. Concede que nuestras almas caminen en Ti, vivan por Ti y seas Tú quien las conduce, como condujiste a nuestro mismo Salvador para que siempre vivamos como corresponde a un hijo de Dios y miembro de Su Iglesia Católica, y alcancemos así la herencia del cielo. Toda gloria y alabanza sea dada a Ti, al Padre y al Hijo, un solo Dios, por los siglos de los siglos. Amén.

Prácticas de Doctrina - Moral - Culto

(Vea el Apéndice A para las respuestas.)

1. ¿Cómo explicarías a un amigo qué es la gracia santificante?
2. ¿De qué manera puedes crecer en santidad para vivir así la vida de un hijo de Dios?
3. Lee ahora Efesios 1, 7 y 2, 7. Agradece a Dios que quiere hacernos participantes de Su vida divina a ti y a todos.

P. 126. ¿Qué hace este nuevo modo de vida de la gracia santificante en el hombre?

Este nuevo modo de vida le da al hombre el poder de participar en la misma naturaleza de Dios y de estar unido al Padre y a Cristo en una unión de amor tal que ni siquiera la muerte puede romper.

Jesús le contestó: "El que me ama, se mantendrá fiel a mis palabras. Mi Padre lo amará, y mi Padre y yo vendremos a él y viviremos en él" (Jn 14, 23).

El Espíritu trae la vida de Dios al hombre, y a todo lo que éste hace; y así de esta persona se dice que vive en "estado de gracia", o en "estado de gracia santificante". La gracia santificante es un don de Dios que nos concede vivir en Él. Esta vida, vida de la gracia, es una participación de la misma vida de Dios.

Véase: "Catecismo de la Iglesia Católica"
P. 126 Párrafos: **1997, 1999-2000, 2020**

Catecismo para la Familia en Video y Audio
Padre Pablo Straub
P. 126 Cinta #115-B356, 47:07

La fe es un don gratuito por el que el Espíritu Santo nos hace capaces de aceptar la palabra de Dios y darnos cuenta de que Dios nos ama y nos cuida, y de que podemos contar con Él.

Tenemos esperanza porque en Jesucristo Dios nos ha prometido Su amor y protección para siempre. Nunca nos abandonará; lo único que necesitamos es permanecer unidos a Él.

La caridad es la capacidad de amar a Dios y a nuestros prójimos, porque también ellos pertenecen a Dios. La presencia del Espíritu Santo en nosotros significa que somos capaces de amar con un amor como el de Dios. Hasta podemos amar a nuestros enemigos.

#W2-10

Pero no olviden todos los hijos de la Iglesia que su excelente condición no deben atribuirla a los méritos propios, sino a una gracia singular de Cristo, a la que, si no responden con pensamiento, palabra y obra, lejos de salvarse, serán juzgados con mayor severidad.

Sagrada Escritura

Yo soy la vid, ustedes las ramas. El que permanece unido a mí, como yo estoy unido a él, produce mucho fruto; porque sin mí no pueden hacer nada. *Jn 15, 5*

Y nosotros hemos conocido y creído en el amor que Dios nos tiene. Dios es Amor, y el que permanece en el amor permanece en Dios y Dios en él. *1 Jn 4, 16*

#F1-64

La caridad es la capacidad de amar a Dios y a nuestros prójimos, porque también ellos pertenecen a Dios.

Catecismo de la Iglesia Católica

2021 La gracia es el auxilio que Dios nos da para responder a nuestra vocación de llegar a ser sus hijos adoptivos. Nos introduce en la intimidad de la vida trinitaria.

Encíclica "Veritatis Splendor"

88 La fe es una decisión que afecta a toda la existencia; es encuentro, diálogo, comunión de amor y de vida del creyente con Jesucristo, Camino, Verdad y Vida (cf. Jn 14, 6). Implica un acto de confianza y abandono en Cristo, y nos ayuda a vivir como él vivió (cf. Ga 2, 20), o sea, en el mayor amor a Dios y a los hermanos.

Concilio Vaticano II

Pero no olviden todos los hijos de la Iglesia que su excelente condición no deben atribuirla a los méritos propios, sino a una gracia singular de Cristo, a la que, si no responden con pensamiento, palabra y obra, lejos de salvarse, serán juzgados con mayor severidad. *Iglesia, 14*

#H5-24-2

Yo soy la vid; ustedes las ramas. El que permanece unido a mí, como yo estoy unido a él, produce mucho fruto; porque sin mí no pueden hacer nada.

Oración

Jesús, creemos que por medio de Tu Santo Espíritu nos has dado la gracia santificante. Creemos que este nuevo modo de vida nos da el poder de participar en la vida misma de Dios, y de estar unidos al Padre y a Ti en la unión de amor que ni siquiera la muerte puede romper. Jesús, te damos gracias por habernos preparado para recibir el don de Tu gracia. Por él, participamos contigo de la naturaleza divina, de la vida misma de Dios. Ayúdanos a valorar esta nuestra dignidad.

Confiamos que por el poder de Tu gracia y por el de Tu infinita misericordia nos preservarás de la desgracia de ofenderte y de perder Tu vida divina por el pecado mortal. Haz que siempre te agradezcamos Tu amor infinito por nosotros y crezcamos diariamente en gracia.

Jesús, Tú eres la vid y nosotros los sarmientos. La vid y el sarmiento tienen la misma vida. Ambos se nutren de la misma savia, es decir de la savia de Tu gracia, que la vid trasmite a las ramas y hace que den fruto.

El pecado nos ha hecho como planta silvestre; pero Tú nos has injertado en Ti, Vid divina, y ahora hemos llegado a ser uno contigo al participar de Tu vida divina. Tú eres la Cabeza y nosotros los miembros de Tu Cuerpo Místico. Así como la sangre da vida a la cabeza y a los miembros del cuerpo humano, así también la gracia santificante fluye de Ti a todos los que te están unidos por el amor.

Tú quieres que permanezcamos en Ti. Este es también nuestro más ferviente anhelo. Tú eres el Camino, la Verdad y la Vida. Sin Ti nada podemos hacer: somos como ramas secas que se arrojan al fuego. Ayúdanos a permanecer siempre unidos a Ti por la gracia santificante. Acrecienta en nuestras almas las virtudes de la fe, la esperanza y la caridad. Te lo pedimos por Tu Santísimo Nombre. Amén.

Prácticas de Doctrina - Moral - Culto

(Vea el Apéndice A para las respuestas.)

1. ¿Qué queremos indicar cuando decimos que una persona está en "estado de gracia santificante", o "estado de gracia"? ¿Cuándo puede alguien decir que está o no en estado de gracia?
2. ¿Qué hacer para permanecer en estado de gracia?
3. Reza la oración que sigue a la pregunta 126.

P. 127. ¿Qué opera en nosotros el don de la gracia de Dios?

El don de la gracia de Dios nos ayuda: 1) a morir al pecado y a vivir con Dios; 2) a estar íntimamente unidos a la Santísima Trinidad por medio de las virtudes teologales; y 3) vivir como hijos adoptivos de Dios.

1. Con ayuda de la gracia del Espíritu Santo somos capaces de morir al pecado y vivir con Dios.

Recibimos la fuerza que necesitamos para sacrificarnos a nosotros mismos evitando todo lo que nos conduzca al pecado. Con la ayuda de Dios podemos vencer el deseo de hacer lo que va en contra de Sus mandamientos.

2. Por la gracia, el Espíritu Santo nos ayuda a estar íntimamente unidos a la Santísima Trinidad a través de las virtudes teologales.

San Pablo recuerda a los cristianos que somos santuario de Dios: "¿No saben que son templos de Dios y que el Espíritu de Dios habita en ustedes?" (1 Cor 3, 16).

El Espíritu Santo fue enviado para hacer santa a la Iglesia. A través Suyo, el Padre da vida sobrenatural a los hombres que quieren renunciar al pecado, porque Él es el Espíritu de Vida. Unidos en Cristo como seguidores suyos, somos conducidos por el Espíritu

---

Véase: Sagrada Escritura
P. 127. Tt 2, 11-14; Ef 1, 3-10.
Véase: "Catecismo de la Iglesia Católica"
P. 127. Párrafos: **1996-2005.**

Catecismo para la Familia en Video y Audio
Padre Pablo Straub
P. 127 Cinta # 115-B356, 47:16

Santo en nuestro peregrinar hacia el Reino del Padre Celestial. Él nos ayuda a cumplir con nuestras obligaciones; nos insta a que luchemos para conseguir lo que es bueno; nos anima a rezar. Su gracia nos une a la Santísima Trinidad a través de la virtud de la caridad.

3. Por la Gracia, participamos en la vida divina del Hijo de Dios puesto que somos hijos adoptivos de Dios.

Fuimos hechos hijos de Dios en el Bautismo al recibir por primera vez la vida nueva de la gracia. Como dice San Pablo: "Los que se dejan guiar por el Espíritu de Dios, esos son hijos de Dios" (Rm 8, 14).

#F1-61-2

[El Espíritu Santo] nos ayuda a cumplir con nuestras obligaciones.

Sagrada Escritura

Jesús le contestó: "Yo te aseguro que nadie puede entrar en el reino de Dios, si no nace del agua y del Espíritu". *Jn 3, 5*

Ya que somos colaboradores de Dios, los exhortamos a que no reciban en vano la gracia divina. *2 Cor 6, 1*

Catecismo de la Iglesia Católica

2003 "La gracia es, ante todo y principalmente, el don del Espíritu que nos justifica y nos santifica. Pero la gracia comprende también los dones que el Espíritu Santo nos concede para asociarnos a su obra, para hacernos capaces de colaborar en la salvación de los otros y en el crecimiento del Cuerpo de Cristo, que es la Iglesia. Estas son las *gracias sacramentales*, dones propios de los distintos sacramentos. Son además las *gracias especiales*, llamadas también "*carismas*" ...que significa favor, don gratuito, beneficio... (cf LG 12)... los carismas están ordenados a la gracia santificante y tienen por fin el bien común de la Iglesia. Están al servicio de la caridad, que edifica la Iglesia (cf 1 Co 12).

2022 La iniciativa divina en la obra de la gracia previene, prepara y suscita la respuesta libre del hombre. La gracia responde a las aspiraciones profundas de la libertad humana; y la llama a cooperar con ella, y la perfecciona.

Encíclica "Veritatis Splendor"

118 Esta misericordia alcanza la plenitud con el don del Espíritu Santo, que genera y exige la vida nueva... Mediante el don de la vida nueva, Jesús nos hace partícipes de su amor y nos conduce al Padre en el Espíritu.

Oración

Espíritu Santo te agradecemos el don de la gracia santificante, que nos da la capacidad de morir al pecado, de participar en la vida divina de Dios como hijos suyos, y de estar íntimamente unidos con la Santísima Trinidad por el amor.

Médico Divino, embellece nuestras almas arrojando fuera el pecado. De la plenitud de Tus dones y gracias, derrama sobre nosotros el remedio celestial contra el pecado.

Nadie necesita más de Tu remedio divino que nosotros. Con frecuencia estamos cegados por nuestras pasiones, helados por la obstinada tibieza y manchados por múltiples imperfecciones. Ven e ilumínanos, enciende nuestro fervor y destruye en nosotros todo lo que te desagrada. Cuanto más grandes sean nuestras miserias, más glorioso será Tu triunfo sobre nuestras debilidades. Cuán maravilloso y glorioso eres. Por siempre seas alabado. Amén.

Prácticas de Doctrina - Moral - Culto

(Vea el Apéndice A para las respuestas.)

1. ¿Qué nos enseña nuestra Madre la Iglesia sobre el pecado? ¿Cómo nos ayuda el Espíritu Santo a morir al pecado y vivir la vida de un hijo de Dios?
2. Trata de recordar ahora las ocasiones del mes pasado (o desde la última confesión) en que has pecado contra el Señor haciendo algo que le disgusta, o bien, no haciendo algo que Él quería que hicieras.
3. Pide perdón al Señor por las veces en que tú no cooperaste con su gracia. Prométele que irás a recibir el sacramento de la Confesión tan pronto como puedas. Pide al Espíritu Santo que te dé fuerza para vencer las

tentaciones y para practicar la virtud que te ayudará a superar tu defecto dominante.

Oración Para el Final del Capítulo

¡Oh Espíritu Santo!, ven, crea en nosotros unos corazones nuevos, que se entreguen a Dios y no al mundo. Te ofrecemos de nuevo el cáliz de nuestras almas con amor y reverencia, para que Tú lo colmes con Tu vida divina.

Dulce Huésped del alma, a lo largo de nuestra vida, por ser nosotros miembros de la Iglesia, Tú siempre estás presente en nosotros, inspirándonos y conduciéndonos hacia el objetivo para el que fuimos creados: la unión con Dios. Cada vez que pasamos del pecado a la gracia; cada vez que resistimos la tentación; cada vez que realizamos una obra buena que conduce a la salvación, Tú estás operando en nosotros. Tú eres el creador de este mundo maravilloso y glorioso, como nos lo recuerda San Pablo: "Todo esto lo hace el mismo y único Espíritu, que reparte a cada uno sus dones como él quiere" (1 Cor 12, 11). Fuego divino, que llenaste los corazones de los discípulos de Jesús de fortaleza y amor, haznos santos. Implanta profundamente Tu gracia en nosotros, para que podamos servirte con cuerpo casto y agradarte con un corazón puro, por los siglos de los siglos. Amén.

Libros de Consulta Familiar — Capítulo 35

P. 124. ¿Qué acontece cuando el hombre acepta el Espíritu de Cristo?

Juan Pablo II, *La preocupación social (Sollicitudo rei socialis)*, 40;
Juan Pablo II, *El Espíritu Santo en la vida de la Iglesia y del mundo (Dominum et vivificantem)*, 48;
Juan Pablo II, *Los fieles laicos (Christifideles laici)*, 13.
Cuarta Conf. Gral. del Episcopado Latinoamericano, 1992, *Santo Domingo,* 10, 229.
Quinta Conf. Gral. del Episcopado Latinoamericano y del Caribe, 2007, *Aparecida,* 14, 23, 137, 157.

P. 125. ¿Qué es la gracia santificante?

Juan Pablo II, *El Espíritu Santo en la vida de la Iglesia y del mundo (Dominum et vivificantem),* 9.

P. 126. ¿Qué hace este nuevo modo de vida de la gracia santificante en el hombre?

Juan Pablo II, *El evangelio de la vida (Evangelium vitae),* 29, 37, 51;
Juan Pablo II, *El Espíritu Santo en la vida de la Iglesia y del mundo (Dominum et vivificantem)*, 9, 58.
Cuarta Conf. Gral. del Episcopado Latinoamericano, 1992, *Santo Domingo,* 40.

P. 127. ¿Qué opera en nosotros el don la gracia de Dios?

Juan Pablo II, *El evangelio de la vida (Evangelium vitae)*, 2, 78, 80;
Juan Pablo II, *El Espíritu Santo en la vida de la Iglesia y del mundo (Dominum et vivificantem)*, 58;
Juan Pablo II, *En el centenario de la Rerum Novarum (Centesimus Annus)*, 50;
Juan Pablo II, *La misión de la familia cristiana en el mundo actual (Familiaris consortio),* 41;
Juan Pablo II, *Encíclica Veritatis Splendor*, 25, 103.
Quinta Conf. Gral. del Episcopado Latinoamericano y del Caribe, 2007, *Aparecida,* 251.

#P26-17-2

El ámbito espiritual de la esperanza siempre está abierto al hombre, con la *ayuda de la gracia divina* y con la *colaboración de la libertad humana*.

CAPÍTULO 36

La Gracia Actual

P. 128. ¿Qué es la gracia actual?

La gracia actual es una ayuda especial, que nos da el Espíritu Santo, para iluminar nuestra mente, e inspirar y guiar nuestra voluntad, y así hacer el bien y evitar el mal en situaciones concretas. La gracia actual consiste en dones transitorios de luz divina para iluminar nuestra mente y fortalecer nuestros corazones.

San Juan nos dice que Dios viene a iluminar a todo hombre que nace en este mundo, y cita las palabras de Cristo acerca de la llamada divina, hecha a la mente, que debe preceder antes de que uno pueda seguir al Maestro: "Nadie puede venir a mí, si el Padre, que me envió, no se lo concede; y yo le resucitaré el último día" (Jn 6, 44).

En el libro del Apocalipsis, San Juan habla de la gracia actual que opera en la voluntad. "Mira que estoy de pie junto a la puerta y llamo. Si alguno oye mi voz y abre la puerta, entraré en su casa y cenaré con él y él conmigo" (Ap 3, 20).

A los Corintios se les recuerda el mismo efecto cuando San Pablo les dice: "Yo planté, y Apolo regó, pero el que hizo crecer fue Dios" (1 Cor 3, 6). Pablo y Apolo sólo eran los instrumentos de Cristo. Mas, como cooperaron con las gracias actuales que Él les envió, la Iglesia de Corintio fue creciendo en santidad.

"Pero por la gracia de Dios soy lo que soy, y la gracia de Dios no ha sido estéril en mí. Al contrario, he trabajado más que todos los demás; bueno, no yo, sino la gracia de Dios conmigo. En cualquier caso, tanto ellos, como yo, esto es lo que anunciamos y esto es lo que ustedes han creído" (1 Cor 15, 10-11).

Jesús dijo a Sus discípulos: "Permanezcan unidos en mí, como yo lo estoy a ustedes. Ninguna rama puede producir fruto por si misma, sin permanecer unida a la vid, y lo mismo les ocurrirá a ustedes, si no están unidos a mí. Yo soy la vid, ustedes las ramas. El que permanece unido a mí, como yo estoy unido a él, produce mucho fruto; porque sin mí no pueden hacer nada" (Jn 15, 4-5).

Véase: "Catecismo de la Iglesia Católica"
P. 128. Párrafos: **2024.**

Catecismo para la Familia en Video y Audio
Padre Pablo Straub
P. 128 Cinta # 115-B356, 47:26

Es la gracia actual de Jesús la que nos da la luz para ver lo que debemos hacer, y la fuerza de la voluntad para hacerlo. Sin esta ayuda no podemos vivir una vida de santidad. Por consiguiente, la gracia actual es una ayuda divina que nos capacita para obtener, retener o crecer en la gracia santificante y en la vida de Dios.

#H5-37

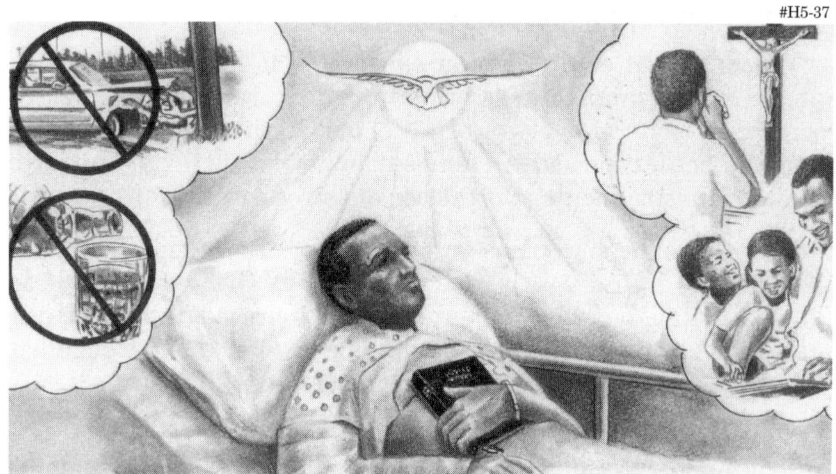

La gracia actual es una ayuda especial para iluminar nuestra mente e inspirar y guiar nuestra voluntad, y así hacer el bien y evitar el mal, en situaciones concretas.

Catecismo de la Iglesia Católica

2000 La gracia santificante es un don habitual, una disposición estable y sobrenatural que perfecciona al alma para hacerla capaz de vivir con Dios, de obrar por su amor. Se debe distinguir entre la *gracia habitual*, disposición permanente para vivir y obrar según la vocación divina, y las *gracias actuales*, que designan las intervenciones divinas que están en el origen de la conversión o en el curso de la obra de la santificación.

2010 Puesto que la iniciativa en el orden de la gracia pertenece a Dios, *nadie puede merecer la gracia primera*, en el inicio de la conversión, del perdón y de la justificación. Bajo la moción del Espíritu Santo y de la caridad, *podemos después merecer* en favor nuestro y de los demás gracias útiles para nuestra santificación, para el crecimiento de la gracia y de la caridad, y para la obtención de la vida eterna. Los mismos bienes temporales, como la salud, la amistad, pueden ser merecidos según la sabiduría de Dios. Estas gracias y bienes son objeto de la oración cristiana, la cual provee a nuestra necesidad de la gracia para las acciones meritorias.

Encíclica "Veritatis Splendor"

103 El ámbito espiritual de la esperanza siempre está abierto al hombre, con la *ayuda de la gracia divina* y con la *colaboración de la libertad humana*.

#L3-11-2

Es la gracia actual de Jesús la que nos da la luz para ver lo que debemos hacer, y la fuerza de la voluntad para hacerlo.

Prácticas de Doctrina - Moral - Culto

(Vea el Apéndice A para las respuestas.)

1. Imagínate la siguiente escena: tú te encuentras en una habitación cerrada y Jesús está fuera deseando entrar; pero tan sólo tú puedes abrir la puerta ya que la manija está dentro la habitación. ¿Cómo se puede referir esta situación a la gracia actual?
2. ¿Menciona algunas señales de que has dejado que Jesús entre en tu vida?
3. Aprende de memoria los siguientes versos de esta canción, y repítelos con frecuencia a lo largo del día:

   Día tras día,
   Día tras día,
   ¡Oh, amado Jesús!, tres cosas te pido:
   Que te vea cada día más claramente,
   Que te ame con más fuerza,
   Que te siga más de cerca
   Día tras día.

Diagrama Catequístico

#G6-2-Sp

Gracia Actual. El Espíritu Santo (paloma) inhabitando en el hombre lo dirige y le da audacia para seguir el camino que lleva al Cielo y le muestra (señales, mandamientos) el camino acertado o el equivocado, bueno o malo. El Espíritu Santo, a través de la gracia actual, ayuda al hombre a que haga el bien, evite el mal, y marche por el camino de la virtud. El Espíritu Santo ayuda al hombre a vivir de acuerdo con el espíritu de Jesús (monograma), a amar a Dios y al prójimo (corazón), a rezar (libro), y a estar preparado para cualquier tentación (paraguas preparado para la lluvia).

Oración Para el Final del Capítulo

Espíritu de Jesús, Tú eres nuestro corazón y nuestra alma, nuestra vida más íntima y nuestra fuerza más profunda. Tú nos unes al Hijo de Dios. Ahora nos damos cuenta de que no podemos lograr una unión especial con Jesús y ser Suyos, sin poseerte a Ti. San Pablo nos recuerda que "Y si el Espíritu de Dios que resucitó a Jesús de entre los muertos habita en ustedes, el mismo que resucitó a Jesús de entre los muertos hará revivir sus cuerpos mortales por medio de ese Espíritu Suyo que habita en ustedes" (Rm 8, 11).

No podemos ser transformados en la imagen del Salvador a no ser por Tu gracia. Especialmente por medio de la recepción frecuente de la Sagrada Comunión, ayúdanos a pensar, desear, hablar y actuar como Cristo. Haz que en esta sagrada unión Su amor y el nuestro sean uno, para la gloria de Dios y salvación de nuestras almas. Necesitamos de toda la ayuda que las gracias actuales que Tu envías nos pueden dar. Respáldanos con Tu poder. Que todo lo que hagamos, comience con Tu inspiración, continúe con Tu ayuda y alcance Su perfección bajo Tu guía. Con Tu amorosa protección, danos las gracias que necesitamos para perseverar con amor y sinceridad. Que crezcamos en Tu amor y servicio y seamos más agradables a Dios. Lo que pedimos por Jesucristo nuestro Señor. Amén.

Libros de Consulta Familiar— Capítulo 36

P. 128. ¿Qué es la gracia actual?

Pablo VI, *La evangelización en el mundo moderno (Evangelii nuntiandi)*, 75.

Héroes de Nuestra Fe: La Historia de Francisco de Fátima - Repaso de la Lección

Correspondencia a la Gracia

Una noche, después de una cena familiar, mi padre me llamó. Él quería contarme una historia. Yo me senté junto a él muy complacido en mi mecedora favorita.

"Hijo, es bueno responder siempre a las gracias actuales que Dios nos da en cada momento", me dijo mi padre.

Yo le miré tratando de comprender lo que quería decirme.

Él entonces comenzó a contarme la historia:

"Había una vez un sacerdote misionero que quería atraer a la fe católica a la gente de un pueblo del Tibet, un país lejano en Asia. Para llegar allí tenía que atravesar los montes del Himalaya, tarea nada fácil, especialmente para un extranjero en esa región. Así es que decidió alquilar un guía que al mismo tiempo le hiciera de compañía.

"Durante la travesía un fuerte tifón azotó las montañas arrancando algunos árboles de raíces. El guía llevó al sacerdote a una cabaña inhabitada. Planearon quedarse allí hasta que el tiempo se calmara. Se hizo de noche y la oscuridad era absoluta. La lluvia caía a raudales, el viento fortísimo y los truenos eran incesantes. Parecía que el tifón no iba a cesar.

"De repente, oyeron un lamento fuerte y una voz quejumbrosa a cierta distancia, pidiendo ayuda desesperadamente. El sacerdote se conmovió profundamente ante esa situación y le pidió al guía que le acompañase para encontrar a dicha persona. Pero el guía se negó arguyendo que era imposible encontrarlo en esa oscuridad y con esa lluvia y viento tan fuerte.

"El sacerdote dejó al guía en la cabaña y salió en medio de la oscuridad a buscar de dónde procedía esa voz quejumbrosa. Después de media hora de búsqueda, encontró finalmente al hombre. Un gran tronco de árbol lo tenía atrapado y estaba boca abajo en el suelo. El sacerdote usando todas sus fuerzas consiguió mover el tronco y liberar el cuerpo del hombre. Éste le pidió que le llevara a su casa a pocos kilómetros de distancia.

"El tiempo empezaba a mejorar y de madrugada llegaron a su casa. El hombre y su familia le agradecieron efusivamente al sacerdote por su actitud heroica. El sacerdote regresó a la cabaña para encontrarse con el guía.

"Cuando llegó a la cabaña habían cesado la lluvia y el viento, pero se sorprendió al ver que un gran árbol había caído sobre la cabaña que estaba destrozada. Rápidamente entró como pudo en la cabaña para buscar al guía, y cuál fue su sorpresa al ver el cuerpo inerte del guía debajo del tronco del árbol".

Cuando mi padre acabó, yo me sentía muy triste por lo que le pasó al guía, pues si hubiera acompañado al sacerdote cuando se lo pidió no habría muerto.

Mi padre continuó: "¿Entiendes ahora lo que son las gracias actuales y lo importante que es corresponder a las mismas?"

Yo cabeceé diciendo: "Gracia actual es la que el sacerdote recibió cuando sintió la necesidad de ir a ayudar al hombre que pedía ayuda. Si no hubiera respondido afirmativamente a esa gracia, probablemente habría tenido el mismo fin que el guía".

"Papá, ¿que le pasó posteriormente al sacerdote?"

"Lo primero que hizo fue rezar por el alma de su amigo guía y después de enterrarlo se dirigió a la casa del hombre que había salvado, y éste en agradecimiento le hizo de guía. Al cabo de algunas semanas consiguieron llegar al Tibet y el sacerdote llevó la fe a los nativos del lugar".

"¡Cáspita! Ahora veo que cuando correspondemos a las gracias actuales, Dios nos envía otras. Y si ignoramos y perdemos las gracias que Dios nos envía, entramos en problemas", exclamé.

Mi padre me dijo: "Si esto ocurre, pídele inmediatamente perdón y ruégale por otras gracias".

Me sentí lleno de alegría al oir a mi padre. Dios nos ama incluso si le fallamos algunas veces.

La Petición de Nuestra Señora

Todos nuestros encuentros con Nuestra Señora eran gracias actuales. Sin ellas, pienso que no hubiera podido amar a Jesús como lo hacía. (Dios nos da a todos las gracias actuales que necesitamos para ser santos, también por ejemplo, a través de los sacramentos, la Biblia y la oración). Cuando Nuestra Señora nos habló comprendí que la razón por la cual muchas personas van al infierno es porque desperdiciaron muchas gracias actuales. En Valinhos Nuestra Señora lucía triste. Lucía me dijo que Nuestra Señora suplicaba diciendo: "Recen, recen mucho y hagan sacrificios por los pecadores; porque muchas almas van al infierno porque no hay quienes se sacrifiquen y recen por ellos". Rezando y sacrificándonos por los pecadores y ofreciendo nuestras oraciones y sacrificios a Nuestra Señora alcanzamos muchas gracias actuales para los pecadores. Tú también puedes.

#S2-275

El que nos ha injertado en la Vid verdadera hará que demos el fruto del Espíritu que es caridad, alegría, paz, paciencia, afabilidad, bondad, fidelidad, mansedumbre, templanza El Espíritu es nuestra Vida: cuanto más renunciamos a nosotros mismos más obramos también según el Espíritu.

CAPÍTULO 37

La Inhabitación del Espíritu Santo en el Hombre

P. 129. ¿Qué produce la inhabitación del Espíritu Santo en nosotros?

Por la inhabitación del Espíritu: (1) se nos da la gracia santificante, los siete dones del Espíritu Santo, y las virtudes teologales y cardinales; (2) se cura la debilidad de nuestra alma; (3) se nos ayuda a vencer nuestros malos deseos, nuestro egoísmo, y a practicar las virtudes como son: la caridad y la paciencia y (4) se hacen agradables a Dios nuestras oraciones y nuestra vida.

1. Por la inhabitación del Espíritu Santo se nos da la gracia santificante, los siete dones del Espíritu Santo, y las virtudes teologales y cardinales.

La gracia santificante es una participación dc la naturaleza y vida divina. Los siete dones del Espíritu Santo nos dan la facultad de recibir y usar siete luces distintas, que provienen de la plenitud de verdad, que es Cristo. Las virtudes teologales y cardinales nos dan también la facultad de recibir y usar siete divinos poderes, que proceden de la plenitud de gracia de Cristo (cf Juan 1, 14.16). El Espíritu Santo nos da estas facultades para así poder El inhabitar dentro de nosotros.

2. Por la inhabitación del Espíritu Santo se cura la debilidad de nuestra alma.

El Espíritu Santo nos da gracias actuales, esas luces, facultades y ayudas, que iluminan nuestras mentes y fortalecen nuestras voluntades, para que así podamos hacer el bien y evitemos hacer el mal. Los siete dones del Espíritu Santo y las virtudes teologales y cardinales, nos dan la capacidad de recibir y usar estas gracias, para que podamos hacer estos actos y con ello desarrollar los hábitos de los dones y virtudes.

3. Por la inhabitación del Espíritu Santo se nos ayuda a vencer nuestros malos deseos y egoísmos, y a practicar las virtudes como la caridad y la paciencia.

Véase: Sagrada Escritura
P. 129. Rm 5, 1-6; 8, 26.
Véase: "Catecismo de la Iglesia Católica"
P. 129. Párrafos: **683-685, 733-737, 797-801, 1266.**

Catecismo para la Familia en Video y Audio
Padre Pablo Straub
P. 129 Cinta #115-B357, 02:24

Como resultado del pecado original, los deseos e inclinaciones de nuestro cuerpo nos inducen a hacer cosas indignas de un cristiano. Esas inclinaciones reciben el nombre del pecados capitales—pecados de impureza, avaricia, gula, ira, envidia, soberbia, y pereza. Malas personas, lugares o cosas también nos pueden inducir a cometer pecado. Necesitamos, por tanto, la ayuda del Espíritu Santo para poder vivir auténticas vidas cristianas. Si permitimos que el Espíritu Santo nos guíe, y utilizamos la ayuda de sus gracias actuales, podremos vencer los pecados capitales, preservar la vida divina, la gracia santificante en nuestras almas, vivir como hijos suyos, y crecer en los hábitos de los dones del Espíritu Santo y de las virtudes teologales y cardinales.

#F1-70-2

Por la inhabitación del Espíritu Santo se nos ayuda a vencer nuestros malos deseos, nuestro egoísmo, y a practicar las virtudes como son la caridad y la paciencia.

4. Por la inhabitación del Espíritu Santo, nuestras acciones y nuestras vidas son agradables a Dios.

El Espíritu Santo nos ayuda a aumentar nuestro amor de Dios, y a conservar y aumentar nuestra amistad con Dios mediante la oración. Al ser el mismo Espíritu Santo el que nos inspira y nos guía en nuestras oraciones, estas oraciones son siempre agradables a Dios. Las gracias que recibimos en la oración nos ayudan a crecer en nuestra imitación de Jesucristo, y a asemejarnos más a Él, haciendo así que nuestras vidas sean agradables a Dios.

Sagrada Escritura

En cambio los frutos del Espíritu son: amor, alegría, paz, tolerancia, amabilidad, bondad, fe. Mansedumbre y dominio de sí mismo. Ante esto no hay ley que valga. *Gal 5, 22-23*

Quien siembre su vida de apetitos desordenandos, de ellos mismos cosechará corrupción; en cambio quien siembre según el Espíritu, del mismo espíritu cosechará vida eterna. *Gal 6, 8*

Catecismo de la Iglesia Católica

736 Gracias a este poder del Espíritu Santo los hijos de Dios pueden dar fruto. El que nos ha injertado en la Vid verdadera hará que demos "el fruto del Espíritu que es caridad, alegría, paz, paciencia, afabilidad, bondad, fidelidad, mansedumbre, templanza" (Ga 5, 22-23). "El Espíritu es nuestra Vida": cuanto más renunciamos a nosotros mismos (cf Mt 16, 24-26), más "obramos también según el Espíritu" (Ga 5, 25):

> Por la comunión con él, el Espíritu Santo nos hace espirituales, nos restablece en el Paraíso, nos lleva al Reino de los cielos y a la adopción filial, nos da la confianza de llamar a Dios Padre y de participar en la gracia de Cristo, ser llamados hijos de la luz y de tener parte en la gloria eterna (San Basilio, Spir. 15, 36).

1803 Todo cuanto hay de verdadero, de noble, de justo, de puro, de amable, de honorable, todo cuanto sea virtud y cosa digna de elogio, todo eso tenedlo en cuenta (Flp 4, 8).

La virtud es una disposición habitual y firme a hacer el bien. Permite a la persona no sólo realizar actos buenos, sino dar lo mejor de sí misma. Con todas sus fuerzas sensibles y espirituales, la persona virtuosa tiende hacia el bien, lo busca y lo elige a través de acciones concretas.

> El objetivo de una vida virtuosa consiste en llegar a ser semejante a Dios (S. Gregorio de Nisa, beat. 1).

Encíclica"Veritatis Splendor"

105 Se pide a todos gran vigilancia para no dejarse contagiar con la actitud farisaica, que pretende eliminar la conciencia del propio límite y del propio pecado, y que hoy se manifiesta particularmente con el intento de adaptar la norma moral a las propias capacidades y a los propios intereses, e incluso en el rechazo del concepto mismo de norma. Al contrario, aceptar la "desproporción" entre ley y capacidad humana, o sea, la capacidad de las solas fuerzas morales del hombre dejado a sí mismo, suscita el deseo de la gracia y predispone a recibirla.

Concilio Vaticano II

Para dar respuesta de la fe es necesaria la gracia de Dios, que se adelanta y nos ayuda, junto con el auxilio del Espíritu Santo, que mueve el corazón, lo dirige a Dios, abre los ojos del espíritu y concede "a todos gusto en aceptar y creer la verdad". Para que el hombre pueda compender cada vez más profundamente la revelación, el Espíritu Santo perfecciona constantemente la fe con sus dones. *Divina revelación, 5*

#F1-82

Por la inhabitación del Espíritu Santo, nuestras acciones y nuestras vidas son agradables a Dios.

Oración

Santo Espíritu, Dulce Huésped del alma, danos esperanza y valor. Cura la debilidad de nuestras almas, ayúdanos a vencer nuestros malos deseos y egoísmos. Ayúdanos por medio de Tu gracia en la práctica de la virtud y haz que nuestras oraciones sean agradables a Dios.

Llena nuestras almas de sabiduría y entendimiento de las enseñanzas de Cristo; santifícanos con Tu gracia como santificaste a los Santos. Derrama en nuestros corazones amor por las virtudes que requieres de nosotros. Imprégnanos, sobre todo, con el espíritu de sacrificio personal, para que realicemos cualquier sacrificio al que Tu gracia nos invite, para Tu propia gloria, para honra del Padre y del Hijo y para la salvación de las almas inmortales.

Amoroso Consolador, te pedimos la gracia de una devoción personal, constante y diaria hacia Ti. Fuimos encomendados a Tu cuidado por el Bautismo, y te recibimos de modo especial en la Confirmación. Sé pues, nuestro Guía, nuestro Amigo, nuestro Consejero y nuestro

Guardián. Consérvanos lejos del pecado y de las ocasiones de cometerlo.

Espíritu Santo, otórganos amor a la castidad, para que con delicadeza procuremos la pureza de nuestro cuerpo y alma. Ya que Tú dispensas Tus gracias por medio de la oración y los sacramentos, concédenos que amemos y estimemos como conviene esos preciosos medios de la gracia y hagamos celoso uso de ellos.

Gloria al Padre, nuestro Creador; Gloria al Hijo, nuestro Redentor; Gloria a Ti Espíritu Santo, nuestro Santificador, ahora y siempre. Amén.

Prácticas de Doctrina - Moral - Culto

(Vea el Apéndice A para las respuestas.)

1. ¿Cómo nos ayuda el Espíritu Santo a vivir una vida cristiana buena?
2. ¿Permites tú que el Espíritu Santo te guíe en tu vida diaria? Haz una lista de las cosas que harás para ser más dócil a la gracia del Espíritu Santo.
3. Escribe una oración tuya personal al Espíritu Santo. Haz por lo menos dos copias. Una para guardarla en tu habitación y así la puedas usar, en especial cuando te encuentres espiritualmente débil o desanimado. La otra para ponerla en un sitio donde la puedas ver con frecuencia, por ejemplo junto al calendario, o en tu agenda de bolsillo, o en el libro de notas, para poder así recitarla cuando hagas tus planes.

P. 130. ¿Cuál es la mayor dignidad que poseemos?

La mayor dignidad que poseemos consiste en ser hijos de Dios, y tener la vida de Dios en nuestras almas por medio de la gracia de Cristo.

Debemos de esforzarnos por vivir una vida santa y ejercitarnos en guardar la gracia de Dios como nuestro más preciado tesoro. Hemos de pedirle al Espíritu Santo que nos ayude a vivir conforme a nuestra gran dignidad de hijos de Dios y verdaderos cristianos.

Recibimos de Dios dos vidas. La una es la vida natural que recibimos al ser concebidos en el seno de nuestras madres. La otra es la vida sobrenatural que recibimos cuando somos bautizados

Véase: Sagrada Escritura
P. 130. Gn 1, 26-28; Ga 4, 6-7; 1 Jn 3, 1-3
Véase: "Catecismo de la Iglesia Católica"
P. 130. Párrafos: **1996-99.**

Catecismo para la Familia en Video y Audio
Padre Pablo Straub
P. 130 Cinta #115-B357, 05:23

como cristianos. Jesús dijo a Nicodemo: "Yo te aseguro que el que no nazca de lo alto no puede ver el reino de Dios" (Jn 3, 3).

#M5-1-2

Debemos esforzarnos por vivir una vida santa y ejercitarnos en guardar la gracia de Dios como nuestro más preciado tesoro.

Creemos en realidades que no se ven, y esperamos en la recompensa prometida a los que aman a Dios. Como resultado, somos testigos de la actividad de un poder sobrehumano: la gracia divina que opera en nuestra mente y voluntad, y nos capacita para ver y querer lo que el hombre puramente natural no puede comprender y desear. Los dones de la naturaleza son comunes a los buenos y los malos, pero la gracia sobrenatural es el don propio de los elegidos. Quienes están adornados de ellos serán juzgados dignos de la vida eterna.

La Santísima Trinidad es la fuente de la gracia sobrenatural. En verdad, la mayor dignidad del hombre es el que está llamado a poseer la vida que procede del Padre, a través del Hijo, en unión con el Espíritu Santo.

Jamás podríamos ganar esa gracia. Jesús la adquirió para todos los hombres por medio de sus sufrimientos, muerte y resurrección. Mediante esta gracia sobrenatural podemos obtener la vida eterna.

Sagrada Escritura

Y también nos ha otorgado valiosas y sublimes promesas, para que, evitando la corrrupción que las pasiones han introducido en el mundo, se hagan partícipes de la naturaleza divina. *2 Pe 1, 4*

Ese mismo Espíritu se une al nuestro para juntos dar testimonio de que somos hijos de Dios. Y si somos hijos, también somos herederos: herederos de Dios y coherederos con Cristo, siempre y cuando ahora padezcamos con él, para ser luego glorificados con él. *Rm 8, 16-17*

#R1-6

La razón más alta de la dignidad humana consiste en la vocación del hombre a la unión con Dios. Desde su mismo nacimiento, el hombre es invitado al diálogo con Dios. Existe pura y simplemente por el amor de Dios, que lo creó, y por el amor de Dios, que lo conserva.

Catecismo de la Iglesia Católica

1700 La dignidad de la persona humana está enraizada en su creación a imagen y semejanza de Dios; se realiza en su vocación a la bienaventuranza divina. Corresponde al ser humano llegar libremente a esta realización. Por sus actos deliberados, la persona humana se conforma, o no se conforma, al bien prometido por Dios y atestiguado por la conciencia moral. Los seres humanos se edifican a sí mismos y crecen desde el interior: hacen de toda su vida sensible y espiritual un material de su crecimiento. Con la ayuda de la gracia crecen en la virtud, evitan el pecado y, si lo han cometido recurren como el hijo pródigo (cf Lc 15, 11-31) a la misericordia de nuestro Padre del cielo. Así acceden a la perfección de la caridad.

1711 Dotada de alma espiritual, de entendimiento y de voluntad, la persona humana está desde su concepción ordenada a Dios y destinada a la bienaventuranza eterna. Camina hacia su perfección en la búsqueda y el amor de la verdad y del bien (cf GS 15, 2).

Encíclica"Veritatis Splendor"

90 La relación entre fe y moral resplandece con toda su intensidad en el *respeto incondicionado que se debe a las exigencias ineludibles de la dignidad personal de cada hombre.*

Concilio Vaticano II

La razón más alta de la dignidad humana consiste en la vocación del hombre a la unión con Dios. Desde su mismo nacimiento, el hombre es invitado al diálogo con Dios. Existe pura y simplemente por el amor de Dios, que lo creó, y por el amor de Dios, que lo conserva. Y sólo se puede decir que vive en la plenitud de la verdad cuando reconoce libremente ese amor y se confía por entero a su Creador. *Mundo actual, 19*

La igualdad fundamental entre todos los hombres exige un reconocimiento cada vez mayor. Porque todos ellos, dotados de alma racional y creados a imagen de Dios, tienen la misma naturaleza y el mismo origen. Y porque, redimidos por Cristo, disfrutan de la misma vocación y de idéntico destino.

Más aún, aunque exiten diversidades justas entre los hombres, sin embargo la igual dignidad de la persona exige que se llegue a una situación social más humana y más justa. Resulta escandoloso el hecho de las excesivas desigualdades económicas y sociales que se dan entre los miembros o los pueblos de una misma familia humana. Son contrarias a la justicia social, a la equidad, a la dignidad de la persona humana y a la paz social e internacional. *Mundo actual 29*

Pero no olviden todos los hijos de la Iglesia que su excelente condición no deben atribuirla a los méritos propios, sino a una gracia singular de Cristo, a la que, sino responden con pensamiento, palabra y obra, lejos de salvarse, serán juzgados con mayor severidad. *Iglesia, 14*

#L3-20

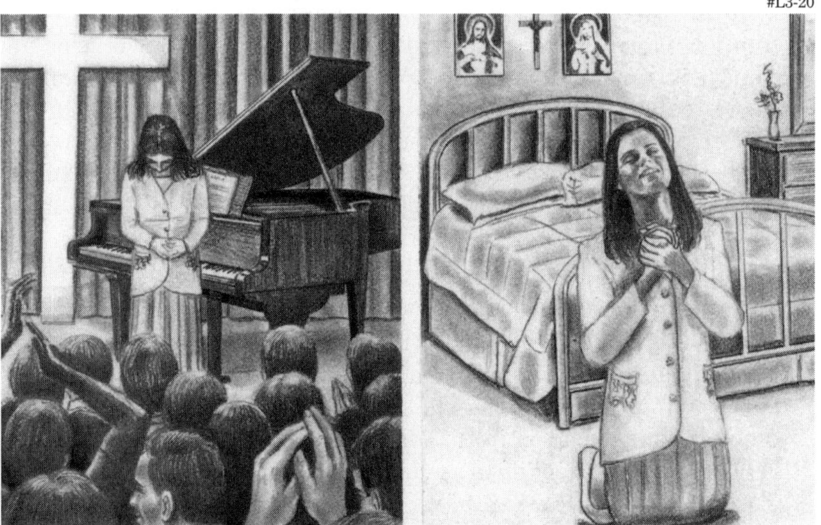

No olviden, con todo, los hijos de la Iglesia que su excelsa condición no deben atribuirla a sus propios méritos, sino a una gracia especial de Cristo.

Oración

Espíritu Santo, con toda la humildad y amor de que somos capaces, Te invitamos a que vengas a nuestros corazones. Estamos abrumados por Tu divina bondad y condescendencia al querer dejar el esplendor de Tu trono de suma majestad y gloria, para inclinarte a seres tan miserables como nosotros. Nuestra más grande dignidad es el hecho de que Tú habitas en nuestra alma por la gracia.

Al postrarnos en humilde adoración ante Ti, te suplicamos encarecidamente que tomes completa posesión de nuestras almas y las hagas Tuyas. Somos Tuyos porque nos has creado. Todo lo que poseemos son dones gratuitos Tuyos. Nuestro cuerpo, con todos sus sentidos, es tan maravilloso y perfecto en su funcionamiento. Todavía más maravillosa es nuestra alma espiritual e inmortal, con sus sublimes facultades de entendimiento, memoria y voluntad. Nos has dado todas estas cosas. Nuestro único deseo es devolvértelas completamente para que las hagas Tuyas, y que tomes, de una vez y para siempre, completa posesión y sin reservas de todo nuestro ser. Amén.

Prácticas de Doctrina - Moral - Culto

(Vea el Apéndice A para las respuestas.)

1. ¿Cuándo fuimos hechos hijos de Dios? ¿Cuáles son las consecuencias de nuestra filiación divina en nuestras relaciones con Dios, con los demás y con respecto al mundo en que vivimos?
2. Haz una lista concreta de cosas que vas a hacer para vivir de acuerdo con tu gran dignidad dc hijo de Dios.
3. Procura darte cuenta de que Dios está siempre presente y agradécele la gran dignidad de ser hijo Suyo. Pide al Espíritu Santo la gracia de pensar, sentir y actuar siempre de acuerdo con los valores y enseñanzas de nuestro Señor Jesucristo, nuestro Hermano, tal como nos lo indica la Sagrada Escritura, y el "Catecismo de la Iglesia Católica"

Oración Para el Final del Capítulo

Queremos ser Tuyos, Espíritu divino, por el don de la gracia santificante. Nos has hecho templos Tuyos, y nos Has iluminado y caldeado con Tu presencia vivificante. Queremos ser Tuyos y experimentar la infusión de Tu divina gracia en nuestras almas y vivir las tres virtudes teologales: la Fe, la Esperanza y la Caridad. Queremos ser Tuyos al participar de Tus siete dones y doce frutos, y al recibir la gracia que nos das para poner por obra las virtudes adquiridas.

Divino Huésped, que eres Dios, quédate con nosotros para siempre. Fortalécenos con Tu gracia todopoderosa contra la horrible posibilidad, que nos hace temblar con sólo pensar en ella, de arrojarte de nuestras almas por el pecado mortal. Ayúdanos a conservar puro el templo de nuestra alma y, hasta donde lo permita la pobre fragilidad humana, sin pecado ante Tu vista. Para que así, te sea grato el habitar allí para siempre hasta que te contemplemos cara a cara en Tu Reino Celestial. Amén.

Libros de Consulta Familiar—Capítulo 37

P. 129. ¿Qué produce la inhabitación del Espíritu Santo en nosotros?

Pablo VI, *La evangelización en el mundo moderno (Evangelii nuntiandi),* 75;
Juan Pablo II, *Reconciliación y Penitencia (Reconciliatio et poenitentia)*, 6, 22;
Juan Pablo II, *Sentido cristiano del sufrimiento (Salvifici doloris),* 22;
Juan Pablo II, *La dignidad y vocación de la mujer (Mulieris dignitatem)*, 27-28;
Juan Pablo II, *El Espíritu Santo en la vida de la Iglesia y del mundo (Dominum et vivificantem)*, 48, 58-60;
Juan Pablo II, *Encîclica Veritatis Splendor*, 103.
Tercera Conf. Gral. del Episcopado Latinoamericano, 1979, *Puebla,* 203, 204.

P. 130. ¿Cuál es la mayor dignidad que poseemos?

Juan Pablo II, *El evangelio de la vida (Evangelium vitae),* 37, 38;
Juan Pablo II, *La dignidad y vocación de la mujer (Mulieris dignitatem),* 3, 13, 25, 29;
Juan Pablo II, *El Espíritu Santo en la vida de la Iglesia y del mundo (Dominum et vivificantem)*, 34, 60;
Juan Pablo II, *La misericordia divina (Dives in misericordia),* 6-8;
Juan Pablo II, *Los fieles laicos (Christifideles laici),* 5, 37, 39;
Juan Pablo II, Encíclica Veritatis Splendor, 103.

Repaso de Memoria, Sección III, Tercera Parte

preguntas y respuestas cortas para memorizar

P. 125. ¿Qué es la gracia santificante? La gracia santificante es el don que nos hace Dios, de hacernos participar de Su misma vida, y nos hace capaces de ser santos y agradables a Dios.

P. 128. ¿Qué es gracia actual? La gracia actual es una ayuda especial que nos da el Espíritu Santo para que podamos conocer la Voluntad de Dios y la pongamos en práctica.

P. 130. ¿Cuál es nuestra mayor dignidad? Nuestra mayor dignidad es el hecho de ser hijos de Dios, participando en nuestras almas de la misma vida de Dios. Dios nos ha dado a cada uno, con Su gracia, una misión única e irrepetible que salvará a muchas almas para toda la eternidad.

Héroes de nuestra fe: La Historia de Francisco de Fátima - Repaso de la Lección

Milagros de la Gracia

Una vez la tía de Lucía, Victoria, pidió a Jacinta que rezara por su hijo. Había robado una gran cantidad de dinero a sus padres y huyó de la casa. Jacinta le prometió rezar por él. Días más tarde, el joven regresó inesperadamente a su casa, pidió perdón a sus padres y nos visitó para contarnos su historia.

"Luego de gastar todo el dinero robado a mis padres", explicó, "vagué como un vagabundo. Más tarde, la policía me cogió y me metió en la cárcel. Luego de varios días allí, me fugué y huí hacia las colinas. En mi prisa por huir de la policía, me perdí sin esperanza. Cayó la oscuridad, se desató una tormenta y me asusté. Por primera vez en varios meses, caí de rodillas y comencé a rezar.

"Luego de estar rezando por unos minutos, abrí los ojos y vi a Jacinta. Sin decir palabra me tomó de la mano y me guió en la oscuridad hasta un camino. Con un gesto me mostró el camino que debía seguir y desapareció. Al amanecer finalmente reconocí los alrededores y comprobé que había recorrido casi todo el trecho hacia mi casa. Sabía que Dios me había rescatado para que me reconciliara con mis padres. Corrí a casa y les imploré su perdón. Ahora he venido aquí para agradecerle a Jacinta su ayuda".

Jacinta parecía tan sorprendida de lo ocurrido como lo estábamos nosotros. Cuando Lucía le preguntó a Jacinta que si había salido en busca de su primo, le contestó que "NO". No recordaba nada de eso. Había rezado por él y eso fue todo.

El poder de la oración por el Espíritu Santo

Este incidente nos muestra los milagros de gracia que el Espíritu Santo obra en aquellos que rezan a Nuestra Señora. ¡La respuesta a la oración de Jacinta fue mucho más allá de lo que ella pudiera imaginar! Sin sus fervorosas oraciones, quién sabe lo que le hubiera podido ocurrir a su primo.

En otra ocasión, una mujer pidió a Lucía que rezara por una amiga cuyo hijo había sido acusado de un terrible crimen. A menos que pudiese probar su inocencia, el hombre se enfrentaba a un exilio o muchos años de cárcel. Una mañana camino a Fátima, Lucía nos contó a Jacinta y a mí sobre el caso. Mientras Lucía y Jacinta fueron a la escuela, me fui a la iglesia parroquial para hablar con Jesús en el Santísimo

Sacramento. Solo en la iglesia le hablé a Jesús sobre el hombre y le pedí que ayudara a la pobre mujer y a su hijo. Mientras rezaba al Espíritu Santo supe que mi oración era escuchada y que el hombre acusado sería puesto en libertad en unos pocos días. Cuando Lucía pasó a recogerme después de la escuela como se lo pedí, le conté lo que me había ocurrido y ciertamente, días más tarde, la pobre mujer se reunió con su hijo.

Si piensas que Dios escuchó mis oraciones porque había algo especial en mí, ¡no lo creas! El Espíritu Santo te ayudará a rezar al igual que me ayudó a mí a hacerlo. Todo lo que tienes que hacer es cumplir los mandamientos, recibir bien los sacramentos y sacar todos los días un tiempo para rezar. Lo que dijo Nuestra Señora es tan real hoy día como en agosto de 1917:

"Rezad, rezad mucho y haced sacrificios por los pecadores; porque muchas almas van al infierno al no haber almas que se sacrifiquen y recen por ellos".

La Vida Sobrenatural

Los tres nos quedamos pensativos cuando Jacinta nos recordó el relato de mi padre.

Jacinta preguntó: "Lucía, ¿conoces al padre Mateo Ricci?"

"¿Y quien es ese padre?", contestó Lucía.

"Según nos contó papá, era un misionero jesuita europeo que fue a China hace 400 años", explicó Jacinta.

"Sí. Papá también nos contó que cuando el padre Ricci llegó a China, comprobó que era un país muy grande y muy culto que poseía un arte y una literatura maravillosa. También tenía un sistema de gobierno muy organizado", dije yo.

"Pero el padre Ricci descubrió que si allí una persona se enfermaba o envejecía era abandonada o se la dejaba sola hasta que muriese. Los chinos no querían cuidar de los enfermos o de los ancianos", dijo Jacinta.

"Y si los padres tenían un hijo incapacitado o no deseado, lo dejaban morir sin atención alguna", dije yo.

Lucía se quedó sorprendida y por un rato no pudo hablar, finalmente dijo: "¿Por qué? ¿Por qué los chinos hacen eso?".

Jacinta respondió:"El padre Ricci supo que los chinos no creen en la vida sobrenatural. Ellos sólo se ocupan de la vida natural".

Y añadió: "Pero el padre Ricci les dió el ejemplo de cómo tratar correctamente a estas personas necesitadas. Él cuidó de estos enfermos y ancianos, de los niños incapacitados o no deseados. Mostró gran amor y preocupación por ellos".

Y a continuación dijo: "Él enseñó a los chinos que cada persona era sagrada. Les hizo comprender que a cada ser humano Dios le ha dado la capacidad de compartir su propia vida".

Lucía reflexionó por unos momentos, y al final dijo: "Sin fe en la vida sobrenatural, una persona vale en tanto que su salud y su cuerpo estén bien, y esto es un gran error. Todos nosotros tenemos la misma dignidad a los ojos de Dios porque todos poseemos un alma inmortal, independientemente de que nuestro cuerpo esté enfermo, viejo o incapacitado. Incluso cuando nuestros cuerpos mueran, nuestras almas vivirán eternamente".

#J2-371

Cada uno debe caminar sin vacilación por el camino de la fe viva, que engendra la esperanza y obra por la caridad, según los dones y funciones que le son propios.

SECCIÓN IV
Cuarta Parte

Las Virtudes Teologales, las Virtudes Cardinales, y los Siete Dones del Espíritu Santo

#F1-120

Urge recuperar y presentar una vez más el verdadero rostro de la fe cristiana.

CAPÍTULO 38

Las Virtudes Teologales: Fe, Esperanza y Caridad

P. 131. ¿Cuáles son las virtudes teologales?

Las virtudes teologales son la fe, la esperanza y la caridad. Estas virtudes son capacidades sobrenaturales para recibir tres poderes divinos de la plenitud de gracia de Jesús.

Estas virtudes se llaman teologales, o divinas, porque se refieren directamente a Dios. Dios las infunde en nuestra alma, junto con la gracia santificante, en el Sacramento del Bautismo.

#L3-22-Sp

Pero cada uno debe caminar sin vacilación por el camino de la fe viva, que engendra la esperanza y obra por la caridad.

Las virtudes teologales, junto con los dones del Espíritu Santo y las virtudes cardinales, son los medios que Dios nos da en el Bautismo para activar y desarrollar el compartir en Su naturaleza divina y Su vida, conferidos por la gracia santificante. Estas virtudes y estos dones nos permiten funcionar y vivir en la dimensión de la misma vida de Dios, de los mismos actos de conciencia, inteligencia y voluntad que Dios.

Véase: "Catecismo de la Iglesia Católica"
P. 131. Párrafos: **1812-29.**

Catecismo para la Familia en Video y Audio
Padre Pablo Straub
P. 131 Cinta # 115-B357, 07:31

Al hacer repetidos actos de estas virtudes, desarrollamos fuertes hábitos de las mismas. Estos hábitos nos permiten crecer constantemente en nuestra unión con Cristo en el Espíritu Santo, y con el Padre a través de Cristo. Las virtudes teologales nos dan el poder de compartir con Jesús Su misma posesión de obediencia a la verdad; Su compromiso a la voluntad y el plan de Su Padre, y Su hábito de decir sí a todo lo que Dios le da y le pide. También son nuestras armas de siempre en la lucha contra el mal y nuestra mayor protección contra los engaños del maligno.

#P26-18-2

Pero nosotros, que somos del día, debemos vivir con sobriedad, cubiertos con la coraza de la fe y del amor, y con la esperanza de la salvación como casco protector.

Sagrada Escritura

Ahora permanecen estas tres cosas: la fe, la esperanza, el amor, pero la más excelente de todas es el amor. *1 Cor 13, 13*

Damos gracias continuamente a Dios por todos ustedes y siempre los recordamos en nuestras oraciones. Ante Dios, que es nuestro Padre, hacemos memoria de la vitalidad de su fe, del esfuerzo de su amor y de la firme esperanza que han puesto en nuestro Señor Jesucristo. *1 Ts 1, 2-3*

Pero nosotros, que somos del día, debemos vivir con sobriedad, cubiertos con la coraza de la fe y del amor, y con la esperanza de la salvación como casco protector. *1 Ts 5, 8*

Catecismo de la Iglesia Católica

1813 Las virtudes teologales fundan, animan y caracterizan el obrar moral del cristiano. Informan y vivifican todas las virtudes morales. Son infundidas por Dios en el alma de los fieles para hacerlos capaces de obrar como hijos suyos y merecer la vida eterna. Son la garantía de la presencia y la acción del Espíritu Santo en las facultades del ser humano. Tres son las virtudes teologales: la fe, la esperanza y la caridad (cf 1 Co 13, 13).

Concilio Vaticano II

Una misma es la santidad que cultivan, en los múltiples géneros de vida y ocupaciones, todos los que son guiados por el Espíritu de Dios, y obedientes a la voz del Padre, adorándole en espíritu y verdad, siguen a Cristo pobre, humilde y cargado con la cruz a fin de merecer ser hechos partícipes de su gloria. Pero cada uno debe caminar sin vacilación por el camino de la fe viva, que engendra la esperanza y obra por la caridad, según los dones y funciones que le son propios. *Iglesia, 41*

Oración

Espíritu Santísimo, creemos firmemente que Tú eres una Persona real, y que habitas en nuestra alma por la gracia santificante. Eres co-igual y co-eterno con el Padre y el Hijo. No nos permitas jamás olvidarnos de que estás siempre viviendo y obrando en nuestras almas para hacernos santos al acrecentar en nosotros las virtudes de la fe, la esperanza y la caridad. Lo que deseas, más que nada, es nuestra santificación. Haz que Tu deseo evoque el mismo deseo en nuestras almas.

Amigo amoroso, por Tu inhabitación en nuestras almas haces morada en nosotros como el Protector y el Dador de todos los dones espirituales y virtudes. Como Espíritu de adopción en un hijo de Dios, Tú eres la causa y fuente de la vida sobrenatural y el sello de la prometida posesión total y beatífica de Dios en el cielo. Tu inhabitación en nosotros difiere solamente en grado de aquella con la que beatificas a los santos en el cielo.

Divino Autor y Dador de toda gracia, aunque Tu obrar divino en nuestras almas es secreto, oculto e invisible, y aunque no sentimos Tu presencia allí, haz que nunca seamos indiferentes hacia Ti. Más bien permítenos adorarte como al más querido Huésped de nuestras almas, darte gracias por Tus bendiciones y escuchar lo que nos inspiras. Llena nuestras almas con la plenitud de Tus dones y virtudes, especialmente las virtudes de la fe, la esperanza y la caridad. Danos paz y consuelo. Dirígenos con Tus inspiraciones; gobierna nuestra conducta; levántanos por encima del tráfago de este mundo; ayúdanos a vencer las tentaciones; cura nuestras almas e inflámalas con el fuego de Tu amor; y guíanos a la morada de eterna belleza en el Reino de Dios. Amén.

Diagrama Catequístico #V4-1-Sp

Virtudes Teologales. Las virtudes teologales son tres: la fe (F) que nos guía (flecha) hacia Dios (triángulo), la esperanza (E), y la caridad (C). Las virtudes teologales nos unen directamente a Dios. Nosotros creemos en Dios, esperamos en Él y lo amamos. En el Sacramento del Bautismo se infunden estas tres virtudes en nuestras almas (corazón). A través de ellas la gracia de Dios viene a nuestras almas, y allí crecen (rayos luminosos más largos).

Prácticas de Doctrina - Moral - Culto

(Vea el Apéndice A para las respuestas.)

1. Nombra las tres virtudes teologales. ¿Por qué se llaman teologales? ¿Cómo nos ayudan en nuestra vida diaria?
2. Recuerda ahora aquellas veces en que en tu vida has actuado como alguien que cree en Dios, que espera en Él y que le ama y también ama a los demás por amor de Dios.
3. Reza un Credo de los Apóstoles, un Padrenuestro y tres Avemarías, para que se aumenten en ti la fe, la esperanza y la caridad, y un Gloria para honrar a la Santísima Trinidad.

P. 132. ¿Qué es la virtud teologal de la fe?

La virtud teologal de la fe es la virtud sobrenatural por medio de la cual creemos firmemente todas las verdades que Dios ha revelado.

La virtud de la fe nos permite aceptar como verdadero el conjunto de verdades que se encuentra en los Credos y las enseñanzas de la Iglesia y escoger vivir según las mismas; ya que dichas verdades están basadas en la Revelación Divina la cual incluye tanto la Sagrada Escritura como la Sagrada Tradición. El poder de la fe es esencialmente el poder de creer en la Revelación que Dios hace de Sí mismo y de Su designio sobre nosotros, y de obedecer dicha revelación y dicho designio.

Un acto de fe sobrenatural es el asentimiento de la mente a lo que Dios ha revelado. Un tal acto requiere de la gracia divina, ya sea actual o santificante, o bien ambas. La mente necesita la luz de la ciencia de Cristo antes de poder dar este asentimiento. Ésta se pone a su disposición por el don de la ciencia del Espíritu Santo.

Si un acto de fe se hace en estado de gracia es meritorio ante Dios. Este sería un acto simple de fe: "Dios mío creo en Ti y en todo lo que Tu Iglesia enseña, porque Tú lo has dicho, y Tu Palabra es verdadera".

La virtud o capacidad de la fe es infundida en nuestra alma, junto con la gracia santificante, al recibir el Sacramento del Bautismo. Hasta el niño bautizado posee esta virtud, aunque no sea capaz de ejercitarla plenamente hasta que alcanza la edad de la razón.

Véase: "Catecismo de la Iglesia Católica"
P. 132. Párrafos: **1814-15.**

Catecismo para la Familia en Video y Audio
Padre Pablo Straub
P. 132 Cinta # 115-B357, 09:01

#P26-14-2

La virtud o capacidad de la fe es infundida en nuestra alma, junto con la gracia santificante, al recibir el Sacramento del Bautismo.

Al efecto de la fe se le llama justificación. Esto significa que la fe, perfeccionada por la virtud teologal de la caridad, lleva al hombre de un estado de separación de Dios a otro de comunión con Él y con sus prójimos en Dios.

La Fe es la capacidad permanente de compartir en el poder de la obediencia de Jesús a la Verdad revelada por Dios, y el uso de dicho poder para desarrollar hábitos de fe sobrenatural. Estos hábitos nos permiten vivir nuestras vidas en la Verdad de Dios y adherirnos a Su plan y a Su nueva alianza para nuestra salvación.

#A2_3-2

El discípulo de Cristo no debe sólo guardar la fe y vivir de ella sino también profesarla, testimoniarla con firmeza y difundirla.

Sagrada Escritura

Porque si proclamas con tu boca que Jesús es el Señor y crees con tu corazón que Dios lo ha resucitado de entre los muertos, te salvarás. En efecto, cuando se cree con el corazón actúa la fuerza salvadora de Dios, y cuando se proclama con la boca se obtiene la salvación. *Rm 10, 9-10*

Nadie puede venir a mí, si el Padre, que me envió, no se lo concede; y yo lo resucitaré el último día. *Jn 6, 44*

Porque todos pecaron y todos están privados de la gloria de Dios, pero ahora Dios los salva gratuitamente por su bondad en virtud de la redención de Cristo Jesús, a quien Dios ha hecho, mediante la fe en su muerte, instrumento de perdón. Ha manifestado así fuerza salvadora pasando por alto los pecados cometidos en el pasado. *Rm 3, 23-25*

Por nuestra parte, esperamos ardientemente recibir la salvación por medio de la fe, mediante la acción del Espíritu. Porque en cuanto seguidores de Cristo, lo mismo da estar circuncidados que no estarlo; lo que vale es la fe que actúa por medio del amor. *Gál 5, 5-6*

Diagrama Catequístico

#T9_2_1-2-Sp

El Acto de Fe. Cuando Jesucristo envió a su Espíritu Santo (paloma) sobre la Iglesia le dio a ésta el poder de enseñar, de santificar y de gobernar espiritualmente en Su Nombre. El católico bien instruido puede hacer un acto de fe sobrenatural al creer firme y completamente todas las verdades que Dios ha revelado a través de su Hijo (I = inteligencia y V = voluntad). El Espíritu Santo le da luz a su entendimiento y fuerza a su voluntad para aceptar (Credo) todas las verdades de Dios (corazón).

Catecismo de la Iglesia Católica

1816 El discípulo de Cristo no debe sólo guardar la fe y vivir de ella sino también profesarla, testimoniarla con firmeza y difundirla: "Todos vivan preparados para confesar a Cristo delante de los hombres y a seguirle por el camino de la cruz en medio de las persecuciones que nunca faltan a la Iglesia" (LG 42; cf DH 14). El servicio y el testimonio de la fe son requeridos para la salvación: "Todo aquel que se declare por mí ante los hombres, yo también me declararé por él ante mi Padre que está en los cielos; pero a quien me niegue ante los hombres, le negaré yo también ante mi Padre que está en los cielos" (Mt 10, 32-33).

181 "Creer" es un acto eclesial. La fe de la Iglesia precede, engendra, conduce y alimenta nuestra fe. La Iglesia es la madre de todos los creyentes. "Nadie puede tener a Dios por Padre si no tiene a la Iglesia por madre" (S. Cipriano, unit. eccl: PL 4, 503A).

#C11-144

Urge recuperar y presentar una vez más el verdadero rostro de la fe cristiana, que no es simplemente un conjunto de proposiciones que se han de acoger y ratificar con la mente, sino un conocimiento de Cristo vivido personalmente.

Encíclica "Veritatis Splendor"

66 Se trata de la *elección de la fe*, de la obediencia de la fe *(cf. Rm 16, 26)*, por la que "el hombre se entrega entera y libremente a Dios, y le ofrece 'el homenaje total de su entendimiento y voluntad'". Esta fe, que actúa por la caridad (cf. Gal 5, 6), proviene de lo más íntimo del hombre, de su "corazón" (cf. Rm 10, 10), y desde aquí viene llamada a fructificar en las obras (cf. Mt 12, 33-35; Lc 6, 43-45; Rom 8, 5-8; Gál 5, 22).

88 Urge recuperar y presentar una vez más el verdadero rostro de la fe cristiana, que no es simplemente un conjunto de proposiciones que se han de acoger y ratificar con la mente, sino un conocimiento de Cristo vivido personalmente, una memoria viva de sus mandamientos, una *verdad que se ha de hacer vida.*

89 La fe... suscita y exige un compromiso coherente de vida; comporta y perfecciona la acogida y la observancia de los mandamientos divinos... A través de la vida moral la fe llega a ser "confesión", no sólo ante Dios, sino también ante los hombres: se convierte en *testimonio.*

#W2-3-2

La fe, perfeccionada por la virtud teologal de la caridad,
lleva el hombre de un estado de separación de Dios
a otro de comunión con Él y con sus prójimos en Dios

Concilio Vaticano II

Porque el acto de fe es voluntario por su propia naturaleza, ya que el hombre, redimido por Cristo Salvador y llamado por Jesucristo a la filiación adoptiva, no puede adherirse a Dios, que se revela a sí mismo, a menos que, atraído por el Padre, rinda a Dios el obsequio racional y libre de la fe. *Libertad, 10*

Solamente con la luz de la fe y con la meditación de la palabra divina es posible reconocer siempre y en todo lugar a Dios, *en quien vivimos, nos movemos y existimos* (Act 17, 28); buscar su voluntad en todos los acontecimientos, contemplar a Cristo en todos los hombres, próximos o extraños, y juzgar con rectitud sobre el verdadero sentido y valor de las realidades temporales, tanto en sí mismas como en orden al fin del hombre. *Seglares, 4*

Solamente con la luz de la fe y la meditación de su palabra divina puede uno conocer siempre y en todo lugar a Dios, en quien vivimos, nos movemos y existimos.

Oración

Dios nuestro, creemos firmemente que Eres un sólo Dios en tres Personas Divinas: Padre, Hijo y Espíritu Santo. Creemos que Dios Hijo se hizo hombre, y murió por nuestros pecados, y que vendrá a juzgar a los vivos y a los muertos. Creemos éstas y todas las verdades que enseña la Santa Iglesia Católica, porque Tú las has revelado, y no puedes engañar ni engañarte.

Espíritu Divino, derrama Tu luz celestial en nuestras almas, para que podamos hasta donde sea posible, comprender las verdades de la fe católica y la finalidad y objetivo de nuestro existir en este mundo. Espíritu Santo, ilumina nuestra mente con la luz de las enseñanzas de la Iglesia, porque Tú conservas intacto el depósito de la fe, y preservas a la Iglesia docente de la posibilidad de error.

Guía, así mismo, nuestras mentes con la luz interior de Tus divinas inspiraciones, por medio de la virtud de la fe, de la infusión de Tus dones y de las gracias actuales que nos impartes.

Haz que quienes hemos recibido Tu don de la fe, participemos para siempre de la vida nueva en Cristo. Restáuranos con Tus sacramentos. Concédenos que Tu gracia nos traiga gozo eterno. Al amarnos, nos has llevado del mal al bien, y de la desgracia a la felicidad. Por Tu gracia, concede el ánimo para perseverar a quienes has llamado y justificado por la fe.

Espíritu Santo, nuestro Dios, por el advenimiento de la Palabra Divina, Jesús, entre nosotros, haz que la luz de la fe brille en nuestras palabras y acciones. Abre nuestros corazones para recibir la vida de Jesús y aumenta nuestra visión de fe, para que nuestra vida, esté llena por siempre de Tu gloria y de Tu paz. Amén.

Prácticas de Doctrina - Moral - Culto

(Vea el Apéndice A para las respuestas.)

1. ¿Cuándo recibiste la virtud de la fe por primera vez? ¿Qué quiere decir fe?
2. Haz una lista de lo que has de hacer para profundizar en el conocimiento de las verdades de nuestra Fe católica.
3. Lee y medita durante unos diez minutos un fragmento de la Sagrada Escritura. Lee también durante otros diez minutos un libro de sólida formación católica, como puede ser “El Catecismo de la Iglesia Católica”, “Catecismo del Apostolado para la Familia” o algunos de los documentos y escritos de la Iglesia. Procura encontrar diariamente un poco de tiempo y dedícalo a hacer este tipo de lectura espiritual.

Diagrama Catequístico

#T9_2_1-1-Sp

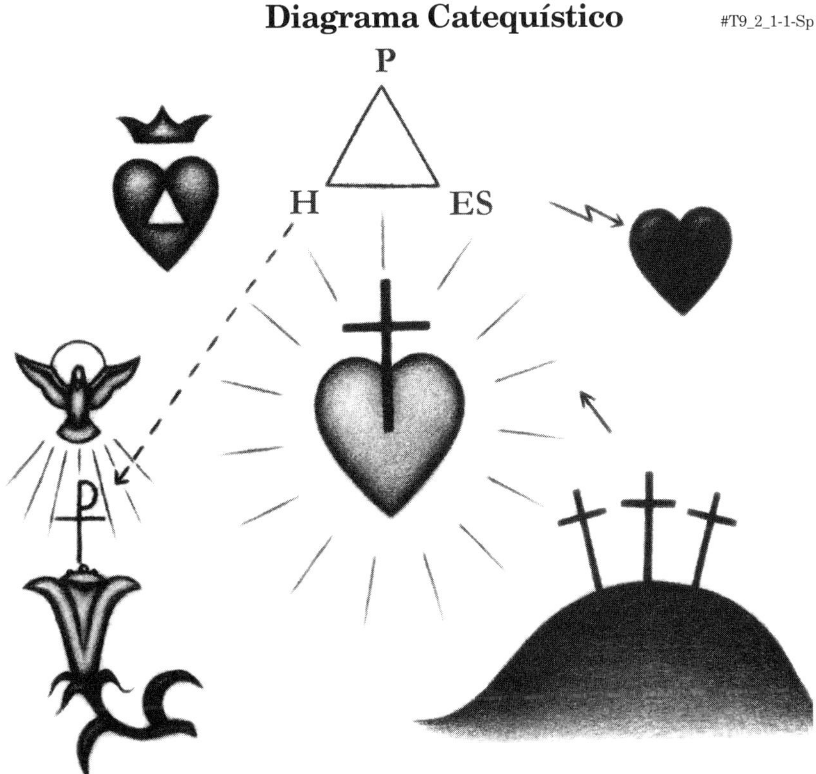

Verdades que Hemos de Creer. Algunas de las verdades que hemos de creer (corazón con una cruz) mediante el acto de fe, son: 1) la existencia de Dios, que remunerará las buenas acciones (corona, corazón con un triángulo - gracia) y castigará las malas acciones (corazón ennegrecido – la gracia ha sido arrojada del corazón del pecador); 2) los dos misterios principales de nuestra Fe: la Unidad y Trinidad de Dios (triángulo, P, H, ES), tres Personas distintas en un solo Dios y la Encarnación; la Encarnación: el Hijo (H) se hace hombre (línea de puntos desde H al monograma) en el seno de la Bienaventurada Virgen María (lirio), al cubrirla el Espíritu Santo (paloma) con su sombra; la Redención: el Hijo de Dios muere por redimir al mundo (Cruz en el Calvario).

P. 133. ¿Qué es la virtud teologal de la esperanza?

Le esperanza es la virtud sobrenatural por la que nos comprometemos de corazón a cumplir la alianza y el plan de Dios para nuestras vidas, confiando firmemente que Él, que es todopoderoso y fiel a sus promesas nos dará, por Su misericordia, la felicidad eterna y los medios para lograrla, si perseveramos en nuestro compromiso. Estas promesas se nos conceden por los méritos de los sufrimientos y obras de Jesucristo.

Véase: "Catecismo de la Iglesia Católica"
P. 133. Párrafos: **1817-21.**

Catecismo para la Familia en Video y Audio
Padre Pablo Straub
P. 133Cinta #115-B357, 10:55

La esperanza pertenece a la voluntad y hace a una persona desear la vida eterna, que es la visión beatífica de Dios. La esperanza le da a uno la confianza de recibir las gracias necesarias para alcanzar el cielo y la voluntad para hacer todo lo necesario para conseguirlo.

#F1-66-2

Porque nuestra salvación es en esperanza; y una esperanza que se ve, no es esperanza. Pero esperar lo que no vemos, es aguardar con paciencia.

"Porque ya estamos salvados, aunque sólo en esperanza; y es claro que la esperanza que se ve no es propiamente esperanza, pues ¿quién espera lo que tiene ante los ojos? Pero si esperamos lo que no vemos, estamos aguardando con perseverancia" (Rm 8, 24-25).

Los fundamentos de la esperanza son: la omnipotencia y bondad de Dios, y Su fidelidad a lo que Él ha prometido."Pero los que esperan en el Señor renuevan sus fuerzas: vuelan como águilas, corren y no se fatigan, caminan y no se cansan" (Is 40, 31).

La virtud de la esperanza se infunde en el Bautismo, junto con la gracia santificante, y es necesaria para salvarse. Hacer actos personales de esperanza es también necesario para la salvación, y Dios manda que todos los que han llegado al uso de la razón los hagan. "Pero nosotros, que somos del día, debemos vivir con sobriedad, cubiertos con la coraza de la fe y del amor, y con la esperanza de la salvación como casco protector" (I Ts 5, 8).

Los actos de esperanza han de hacerse sobre todo al experimentar tentaciones al desaliento y a la desesperación, y están implícitos en toda buena obra sobrenatural. "No cambiará mi amor por ti, ni se desmoronará mi alianza de paz", – dice el Señor, que te ama – (Is 54, 10).

La virtud de la esperanza es la capacidad permanente de recibir el poder del compromiso confiado de Jesús al plan de su Padre y a la nueva alianza. Es la capacidad de usar este poder para desarrollar hábitos de esperanza sobrenatural. Estos hábitos hacen que nuestros corazones nos comprometan con perseverancia y confianza a Dios y a Su Reino de Amor. Un compromiso que, con el Bautismo, nos incorpora al cuerpo místico de Cristo y al Reino de Dios.

Podemos hacer actos de esperanza y decir, por ejemplo: "Dios mío, espero en Ti. Deseo y me comprometo firmemente a obtener y conseguir todo lo que me prometes y a lo que me invitas a conseguir. Con confianza en tus promesas, Tu misericordia y Tu poder, pido por todo lo que quieras darme para llevar a cabo Tu plan y Tu nueva alianza conmigo".

#M3-252

Los fundamentos de la esperanza son: la omnipotencia y bondad de Dios,y Su fidelidad a lo que Él ha prometido.

Catecismo de la Iglesia Católica

1817 La esperanza es la virtud teologal por la que aspiramos al Reino de los cielos y a la vida eterna como felicidad nuestra, poniendo nuestra confianza en las promesas de Cristo y apoyándonos no en nuestras fuerzas, sino en los auxilios de la gracia del Espíritu Santo. "Mantengamos firme la confesión de la esperanza, pues fiel es el autor de la promesa" (Hb 10, 23). Este es "el Espíritu Santo que El derramó sobre nosotros con largueza por medio de Jesucristo nuestro Salvador para que, justificados por su gracia, fuésemos constituidos herederos, en esperanza, de vida eterna" (Tt 3, 6-7).

Encíclica "Veritatis Splendor"

103 El ámbito espiritual de la esperanza siempre está abierto al hombre, con la *ayuda de la gracia divina* y con la *colaboración de la libertad humana.*

Es en la Cruz salvífica de Jesús, en el don del Espíritu Santo, en los sacramentos que brotan del costado traspasado del Redentor (cf. Jn 19, 34), donde el creyente encuentra la gracia y la fuerza para observar siempre la ley santa de Dios, incluso en medio de las dificultades más graves.

#P26-29-Sp

En medio de las adversidades de esta vida, hallan la fortaleza de la esperanza, pensando que "los padecimientos del tiempo presente no son nada en comparación con la gloria que ha de manifestarse en nosotros".

Concilio Vaticano II

Los que poseen esta fe viven en la esperanza de la revelación de los hijos de Dios, acordándose de la cruz y de la resurrección del Señor. Escondidos con Cristo en Dios, durante la peregrinación de esta vida, y libres de la servidumbre de las riquezas, mientras se dirigen a los bienes imperecederos, se entregan gustosamente y por entero a la expansión del reino de Dios y a informar y perfeccionar el orden de las cosas temporales con el espíritu cristiano. En medio de las adversidades de esta vida hallan la fortaleza de la esperanza, pensando que "los padecimientos del tiempo presente no son nada en comparación con la gloria que ha de manifestarse en nosotros" (Rm 8, 18). *Laicos, 4*

Enseña además la Iglesia que la esperanza escatológica no merma la importancia de las tareas temporales, sino que más bien proporciona nuevos motivos de apoyo para su ejercicio. Cuando, por el contrario, faltan ese fundamento divino y esa esperanza de la vida eterna, la dignidad humana sufre lesiones gravísimas -es lo que hoy con frecuencia sucede-, y los enigmas de la vida y de la muerte, de la culpa y del dolor, quedan sin solucionar, llevando no raramente al hombre a la desesperación. *Mundo actual, 21*

Diagrama Catequístico

#T9.2_2-1

El Acto de la Virtud de la Esperanza. La Esperanza divina es la virtud por la cual nosotros tenemos la seguridad de que Dios (triángulo), que es todopoderoso y fiel a Sus promesas, por Su misericordia infinita y por los méritos de los sufrimientos y obras de Jesucristo (áncora: signo de salvación, unida a Dios), nos dará la vida eterna, si nosotros cooperamos con Su gracia haciendo obras buenas (vaso de agua, obras de misericordia, alcancía de los pobres).

#D2-24

La esperanza es la virtud teologal por la que aspiramos al Reino de los cielos y a la vida eterna como felicidad nuestra, poniendo nuestra confianza en las promesas de Cristo y apoyándonos no en nuestras fuerzas, sino en los auxilios de la gracia del Espíritu Santo.

Oración

Espíritu Santo, Tú eres el Paráclito, el poderoso consolador, a quien Jesucristo, cuando aún estaba en la tierra, prometió enviar a sus Apóstoles, y a través de ellos, a todos nosotros. Ponemos nuestra esperanza en Ti. Has venido a nosotros como lo hiciste con ellos.

Tú eres la Fuente viva, en cuyas aguas purificadas y refrescantes son lavadas nuestras almas, santificadas y avivadas. Tú eres la suave unción que llena todas las potencias de nuestra alma y cuerpo con el óleo de la alegría, y le das fortaleza y energía espiritual.

Espíritu Santo, Tú conoces nuestras debilidades y cuán insistentemente el enemigo de nuestra salvación, lucha por destruirnos. Sin Tu ayuda todopoderosa somos incapaces de defendernos contra la malicia, perfidia y poder de tan terrible enemigo. Con Tu ayuda lo podemos todo, nada hemos de temer.

Espíritu Divino, nos dirigimos a Ti con esperanza, no sólo para pedirte protección de nuestros enemigos espirituales, sino también para que nos concedas esa verdadera paz interior de la que Tú eres la fuente. Nuestra vida en la tierra tiene que ser necesariamente lucha; enemigos, tanto interiores como exteriores, están siempre buscando destruir nuestra paz; no obstante en las intimidades de nuestra alma tendremos paz, porque Tú estableces allí Tu morada al darnos la gracia santificante. Dios nuestro que moras en nuestro interior, colma lo más íntimo de nuestras almas de paz, de esperanza y de alegría, para que nada pueda perturbarnos. Como el niño pequeño, que se agarra de la mano de su padre y jamás tiene miedo, al estar protegido de ese modo, ayúdanos a andar confiadamente en nuestro camino hacia el cielo.

Espíritu Santo, en medio de las tristezas, tribulaciones, tentaciones, desilusiones y sufrimientos físicos y mentales de la vida, te pedimos Tu alivio y consuelo. Consuélanos con los sacramentos, especialmente con la Eucaristía y la Penitencia. Consuélanos con Tus gracias actuales. Calma las penas y tristezas de nuestra vida, ilumina nuestro entendimiento para conocer el valor del sufrimiento y fortalece nuestra voluntad para abrazar este sufrimiento con valentía y gozo. Consuélanos con el pensamiento del cielo y de la dichosa recompensa que nos espera. Gracias, Espíritu de paz y alegría por Tu inhabitación en nuestras almas, saber que Tú estás con nosotros es la fuente de nuestra esperanza y de un consuelo duradero. Amén.

Prácticas de Doctrina - Moral - Culto

(Vea el Apéndice A para las respuestas.)

1. Al tener la virtud de la esperanza, ¿qué es lo que deseamos, y qué se nos da junto con este deseo? ¿Cuál es el fundamento de nuestra esperanza?
2. ¿Cuáles son las señales de que alguien está lleno de esperanza?
3. Copia la oración que sigue y trata de aprenderla de memoria para recitarla con frecuencia, en especial durante momentos de sufrimiento o desánimo.

   Señor, Dios mío, espero en Ti, que me darás la gracia y la gloria, por las promesas que Tú has hecho, por Tu misericordia y por Tu poder.

P. 134. ¿Qué es la virtud teologal de la caridad?

La caridad es la virtud sobrenatural por la cual amamos a Dios sobre todas las cosas por ser Él quien es, y a nuestro prójimo como a nosotros mismos, por el amor de Dios.

Véase: Sagrada Escritura
P. 134. Mt 5, 43-47; 1 Jn 3, 23.
Véase: "Catecismo de la Iglesia Católica"
P. 134. Párrafos: **1822-29.**

Catecismo para la Familia en Video y Audio
Padre Pablo Straub
P. 134 Cinta # 115-B357, 15:14

"*Amarás al Señor, tu Dios, con todo tu corazón, con toda tu alma* y con toda tu mente. Éste es el mayor y el primer mandamiento. El segundo es semejante a éste: *Amarás a tu prójimo como a ti mismo*" (Mt 22, 37-39).

Y1-2

La caridad es la virtud sobrenatural por la cual amamos a Dios sobre todas las cosas por ser Él quien es, y a nuestro prójimo como a nosotros mismos, por el amor de Dios.

Puesto que la caridad es infundida en el alma en el Bautismo, junto con la gracia santificante, se la identifica con frecuencia con el estado de gracia. Una persona que ha perdido la virtud sobrenatural de la caridad, pierde también el estado de gracia; con todo puede aún poseer las virtudes de la fe y de la esperanza.

Un acto de caridad es un acto sobrenatural, basado en la fe, por el cual Dios es amado por Sí mismo y no por ninguna esperanza de recompensa. Este acto requiere de la gracia divina, ya sea santificante o actual, o bien de ambas. Es además el camino normal para crecer en la virtud de la caridad.

Un acto de caridad sencillo puede hacerse en los siguientes términos: "Dios mío, porque eres tan bueno, te amo con todo mi corazón. Como parte de mi amor por ti, amo a mi prójimo como a mi mismo, ya que Tú nos has amado tanto como para crearnos, redimirnos y reconciliarnos contigo, y adoptarnos como Tus propios hijos destinados para Tu reino celestial".

El amor sobrenatural reside primariamente en la voluntad, no en las emociones. Amar a Dios significa que deseamos renunciar a todo, antes que ofender a Dios por el pecado mortal.

Podemos tener un genuino amor sobrenatural por nuestro prójimo, aún cuando en el nivel natural sintamos un profundo disgusto por él. Así, perdonamos por amor a Dios el mal que hubiese cometido. Oramos por él y estamos dispuestos a ayudarle si se halla en alguna necesidad. Entonces tenemos amor sobrenatural por nuestro prójimo.

La virtud de la caridad es la capacidad permanente de recibir el poder del amor y de la autodonación de Jesús. Es la capacidad de usar dicho poder para desarrollar hábitos de caridad sobrenatural basados en la realidad de nuestra identidad con y en Cristo, el Padre y el Espíritu Santo, y con María, San José, los ángeles, los santos, y unos con otros en Jesús. Estos hábitos de caridad hacen que nuestros corazones digan sí a Jesús y a todo lo que Él quiere darnos y pedirnos. Este sí permite a Jesús a empezar a vivir y crecer en nosotros individual y colectivamente, y a nosotros a vivir y a crecer en Él.

#W2-11

Un acto de caridad es un acto sobrenatural, basado en la fe, por el cual Dios es amado por Sí mismo y no por ninguna esperanza de recompensa.

Sagrada Escritura

Apréciense unos a otros como hermanos y sean los primeros en estimarse unos a otros. No sean perezosos para el esfuerzo; manténganse fervientes en el espíritu y listos para el servicio del Señor. Vivan alegres por la esperanza, sean pacientes en el sufrimiento y perserverantes en la oración. Compartan las necesidades de los creyentes; practiquen la hospitalidad. Bendigan a quien los persiguen;

bendigan y no maldigan. Alégrense con los que se alegran; lloren con los que lloran. *Rm 12, 10-15*

Por tanto, siempre que tengamos oportunidad, hagamos el bien a todos y especialmente a los hermanos en la fe. *Gal 6, 10*

El amor es paciente y bondadoso; no tienen envidia ni orgullo ni arrogancia. No es grosero ni egoísta, no se irrita ni es rencoroso. No se alegra de la injusticia, sino que encuentra su alegría en la verdad. Todo lo disculpa, todo lo cree, todo lo espera, todo lo soporta. *1 Co 13, 4-7*

#E5-36

Así que, mientras tengamos oportunidad, hagamos el bien a todos, pero especialmente a nuestros hermanos en la fe.

Catecismo de la Iglesia Católica

1823 Jesús hace de la caridad el *mandamiento nuevo* (cf Jn 13, 34). Amando a los suyos "hasta el fin" (Jn 13, 1), manifiesta el amor del Padre que ha recibido. Amándose unos a otros, los discípulos imitan el amor de Jesús que reciben también en ellos. Por eso Jesús dice: "Como el Padre me amó, yo también os he amado a vosotros; permaneced en mi amor" (Jn 15, 9). Y también: "Este es el mandamiento mío: que os améis unos a otros como yo os he amado" (Jn 15, 12).

1827 El ejercicio de todas las virtudes está animado e inspirado por la caridad. Esta es "el vínculo de la perfección" (Col 3, 14); es la *forma de las virtudes*; las articula y las ordena entre sí; es fuente y término de su práctica cristiana. La caridad asegura y purifica nuestra facultad humana de amar. La eleva a la perfección sobrenatural del amor divino.

Encíclica "Veritatis Splendor"

14 Tanto el Antiguo como el Nuevo Testamento son explícitos en afirmar que sin el amor al prójimo, que se concreta en la observancia de los mandamientos, no es posible el auténtico amor a Dios.

89 La caridad, según las exigencias del radicalismo evangélico, puede llevar al creyente al testimonio supremo del martirio. Siguiendo el ejemplo de Jesús que muere en cruz, escribe Pablo a los cristianos de Éfeso: "Sed, pues, imitadores de Dios, como hijos queridos y vivid en el amor como Cristo nos amó y se entregó por nosotros como oblación y víctima de suave aroma" (Ef 5, 1-2).

20 Jesús pide que le sigan y le imiten en el camino del amor, de un amor que se da totalmente a los hermanos por amor de Dios: "Este es el mandamiento mío: que os améis los unos a los otros como yo os he amado" (Jn 15, 12).

Concilio Vaticano II

Dios es caridad y el que permanece en la caridad permanece en Dios y Dios en Él (1 Io 4, 16). Y Dios difundió su caridad en nuestros corazones por el Espíritu Santo que se nos ha dado (cf. Rm 5, 5). Por consiguiente, el primero y más importante don es la caridad con la que amamos a Dios sobre todas las cosas y al prójimo por Él. Pero a fin de que la caridad crezca en el alma como una buena semilla y fructifique, todo fiel debe escuchar de buena gana la palabra de Dios y poner obra su voluntad con la ayuda de la gracia. Pariticipar frecuentemente en los sacramentos, sobre todo en la Eucaristía, y en las funciones sagradas. Aplicarse asiduamente a la oración, a la abnegación de sí mismo, al solícito servicio de los hermanos y al ejercicio de todas las virtudes. Pues la caridad, como vínculo de perfección y plenitud de la ley (cf. Col 3, 14), rige todos los medios de satificación, los informa y los conduce a su fin. De ahí que la caridad para con Dios y para con el prójimo sea el signo distintivo del verdadero discípulo de Cristo. *Iglesia, 42*

Oración

Espíritu Santo, inflama nuestros corazones con la caridad, para que podamos amarte, Dios nuestro, sobre y antes que todas las cosas, y amar a nuestros hermanos como a nosotros mismos. Tú eres el Espíritu de Amor. Enciende en nuestros corazones el ardiente fuego de Tu amor. Espíritu Santo, Ayúdanos a amar al Padre Celestial, con un amor fuerte y sincero, mediante el cual podamos darnos cuenta de que no sólo es nuestro Creador, sino también nuestro Padre. Su amor paternal por nosotros es infinito, por lo cual debemos amarlo y reverenciarlo con toda la confianza tierna y filial, y con la seguridad que se merece. Todo esto te lo pedimos por nuestro Señor y Salvador Jesucristo. Amén.

Diagrama Catequístico

#H9-5

El Acto de la Virtud de la Caridad. La Caridad es la virtud por la cual amamos a Dios (triángulo) por encima de todas las cosas por ser Él quien es y a nuestro prójimo como a nosotros mismos por amor a Dios. Él nos concede el privilegio de participar Su vida divina dándonos la gracia (corazón blanco); Dios inhabita en nuestras almas (triángulo en el centro del corazón). La gracia de Dios se nos da por el Espíritu Santo (paloma), haciéndonos así capaces de merecer el premio en el cielo (monedas de mérito que se meten en el banco, y la flecha dirigida al cielo).

Prácticas de Doctrina - Moral - Culto

(Vea el Apéndice A para las respuestas.)

1. ¿Cuál es el mayor mandamiento, y qué significa? ¿Qué quiere decir amar a tu prójimo como a ti mismo, o amar a tu prójimo como Dios te ha amado a ti?
2. Lee 1 Juan 4, 20-21. Haz una lista de cosas que te ayudarán a vivir un verdadero amor a Dios y al prójimo. Dedica quince minutos o más meditando en silencio las veces que has experimentado en tu vida el amor de Dios y el amor de los que te rodean. Agradécele al Señor por todas estas ocasiones. Pídele al Espíritu Santo que te inspire para hallar formas concretas de manifestar tu amor por los demás y especialmente a aquellos hacia los que tienes mayores dificultades.
3. La siguiente vez que vayas a Misa, intenta descubrir los momentos en los que la Liturgia manifiesta y celebra el amor de Dios por ti.

Oración para el Final del Capítulo

Dios nuestro, te amamos por encima de todas las cosas, con todo nuestro corazón y nuestra alma, porque eres todo bondad y digno de todo amor. Amamos a nuestro prójimo como a nosotros mismos por amor Tuyo. Perdonamos a todos lo que nos han injuriado, y pedimos perdón a todos los que nosotros hayamos dañado.

Haznos capaces, Espíritu Santo, de conocer y amar a Jesucristo, el Hijo Eterno de Dios, la Segunda Persona de la Santísima Trinidad, con todo el fervor y energía de nuestra alma. Él es nuestro Salvador y Redentor. Conocerle a Él es la vida eterna, porque en Su Sagrado Corazón están todas las gracias de la Redención que necesitamos para la salvación y santificación de nuestras almas.

Concédenos, Espíritu Santo, un conocimiento más íntimo y un amor más ferviente por Ti, al conocer Tus infinitas perfecciones, Tus admirables atributos y Tus maravillosos dones. Danos la gracia de conocerte y amarte cada día un poco más. A lo largo de toda nuestra vida, Concédenos la gracia de cultivar más ardientemente la devoción hacia Ti. Para que así, a través de Ti, podamos llegar a conocer y amar al Padre y al Hijo, a quienes, junto contigo pertenece toda alabanza, honor y gloria. Amén.

Libros de Consulta Familiar — Capítulo 38

P. 131. ¿Cuáles son las virtudes teologales?
Juan Pablo II, Los fieles laicos (Christifideles laici), 41;
Juan Pablo II, Encíclica Veritatis Splendor, 64.

P. 132. ¿Qué es la virtud teologal de la fe?
Juan Pablo II, El Espíritu Santo en la vida de la Iglesia y del mundo (Dominum et vivificantem), 6, 51;
Juan Pablo II, La preocupación social (Sollicitudo rei socialis), 31, 35;
Juan Pablo II, Encíclica Veritatis Splendor, 27, 109.

P. 133. ¿Qué es la virtud teologal de la esperanza?
Juan Pablo II, *Los fieles laicos (Christifideles laici),* 7;
Juan Pablo II, *El trabajo humano (Laborem exercens)*, 27;
Juan Pablo II, *La misericordia divina (Dives in misericordia)*, 7-8;
Juan Pablo II, *Reconciliación y Penitencia (Reconciliatio et poenitentia)*, 22;
Juan Pablo II, *Encíclica Veritatis Splendor*, 102, 118.

P. 134. ¿Qué es la virtud teologal de la caridad?
Juan Pablo II, *Los fieles laicos (Christifideles laici)*, 41;
Juan Pablo II, *En el centenario de la Rerum Novarum (Centesimus Annus)*, 57;
Juan Pablo II, *La preocupación social (Sollicitudo rei socialis)*, 42;
Juan Pablo II, *Encíclica Veritatis Splendor*, 10.

Héroes de Nuestra Fe: La Historia de Francisco de Fátima - Repaso de la Lección

Virtud: Utilízala o Piérdela

Solía preguntarme: Si todos reciben las virtudes en el Bautismo, ¿por qué tantos cristianos no dan señal de esas virtudes teologales? Ahora que estoy aquí lo entiendo. Se parece al caso de una familia con talento para la música. Todos los niños pueden nacer con habilidad para la música pero no todos ellos trabajan con el suficiente ahínco para utilizar esos talentos. Aquellos que trabajan con afán y practican todos los días perfeccionan sus destrezas. Los que no practican no progresan. De igual manera, los católicos que practican las virtudes teologales crecen en santidad. Pero aquellos que no las practican no crecen.

Veo aún algo más. Un niño sordo a los tonos puede practicar día y noche sin lograr entonar porque carece del don básico del "tono". De igual forma, una persona sin la gracia santificante puede tratar con mucho ahínco de ser "bueno" pero nunca será santo. Carece del regalo – de las virtudes y dones – del Espíritu Santo. Además, un músico que toma veneno y destruye su cuerpo-no importa lo talentoso que sea- no podrá utilizar sus talentos musicales. De igual manera un católico que comete un pecado mortal mata la vida de la gracia en su alma. Por lo tanto, ya no podrá como antes poner en práctica meritoriamente la virtud teologal de la caridad.

Hay un dicho entre los atletas que dice "Utilizalo o piérdelo". Quiere decir que si no ejercitas y entrenas tu cuerpo regularmente, perderás tu fortaleza y tu destreza. El mismo dicho aplica a la vida espiritual. A menos que pongas en práctica las virtudes y utilices los dones del Espíritu Santo, también los perderás.

#E4_4-7

#C37-7-Sp

El respeto de la dignidad humana exige la práctica de la virtud de la templanza, para moderar el apego a los bienes de este mundo; de la virtud de la justicia, para preservar los derechos del prójimo y darle lo que le es debido.

CAPÍTULO 39

Las Virtudes Cardinales

P. 135. ¿Cuáles son las virtudes cardinales?

Las virtudes cardinales son: prudencia, justicia, fortaleza de corazón y templanza. junto con los dones del Espíritu Santo, estas virtudes cardinales nos capacitan para manifestar, comprobar y crecer en nuestro amor a Dios, mediante el cumplimiento de Su plan y Alianza de una manera práctica.

"A quien ama la justicia, ella le da como fruto las virtudes, porque le enseña templanza y prudencia, justicia y fortaleza, y nada hay más útil que esto en la vida de los hombres" (Sab 8, 7).

La virtud de la prudencia es la capacidad de hacer juicios rectos. Es la posibilidad permanente de recibir el poder de la prudencia de Jesús, y usar su poder para desarrollar los hábitos de la prudencia sobrenatural. Estos hábitos conducen a que nuestros corazones se propongan metas, hagan planes y elijan proyectos para llevar a cabo los planes de Dios para con nosotros.

#F1-62-Sp2

La virtud de la prudencia es la capacidad de hacer juicios rectos.

Véase: "Catecismo de la Iglesia Católica"
P. 135. Párrafos: **1805-09.**

Catecismo para la Familia en Video y Audio
Padre Pablo Straub
P. 135 Cinta # 115-B357, 22:51

#B7-1-2

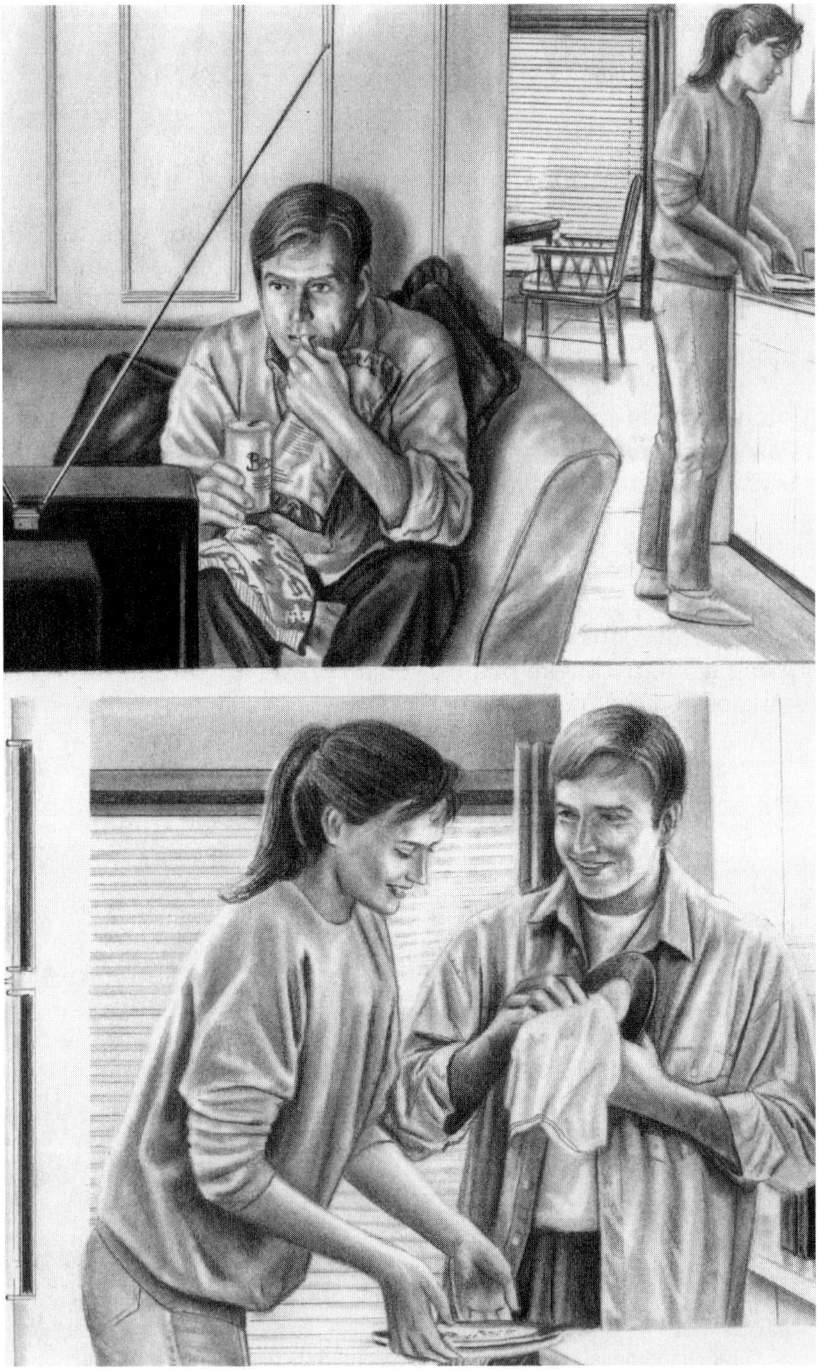

La virtud de la templanza nos ayuda a controlar nuestros deseos, especialmente aquellos que nos impiden hacer un uso correcto de las cosas que atraen a nuestros sentidos.

La virtud de la justicia nos ayuda a ver la necesidad de proteger los derechos del prójimo.

La virtud de la justicia nos ayuda a ver la necesidad de proteger los derechos del prójimo. Es la capacidad permanente de recibir el poder de justicia de Jesús, y usar de este poder para desarrollar hábitos sobrenaturales de justicia. Estos hábitos conducen a nuestros corazones a escoger siempre lo que justo, mandándonos, de forma consistente, hacer la Voluntad de Dios y de cumplir la Nueva Alianza con Él.

La virtud de la templanza nos ayuda a controlar nuestros deseos, especialmente aquellos que nos impiden hacer un uso correcto de las cosas que atraen a nuestros sentidos. Es la capacidad permanente de recibir el poder de la templanza de Jesús, y de usar de este poder para desarrollar hábitos de templanza sobrenatural. Estos hábitos nos conducen a enreciar nuestras voluntades y responsabilidades mediante la contemplación del deseo, complacencia y alegría de Jesús y de María en que los cumplamos; así como su pesar, aversión y dolor por cualquier tentación de descuidar o abandonar estas responsabilidades.

"Hijo, fíjate en lo que es bueno para tu salud, mira lo que te perjudica y prívate de eso" (Eclo 37, 27). "Procuren que sus corazones no se entorpezcan por el exceso de comida, por las borracheras y las preocupaciones de la vida, porque entonces ese día caerá de improviso sobre ustedes" (Lc 21, 34).

La fortaleza nos da la fuerza para hacer lo que es bueno, a pesar de las dificultades. Es la capacidad permanente de recibir el poder de la fortaleza de corazón de Jesús, y de usar de este poder para desarrollar hábitos de fortaleza sobrenatural. Mediante estos hábitos, imitamos a Jesús y María, concentrando nuestros sentimientos en cumplir la Voluntad de Dios; y ver los sentimientos de miedo, desesperanza, y ira como fundamentos en el pecado, falsas esperanzas y en Satanás.

La gracia santificante nos da una cierta facilidad para practicar todas las virtudes, además de darnos, cada vez que las practicamos, el mérito sobrenatural.

#B7-1-2

Mediante estos hábitos, imitamos a Jesús y María, concentrando nuestros sentimientos en cumplir la Voluntad de Dios.

Catecismo de la Iglesia Católica

1804 Las *virtudes humanas* son actitudes firmes, disposiciones estables, perfecciones habituales del entendimiento y de la voluntad que regulan nuestros actos, ordenan nuestras pasiones y guían nuestra conducta según la razón y la fe. Proporcionan facilidad, dominio y gozo para llevar una vida moralmente buena. El hombre virtuoso es el que practica libremente el bien.

Las virtudes morales se adquieren mediante las fuerzas humanas. Son los frutos y los gérmenes de los actos moralmente buenos. Disponen todas las potencias del ser humano para armonizarse con el amor divino.

Encíclica "Veritatis Splendor"

100 El respeto de la dignidad humana exige la práctica de la virtud de la templanza, para moderar el apego a los bienes de este mundo; de la virtud de la justicia, para preservar los derechos del prójimo y darle lo que le es debido.

Concilio Vaticano II

La justicia y la equidad exigen también que la movilidad, la cual es necesaria en una economía progresiva, se ordene de manera que se eviten la inseguridad y la estrechez de vida del individuo y de su familia. Con respecto a los trabajadores que, procedentes de otros paises o de otras regiones, cooperan en el crecimiento económico de una nación o de una provincia, se ha de evitar con sumo cuidado toda discriminación en materia de remuneración o de condiciones de trabajo. *Mundo actual 66*

#E5-34

Con respecto a los trabajadores que, procedentes de otros paises o de otras regiones, cooperan en el crecimiento económico de una nación o de una provincia, se ha de evitar con sumo cuidado toda discriminación en materia de remuneración o de condiciones de trabajo.

Oración

Espíritu Santo, ayúdanos a practicar las virtudes cardinales que nos hagan capaces de llevar una vida santa, y de tratar a las personas y a las cosas según la voluntad de Dios. Danos la virtud de la prudencia para que seamos capaces de hacer juicios rectos; la virtud de la justicia, para que seamos capaces de proteger los derechos de nuestros prójimos; la virtud de la fortaleza para que tengamos el valor de hacer lo que es bueno, dispuestos para cualquier sacrificio que Tú quieras que hagamos; la virtud de la templanza, para que seamos capaces de controlar nuestros deseos y usar correctamente las cosas que atraen nuestros sentidos.

Creemos que cuando estamos en estado de gracia santificante, llevamos Tu imagen en lo más profundo de nuestro ser. Concédenos que la Gracia Santificante penetre en el centro de nuestro corazón y haga que nuestros pensamientos y acciones sean espirituales y sobrenaturales. Mediante las virtudes infusas de la fe, la esperanza y la caridad, y de las virtudes adquiridase incluyen la humildad y la obediencia, controla nuestro entendimiento y nuestra voluntad, y haznos capaces de hacer actos sobrenaturales. Concédenos Tus dones sobrenaturales, y ponlos en acción, guíanos mediante ellos, y con Tus gracias actuales haz que podamos realizar actos buenos con más facilidad.

Verdaderamente, Tú eres la fuente y centro de nuestra vida espiritual. Por esto te damos nuestras humildes gracias, por Cristo nuestro Señor. Amén.

Diagrama Catequístico

V5-1-Sp

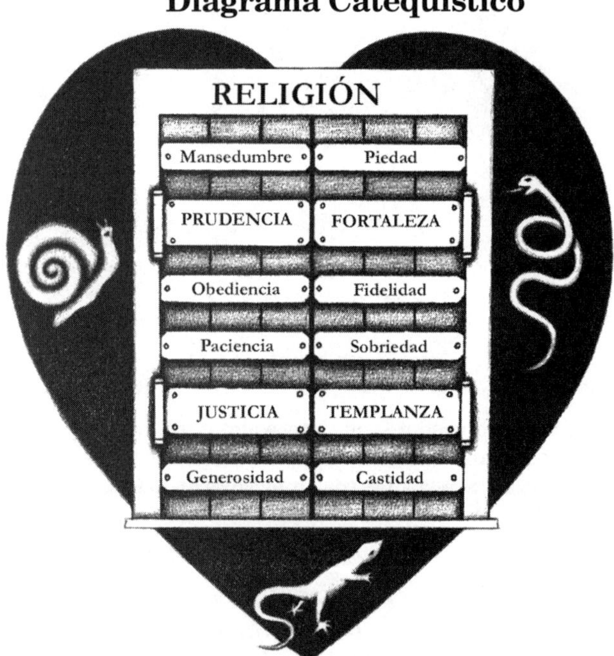

Las Virtudes Morales Cardinales. La virtud de la religión es como el marco de un portón de entrada. Las cuatro bisagras del portón son la prudencia, la justicia, la fortaleza y la templanza. Se les llama virtudes cardinales (en latín "cardo" quiere decir gozne, bisagra, charnela). Las virtudes cardinales sostienen a las demás virtudes. Estas virtudes cardinales tienen en sí mismas las semillas de todas las otras virtudes. Por este portón nunca debería entrar el demonio (serpiente) en nuestras almas (corazón).

Prácticas de Doctrina - Moral - Culto

(Vea el Apéndice A para las respuestas.)

1. ¿Cuáles son las virtudes cardinales? ¿Cómo nos ayuda cada una de estas virtudes a nuestra vida?
2. Piensa ahora en momentos concretos de tu vida diaria en los que has de poner en práctica las virtudes cardinales.
3. Reza la Oración tras la pregunta 135 con un deseo intenso de que tú y toda tu familia practiquen las virtudes cardinales.

136. ¿Por qué se les llama virtudes cardinales a la prudencia, justicia, fortaleza y templanza?

A la prudencia, la justicia, la fortaleza y la templanza se les llama virtudes cardinales, porque son las virtudes claves. Son como el quicio de toda virtud, y de ellas dependen todas las demás. En latín la palabra "cardo" quiere decir "gozne" del que cuelga y gira la puerta. Las demás virtudes de la moralidad humana, como son: la obediencia, la paciencia, la humildad, la sinceridad, el patriotismo, etc., están relacionadas con las virtudes cardinales.

Una virtud comienza como una *capacidad* de hacer acciones particulares de esa virtud. Con la repetición de estas acciones, se convierten en *hábitos* o disposciones permanentes, que nos inclinan a hacer un acto concreto bueno, y evitar un acto concreto que es malo.

Toda virtud que adquirimos con nuestro esfuerzo -es decir: con nuestro desarrollo consciente de un hábito bueno concreto-, se llama virtud natural. Por otra parte, las virtudes sobrenaturales son aquellas capacidades y/o hábitos que Dios infunde directamente en nuestras almas, sin ningún esfuerzo por nuestra parte. Hemos de pedir a Jesús que nos conceda la plenitud de la gracia de estas virtudes. Aún cuando Dios nos da la gracia de las virtudes sobrenaturales, nosotros tenemos que esforzarnos en desarrollarlas, llevándolas a su madurez y perfección.

Sagrada Escritura

El necio desprecia la corrección paterna, el prudente escucha la reprensión. *Prov 15, 5*

Que los ancianos sean sobrios, juiciosos y prudentes; que vivan plenamente la fe, el amor, y la paciencia. *Tit 2, 2*

Véase: Sagrada Escritura
P. 136. Sal 89, 14; Sb 8, 7.
Véase: "Catecismo de la Iglesia Católica"
P. 136. Párrafos: **1805.**

Catecismo para la Familia en Video y Audio
Padre Pablo Straub
P. 136 Cinta # 115-B357, 25:19

Catecismo de la Iglesia Católica

1810 Las virtudes humanas adquiridas mediante la educación, mediante actos deliberados, y una perseverancia, mantenida siempre en el esfuerzo, son purificadas y elevadas por la gracia divina. Con la ayuda de Dios forjan el carácter y dan soltura en la práctica del bien. El hombre virtuoso es feliz al practicarlas.

Concilio Vaticano II

Quien con obediencia a Cristo busca ante todo el reino de Dios, encuentra en éste un amor más fuerte y más puro para ayudar a todos sus hermanos y para realizar la obra de la justicia bajo la inspiración de la caridad. *Mundo actual, 72*

#L3-28-Sp

Toda virtud que adquirimos con nuestro esfuerzo – es decir: con nuestro desarollo consciente de un hábito bueno concreto –, se llama virtud natural.

Oración

Espíritu Santo, Divino Espíritu de luz y de amor, te consagramos nuestro entendimiento, nuestro corazón, nuestra voluntad y todo nuestro ser, ahora y para siempre. Haz que nuestro entendimiento esté siempre sujeto a sus celestiales inspiraciones y a las enseñanzas de la Iglesia Católica, de las que Tú eres el Guía infalible. Concede que nuestro corazón esté siempre inflamado del amor a Dios y a nuestro prójimo; que nuestra voluntad se conforme a la voluntad divina; que nuestra vida sea una imitación fiel de la vida y las virtudes de nuestro Señor y Salvador, Jesucristo, a quien con el Padre y contigo tributamos todo honor y gloria para siempre. Amén.

Prácticas de Doctrina - Moral - Culto

(Vea el Apéndice A para las respuestas.)

1. ¿Qué es una virtud? ¿Cómo puedes explicar de manera sencilla por qué tenemos las virtudes teologales y las cardinales? ¿Puedes nombrar otras virtudes morales?
2. ¿Qué virtud de las que hemos visto en este capítulo es la que más te cuesta vivir? Piensa en algunos pasos concretos que puedes dar para aumentar en esta virtud.
3. Escribe en un papel la virtud que quisieras tratar de mejorar durante este mes. Incluye en él un pasaje de la Escritura que te pueda ayudar a practicar dicha virtud. Pon esta nota en un lugar visible de tu habitación y pide al Espíritu Santo que te inspire y te dé la fuerza para crecer en dicha virtud. Acostúmbrate a hacer cada mes lo mismo con otras virtudes.

#C11-109-Sp

El tonto desprecia la corrección de su padre, quien sigue la reprensión es cauto.

Oración Para el Final del Capítulo

¡Oh! Espíritu Santo, amor infinito del Padre y del Hijo, por medio de las manos purísimas de María, Tu Inmaculada Esposa, en este día y todos los días de nuestra vida, nos colocamos sobre Tu altar predilecto: el Divino Corazón de Jesús. Haz que te seamos un sacrificio agradable, ¡Oh Fuego que consume!, puesto que estamos firmemente resueltos, ahora más que nunca, a escuchar Tu voz y a hacer en todas las cosas Tu Santísima y Adorable Voluntad.

Espíritu Santo, Luz Divina, ilumina con Tu brillo nuestras almas; llénalas de amor, alegría y vida; dales Tu calor y hazlas prestas a la acción vigorosa al servicio de Dios.

Espíritu Santo, Espíritu de Verdad, ven a nuestros corazones. Habita en nosotros y concédenos habitar siempre en Ti, te lo pedimos por Jesucristo, nuestro único Señor y Salvador. Amén.

Libros de Consulta Familiar — Capítulo 39

P. 135. ¿Cuáles con las virtudes cardinales?
Juan Pablo II, *En el centenario de la Rerum Novarum (Centesimus Annus)*, 32;
Juan Pablo II, *La preocupación social (Sollicitudo rei socialis)*, 38-40;
Juan Pablo II, *Encíclica Veritatis Splendor* 64, 67.

Héroes de Nuestra Fe: La Historia de Francisco de Fátima - Repaso de la Lección

El Espíritu Santo y las Virtudes

Como todas las personas, nací con algunas fortalezas y algunas debilidades. Una de mis fortalezas era la de ser pacífico y no insistir en hacer mi voluntad. Por ejemplo, Lucía me ordenó sentarme inmóvil sobre una roca y mantenerme quieto, lo hacía-sólo para hacerla feliz. Hasta le daba coraje conmigo por dejarle manejarme. Si hubiese estado entre pecadores, esta cualidad en ceder por los otros pudiera haber sido una terrible debilidad.

Siendo niño, si alguien hacía algo malo, odiaba el tener que decirle algo sobre ello. Prefería dejarlo pasar. Algunas veces tenía esa actitud de "no me importa" en cuanto a las oraciones en familia. Muchas veces mi padre tuvo que amenazarme con su correa para conseguir que rezara en familia. Cuando Lucía, Jacinta y yo "rezábamos" el Rosario diciendo solamente la primera palabra de cada oración, estaba más que contento en decirla de esa forma. Las semillas del pecado de pereza encontraron terreno fértil en mi alma. Es por esto que quizás cuando Nuestra Señora se nos apareció por primera vez dijo a Lucía, "Francisco irá al cielo, pero tendrá que rezar muchos Rosarios". El Rosario, bien recitado, purifica el alma, debilita los pecados capitales y activa los dones del Espíritu Santo. Sin la ayuda del Rosario dudo que hubiera podido vencer los pecados capitales.

#P26-15-2

Ante las múltiples dificultades, que incluso en las circunstancias más ordinarias puede exigir la fidelidad al orden moral, el cristiano, implorando con su oración la gracia de Dios, está llamado a una entrega a veces heroica.

CAPÍTULO 40

Los Siete Dones del Espíritu Santo

P. 137. ¿Cuáles son los siete dones del Espíritu Santo?

Los siete dones del Espíritu Santo son: sabiduría, entendimiento, consejo, fortaleza, ciencia, piedad y temor de Dios. Esta lista de dones se encuentra en Isaías, capítulo 11, y habían de caracterizar al Hombre Justo: el Mesías.

Los siete dones del Espíritu Santo son cualidades que Dios da a las almas, para facilitarles su correspondencia a la gracia. Nos ayudan a practicar la virtud. Los dones, que se nos concedieron en el Bautismo, son capacidades permanentes de recibir siete formas diferentes de luz sobrenatural, que proviene de la plenitud de verdad de Jesucristo (cf. Jn 1, 14.16). Son también capacidades de usar estas luces. como fundameto necesario para desarrollar los hábitos de las virtudes infusas.

Los dones del Espíritu Santo establecen en nosotros las formas y la trayectoria que tomará nuestro desarrollo espiritual y nuestro servicio a Dios. Desarrollar los hábitos de los dones y de las virtudes, suprimirá los siete pecados capitales, o tendencias a cometer pecado. Si nos dejamos vencer por los siete pecados capitales, estos obstaculizarán, y aún matarán, la vida de los dones y de las virtudes en nuestras almas.

1. El don de *sabiduría* refuerza nuestra fe, fortifica nuestra esperanza, perfecciona nuestra caridad y promueve nuestra práctica de las virtudes en su más alto grado. De la misma forma que la caridad (la virtud más perfecta), abraza a todas las demás virtudes, la sabiduría es el don más perfecto, ya que también él incorpora a todos los demás dones. La Sabiduría ilumina a nuestras mentes para percibir y gustar las cosas divinas, de tal forma que, el aprecio por los gozos terrenales pierde su fuerza, a la vez que la Cruz de Cristo da toda su dulzura divina.

Este don es una capacidad permanente de recibir la luz de la sabiduría de Jesús, y para usarla en el desarrollo de la sabiduría

Véase: Sagrada Escritura
P. 137. Pr 2, 1-11; Si 1, 14-20.
Véase: "Catecismo de la Iglesia Católica"
P. 137. Párrafos: **1831-32.**

Catecismo para la Familia en Video y Audio
Padre Pablo Straub
P. 137. Cinta # 115-B357, 31:24

sobrenatural. Así nuestas inteligencias se capacitan para ver, en el plan de Dios, de dónde venimos, a dónde vamos, y cómo podemos llegar a dicho lugar.

El don de sabiduría es especialmente necesario para desarrollar la virtud de la prudencia, por la cual somos capaces de proponernos metas y prioridades, llevar a cabo planes y proyectos, etc.

#Y1-3-2

La Sabiduría ilumina a nuestras mentes para percibir y gustar las cosas divinas, de tal forma que, el aprecio por los gozos terrenales pierde su fuerza, a la vez que la Cruz de Cristo da toda su dulzura divina.

2. El don de *entendimiento* nos ayuda a comprender el significado de las verdades de nuestra santa religión. Por la fe conocemos estas verdades; por el don de entendimiento aprendemos a apreciarlas y saborearlas. Este don nos permite penetrar el sentido profundo de las verdades reveladas; lo cual nos ayuda a acelerarnos hacia nuestra vida nueva.

Este don es una capacidad de recibir la luz del entendimiento de Jesús, y para usarla en el desarrollo del entendimiento sobrenatural. Así nuestras inteligencias son capaces de captar lo que Dios quiere que entendamos, especialmente el sentido que tiene, para cada uno personalmente, nuestra relación con la Santísima Trinidad, con la Virgen María, los ángeles, los santos y todos los demás.

El don de entendimiento es especialmente necesario para desarrollar los hábitos de la virtud de la esperanza, por la cual nos entregamos plenamente a la Voluntad y plan de Dios.

#F1_9-3

El don de entendimiento es especialmente necesario para desarrollar los hábitos de la virtud de la esperanza, por la cual nos entregamos plenamente a la Voluntad y plan de Dios.

3. El don de *consejo* confiere a nuestra alma la luz sobrenatural que la capacita para juzgar pronta y rectamente lo que se ha de hacer, especialmente en circunstancias difíciles. El don aplica los principios, que nos dan la sabiduría, la prudencia, el conocimiento y el entendimiento, a los innumerables casos concretos con los que nos encontramos en la vida diaria. El don de consejo es el "sentido común" sobrenatural.

Este don es una capacidad de recibir la luz del consejo de Jesús, y para usarla en el desarrollo del consejo sobrenatural. Éste habilita a nuestra mente para captar lo que Dios quiere que pensemos, digamos o hagamos en cada momento, así como planear y llevar a cabo nuestro plan diario.

El don de consejo es especialmente necesario para desarrollar los hábitos de la virtud de la justicia, por la cual hacemos lo que es correcto hacer.

4. El don de *fortaleza* robustece nuestras almas contra el miedo que sentimos naturalmente permitiéndonos acometer las tareas más arduas, afrontar peligros, pisotear consideraciones mundanas, y soportar sin quejarse las cruces de la vida diaria.

Este don es una capacidad de recibir la luz de la fortaleza mental de Jesús, y para utilizarla en el desarrollo de la fortaleza sobrenatural. Ésta nos habilita a controlar nuestra imaginaciones y recuerdos, llenándolos con imágenes de Jesús, de María, de los ángeles y de los santos. Estas imágenes nos ayudan a incrementar y dirigir nuestros sentimientos de valentía, entrega confiada, y entusiasmo por hacer la Voluntad de Dios y llevar a término Su plan; y a desechar los sentimientos de miedo, desesperación, y enojo por todo lo que puediera impedirnos o desviarnos de su cumplimiento.

El don de fortaleza es especialmente necesario para desarrollar los hábitos de la virtud de la fortaleza.

#F1-65

El don de *fortaleza* robustece nuestras almas contra el miedo que sentimos naturalmente permitiéndonos acometer las tareas más arduas, afrontar peligros, pisotear consideraciones mundanas, y soportar sin quejarse las cruces de la vida diaria.

5. El don de *ciencia* nos da la capacidad de aprender las verdades que Dios nos ha revelado, de tal manera que podemos creerlas y vivir de acuerdo con ellas. Capacita nuestra alma para estimar las cosas creadas en su justo valor, es decir, en su relación con Dios. El don de ciencia desenmascara las apariencias de las criaturas, revela su superficialidad, y nos hace ver su única verdadera genialidad: ser instrumentos al servicio de Dios. Nos hace ver el cuidado amoroso que Dios tiene por nosotros, aún en momentos de adversidad, y nos hace glorificar al Señor en todas la circunstancias de la vida. Guiados por la luz del don de ciencia, damos el primer lugar a lo que debe tenerlo, ponemos a Dios en primer lugar y valoramos la amistad con Dios por encima de todo lo demás.

Este don es la capacidad permanente de recibir la luz del conocimiento de Jesús, y utilizarla para desarrollar nuestro conocimiento sobrenatural —dando a nuestra mente la capacidad para comprender lo que Dios quiere que sepamos, especialmente las realidades de quién es Dios y qué somos nosotros en relación con Él, del plan que Dios tiene para nuestra salvación, de nuestra filiación divina renovada, y de la Nueva Alianza de Dios con nosotros, que pone en funcionamiento dicho plan.

El don de ciencia es esencial para poder desarrollar los hábitos de la virtud de la fe.

#H5_1_4-1

Este don es una capacidad de recibir la luz de la fortaleza mental de Jesús, y para utilizarla en el desarrollo de la fortaleza sobrenatural.

6. El don de *piedad* origina en nuestros corazones un amor hacia Dios como el de un niño para con el Padre más amoroso. Nos inspira a amar y respetar, por amor de Dios, a las personas y cosas dedicadas a Él, así como a los que están investidos por la autoridad, es decir: la Virgen Santísima y los Santos; la Iglesia y su cabeza visible, el Papa; nuestros padres y superiores; nuestra patria y su gobernantes. Quien tiene el don de piedad encuentra en la práctica de la religión, no a una pesada obligación que cumplir, sino un agradable servicio al Señor.

Este don es la capacidad permantente de recibir la luz de la piedad de Jesús, y utilizarla para desarrollar la piedad sobrenatural, que da a nuestra mente la facultad para participar de la misma visión con que Jesús ve nuestra identidad con respecto y en las Divinas personas y con la Virgen María, San José, los ángeles, los Santos y con los demás.

El don de piedad es necesario para desarrollar hábitos firmes de la virtud de la caridad.

7. El don de *temor de Dios* nos llena de un respecto inmenso por Dios, y sobre todo, nos hace tener terror a ofenderle por el pecado. Este temor surge, no tanto del pensamiento del infierno, sino del sentido de reverencia y sumisión, como la de un niño hacia su Padre Celestial. Se dice del don del temor que es el principio de la sabiduría, porque nos aparta de los placeres mundanos, que pueden separarnos de Dios.

Este don es la capacidad permanente de recibir la luz de la reverencia de Jesús por Dios, así como la de la compasión de Jesús por los demás, y utilizar esta luz para desarrollar el temor natural de Dios. Nos capacita para tener en nuestras mentes las imagnes de la vida de Jesús, de María, de los angeles y de los santos. Estas imágenes nos ayudan a desarrollar y dirigir nuestra emociones de placer, deseo y alegría en la bondad de Dios, en Su voluntad y plan para nuestra salvación y desarrollar y dirigir nuestras emociones de desencanto, aversión y dolor hacia el pecado y hacia cualquier otra cosa que pueda apartarnos de Dios.

El don del temor de Dios es necesario para desarrollar hábitos firmes en la virtud de la temperanza.

#A17-4

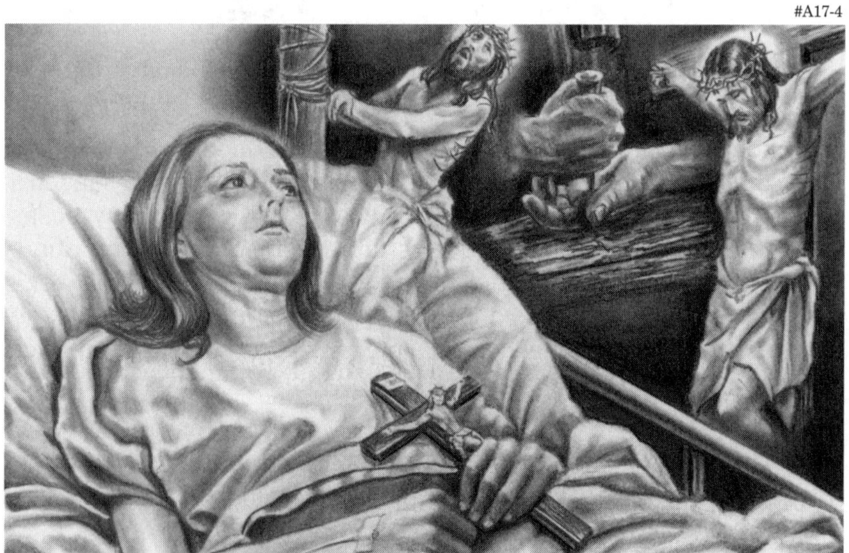

En la unión con su Salvador, el discípulo alcanza la perfección de la caridad, la santidad.

#H9-6

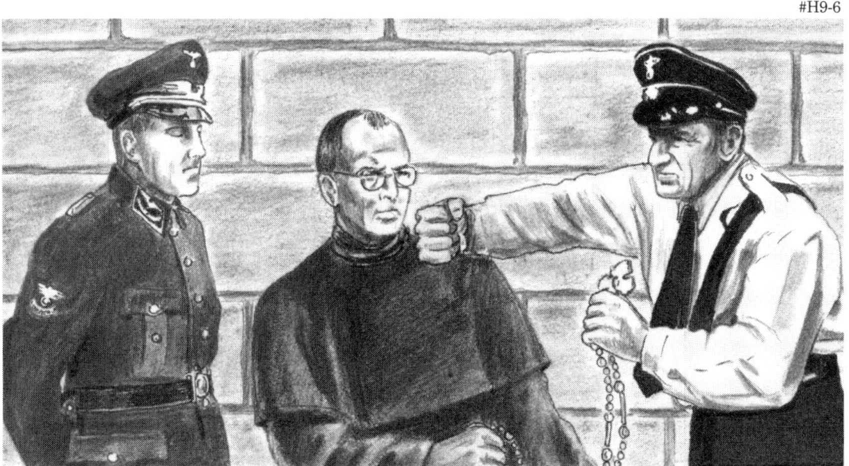

Fortalecidos por Él (Espíritu Santo), los discípulos no tuvieron temor ni de las cárceles ni de las cadenas por el nombre del Señor.

Sagrada Escritura

Sobre él reposará el espíritu del Señor: espíritu de sabiduría y de inteligencia, espíritu de consejo y de fortaleza, espíritu de ciencia y de temor del Señor. (Lo inspirará el temor del Señor). *Is 11, 2-3*

El hombre mundano no capta las cosas del Espíritu de Dios. Carecen de sentido para él y no puede entenderlas, porque sólo a la luz del Espíritu pueden ser discernidas. *1 Cor 2, 14*

Catecismo de la Iglesia Católica

1709 El que cree en Cristo es hecho hijo de Dios. Esta adopción filial lo transforma dándole la posibilidad de seguir el ejemplo de Cristo. Le hace capaz de obrar rectamente y de practicar el bien. En la unión con su Salvador, el discípulo alcanza la perfección de la caridad, la santidad. La vida moral, madurada en la gracia, culmina en vida eterna, en la gloria del cielo.

1830 La vida moral de los cristianos está sostenida por los dones del Espíritu Santo. Éstos son disposiciones permanentes que hacen al hombre dócil para seguir los impulsos del Espíritu Santo.

Encíclica "Veritatis Splendor"

108 Fortalecidos por Él (Espíritu Santo), los discípulos no tuvieron temor ni de las cárceles ni de las cadenas por el nombre del Señor; más aún, despreciaron a los mismos poderes y tormentos del mundo, armados ahora y fortalecidos por medio de Él, teniendo en sí los dones que este mismo Espíritu dona y envía como alhajas a la Iglesia, esposa de Cristo.

93 Si el martirio es el testimonio culminante de la verdad moral, al que relativamente pocos son llamados, existe no obstante un testimonio de coherencia que todos los cristianos deben estar dispuestos a dar cada día, incluso a costa de sufrimientos y de grandes sacrificios. En efecto, ante las múltiples dificultades, que incluso en las circunstancias más ordinarias puede exigir la fidelidad al orden moral, el cristiano, implorando con su oración la gracia de Dios, está llamado a una entrega a veces heroica. Le sostiene la virtud de la fortaleza, que... le capacita a "amar las dificultades de este mundo a la vista del premio eterno".

#P26-40

Si el martirio es el testimonio culminante de la verdad moral, al que relativamente pocos son llamados, existe no obstante un testimonio de coherencia que todos los cristianos deben estar dispuestos a dar cada día, incluso a costa de sufrimientos y de grandes sacrificios.

Concilio Vaticano II

Además, el mismo Espíritu Santo no sólo santifica y dirige al Pueblo de Dios mediante los sacramentos y los ministerios y le adorna con virtudes, sino que también distribuye gracias especiales entre los fieles de cualquier condición, distribuyendo a cada uno según quiere (1 Cor 12, 11) sus dones, con los que les hace aptos y prontos para ejercer las diversas obras y deberes que sean útiles para la renovación a la mayor edificación de la Iglesia, según aquellas palabras: A cada uno... se le otorga la manifestación del Espíritu para común utilidad (1 Cor 12, 7). Estos carismas, tanto los extraordinarios como los más comunes y difundidos, deben ser recibidos con gratitud y consuelo, porque son muy adecuados y útiles a las necesidades de la Iglesia. Los dones extraordinarios no deben pedirse temerariamente ni hay que esperar de ellos con presunción los frutos del trabajo apostólicos. Y, además, el juicio de su autenticidad de su ejercicio razonable pertenece a quienes tienen la autoridad en la Iglesia, a los cuales compete ante todo no sofocar el Espíritu, sino probarlo todo y retener lo ques bueno (cf. 1 Ts 5, 12.19-21).*Iglesia, 12*

Oración

¡Oh Dios!, concédenos Tu Espíritu de Sabiduría, que nos haga conocer los enemigos que debemos temer, y los peligros que hemos de evitar en medio de las engañosas apariencias de este mundo. Que nos ayude a escoger en cada circunstancia, lo que es más útil para la conservación y aumento de la vida divina en nosotros y para la salvación de nuestras almas.

¡Oh Dios!, envíanos Tu Espíritu de Entendimiento para que nos ayude a comprender la belleza, la dulzura y la eficacia de las verdades divinas, que iluminan nuestra senda por este mundo. Tú, Padre celestial, revelas con gran amor estas verdades a los humildes, y las ocultas, en cambio, a los orgullosos.

¡Oh Dios!, envíanos Tu Espíritu de Consejo, para que cuando hemos de actuar nos ayude a inclinarnos hacia las reflexiones más oportunas y prudentes; que nos haga perfectamente dóciles a Tus secretas inspiraciones; y que en el tiempo de necesidad, nos haga consejeros valientes y abnegados de nuestros prójimos.

¡Oh Dios!, envíanos Tu Espíritu de Fortaleza, que transforme nuestra debilidad en fortaleza, y nos haga apóstoles llenos de celo ardiente.

¡Oh Dios!, envíanos Tu Espíritu de Conocimiento, que nos inspire horror a la mentira y a lo erróneo. Que nos inflame en un noble y santo amor por todas las verdades que nos has enseñado. Que Él las guarde en nuestros corazones, dándonos un recuerdo constante de ellas, de la misma forma como la Santísima Virgen, nuestra querida Madre, guardaba todas Tus verdades en su corazón.

¡Oh Dios!, danos Tu Espíritu de Piedad, que encienda en nosotros el fuego de Tu amor, que nos haga amar ardientemente Tu divina voluntad, aún en nuestras tareas más insignificantes. Ese amor nos conducirá incluso al heroísmo, y nos asegurará la fortaleza, la perseverancia, y la victoria en todas las cosas por medio de la oración.

¡Oh Dios!, llénanos de Tu Espíritu de Temor, que nunca nos permita olvidar la reverencia que debemos a Tu infinita majestad, a Tu ilimitado poder y a Tus temibles juicios. Envíanos el Espíritu de Temor, para que nos conserve siempre bajo Tu mirada,Ttu dirección yTtu dominio soberano. Por encima de todo, forma en nuestros corazones una sublime y celestial unión de respeto y amor hacia Ti. Que el Espíritu Santo nos ayude a ver que la única y verdadera desgracia para la criatura es la ingratitud que es causada por el pecado. Todo te lo pedimos por Cristo nuestro Señor. Amén

Prácticas de Doctrina - Moral - Culto

(Vea el Apéndice A para las respuestas.)

1. Nombra los siete dones del Espíritu Santo. ¿Qué es lo que cada uno de los dones hace por nosotros?
2. Recuerda algunas ocasiones de tu vida en las que has experimentado la acción de los dones del Espíritu Santo. Anótalas en un cuaderno de reflexiones o en un diario espiritual.
3. Reza despacio la oración que sigue a la pregunta 137. Invita a tu familia a que la rece contigo. Pide también por los líderes religiosos y civiles, para que también ellos reciban los siete dones del Espíritu Santo.

Oración para el Final del Capítulo

Ven, Espíritu de Sabiduría y revela a nuestras almas los misterios de las realidades celestiales, y Su excelsa grandeza, poder y belleza. Enséñanos a amar las cosas celestiales por encima y más allá de las alegrías pasajeras de la tierra. Ayúdanos a alcanzarlas y a poseerlas para siempre.

Ven Espíritu de Entendimiento, ilumina nuestra mente para que podamos conocer y creer todos los misterios de la salvación. Haz que al fin merezcamos ver la luz eterna en Tu Luz; y que en la luz de la gloria tengamos una visión clara de Ti, del Padre y del Hijo.

Ven Espíritu de Consuelo, ayúdanos y guíanos en todos Tus caminos, para que podamos hacer siempre Tu santa voluntad. Inclina nuestros corazones a hacer lo que es bueno y apártalos de lo que es malo. Dirígenos por el sendero recto de Tus mandamientos a nuestra meta: la vida eterna por la que suspiramos.

Ven, Bendito Espíritu de Fortaleza, confirma nuestras almas en tiempo de dificultades y en la adversidad; sostén nuestros esfuerzos para ser santos y fortalécenos en nuestras debilidades. Danos valor contra todos los asaltos de nuestros enemigos, para que nunca seamos vencidos y separados de Ti, nuestro Dios y más gran Bien.

Ven, Bendito Espíritu de Ciencia, y concédenos poder darnos cuenta de la voluntad del Padre. Muéstranos que las cosas terrenales son nada, para que nos demos cuenta de su vanidad y las usemos sólo para Tu gloria y nuestra salvación. Haz que por encima de ellas, siempre te veamos a Ti y Tus dones eternos.

Ven Bendito Espíritu de Piedad, posee nuestros corazones. Enciende en ellos un amor tan grandepor Dios, que solamente encontremos satisfacción en Su servicio, y que, por amor Suyo, nos sometamos voluntariamente a toda legítima autoridad.

Ven, Bendito Espíritu de Santo Temor, penetra lo más profundo de nuestros corazones, para que Te tengamos siempre en nuestra presencia como Señor y Dios nuestro. Ayúdanos a rehuir todas las cosas que te ofendan, y haznos dignos de comparecer ante la majestad purísima de Dios. Todo esto te lo pedimos por Jesucristo nuestro Señor y Salvador. Amén.

Libros de Consulta Familiar—Capítulo 40

P. 137. ¿Cuáles son los siete dones del Espíritu Santo?
Juan Pablo II, *Reconciliación y Penitencia (Reconciliatio et poenitentia)*, 21;
Juan Pablo II, *Encíclica Veritatis Splendor* 88.
Quinta Conf. Gral. del Episcopado Latinoamericano y del Caribe, 2007, *Aparecida,* 207.

Repaso de Memoria, Sección III, Cuarta Parte

preguntas y respuestas cortas para memorizar

P. 131. ¿Qué son las Virtudes Teologales? Llamamos virtud a un hábito bueno. Las virtudes teologales -fe, esperanza y caridad- son hábitos buenos infundidos por Dios, junto con la gracia santificante, en nuestra alma.

P. 132. ¿Qué es la virtud de la fe? Fe es la virtud que nos da el poder de creer en Dios y todo lo que Él nos ha revelado.

P. 133. ¿Qué es la virtud de la esperanza? Esperanza es la virtud que nos da el poder de confiar en Dios.

P. 134. ¿Qué es la virtud de la caridad? Caridad es la virtud que nos da el poder de amar a Dios por ser Él quien es, y a nuestro prójimo por amor a Dios.

P. 135. ¿Qué son las virtudes cardinales? Las virtudes cardinales son cuatro: la prudencia, la justicia, la fortaleza y la templanza. Prudencia nos da el poder de discernir el bien que hemos de hacer. Justicia nos da el poder de dar a cada uno lo que le corresponde. Fortaleza nos da el poder de cumplir la Voluntad de Dios a pesar de los obstáculos. Templanza nos da el poder de controlar nuestros sentidos.

P. 136. ¿Por qué llamamos a la prudencia, justicia, fortaleza y templanza, virtudes cardinales? A la prudencia, justicia, fortaleza y templanza las llamamos virtudes cardinales porque todas las demás virtudes giran alrededor de ellas o bien dependen de ellas. La palabra cardinal viene de la palabra latina “cardo” que quiere decir bisagra.

P. 137. ¿Cuáles son los siete dones del Espíritu Santo? Los siete dones del Espíritu Santo son: sabiduría, entendimiento, consejo, fortaleza, ciencia, piedad, y temor de Dios. El don de sabiduría nos ayuda a amar lo que es de Dios. El de entendimiento nos ayuda a comprender las verdades que se refieren a Dios. El de consejo nos ayuda a elegir lo que es bueno. El de fortaleza nos ayuda a hacer lo que es bueno, a pesar de las dificultades. El de ciencia nos ayuda a ver el verdadero valor de las cosas creadas. El de piedad nos ayuda a amar el cumplimiento de nuestros deberes para con Dios y para con los demás seres humanos. El de temor de Dios nos ayuda a tener horror a desobedecer a Dios.

#J2-388

El Espíritu Santo distribuye a cada uno según quiere sus dones, con los que les hace aptos y prontos para ejercer las diversas obras y deberes que sean útiles para la renovación a la mayor edificación de la Iglesia.

Héroes de Nuestra Fe: La Historia de Francisco de Fátima – Repaso de la Lección

El Don de la Fortaleza

Aquí en el cielo todo lo vemos en Dios y a Dios en todo. Pero viviendo en la tierra era difícil reconocer las virtudes sobrenaturales y los dones del Espíritu Santo. Como sabes, una virtud es un buen hábito. Una virtud natural es un hábito bueno que lo aprendes haciendo una buena acción una y otra vez. Por ejemplo, formas la virtud natural del valor practicando con valentía tus deberes a pesar de tus temores. Una virtud sobrenatural trabaja de forma diferente. En el bautismo, el Espíritu Santo infunde en cada bautizado los buenos hábitos o virtudes de la fe, la esperanza y la caridad. El cristiano no tiene que hacer nada para tener estas virtudes: son un regalo. Pero como cualquier regalo, las virtudes sobrenaturales no ayudan a la persona que las recibe a menos ue ésta haga uso de ellas.

Toda persona viene al mundo con una inclinación hacia ciertas virtudes naturales. Una de mis más grandes virtudes naturales era el valor. Otros niños -- aún mayores -- temían la oscuridad, pero desde que pude caminar, salía solo afuera, de noche, sin sentir miedo. Otras personas gritarían si veían una culebra, pero yo acostumbraba a cazar las culebras de noche y las dejaba enroscarse alrededor de mis brazos. De esta forma mostraba la virtud natural de la fortaleza, pero no tenía la virtud sobrenatural de la fortaleza. Tenía miedo de enfrentarme a la gente que hacía cosas malas.

Luego de que comencé a rezar bien y a menudo, el Espíritu Santo empezó a darme un aumento en los siete dones: sabiduría, entendimiento, ciencia, consejo, piedad, fortaleza y temor de Dios. La fortaleza que recibí del Espíritu Santo no era la fortaleza natural con la que nací. Era una nueva clase de fortaleza -- la fortaleza de hacer la voluntad de Dios, a pesar de los peligros y obstáculos. Con la ayuda del don de la fortaleza comencé a vencer mi pereza en el servicio de Dios.

Una vez, cuando terminaron las apariciones, Jacinta, Lucía y yo entramos a la casa de Lucía y encontramos a una mujer "bendiciendo" cruces, medallas y otros objetos religiosos sobre una mesa. Tan pronto como me vió me pidió que bendijera los objetos. Mi inclinación fue la de dejarla sola, pero el Espíritu Santo dentro de mí me movió a hablar:

"No puedo dar esa clase de bendición", le dije seriamente, "y tampoco debería usted. Solamente un sacerdote puede hacerlo".

Tan pronto como dije esas palabras, las personas en la casa volvieron en sí. Al instante la falsa "bendecidora" fue sacada de la casa con toda su mercancía. El incidente demostró el poder de la fortaleza cuando se pone en acción. Encontré que cada vez que practicaba cualquiera de las virtudes en obediencia al Espíritu Santo, crecía en gracia. Si observas los mandamientos, rezas, estudias, te sacrificas y sigues las inspiraciones del Espíritu Santo, experimentarás lo mismo.

APÉNDICES

A. Contestaciones a las Prácticas de Doctrina – Moral – Culto

B. Índice de los Otros Volúmenes

C. Apostolado para la Consagración de la Familia

D. Oraciones para toda la familia

E. Examen de Conciencia

F. Índice

APÉNDICE A

Contestaciones a las Prácticas de Doctrina - Moral - Culto

Preguntas 72-73

1. ¿Qué quiere decir la palabra Encarnación? La palabra Encarnación quiere decir que la Segunda Persona de la Santísima Trinidad se hizo hombre.

2. Jesús vivió entre nosotros para enseñarnos qué significa ser hombre. ¿Qué cambio piensas que has de hacer en tu vida, para vivirla según el modelo que nos dejó Jesús como hombre? Las contestaciones serán variadas.

3. La oración del Ángelus nos recuerda la Encarnación del Hijo de Dios, que es la obra más grande hecha por Dios. Asegúrate de tomar unos minutos cada día para rezarlo, con agradecimiento y reverencia. Trata de rezarlo tres veces al día: por la mañana, al mediodía y al atardecer.

Pregunta 74

1. ¿De qué manera renueva Jesús al mundo? Jesús renueva al mundo dándonos la gracia santificante; Jesús es la fuente de la vida eterna y de la salvación.

2. Uno de los frutos de la venida de Jesús a vivir entre nosotros es la vida de la gracia en nuestras almas. ¿Qué puedes hacer tú, para conservar esta vida de la gracia en tu alma? Una buena contestación ha de mencionar la importancia que tiene la vida de oración, cumplir los Mandamientos, seguir las inspiraciones que nos da Dios, y la frecuencia de los Sacramentos, en especial los Sacramentos de la Penitencia y de la Eucaristía.

3. Lee y aprende de memoria el versículo de Juan 3:16. ¿Qué te inspira este versículo? Las contestaciones serán variadas.

Preguntas 75-77

1. *Lee Juan 1:1-4. ¿Qué importante verdad sobre Jesús se nos revela en estos versículos?* Una respuesta acertada hará notar que en estos versículos se nos proclama claramente la divinidad de Jesús, el Eterno Verbo de Dios.

2. Cita un ejemplo de tu vida en el cual tú has manifestado tu fe en Jesucristo como Dios y Señor. Las contestaciones serán variadas.
3. Manifiesta, en silencio, tu confianza en lo que nos ha dicho Jesucristo: que Él es Dios.

Pregunta 78
1. La oración que hace Jesucristo antes de su Pasión manifiesta que verdaderamente Él es Dios. Escribe dos versículos de Juan 17 que nos ayuden a conocer que Jesús es Dios. Las contestaciones serán variadas y pueden incluir los versículos 2-4, 11, o 22-24.
2. ¿Cómo puedes hacer ver con tu ejemplo que la muerte de Jesucristo en la Cruz ha dado frutos de redención en tu vida? Una buena contestación debería mencionar al menos una o dos de las siguientes señales: (1) tener caridad al tratar a los demás; (2) decisión clara de defender la verdad; (3) obediencia a la ley de Dios y a las autoridades legítimas; (4) tener espíritu de oración; (5) sencillez de vida y (6) aceptar con alegría los sufrimientos que no se pueden evitar.
3. Medita en la siguiente afirmación de fe: "por Tu Cruz y Tu Resurrección, nos has salvado, Señor".

Preguntas 79-81
1. Cita dos pasajes del Nuevo Testamento que hacen ver que Jesús es Dios. Algunos de los pasajes apropiados, que se citan en el Catecismo para la Familia son: Juan 1, 1-4; 8, 42. 55. 58; 10, 30; y 17, 1-2.
2. En la oración del Ángelus rezamos: "El Verbo se hizo carne y habitó entre nosotros." ¿Qué enseña nuestra fe acerca del significado de estas palabras, y qué significan para ti personalmente? Las contestaciones deberían mencionar que Jesús, la Segunda Persona de la Santísima Trinidad, tomó carne y se hizo hombre para salvarnos del pecado y de la muerte, restablecer de nuevo nuestra amistad con Dios, y llevarnos a la vida eterna.
3. Si tienes un amigo que no cree que Jesús es Dios ¿cuál de tus acciones diarias puede ayudarle a ver que tú eres cristiano y crees que Él es Dios? Las posibles contestaciones pueden incluir: bendecir la mesa antes de comer; oir la Santa Misa los domingos; dedicar un poco de tiempo a rezar juntos; hablar con los demás acerca de Jesús y de la Fe Católica; actuar como debe hacerlo un cristiano en el lugar de trabajo y en sus relaciones con los demás.

Pregunta 82

1. ¿Es Jesús verdadero hombre? Sí, porque Jesús nació, y experimentó todas las emociones y tentaciones que experimentan los seres humanos: sintió tristeza, se enojó, experimentó la soledad, el cansancio, etc. A pesar de todo, Él nunca cayó en la tentación, como nos suele pasar a nosotros, sino que siempre tuvo control de sus emociones.

2. Jesús mostró su amor por nosotros haciéndose hombre. Piensa en aquellas circunstancias de tu vida en que puedes devolverle su amor y mostrarle tu amor por Él. Las contestaciones serán variadas. Una de las mejores formas de manifestar nuestro amor por Jesús es permanecerle fieles cuando sufrimos, o estamos desilusionados, o sentimos la persecución.

3. Manifiesta, en una oración compuesta por ti mismo, tu fe en que Jesucristo nos ilumina y nos da la fuerza, para poder resistir cualquier tentación que experimentemos.

Pregunta 83

1. Jesús, siendo, como es, verdadero hombre, ha manifestado su cuidado por nosotros de muchas maneras ¿puedes citar alguna de ellas? Las contestaciones deberían incluir alguno de los siguientes hechos: (1) Jesús sufrió y murió por nosotros; (2) nos reveló la Verdad; (3) nos da una participación en la vida de Dios a través de los Sacramentos, en especial en la Eucaristía; (4) siempre está junto a nosotros para escuchar y responder a nuestras oraciones.

2. ¿Has experimentado alguna vez en tu vida el cuidado de Jesús por ti? Haz una lista de las cosas que Él ha hecho por ti. Las contestaciones serán variadas.

3. ¿Cómo puedes agradecer a Jesús, con tus acciones diarias, el cuidado que tiene por ti? Las contestaciones deberían incluir, como mínimo, uno o dos de los siguientes puntos: (1) podemos ofrecerle frecuentes oraciones de alabanza y acción de gracias; (2) podemos asistir al Santo Sacrificio de la Misa y recibirle en la Comunión; (3) podemos tratar con caridad a los demás y perdonar de corazón a los que nos ofenden; (4) podemos ser obedientes a la Voluntad de Dios, como nos viene manifestada por el Magisterio de la Iglesia, o por la legítima autoridad.

Preguntas 84-87

1. Jesús es nuestro Salvador porque se hizo hombre y ofreció su Muerte de Cruz como Sacrificio ¿De qué nos salvó Jesús? ¿Para qué nos salvó? Jesús nos salvó del pecado y de la muerte. Lo hizo para darnos la vida eterna con Él en el Cielo.

2. ¿Cómo puedes tú cooperar en el acto salvador de la Muerte en Cruz y la Resurrección de Jesús? Escribe dos cosas concretas de tu vida diaria con las que puedes cooperar con Él. Las contestaciones deberían incluir, como mínimo, uno o dos de los siguientes puntos: (1) trataré de mantener a Jesús presente en todos mis pensamientos a lo largo del día; (2) haré uso frecuente y fervoroso de los Sacramentos, especialmente de los Sacramentos de la Penitencia y de la Eucaristía; (3) trataré de ver a Jesús en aquellas personas con las que me encuentre; (4) procuraré hacer lo que Jesús quiere que haga en todas las situaciones en que me encuentre, especialmente siendo obediente a la legítima autoridad.

3. Dale gracias a Jesús por haberte librado de la esclavitud del pecado. Manifiesta este agradecimiento tratando de cooperar siempre con Su acto salvador.

Preguntas 88-89

1. Antes de Su Pasión, Jesús rezó en el Huerto de los Olivos ¿cuál fue el tema de Su oración? Jesús rezó pidiéndole al Padre que, si ésta era su Voluntad, le librara del cáliz de sufrimiento. Pero Jesús rezó sobre todo para cumplir la Voluntad del Padre

2. Recuerda ahora la última vez en que experimentaste dificultades, o persecución para poder cumplir la Voluntad de Dios. Las contestaciones serán variadas.

3. Piensa en los momentos en que, como hija, hijo, padre, madre, amigo, obrero, o ciudadano, te encuentras con dificultades para cumplir la Voluntad de Dios. Haz una lista de las cosas que como cristiano puedes hacer, para enfrentar estas contradicciones. Las contestaciones serán variadas.

Preguntas 90-93

1. Jesús sufrió para darnos la vida eterna ¿qué manifiesta Jesús al hacer esto por nosotros? Al sufrir tanto, físicamente y espiritualmente, por nosotros, Jesús manifestó su infinito amor por cada uno de los seres humanos.

2. *Medita en el versículo de la Sagrada Escritura: "En esto hemos conocido su amor, en que dio su vida por nosotros, y nosotros debemos dar nuestra vida por nuestros hermanos" (1 Juan 3:16) Escribe tus reflexiones.* Las respuestas deberían mostrar que cada uno de nosotros ha de estar dispuesto a sacrificarse -en cosas grandes y en cosas pequeñas- por los demás.
3. ¿Qué acciones estás dispuesto a hacer para dar tu vida por Jesús y por tus hermanos y hermanas? Las contestaciones deberían incluir uno o varios de los siguientes puntos: (1) rezar con frecuencia; (2) negarse a sí mismo en alguna cosa, como por ejemplo ayunando, sirviendo a los necesitados, dando limosna a los pobres; (3) meditar en la Pasión y Muerte de Jesús; (4) ir con frecuencia a recibir los Sacramentos, en especial los Sacramentos de la Penitencia y de la Eucaristía; (5) tratar de ver a Jesucristo en las personas que encuentre.

Preguntas 94-97
1. El la Cruz, Jesucristo no tan sólo experimentó un dolor físico inmenso, sino que también sufrió el dolor extraordinario de ver que su amor era rechazado. ¿Quiénes rechazaron el amor de Jesús? Todos los que hemos pecado, hemos rechazado el amor infinito de Jesús.
2. ¿De qué maneras has rechazado tú el amor de Jesús? Las contestaciones serán variadas.
3. ¿Cómo puedes corresponder más generosamente al amor de Jesús? Las contestaciones serán variadas.

Preguntas 98-101
1. ¿Qué verdades nos reveló Jesús con Su Resurrección? Con Su Resurrección de entre los muertos, Jesús nos reveló que Él verdaderamente es Dios.
2. ¿De qué nos da esperanza la Resurrección de Jesús? Nos da la esperanza de que también nosotros participaremos de la gloria de Jesús resucitado.
3. ¿Cómo puede la Resurrección de Jesús influenciar nuestras decisiones diarias? Las contestaciones deberían mencionar, que la Resurrección nos hace capaces de permanecer llenos de esperanza, de amor y de paz, en medio de las cruces, pruebas y desengaños de la vida.

Preguntas 102-103

1. ¿Qué hizo Jesús después de su Resurrección, para fortalecer la fe de sus discípulos? En varias ocasiones, Jesús se mostró a Sí mismo a sus discípulos, les instruyó acerca del Reino de Dios, y hasta les permitió que tocaran su Cuerpo Glorioso para convencerles de su Resurrección.

2. Medita en el versículo de la Sagrada Escritura "Dichosos los que, sin haber visto, han creído" (Juan 20, 29).

3. ¿Qué cosas concretas puedes tú hacer para fortalecer tu fe en la Resurrección de Jesús? Las contestaciones deberían incluir uno o varios de las siguientes ideas: (1) puedo meditar en los textos de los Evangelios sobre la Resurrección; (2) puedo meditar y rezar los Misterios Gloriosos del Santo Rosario; (3) puedo recibir con frecuencia los Sacramentos, especialmente la Sagrada Eucaristía; (4) puedo dedicar tiempo a adorar al Señor Resucitado presente en el Santísimo Sacramento; (5) puedo evitar leer libros, ver películas o tener conversaciones, o bien otro tipo de influencias que debiliten mi fe en la Resurrección.

Preguntas 104-105

1. ¿Qué conquistó Jesús con Su Resurrección? Jesús venció a la muerte.

2. ¿Cómo puede este triunfo de Jesús con su Resurrección ayudar para enfrentarnos con los sufrimientos y luchas que trae la vida? Las contestaciones serán variadas.

3. Pídele a Jesús que, con su Resurrección, te de fuerzas para conquistar el pecado y la muerte.

Preguntas 106-107

1. Sabemos que Jesús, después de su Resurrección, continúa ayudándonos ¿De qué forma? Da una contestación muy concreta. Las contestaciones serán variadas.

2. ¿Como puedes cooperar con la gracia de la Resurrección? Las contestaciones deberían incluir una o varias de las siguientes ideas: (1) puedo cumplir sus Mandamientos; (2) puedo aceptar con paciencia las cruces que encuentre; (3) puedo afrontar la muerte con valentía.

3. ¿Como puedes agradecer a Jesús, con palabras y hechos, su presencia continua y victoriosa entre nosotros? Las contestaciones serán variadas.

Preguntas 108-111

1. Aunque Jesús subió a los cielos en la Ascensión, nunca nos ha abandonado. ¿Dónde se encuentra de una manera especial en la Tierra? Jesús se encuentra de manera especial en la Santísima Eucaristía. En el Santísimo Sacramento Jesús está vivo, con su Cuerpo, su Sangre, su Alma y su Divinidad, bajo la apariencia de pan.

2. Jesús también se encuentra presente en las almas de los que le aman. ¿Cómo puedes hacer que esté cada día más presente en tu vida? Piensa y haz una lista de cosas concretas que podrías hacer. Las contestaciones serán variadas.

3. Con Su Ascensión, Jesús ha ido a prepararnos un lugar en el Cielo. Haz que este pensamiento te inspire a hacer con fidelidad las cosas que has escrito en la lista de la contestación anterior.

Preguntas 112-113

1. Recuerda las veces en que has permitido que Jesús fuera el Rey de tu vida. Las contestaciones serán variadas.

2. ¿De qué formas puedes cooperar con el Señor, para llevar a cabo Su plan para con todos nosotros de que Jesús sea verdaderamente el Rey y el centro de tu vida cristiana? Las contestaciones serán variadas.

3. Reza a Jesús para que todo el mundo verdaderamente coopere con el Señor en el cumplimiento de Su plan.

Preguntas desde la 114 a la 115

1. ¿Quién es el Espíritu Santo? El Espíritu Santo es el amor viviente que fluye entre el Padre y el Hijo. El Espíritu Santo es Dios como el Padre y el Hijo. Él merece, por tanto, el mismo amor y adoración que debemos al Padre y al Hijo.

2. ¿De qué manera puedes adorar y glorificar al Padre, al Hijo y al Espíritu Santo en tu vida diaria? La santidad consiste en hacer la voluntad de Dios. Es cumplir el deber del momento presente (como padre, hijo, maestro, estudiante, etc.) lo mejor que podamos, haciéndolo por puro amor de Dios. Cuando cumplimos nuestras obligaciones por amor a Dios, ofreciéndolo a Jesús a través de María, estamos glorificando a la Santísima Trinidad. Damos gloria a Dios al terminar bien el trabajo que Él nos ha encomendado (cf. Juan 17, 4).

3. Cita una oración que mencione al Padre, al Hijo y al Espíritu Santo. Lee despacio la Oración resumen al final del pasaje de la Escritura y haz que sea tu oración personal. La contestaciones serán variadas. La forma más común de oración a la Santísima Trinidad es el Gloria al Padre: "Gloria al Padre, y al Hijo y al Espíritu Santo, como era en el principio, ahora y siempre, por los siglos de los siglos. Amén".

Pregunta 116

1. ¿Qué dice Nuestro Señor sobre el Espíritu Santo en Juan 14, 16-17; 25-26? Jesús revela que el Espíritu Santo es el que viene en nuestra ayuda para guiarnos al conocimiento de toda la verdad.

2. La palabra Paráclito significa "aquel que viene en ayuda". Recuerda ahora ocasiones en las que has experimentado la ayuda del Espíritu Santo. Describe por escrito una de estas experiencias. Las respuestas pueden ser muy variadas.

3. Lee de nuevo Juan 14, 16-17. Dale gracias al Padre y a Jesús por el don del Espíritu Santo. Pídele al Espíritu Santo que siempre permanezca contigo, te inspire, dé fortaleza y guíe a conseguir una mayor intimidad con Jesús. No requiere dar una respuesta.

Preguntas desde la 117 a la 118

1. ¿Qué nos enseña nuestra Fe católica sobre Pentecostés? ¿Por qué la fiesta de Pentecostés es tan importante para nosotros, los cristianos? (Parte I) Nuestra Fe católica nos enseña que Pentecostés fue el nacimiento de la Iglesia, cuando el Espíritu Santo fue dado a la primera comunidad cristiana. (Parte II) Las contestaciones serán variadas. La fiesta de Pentecostés es muy importante para toda la Iglesia porque nos recuerda que hemos sido llamados a participar en la vida del Espíritu Santo. Si somos dóciles al Espíritu Santo, nos ayudará a guardar los mandamientos de la Ley de Dios y de la Iglesia, y a cumplir el deber de cada momento cada vez con más perfección y con más amor.

2. ¿Cómo puedes tú y tu familia corresponder mejor a la invitación de Dios de amarle a Él y a nuestro prójimo? Al responder, trata de ser muy concreto. Las contestaciones serán variadas.

3. Lee despacio la Oración final que sigue a la cita del Vaticano II. Luego cierra los ojos y reza al Espíritu Santo con tus propias palabras. No requiere dar una respuesta.

Pregunta 119

1. El Espíritu Santo está presente en la Iglesia dándole vida divina con Su gracia. ¿Qué nos permite hacer la gracia? La gracia del Espíritu Santo nos permite vivir la vida que vivió Jesucristo y amar como Él amó. Es decir, nos permite vivir el mandamiento nuevo: "Amense los unos a los otros como yo los he amado" (Juan 15, 12).

2. ¿Está el Espíritu Santo también presente fuera de la Iglesia Católica? ¿Qué puedes hacer tú para promover la unidad de todos los cristianos? (Parte I) Sí, el Magisterio de la Iglesia enseña que el Espíritu Santo está presente fuera de la Iglesia Católica. Él concede la gracia a todas las personas para que puedan hacer el bien. (Llamamos Magisterio a la autoridad que tiene la Iglesia Católica para enseñar. Autoridad instituida por Jesucristo y que guía el Espíritu Santo, y que busca salvaguardar y explicar las verdades de fe). (Parte II) Las contestaciones serán variadas. Podemos promover la unidad ayudando a los miembros de la Iglesia Católica a ser más fieles al Evangelio, dándoles buen ejemplo, tomando la iniciativa para encontrarnos y orar con cristianos no católicos, y rezando por la unidad de los cristianos. También podemos invitar a nuestros hermanos no católicos a que participen en programas de formación dados en nuestros hogares o en nuestras iglesias.

3. Lee Juan 17, 11-12. Reza por la unidad de los cristianos. Si puedes, invita a tu familia para que se una a tu oración. No requiere dar una respuesta.

Preguntas desde la 120 a la 121

1. ¿Cómo anima y alimenta el Espíritu Santo la vida de la gracia en la Iglesia para que ella continúe la labor de salvación que Cristo comenzó? El Espíritu Santo guía a los que dirigen la Iglesia en su labor de enseñar, gobernar y santificar al Pueblo de Dios. El Espíritu Santo guía al Pueblo de Dios para que conozca la verdad; le enseña a orar, y le ayuda a cumplir la voluntad de Dios. Cada uno de nosotros, como miembro de la Iglesia, tiene el deber fundamental de hacer a los demás partícipes de la Fe Católica. El Espíritu Santo nos ayuda también en esto.

2. ¿De qué forma concreta puedes tú y tu familia tomar parte en la labor que tiene la Iglesia de llevar a todos los hombres la Buena Nueva del amor de Dios por todos? Las contestaciones serán variadas.

3. Después de rezar la Oración de final de Capítulo, dale gracias al Espíritu Santo por su misión en la Iglesia. No requiere dar una respuesta.

Pregunta 122

1. ¿Por qué llamamos Cuerpo Místico de Cristo a la Iglesia Católica? ¿Cuál es la función del Espíritu Santo en el Cuerpo Místico de Cristo? Llamamos a la Iglesia Católica Cuerpo Místico de Cristo porque, por la acción del Espíritu Santo, todos los cristianos estamos unidos entre nosotros y con Jesús, nuestra Cabeza. De la misma manera que cada uno de los miembros del cuerpo humano tiene un objetivo o finalidad concreta y única, cada miembro de la Iglesia sirve de una forma concreta y única al Cuerpo Místico de Cristo.

2. ¿Eres miembro del Cuerpo Místico de Cristo; de qué forma tratas de ser un miembro digno de dicho Cuerpo? Las contestaciones serán variadas.

3. Pide a diario al Espíritu Santo que te ayude a ti y a tu familia en los esfuerzos por la santidad, para ser dignos miembros del Cuerpo Místico de Cristo. No requiere dar una respuesta.

Pregunta 123

1. Podemos honrar al Espíritu Santo de muchas maneras. Describe algunas de ellas. Las contestaciones serán variadas. Honramos al Espíritu Santo recordando su presencia y rezándole. Con la oración recibimos sus inspiraciones, y le honramos al obedecer dichas inspiraciones, a no ser que éstas se opongan a las enseñanzas de la Iglesia, o a los mandatos dados por los que tienen autoridad legítima sobre nosotros, ya que en este caso no serían inspiraciones del Espíritu Santo.

2. Al tomar una decisión ¿cómo podemos conocer la que es más agradable a Dios? Para tomar una decisión agradable a Dios, hemos de orar intensamente y seguir la orientación que recibimos del Espíritu Santo, asegurándonos siempre de que la orientación que recibimos está de completo acuerdo con los Mandamientos de la Ley de Dios, las obligaciones de nuestro estado, y las órdenes justas que ha dado la legítima autoridad a todos o a nosotros en particular.

3. Date cuenta ahora de que Dios está presente en tu corazón. Dale gracias por el número de veces que has experimentado su protección, su guía y su fuerza. Lee despacio y recita la siguiente oración desde el fondo de tu corazón. Si se te ocurren más cosas que añadir, hazlo.

Ven, Espíritu Santo, te necesito,
Espíritu Santo, te lo ruego, ven.
Ven con Tu fortaleza y Tu poder,
Ven de la manera que Tú solo sabes.
Ven, Espíritu Santo, te necesito,
Espíritu Santo, te lo ruego, ven.
Ven con Tu luz y Tu guía,
Ven de la manera que Tú solo sabes.

Pregunta 124

1. ¿Qué Sacramento nos da el Espíritu de Cristo? Todos los sacramentos aumentan la vida del Espíritu Santo en las personas que los reciben con las debidas disposiciones; pero el Bautismo y la Confirmación nos dan el don del Espíritu Santo de una manera especial. Cuando recibimos y aceptamos al Espíritu Santo, Dios nos lleva a una nueva forma de vivir en el cual permitimos al Espíritu Santo que nos dirija y nos dé fuerza en todo lo que pensamos, decimos o hacemos.

2. ¿Cómo manifestar a las personas de tu familia, de la escuela, del lugar de trabajo o de la comunidad, que tú vives de acuerdo con el Espíritu de Cristo? Las contestaciones serán variadas. Vivir la vida cumpliendo con fidelidad las obligaciones del momento presente es la mejor manifestación de que el Espíritu Santo está realmente vivo en el alma de la persona. Hemos de pedir al Espíritu Santo que nos conceda la gracia de organizar nuestras vidas de tal forma que mantengamos un equilibrio apropiado entre las cinco áreas básicas de toda vida realmente cristiana: la vida sacramental, la vida de oración y de formación religiosa; la vida de familia y de comunidad; la vida de trabajo (en el hogar, en la escuela, en el taller; en la oficina; en el campo); y la vida de apostolado, dando a conocer la Buena Nueva del Evangelio (evangelización). Luego hemos de pedir al Espíritu Santo que nos dé la gracia para cumplir fielmente nuestras obligaciones del momento presente, a la vez que luchamos por sacar adelante el plan de Dios en cada una de las cinco dimensiones de nuestra vida de las que hemos hablado. ¡Si una persona vive su vida de esta forma llegará a ser un verdadero santo!

3. Enciende una vela; renueva las promesas bautismales y pide al Espíritu Santo que te guíe y te dé fuerzas para vivir una verdadera vida cristiana. Las promesas bautismales son: ¿Renuncian a Satanás y a todas sus obras? ¿Y a todas sus seducciones? ¿Creen en Dios, Padre todopoderoso, creador del cielo y de la tierra? ¿Creen en Jesucristo, su único Hijo, nuestro Señor, que nació de santa María Virgen, murió, fue sepultado, resucitó de entre los muertos y está sentado a la derecha del Padre? ¿Creen en el Espíritu Santo, en la santa Iglesia Católica, en la comunión de los santos, en el perdón de los pecados, en la resurrección de la carne y en la vida eterna? (tomado de la liturgia del Sábado Santo). No requiere dar una respuesta.

Pregunta 125

1. ¿Cómo explicarías a un amigo qué es la gracia santificante? La gracia santificante es la vida de Dios de la que Él nos hace participar con el Bautismo y la aumenta mediante la recepción de otros sacramentos, las buenas obras y la oración.

2. ¿De qué manera puedes crecer en santidad para vivir así la vida de un hijo de Dios? Los mejores medios para crecer en santidad son: la oración intensa, la recepción frecuente de los sacramentos, y la obediencia a la voluntad de Dios a través del cumplimiento heróico de nuestras obligaciones.

3. Lee ahora Efesios 1, 7 y 2, 7. Agradece a Dios que quiere hacernos participantes de Su vida divina a ti y a todos. No requiere dar una respuesta.

Pregunta 126

1. ¿Qué queremos indicar cuando decimos que una persona está en "estado de gracia santificante", o "estado de gracia"? ¿Cuándo puede alguien decir que está o no en estado de gracia? (Parte I) Una persona está en estado de gracia (o gracia santificante) si tiene la vida de Dios en su alma. Se recibe por primera vez en el alma la vida de Dios con el sacramento del Bautismo. (Parte II) Cuando uno está en estado de gracia, permanece en este estado a no ser que cometa un pecado mortal.

2. ¿Qué hacer para permanecer en estado de gracia? El mejor medio para permanecer en estado de gracia es rezar con perseverancia, recordar que estamos siempre en la presencia de Dios, cumplir con las obligaciones que tenemos en el momento presente, y recibir con frecuencia los sacramentos de la Penitencia y de la Eucaristía.

3. Reza la oración del final del capítulo.

Pregunta 127

1. ¿Qué nos enseña nuestra Madre la Iglesia sobre el pecado? ¿Cómo nos ayuda el Espíritu Santo a morir al pecado y vivir la vida de un hijo de Dios? (Parte I) La Iglesia nos enseña que el pecado es una ofensa a Dios, pues con él faltamos al amor verdadero para con Dios y para con el prójimo (Cfr. Catecismo de la Iglesia Católica n. 1849) y es además la causa de todo el mal e infelicidad que hay en el mundo. (Parte II) Él nos ayuda a morir al pecado, llenándonos de la vida de Dios y dándonos la fuerza para cumplir la voluntad de Dios y para evitar todo lo que nos lleva al pecado.

2. Trata de recordar ahora las ocasiones del mes pasado (o desde la última confesión) en que has pecado contra el Señor haciendo algo que le disgusta, o bien, no haciendo algo que Él quería que hicieras. No requiere dar una respuesta. Es muy importante que los cristianos entiendan que los pecados de omisión (no hacer lo que hemos de hacer) son tan graves como los de comisión (hacer lo que no debemos hacer).

3. Pide perdón al Señor por las veces en que tú no cooperaste con Su gracia. Prométele que irás a recibir el sacramento de la Confesión tan pronto como puedas. Pide al Espíritu Santo que te dé fuerza para vencer las tentaciones y para practicar la virtud que te ayudará a superar tu defecto dominante. No requiere dar una respuesta. Es importante que todos los cristianos entiendan que el mero hacer actos buenos no nos da la seguridad de crecer en santidad. Uno ha de tener auténtico deseo de santidad y confianza en la ayuda de Dios. Si aún no tenemos auténticos deseos de santidad (tratar de cumplir la Voluntad de Dios en cada instante), hemos de pedir al Espíritu Santo que nos dé este santo deseo.

Pregunta 128

1. Imagínate la siguiente escena: tú te encuentras en una habitación cerrada y Jesús está fuera deseando entrar; pero tan sólo tú puedes abrir la puerta ya que la manija está dentro la habitación. ¿Cómo se puede referir esta situación a la gracia actual? La escena de la habitación cerrada y Jesús en la parte de fuera, puede usarse para describir como Dios nos ofrece la gracia. Jesús nunca fuerza a nadie. Por tanto, hemos de estar siempre dispuestos a abrir la puerta de nuestra alma para recibir la gracia de Dios.

2. ¿Menciona algunas señales de que has dejado que Jesús entre en tu vida? La mejor señal de que alguien ha dejado que Jesús entre en su vida es la presencia de las virtudes, los dones y los frutos del Espíritu Santo en la vida de esta persona.

3. Aprende de memoria los siguientes versos de esta canción, y repítelos con frecuencia a lo largo del día:

Día tras día,
día tras día,
¡Oh, amado Jesús!, tres cosas te pido:
Que te vea cada día más claramente,
que te ame con más fuerza,
que te siga más de cerca
día tras día.

Pregunta 129

1. ¿Cómo nos ayuda el Espíritu Santo a vivir una vida cristiana buena? El Espíritu Santo nos ayuda a vivir una vida cristiana buena llenándonos con la vida de Dios, inspirándonos para ser capaces de conocer Su voluntad , y dándonos el poder de obedecer Sus inspiraciones y practicar las virtudes.

2. *¿Permites tú que el Espíritu Santo te guíe en tu vida diaria? Haz una lista de las cosas que harás para ser más dócil a la gracia del Espíritu Santo.* Las contestaciones serán variadas. Una contestación buena incluirá todas o algunas de las siguientes ideas: Confesión y Comunión frecuente; constancia en la oración; obediencia a los mandamientos y a la legítima autoridad; servir a los demás.

3. *Escribe una oración tuya personal al Espíritu Santo. Haz por lo menos dos copias. Una para guardarla en tu habitación y así la puedas usar, en especial cuando te encuentres espiritualmente débil o desanimado. La otra para ponerla en un sitio donde la puedas ver con frecuencia, por ejemplo junto al calendario, o en tu agenda de bolsillo, o en el libro de notas, para poder así recitarla cuando hagas tus planes.*

Pregunta 130

1. *¿Cuándo fuimos hechos hijos de Dios? ¿Cuáles son las consecuencias de nuestra filiación divina en nuestras relaciones con Dios, con los demás y con respecto al mundo en que vivimos?* (Parte I) Somos hechos hijos de Dios en el Bautismo. (Parte II) Como hijos de Dios tenemos una obligación especial de amar y honrar a Dios como Creador, Redentor, y Santificador nuestro; debemos también amar a todos los demás seres humanos como hermanos y hermanas nuestros en Cristo; y cuidar de la creación, que Dios nos ha confiado.

2. *Haz una lista concreta de cosas que vas a hacer para vivir de acuerdo con tu gran dignidad de hijo de Dios.* Las contestaciones serán variadas. Una buena forma para vivir como hijo de Dios es amar a Dios en las personas que Él acerca a nuestras vidas, y en particular aquellas que de alguna forma nos irritan o notamos que no les caemos bien. Una buena respuesta debería reconocer la importancia de los cinco aspectos de las obligaciones del momento presente: la vida sacramental, la vida de oración y formación (que incluye el estudio de la Sagrada Escritura y del Catecismo de la Iglesia Católica); nuestra vida de familia y en la comunidad; nuestra vida de trabajo en la casa, en la fábrica, en la oficina o en el campo; y en nuestra labor apostólica de evangelización.

3. *Procura darte cuenta de que Dios está siempre presente y agradécele la gran dignidad de ser hijo suyo. Pide al Espíritu Santo la gracia de pensar, sentir y actuar siempre de acuerdo con los valores y enseñanzas de nuestro Señor Jesucristo, nuestro Hermano, tal como*

nos lo indica la Sagrada Escritura, el "Catecismo de la Iglesia Católica" y la encíclica "Veritatis splendor". No requiere dar una respuesta.

Pregunta 131

1. Nombra las tres virtudes teologales. ¿Por qué se llaman teologales? ¿Cómo nos ayudan en nuestra vida diaria? (Parte I) Las tres virtudes teologales son: fe, esperanza y caridad. (Parte II) Se llaman virtudes teologales por que hacen referencia a nuestra directa relación con Dios. (Parte III) Son como nuestras armas para usar siempre en nuestra batalla contra el mal, y nuestra protección contra los engaños del demonio.

2. Recuerda ahora aquellas veces en que en tu vida has actuado como alguien que cree en Dios, que espera en Él y que le ama y también ama a los demás por amor de Dios. No requiere dar una respuesta.

3. Reza las oraciones del comienzo del Rosario --el Credo de los Apóstoles, un Padrenuestro y tres Avemarías-- para que se aumenten en ti la fe, la esperanza y la caridad, y un Gloria para honrar a la Santísima Trinidad. No requiere dar una respuesta.

Pregunta 132

1. ¿Cuándo recibiste la virtud de la fe por primera vez? ¿Que quiere decir fe? (Parte I) La virtud de la fe se recibe por primera vez en el Bautismo. (Parte II) Fe es una virtud sobrenatural por la cual creemos todo lo que Dios ha revelado y es propuesto por la Iglesia. La fe incluye la voluntad de someterse a la verdad que nos da Dios tal como nos es revelada por la Iglesia.

2. Haz una lista de lo que has de hacer para profundizar en el conocimiento de las verdades de nuestra Fe católica. Las contestaciones serán variadas. Una respuesta satisfactoria debe incluir algunas, o todas las ideas siguientes: Leer cada día un poco de la Sagrada Escritura; ir a Misa diariamente; estudiar el "Catecismo de la Iglesia Católica" y "Catecismo del Apostolado para la Familia"; prestar más atención a las homilías de la Misa; hablar de las enseñanzas de la Iglesia con los amigos y la familia; leer las Encíclicas del Papa Juan Pablo II, en especial la "Veritatis splendor"; leer los documentos del

Concilio Vaticano II, así como los escritos de los Padres, Doctores y Santos de la Iglesia.

3. *Lee y medita durante unos diez minutos un fragmento de la Sagrada Escritura. Lee también durante otros diez minutos un libro de sólida formación católica, como puede ser el "Catecismo de la Iglesia Católica" , "Catecismo del Apostolado para la Familia" o algunos de los documentos y escritos de la Iglesia. Procura encontrar diariamente un poco de tiempo y dedícalo a hacer este tipo de lectura espiritual.* No requiere dar una respuesta.

Pregunta 133

1. *Al tener la virtud de la esperanza, ¿qué es lo que deseamos, y qué se nos da junto con este deseo? ¿Cuál es el fundamento de nuestra esperanza?* (Parte I) Al tener esperanza tenemos el deseo de gozar la vida eterna junto a Dios en el Cielo. La esperanza nos da la fuerza para soportar las cruces, las molestias y desilusiones de la vida, junto con la confianza de que Dios nos dará las gracias necesarias para llegar al Cielo. (Parte II) Nuestra esperanza se fundamenta en el poder de Dios, en su misericordia y en Su fidelidad a las promesas que Él nos ha hecho.

2. *¿Cuáles son las señales de que alguien está lleno de esperanza?* Las contestaciones serán variadas. En particular, una persona llena de esperanza muestra tener paciencia ante el sufrimiento; buen humor; le alegra hablar de Dios y de cosas espirituales; valentía ante la muerte, la enfermedad, o la adversidad; confianza en Dios; resignación ante la voluntad de Dios; paz interior en el corazón; y un deseo constante de cumplir con las obligaciones de cada momento. Una persona de esperanza tiene las cuatro "C´s": confianza, consideración, caridad, constancia. (Véase el Libro de oración de la Consagración de la Familia y de meditación, n. 53a)

3. *Copia la oración que sigue y trata de aprenderla de memoria para recitarla con frecuencia, en especial durante momentos de sufrimiento o desánimo.*
Señor, Dios mío, espero en Ti, que me darás la gracia y la gloria, por las promesas que Tú has hecho, por Tu misericordia y por Tu poder.
También puedes rezar la Oración para el final del Capítulo. No requiere dar una respuesta.

Pregunta 134

1. ¿Cuál es el mayor mandamiento, y qué significa? ¿Qué quiere decir amar a tu prójimo como a ti mismo, o amar a tu prójimo como Dios te ha amado a ti? (Parte I) El mayor mandamiento es amar a Dios con todo tu corazón, con toda tu alma, con toda tu mente y con todas tus fuerzas, y al prójimo como Dios te ha amado a ti. Esto quiere decir que hemos de estar dispuestos a renunciar a cualquier cosa -incluyendo nuestra propia vida- antes que ofender a Dios, especialmente con un pecado mortal. (Parte II) Amar de verdad a nuestro prójimo quiere expresar que lo amamos por amor de Dios, es decir por el amor que tenemos a Dios; que rezamos por él y que estamos siempre dispuestos a ayudarle, aunque no le tengamos ninguna simpatía; y también tratar de acercarle a Cristo.

2. Lee 1 Juan 4, 20-21. Haz una lista de cosas que te ayudarán a vivir un verdadero amor a Dios y al prójimo. Las contestaciones serán variadas. Una respuesta buena ha de incluir algunos o todos los siguientes puntos: ser constante en la oración; darse cuenta de los sufrimientos que Jesucristo soportó por amor nuestro; advertir las necesidades de los demás, tratando de ayudarles; recibir con devoción y frecuencia los sacramentos de la Eucaristía y de la Penitencia; meditar en el ejemplo que nos da Jesucristo en los Evangelios. Dedica quince minutos o más meditando en silencio las veces que has experimentado en tu vida el amor de Dios y el amor de los que te rodean. Agradécele al Señor por todas estas ocasiones. Pídele al Espíritu Santo que te inspire para hallar formas concretas de manifestar tu amor por los demás --y especialmente a aquellos hacia los que tienes mayores dificultades. No requiere dar una respuesta.

3. La siguiente vez que vayas a Misa, intenta descubrir los momentos en los que la Liturgia manifiesta y celebra el amor de Dios por ti. No requiere dar una respuesta.

Pregunta 135

1. ¿Cuáles son las virtudes cardinales? ¿Cómo nos ayuda cada una de estas virtudes a nuestra vida? (Parte I) La cuatro virtudes cardinales son: prudencia, justicia, fortaleza y templanza. (Parte II) La prudencia nos ayuda a escoger el bien. La justicia nos da la voluntad de dar a los demás lo que les es debido. La fortaleza nos da la fuerza de cumplir la voluntad de Dios, a pesar de las dificultades. La templanza nos da el dominio de los sentidos.

2. *Piensa ahora en momentos concretos de tu vida diaria en los que has de poner en práctica las virtudes cardinales*. Las contestaciones serán variadas.

3. *Reza la Oración del final del Capítulo con un deseo intenso de que tú y toda tu familia practiquen las virtudes cardinales*. No requiere dar una respuesta.

Pregunta 136

1. *¿Qué es una virtud? ¿Cómo puedes explicar de manera sencilla por qué tenemos las virtudes teologales y las cardinales? ¿Puedes nombrar otras virtudes morales?* (Parte I) Toda virtud es un hábito bueno. (Parte II) Las virtudes teologales y las cardinales son hábitos buenos que infunde o pone Dios en nuestras almas, para que podamos cumplir su voluntad. Las virtudes teologales de la fe, la esperanza y la caridad nos ayudan a tener las relaciones debidas con Dios. La fe nos da el poder de creer en Dios; la esperanza nos da el poder de confiar en Dios; y la caridad nos da el poder de amar a Dios y amar a nuestro prójimo por amor a Dios. Las virtudes cardinales nos ayudan a establecer las relaciones debidas con el prójimo. (Parte III) La castidad, la humildad, la religión, la obediencia, la honradez, la lealtad, son algunas de las virtudes morales. En realidad cada una de estas virtudes morales se relaciona con alguna de las virtudes cardinales. Por ejemplo la virtud de la castidad y de la humildad se relacionan con la templanza; la religión, la obediencia, la honradez y la lealtad se relacionan con la justicia.

2. *¿Qué virtud de las que hemos visto en este capítulo es la que más te cuesta vivir? Piensa en algunos pasos concretos que puedes dar para aumentar en esta virtud*. Las contestaciones serán variadas. Se ha de recordar que debemos rezar pidiendo el crecimiento en las virtudes que nos faltan. Pero, y esto es lo más importante, hemos de tener en cuenta que el Espíritu Santo es la fuente de todas las virtudes y que nuestra unión con Él, depende de cómo cumplimos las obligaciones de nuestro estado de vida.

3. *Escribe en un papel la virtud que quisieras tratar de mejorar durante este mes. Incluye en él un pasaje de la Escritura que te pueda*

ayudar a practicar dicha virtud. Pon esta nota en un lugar visible de tu habitación y pide al Espíritu Santo que te inspire y te dé la fuerza para crecer en dicha virtud. Acostúmbrate a hacer cada mes lo mismo con otras virtudes. No requiere dar una respuesta.

Pregunta 137

1. Nombra los siete dones del Espíritu Santo. ¿Qué es lo que cada uno de los dones hace por nosotros? (Parte I) Los dones del Espíritu Santo son: sabiduría, entendimiento, ciencia, consejo, piedad, fortaleza y temor de Dios. (Parte II) El don de sabiduría nos da la facultad de ver todas las cosas en relación con Dios; el don de entendimiento nos ayuda a darnos más cuenta de lo que son las verdades de nuestra Fe; el don de ciencia nos da la posibilidad de ver el verdadero valor de las cosas en relación a Dios; el don de consejo nos da la posibilidad de elegir, o de aconsejar a otros que elijan, lo que es bueno; el don de piedad nos ayuda a amar a Dios como Padre, y amar y respetar a las personas y cosas consagradas a Él; el don de fortaleza nos da la posibilidad de cumplir la voluntad de Dios en circunstancias difíciles; el don de temor de Dios nos hace temer la pérdida de Dios debida al pecado.

2. Recuerda algunas ocasiones de tu vida en las que has experimentado la acción de los dones del Espíritu Santo. Anótalas en un cuaderno de reflexiones o en un diario espiritual. No requiere dar una respuesta.

3. Reza despacio la oración que sigue a la pregunta 137. Invita a tu familia a que la rece contigo. Pide también por los líderes religiosos y civiles, para que también ellos reciban los siete dones del Espíritu Santo.

APÉNDICE B

Índice de los Otros Volúmenes

VOLUMEN 1
Dios, La Santisima Trinidad, La Creación, y La Caída

SECCIÓN I – Dios, La Santisima Trinidad, La Creación, y La Caída

PRIMERA PARTE: DIOS Y SUS PERFECCIONES

P. 19 ¿Qué debemos esperar de la bondad de Dios?
P. 20 ¿Por qué tan pocas personas prestan atención a Dios?
P. 21 ¿Posee todo hombre un cierto deseo de Dios?

SEGUNDA PARTE: LA REVELACIÓN DE DIOS: LA SANTÍSIMA TRINIDAD

Capítulo 5 Dios se Revela a Sí mismo

P. 22 ¿Qué es la historia de la salvación?
P. 23 ¿Cómo trató Dios al hombre?
P. 24 ¿Cómo se reveló Dios en el Antiguo Testamento?

Capítulo 6 El Misterio de la Santísima Trinidad

P. 25 ¿Qué es el misterio de la Santísima Trinidad?
P. 26 ¿Por qué creemos en el misterio de la Santísima Trinidad?
P. 27 ¿Cómo ha sido manifestado el misterio de la Santísima Trinidad en el Nuevo Testamento?
P. 28 ¿Cuál fue la principal revelación que hizo Jesús sobre sí mismo?
P. 29 ¿Cómo reveló Jesús al Padre?
P. 30 ¿Qué dijo Jesús sobre el Espíritu Santo?

Capítulo 7 La Santísima Trinidad: Padre, Hijo, y Espíritu Santo

P. 31 ¿Qué enseñó Jesús, divino Maestro, a sus discípulos sobre Dios Padre, Dios Hijo y Dios Espíritu Santo?
P. 32 ¿Quién es Dios Padre?
P. 33 ¿Quién es el Hijo?
P. 34 ¿Quién es el Espíritu Santo?
P. 35 ¿De qué forma honramos a la Santísima Trinidad?

TERCERA PARTE: LA CREACIÓN: MATERIAL Y ESPIRITUAL

Capítulo 8 La Creación

P. 36 ¿Qué es la creación?
P. 37 ¿Podemos conocer a Dios a través de las cosas creadas?

Capítulo 9 La Creación Angélica y la Caída de los Ángeles Malos

P. 38 ¿Cuál es el principio del misterio de la salvación?
P. 39 ¿Quiénes son los ángeles?
P. 40 ¿Quiénes son los demonios?
P. 41 ¿Dónde están los ángeles que permanecieron fieles a Dios?

CUARTA PARTE: LA CREACIÓN DEL HOMBRE

QUINTA PARTE: LOS PECADOS DEL HOMBRE: PECADO ORIGINAL Y PECADO PERSONAL

Capítulo 16 El Conocimiento de la Voluntad de Dios y de Su Perdón Misericordioso
P. 64 ¿Cómo podemos conocer la voluntad de Dios?
P. 65 ¿Qué debemos creer sobre el perdón de Dios?
P. 66 ¿Cómo atrae Dios hacia la salvación al que ha pecado?
P. 67 ¿Cómo se perdonan los pecados veniales?

Capítulo 17 Pecados Capitales
P. 68 ¿Qué es un pecado capital?
P. 69 ¿Cuáles son los pecados capitales?

Capítulo 18 La Tentación
P. 70 ¿Qué es la tentación?
P. 71 ¿De dónde provienen las tentaciones?

VOLUMEN 3
La Iglesia, la Comunion de los Santos, y El Perdón de los Pecados
Canales de la Gracia

SECCIÓN IV – La Iglesia, la Comunion de los Santos, y El Perdón de los Pecados

PRIMERA PARTE: LA IGLESIA

Capítulo 41 Qué es la Iglesia Católica
P. 138 ¿Qué es la Iglesia Católica?
P. 139 ¿Cuándo comenzó Jesucristo la Iglesia Católica?

Capítulo 42 Los Dones de Dios a la Iglesia Católica
P.140 ¿Cuáles son algunos de los dones básicos dados por Dios a la Iglesia Católica?
P.141 ¿Cuáles son los dos modos de transmisión de la verdad divina que constituyen las verdades de la Fe?
P.142 ¿Qué otros dones se le han dado a la Iglesia Católica, además de las verdades de la Fe?

SECCIÓN V – Canales de la Gracia

PRIMERA PARTE: LOS SACRAMENTOS EN GENERAL

Capítulo 55 Sacramentos – Acciones de Cristo

P. 190 ¿Cómo se continúa la obra salvadora de Cristo?
P. 191 ¿Con qué medios cuenta la Iglesia para llevar a cabo la obra de Cristo?
P. 192 ¿Qué son los sacramentos?
P. 193 ¿Qué muestran los sacramentos?
P. 194 ¿Por qué se les llama a los sacramentos acciones de Cristo?

Capítulo 56 La Finalidad de los Sacramentos

P. 195 ¿Cuál es el fin de los sacramentos?
P. 196 ¿Por qué obliga la Iglesia a los Católicos a recibir los sacramentos?
P. 197 ¿Cuáles son los fines de los sacramentos?

Capítulo 57 Los Sacramentales

P. 198 ¿Qué son los sacramentales?
P. 199 ¿Cuál es el efecto de los sacramentales?
P. 200 ¿Cuáles son algunos de los sacramentales?

SEGUNDA PARTE: LOS SACRAMENTOS EN PARTICULAR: BAUTISMO, CONFIRMACIÓN, PENITENCIA

Capítulo 58 El Sacramento del Bautismo

P. 201 ¿Qué es el sacramento del Bautismo?
P. 202 ¿Qué tipo de relación con Dios y con Cristo se inicia en el Bautismo?

Capítulo 59 El Sacramento de la Confirmación

P. 203 ¿Qué es el sacramentos de la Confirmación?
P. 204 ¿Qué hace en nosotros el sello del Espíritu Santo en la Confirmación?

Capítulo 60 El Sacramento de la Penitencia

P. 205 ¿Qué es el sacramento de la Penitencia?
P. 206 ¿Cuáles son los efectos del sacramento de la Penitencia?
P. 207 ¿Si uno ha caído en pecado grave, es necesaria la confesión?
P. 208 ¿Cuál es el efecto de tener un perfecto dolor por el pecado?
P. 209 ¿Qué desea la Iglesia con respecto a la confesión?
P. 210 ¿Por qué es útil la confesión, aún cuando uno confiese sólo pecados veniales?

Capítulo 61 Reparación por el Pecado e Indulgencias

P. 211 ¿Aún cuando hayamos sido perdonados, todavía hemos de sufrir de

TERCERA PARTE: LOS SACRAMENTOS EN PARTICULAR: ORDEN SACERDOTAL, UNCIÓN DE LOS ENFERMOS, MATRIMONIO

VOLUMEN 4
La Santa Eucaristía y La Oración
Los Diez Mandamientos

SECCIÓN VI – La Santa Eucaristía y La Oración

PRIMERA PARTE: LA SANTA EUCARISTÍA

Capítulo 71 Los Efectos de la Recepción Eucarística
P. 253 La recepción de la Santísima Eucaristía en la Sagrada Comunión ¿aumenta la vida sobrenatural de nuestra alma?
P. 254 ¿La Sagrada Comunión ¿une nuestra alma más estrechamente a Jesús?
P. 255 ¿Aumenta la Sagrada Comunión nuestro amor a Dios?
P. 256 ¿Aumenta la Sagrada Comunión nuestro amor al prójimo?
P. 257 ¿Por qué se dice que la Sagrada Comunión es una prenda de la gloria futura?

Capítulo 72 La Presencia Real
P. 258 ¿Por qué se hace presente Jesucristo en la sagrada Eucaristía?
P. 259 ¿Por qué se reserva la Eucaristía en nuestras Iglesias?
P. 260 ¿Qué le debemos a Cristo, reservado en el Santísimo Sacramento?
P. 261 ¿Por qué es la Eucaristía el centro de toda la vida sacramental?

SEGUNDA PARTE: LA ORACIÓN

Capítulo 73 Qué es la Oración
P. 262 ¿Qué es la oración?
P. 263 ¿Qué es la oración mental u oración interior?
P. 264 ¿Por qué es necesaria la oración?
P. 265 ¿Cuáles son los cuatro fines de la oración?

Capítulo 74 Cómo Debemos Orar
P. 266 ¿Cómo debemos orar?
P. 267 ¿Por qué es Jesús el divino Modelo de oración?

Capítulo 75 El "Padre Nuestro"
P. 268 ¿Por qué es el "Padre Nuestro" una oración de amor perfecto y desinteresado?

SECCIÓN VII – Los Diez Mandamientos

PRIMERA PARTE: LOS DIEZ MANDAMIENTOS

Capítulo 76 La Vida Moral del Cristiano
P. 269 Si queremos corresponder al amor de Dios con nuestro amor, ¿qué tenemos que hacer?
P. 270 ¿Qué enseña la moral cristiana?
P. 271 ¿En qué se apoya y se guía la moral cristiana?

Capítulo 82 La Resurrección del Cuerpo

P. 296 ¿Qué queremos significar al decir: "Creemos en la resurrección de los cuerpos?"

P. 297 ¿Qué queremos significar al decir: "Creemos en la vida eterna?"

Capítulo 83 El Juicio Final

P. 298 ¿Qué es el Juicio final?

P. 299 ¿Qué sucederá en el día del Juicio final?

P. 300 ¿Qué pasará cuando Cristo regrese con su poder?

P. 301 ¿Cuándo alcanzará plenamente cada persona su destino eterno?

Capítulo 84 María, Madre de Dios y Madre de la Iglesia

P. 302 ¿Por qué María, después de Cristo, tiene el lugar más alto en la Iglesia?

P. 303 ¿Cuáles son algunos de los dones especiales que María recibió de Dios?

P. 304 ¿Qué desea la Iglesia en relación a la devoción de María?

#J2-326-2

El que cree en Cristo es hecho hijo de Dios. Esta adopción filial lo transforma dándole la posibilidad de seguir el ejemplo de Cristo. Le hace capaz de obrar rectamente y de practicar el bien. En la unión con su Salvador, el discípulo alcanza la perfección de la caridad, la santidad.

APÉNDICE C

Apostolado para la Consagración de la Familia®

Fundado y aprobado por la Iglesia en 1975

La misión del **Apostolado para la Consagración de la Familia** es *ayudar a las familias a llegar al Cielo,* a través de la doble dimensión de la consagración del Papa Juan Pablo II—"Totus Tuus" y "Conságralos en la Verdad" (Juan 17). Esta consagración radical lleva a cabo la reparación necesaria para salvar a la familia creando al mismo tiempo comunidades de vecinos y parroquiales centradas en Dios.

Estas comunidades forman una cultura católica que *transforma a las familias en extensiones de la Sagrada Familia* a través de la recepción ferviente de los sacramentos, la oración, la formación, y las obras de misericordia (incluyendo la evangelización).

El Apostolado protege a las familias al darles un método práctico para ser fieles a Dios en todo momento al santificar su día a día en un mundo secular, cumpliendo las responsabilidades de cada momento todo por el Sagrado y Eucarístico Corazón de Jesús, todo a través del Doloroso e Inmaculado Corazón de María, todo en unión con San José.

Esto se logra proveyendo a las familias, las parroquias, las escuelas y los movimientos con material teológicamente fidedigno, y sistemas de catequesis y evangelización en multimedia que equipan e impulsan el apostolado laico en la Iglesia. Los ministerios principales del Apostolado para la Consagración de la Familia, interrelacionados todos los unos con los otros, son: la Biblioteca en multimedia Consagración en la Verdad™, para la familia, la parroquia y la escuela; la cadena de Televisión Familyland; los Centros Familyland Internacionales de Medios y de Entreno; y los Equipos Eclesiales Laicos.

Ayudando a las Familias Llegar al Cielo

a través de los ministerios interrelacionados de:

1. Biblioteca en multimedia 'Consagración en la Verdad™'
2. Cadena de Televisión Familyland®
3. Centros internacionales de Familyland®
4. Equipos Eclesiales Laicos™

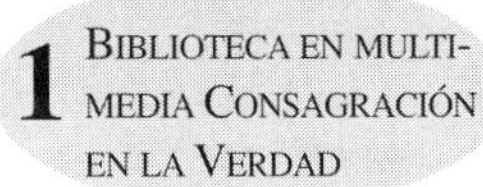

En conformidad con el Catecismo de la Iglesia Católica

El libro de texto

El Catecismo para la Familia del Apostolado es un libro de texto aceptado por el Vaticano. Con él cada año tanto los maestros como los alumnos y los padres van profundizanado cada vez más y más en la fe. *El Catecismo para la Familia* incluye secciones de la Sagrada Escritura, de los documentos del Concilio Vaticano II, y del *Catecismo de la Iglesia Católica.* Tiene referencias cruzadas con *El Esplendor de Verdad,* otros documentos papales, y los documentos de la CELAM. Más de setecientas ilustraciones dan vida a este catecismo, junto con todo el material de apoyo como son las guías del maestro, los cuadernos de trabajo y otros materiales auxiliares

Guías del Maestro con CDs para la "Preparación de los Maestros y los Padres" (en inglés)

Las Guías del Maestro en CD para los Niveles 1-8 y para la escuela secundaria contienen: un plan exhaustivo de cada lección, actividades complementarias, rompecabezas, un horario de video, examen de conciencia, sección de respuestas y más. ¡Estas lecciones motivan el diálogo con los estudiantes y los encaminan a un entendimiento más profundo de la Fe! Los CDs para la "Preparación del Maestro y los Padres" ayuda a los maestros, tan ocupados, a prepararse con confianza para cada lección. Los padres que lo deseen también pueden crecer en su conocimiento en la Fe escuchando estos CDs mientras trabajan por la casa o al ir manejando— así pueden después compartir lo que han aprendido con sus hijos.

Cuadernos de Trabajo para el Alumno

Cada nivel tiene un Cuaderno para el Alumno. Las tareas en estos cuadernos de trabajo ayudan al alumno a comprender cada vez más las enseñanzas de *El Catecismo para la Familia del Apostolado,* y les indican cuales preguntas o pasajes de la Escritura deben memorizar del *Repaso de Memoria del Catecismo y la Escritura* (sólo en los niveles 1-8), también proponen una resolución a practicar a lo largo de la semana. Los niveles del 1-4 tienen bellas ilustraciones con enseñanzas teológicas para que los niños coloreen. S**e motiva a los estudiantes a que animen a su familia a estudiar el catecismo proponiéndoles que, durante la cena en familia, lean y reflexionen en una de las oraciones que resumen la lección de *El Catecismo para la Familia del Apostolado* que corresponde al tema que ellos están estudiando**.

¡Une a la familia con la escuela y la parroquia!

Un Currículo en Multimedios para una Cultura de Medios de Comunicación

USA: 1-800-77-FAMILY • México: (52) 597 976 7073

1

Comentarios de El Catecismo para la Familia del Apostolado *en DVD, Video, CD, y Cassette*

El Cardenal de la Curia Romana Francis Arinze, Prefecto de la Congregación para el Culto Divino y la Disciplina de los Sacramentos, la hermana John Vianney, S.N.N.D., el Arzobispo Ramón Argüelles y el Obispo Sócrates Villegas (en Tagalog), y el Padre Pablo Straub (en español) presentan la Fe con explicaciones e historias sencillas y profundas que van contestando las preguntas del libro de *El Catecismo para la Familia del Apostolado.* Estos DVDs o videos se muestran al principio de cada lección en la escuela o la parroquia, y se propone a los padres que usen los CDs o cintas de audio correspondientes en la casa o el automóvil para reforzar lo que se está enseñando en clase, y que inicien seguidamente un diálogo en familia para crecer todos en la Fe.

Repaso de Memoria del Catecismo y de la Escritura

El *Repaso de Memoria del Catecismo y de la Escritura,* para los Niveles 1–8, es una versión condensada de las preguntas y respuestas de *El Catecismo para la Familia del Apostolado.* Este libro de repaso resume las enseñanzas fundamentales de la Iglesia Católica en un lenguaje simple y fácil de memorizar. En menos de 200 preguntas y respuestas, los estudiantes de los niveles 1 al 6 llegan a dominar los elementos esenciales de la Fe Católica. En los niveles 7 y 8 memorizan cortos pasajes de la escritura, dándoles a los estudiantes la base bíblica para las enseñanzas más importantes de la Fe.

Material opcional para usar con el progarma Consagración en la Verdad

Historias de algunos Héroes de Nuestra Fe

Héroes de Nuestra Fe es una serie única con historias que explican la vida de personajes santos o de héroes de la Biblia hablando en primera persona. Estas historias, parcialmente ficción, ilustran las verdades contenidas en el Catecismo y al mismo tiempo van relatando las experiencias de vida de personas reales en su búsqueda personal por la santidad. Nos animan e iluminan en nuestra propia peregrinación, para que algún día podamos nosotros unirnos también a la Comunión de los Santos en el Reino de Dios. El libro de *Héroes de Nuestra Fe: la Historia de Francisco de Fátima* está ya disponible y se recomienda para el nivel 5 en adelante.

El Manual para el Administrador, el Maestro, y los Padres

Este Manual incluye pautas para los padres, la administración, y los maestros. Cubre temas como la participación de los padres, la preparación sacramental, formación adulta, talleres para los maestros, evaluaciones del maestro, vida litúrgica, y evaluaciones del estudiante. También incluye una revisión general de los materiales y los métodos usados en las clases, y sugerencias para una mejor motivación, memorización, comprensión, respeto, reverencia, disciplina, oración y organización.

1 Metodología Consagración en la Verdad™

Para familias, escuelas, CCD/PSR, RCIA y la Formación Continua de Adultos

Hemos diseñado el programa *Consagración en la Verdad*™ desde el punto de vista de los padres, mirando al mismo tiempo de seguir las prioridades y los requisitos del Papa Juan Pablo II y los obispos, así como las de los sacerdotes y maestros. Es un sistema sumamente integrado e innovador. Con la guía y la inspiración del Espíritu Santo, y la sabiduría de grandes hombres y mujeres de la Iglesia como son el Cardenal Francis Arinze de la Curia Romana, el Padre Lawrence Lovasik, S.V.D., el Padre Pablo Straub, C.Ss.R., y la hermana John Vianney, S.N.N.D., el resultado ha sido un programa que responde a las necesidades de todos. El uso de los multimedios hace que realmente llegue a nuestra cultura tan mediatizada. Se trata de un programa realmente único.

Esperamos que este diagrama conceptual le ayude a comprender el dinamismo y el gran potencial que tiene este programa *Consagración de la Verdad*™. **Préparese para cambiar su paradigma...**

"Somos una cultura de medios de comunicación y no llegaremos a esta generación si no usamos estos medios." —Papa Juan Pablo II

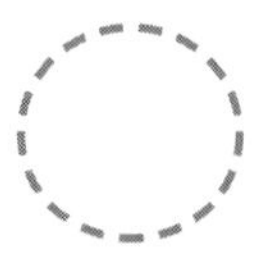

ABARCA

UN REVISIÓN COMPLETA DE LA FE EN CADA NIVEL

- 304 preguntas y respuestas
- Plan sistemático de lecciones
- Utilización del "Catecismo de la Iglesia Católica"
- Referencias con la Sagrada Escritura en cada lección
- Pruebas de comprensión
- Memorización

UNE

A SACERDOTES, FAMILIAS Y MAESTROS EN UN ESFUERZO CONJUNTO POR APRENDER Y ENSEÑAR LA FE

- Un libro de texto común para todas las edades
- Recursos en CD y casetes para usar en casa
- DVD y recursos en video para la clase
- Manual del Administrador, del Maestro, y de los Padres

PROFUNDIZA

EL CONOCIMIENTO, LA COMPRENSIÓN Y LA APLICACIÓN DE LA FE PERSONAL EN CADA UNO DE LOS NIVELES

- Oraciones que resumen la lección y pueden leerse en las comidas para unificar a la familia.
- 10 Pasos de la Oración Mental
- 5 Pasos de la Lectio Divina
- Resoluciones a poner en práctica
- Ilustraciones con eseñanzas teológicas
- Exámenes de conciencia
- "Héroes de nuestra Fe", historias que resumen la lección

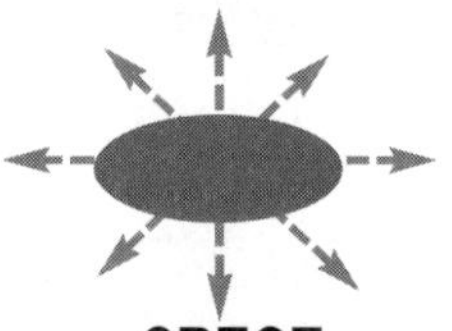

CRECE

CON NUEVAS REFERENCIAS Y LA APORTACIÓN DE NUEVOS RECURSOS

- "Catecismo de La Iglesia Católica"
- Sagrada Escritura
- Documentos del Vaticano II
- Documentos Papales
- Documentos de la CELAM
- Otros Catecismos
- Otros Libros Teológicos

Puntos Claves

- endorsado por el Cardenal Ratzinger (Papa Benedicto XVI)
- revisado y aprobado de estar en conformidad con el *Catecismo de la Iglesia Católica*
- con doctrina sólida; aprobado teológicamente
- presenta la Verdad entera, con citas de la Sagrada Escritura, los documentos del Vaticano II, el *Catecismo de la Iglesia Católica,* y otros documentos de la Iglesia
- usa una persentación en multimedia que permite al obispo y al sacerdote asegurarse de que lo que se está enseñado en casa y en la escuela se adhiere a las enseñanzas del Magisterio de la Iglesia
- imparte un conocimiento permanente de las verdades esenciales de la Fe a través de la memorización
- ayuda al catequista a mejorar su técnica y a entender mejor y profundizar su fe
- aumenta la reverencia a la Santa Eucaristía, la devoción a la Bienaventurada Virgen María y a San José, y el respeto al papado, los obispos y los sacerdotes
- permite a los padres ser los primeros educadores de sus hijos y los une con la parroquia y la escuela

1

Todo el currículo *Consagración en la Verdad*™ está centrado en un libro de texto, *El Catecismo para la Familia del Apostolado*™ que ha sido aceptado por el Vaticano y endorsado por las autoridades más altas en la Iglesia, incluso por la Congregación para el Clero (que está sobre los catequistas) (Prot. N. 174752/I) y la Congregación para la Doctrina de la Fe (Prot. N. XII/91 C).

"Porque 'la catequesis familiar precede, acompaña, y enriquece todas las otras formas de catequesis' (*Catechesi Tradendae*, 68), animo al Apostolado para la Consagración de la Familia en sus esfuerzos por promover la catequesis en los hogares y las parroquias".

– Papa Juan Pablo II, el 10 de octubre de 1993, Ciudad del Vaticano

"Gracias por su cortesía al enviarme una copia de *El Catecismo para la Familia del Apostolado* publicado por el Apostolado para la Consagración de la Familia. La publicación de la obra en este año de la familia no podría ser más oportuna. Anticipa muchos de los temas de la carta de Su Santidad el Papa Juan Pablo II a las Familias del 2 de febrero de 1994. Las referencias cruzadas con el *Catecismo de la Iglesia Católica* lo harán un instrumento especialmente útil para los padres y maestros. Rezando por el mayor éxito de su vital apostolado..."

–Cardenal Joseph Ratzinger, Prefecto de la Sagrada Congregación para la Doctrina de la Fe (Prot. N. XII/91 C) (Elegido Papa Benedicto XVI)

"*El Catecismo para la Familia del Apostolado* es una obra impresionante y bellamente presentada... Este Catecismo no es simplemente un instrumento para la formación en la fe de los niños. Puede convertirse en la clave para profundizar la fe de todos los miembros de la familia. A través del uso de este Catecismo y los recursos de los medios de comunicación proporcionados por el Apostolado, las familias pueden equiparse para su misión especial de evangelización que ha sido proclamada por el Santo Padre, el Papa Juan Pablo II".

– Alfonso Cardenal López Trujillo, Presidente del Concilio Pontificio para la Familia, (Prot. N. 206/96)

"...su Catecismo para la Familia hará sumamente fácil que los padres y maestros enseñen la Fe con toda confianza a sus hijos y estudiantes, y tengan acceso fácil al nuevo *Catecismo de la Iglesia Católica*... Me alegra poder aprobar la versión revisada y con referencias cruzadas de *El Catecismo para la Familia del Apostolado* y lo recomiendo encarecidamente a las familias y escuelas como una fuente fidedigna de la doctrina católica auténtica".

–Mario Luigi Cardinal Ciappi, Teólogo Papal de los Papas Pius XII, Juan XXIII, Pablo VI, Juan Pablo I y Juan Pablo II.

"Creemos que *El Catecismo para la Familia del Apostolado* con referencias cruzadas con el Catecismo de la Iglesia Universal, será realmente un gran avance para la formación de la familia y de los padres, que de hecho son los primeros educadores de sus hijos. Este sistema integrado de enseñar el catecismo... y depués reunirse una vez por semana con otras familias para escuchar las enseñanzas del Cardenal Arinze y de otros en las Horas Santas: "No Tengan Miedo" en las iglesias, puede ser muy eficaz para reconstruir tanto la Iglesia doméstica como la comunidad parroquial".

–Cardenal William Baum, uno de los tres Cardenales de la Curia Romana en la Comisión para el Catecismo de la Iglesia Católica.

"El *Catecismo para la Familia del Apostolado* permitirá que los padres lleven a cabo su primera responsabilidad de enseñar a sus hijos. Rezo para que todos los padres usen el programa catequético del Apostolado en su vecindario".

–Beata Madre Teresa de Calcuta

1

Comentarios del Catecismo para la Familia

con Cardenal Francis Arinze (En Inglés), Padre Pablo Straub (en Español), Arzobispo Ramón Argüelles y Obispo Sócrates Villegas (en Tagalog)

en DVD, CD, video o casete

Usado en conjunto con el currículo Consagración en la Verdad™
Para los años de primaria, secundaria y preparatoria.

¡Imagine a un Cardenal de la Curia Romana enseñado la Fe a su familia!

El Cardenal de la Curia Romana Francis Arinze es Prefecto de la Congregación del Culto Divino y la Disciplina de los Sacramentos. Simpático. Fiel a la doctrina. Enamorado de la Iglesia y de su Fundador. Bien conocido en todo el mundo por sus enseñanzas claras de la Fe Católica. Incluso los jóvenes y niños lo encuentran entretenido, claro, y apremiante. Su estilo dinámico de enseñar inspira a las personas a que quieran aprender más y compartir su Fe con otros.

El Padre Pablo Straub, sacerdote misionero de la Orden Redentorista de San Alfonso ha ayudado a fundar dos órdenes religiosas en México. Ha viajado a muchos países, dando retiros y misiones. Gran personalidad en la televisión, el Padre Straub ha predicado centenares de retiros y homilías y ha organizado un sinnúmero de series semanales de televisión. Es absolutamente bilingüe, e incluso a través de su español se aprecia el sentido de humor irlandés de su madre.

¡En español!

En Tagalog (Filipinas)

Obispo Sócrates Villegas

Arzobispo Ramón Argüelles

- ✔ Ayuda a los padres y maestros a explicar la Fe con confianza
- ✔ Permite que usted evangelice con facilidad simplemente compartiendo estos audiovisuales
- ✔ Asegura la enseñanza de la verdadera doctrina de una manera clara y directa

Los temas incluyen:

- Dios y Sus Perfecciones
- Jesús, el Hijo de Dios
- El Espíritu Santo: la Vida de Gracia
- Virtudes y Dones
- La Iglesia, Maestra de la Verdad
- Los Mandatos del Credo
- El Papado y los Obispos
- Los Sacramentos
- La Oración
- La Bienaventurada Virgen Maria
- El Pecado
- La Comunión de los Santos

(Lista Parcial)

¡Ideal para usar en el hogar, cursos de fe, la escuela, CCD/PSR, RCIA (en USA), y la formación en toda la parroquia!

www.familyland.org

1

El Catecismo Audiovisual para los Niños™

con la hermana John Vianney

en DVD, CD, video o cassette (en Inglés)

Usado en conjunto con el Currículo Consagración en la Verdad™ para los Niveles 1-4

- ✔ Responde y explica los temas del Catecismo para la Familia del Apostolado en un lenguaje que los niños pueden comprender
- ✔ Con historias sencillas y tiernas
- ✔ Cautiva la imaginación de niños y adultos por igual

Cubre temas como:

• La Obediencia	• La Caridad	• La Oración
• La Santísima Trinidad	• La Creación	• La Misa
• La Pureza	• El Cielo	• María

Construyendo la Fe con bloques

¿Quién es la hermana John Vianney?

La hermana John Vianney Gorecki fue una monja instructora de Notre Dame que sufrió un dolor insoportable durante más de cuarenta años, postrada con una enfermedad rara; ella vivió de 1920 a 1990. Su cuarto del hospital siempre estaba lleno de niños y jóvenes que venían de lejos y cerca para escuchar de ella las hermosas verdades de la Fe, explicadadas de una manera tierna y cautivadora. Era capaz de sintonizar con los niños de forma especial —sus ojos y sonrisa eran tan vivos que los niños hasta se olvidaban con frecuencia de que estaba enferma.

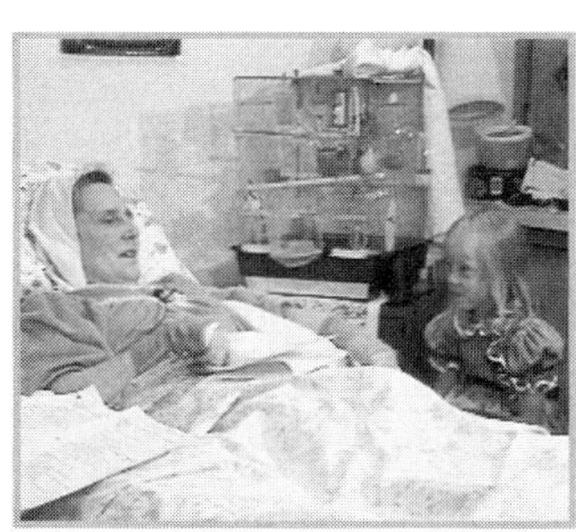

La hermana aceptó ofrecer su sufrimiento físico por Jerry y Gwen Coniker, los fundadores del Apostolado para la Consagración de la Familia, y por su labor. Jerry y sus hijos entrevistaron a la hermana John Vianney desde la perspectiva familiar. La hermana contestó y explicó las preguntas en el Catecismo para la Familia del Apostolado en un lenguaje que los niños pueden entender. Sus historias y analogías sencillas cautivan la imaginación de niños y adultos por igual. Una de sus historias que más gusta es la historia del ángel-jabón sobre la pureza.

La Biblioteca de Sabiduría Familiar™

La Biblioteca de Sabiduría Familiar es una serie de libros que tienen referencias cruzadas con *El Catecismo para la Familia del Apostolado*. Estas referencias abren el "mundo de la verdad" a las familias y hace que sea más fácil penetrar con profundidad en escritos como son los documentos Papales, los documentos del Concilio Vaticano II, los documentos de l a CELAM y otros clásicos espirituales, como por ejemplo la *Transformación en Cristo* de Dietrich von Hildebrand. Tanto jóvenes como adultos apreciarán estas referencias que permiten un estudio más profundo de un tema concreto. Esta biblioteca de referencias, que siempre se va poniendo al día, hace del Catecismo para la Familia del Apostolado un catecismo vivo – las actualizaciones están disponibles en familyland.org.

Biblia/Documentos del Concilio Vaticano II/Catecismo

- **Biblia de America**, distribuida por Nueva Secam, Arquidiócesis de México.
- **Concilio Vaticano II, Constituciones. Decretos. Declaraciones**, Biblioteca de Autores Cristianos, Madrid.
- **Catecismo de La iglesia Católica**, Asociación de Editores del Catecismo

Los Documentos Papales *(en inglés)*

- **La Catequesis en Nuestro Tiempo**, por Juan Pablo II. Referencia #503-14865
- **El Evangelio de la Vida**, por Juan Pablo II. Referencia #503-3078X
- **Guardián del Redentor**, (San José) por Juan Pablo II. Referencia #503-EPO535
- **Los Miembros Laicos de los Fieles de Cristo**, por Juan Pablo II. Referencia #503-EPO702
- **La Misericordia de Dios**, por Juan Pablo II Referencia #503-EPO863
- **Madre del Redentor**, por Juan Pablo II Referencia #503-EPO765
- **Sobre la Evangelización en el mundo Moderno**, por Pablo VI. Referencia #503-EPO850
- **Sobre la Vida Humana** (Humanae Vitae), por Pablo VI. Referencia #323-92
- **Sobre el Trabajo Humano**, por Juan Pablo II. Referencia #503-EPO862
- **Sobre la Eucaristía en su relación a la Iglesia**, por Juan Pablo II. Referencia #503-23511
- **Reconciliación y Penitencia**, por Juan Pablo II. Referencia #503-EPO894
- **Sobre el Significado Cristiano del Sufrimiento Humano**, por Juan Pablo II. Referencia #503-EPO145
- **Sobre la Dignidad y Vocación de las Mujeres**, por Juan Pablo II. Referencia #503-EPO855
- **Sobre el Espíritu Santo en la Vida de la Iglesia y el Mundo** por Juan Pablo II Referencia #503-EP0885
- **Sobre el Centésimo Aniversario de Rerum Novarum**, por Juan Pablo II Referencia #503-EP0886
- **Sobre la Preocupación Social**, por Juan Pablo II. Referencia #503-EP0892
- **La Relación Entre la Fe y la Razón**, por Juan Pablo II. Referencia #503-26693
- **El Redentor del Hombre**, por Juan Pablo II. Referencia #503-EPO978
- **El Papel de la Familia Cristiana en el Mundo Moderno**, por Juan Pablo II. Referencia #503-EPO973
- **El Esplendor de la Verdad**, por Juan Pablo II. Referencia #503-69643

1 Programa para la Preparación sacramental

en video (en inglés)

Aprenda la Verdad sobre los sacramentos con el Cardinal Arinze ...

✔ Enseñando con la autoridad y la aptitud de un Cardenal de la Curia Romana y Prefecto del Vaticano para la Congregación del Culto Divino y la Disciplina de los Sacramentos.

✔ Enseñando desde el *Catecismo de La Iglesia Católica*.

✔ Tratando temas críticos en la Iglesia que han sido empañados por la gran confusión de la sociedad de hoy en día.

15 "Programas de Preparación", en audiovisual, sobre:

El Bautismo (dos cintas, duración total: 90 minutos)
- El Bautismo; la Celebración del Bautismo; Significado de la Ceremonia Bautismal (115-103V)
- La Vocación y Misión de los Bautizados; las Gracias del Bautismo (115-104V)

La Confirmación (una cinta de 30 minutos)
- El Significado de la Confirmación; los Efectos de la Confirmación (115-109V)

La Penitencia (dos cintas, 90 minutos en total)
- El Sacramento de la Penitencia—su Naturaleza; la Conversión y la Reconciliación; la Contrición y la Confesión (115-113V)
- El Ministro y los Efectos del sacramento (115-114V)

La Sagrada Eucaristía (tres cintas, 150 min. en total)
- La Eucaristía y sus Títulos; la Eucaristía: Preparación e Institución; la Celebración de la Santa Eucaristía (115-119V)
- Partes de la Celebración; Acción de Gracias y Conmemoración; la Presencia de Cristo (115-120V)
- La Mesa de la Eucaristía; los Efectos de la Eucaristía (115-121V)

El Matrimonio (cuatro cintas, 3 horas en total)
- El Matrimonio: el Plan de Dios; el Matrimonio: Bajo la influencia del Pecado; el Matrimonio y el Antiguo Testamento (115-126V)
- El Matrimonio y el Nuevo Testamento; La celebración del Matrimonio; el Lazo del Matrimonio (115-127V)
- Vírgenes por el Reino, complemento del Matrimonio (una cinta de 30 minutos con música) (115-128V)
- La Castidad: Una virtud para Todos; Ofensas en contra de la castidad; Viviendo la Virtud de la Pureza (115-129V)

La Unción de los Enfermos (una cinta de 30 min.)
- La Unción de los Enfermos (115-134V)

La Oración (una cinta de 1 hora)
- Los Orígenes de la Oración; la Oración en el Antiguo Testamento; la Oración de Jesús y María (115-138V)

El Orden Sacerdotal (una cinta de 1 hora) (115-136V)

1

Recursos en multimedia con el

Cardenal Francis Arinze

en CD, DVD, cassette y VHS (en inglés)

Serie "Desde Dentro del Vaticano II"

El Cardenal de la Curia Romana Francis Arinze, Prefecto de la Congregación para el Culto Divino y la Disciplina de los Sacramentos, aclara las malas interpretaciones acerca del Vaticano II y de la Iglesia.

- La verdad sobre el hombre
- La Gracia y el pecado
- La Misión de la Iglesia
- Las Indulgencias
- La Reparación

Estos son tan sólo algunos de los temas importantes de esta serie. Los comentarios prácticos del Cardenal Arinze sobre los documentos del Vaticano II dan luz sobre las Verdades de la Fe y le incitan a uno a compartirlas con otros.

- Lumen Gentium (la Constitución Dogmática sobre la Iglesia) #1010-35, 12 videocintas
- Gaudium et Spes (la Constitución Pastoral sobrela Iglesia en el Mundo Moderno) #1010-75, 12 videocintas
- Sacrosanctum concilium (La Constitución sobre la Sagrada Liturgia) #1010-110, 5 videocintas
- Inter mirifica (el Decreto sobre las Comunicaciones Sociales) #1010-134, 5 videocintas
- Dei Verbum (la Constitución Dogmática sobre la Revelación Divina) #1010-52, 5 videocintas
- Apostolicam actuositatem (el Decreto sobre el Apostolado de la Laicidad) #126-3710, 5 videocintas
- Unitatis redintegratio (el Decreto en Ecumenismo) #126-3710, 5 videocintas
- La Constitución Apostólica en la Revisión de Indulgencias #1010-92, 3 videocintas

Con más en producción.

Sobre Documentos Papales y del Vaticano:

- Ecclesia de Eucharistia #1007-76, 9 CDs o 7 DVDs
- Redemptionis Sacramentum #1021-01, 8½ horas de programa
- El Evangelio de la Vida #115-237, 6 programas de una-hora
- El Esplendor de la Verdad #115-197, 8 programas de una hora
- Carta a las Familias, 115-208, 8 programas de una hora
- La Preparación para el Sacramento de Matrimonio #115-320, 3 programas de una hora
- La Carta a las Mujeres y Carta a los Niños #115-300, 3 programas de una-hora
- Cruzando el Umbral de la Esperanza #115-290, 5 programas de una hora
- Miembros Laicos de las Personas Fieles a Cristo #126-3381, 4 programas de una hora
- Decreto sobre el Apostolado de los Laicos #126-3710, 4 programas de una hora
- Sobre la Reconciliación y la Penitencia #126-3678, 4 programas de una hora
- Sobre el Significado cristiano del Sufrimiento Humano #126-1305, 4 programas de una hora

Sobre el Estudio de la Biblia y Otros Comentarios

- El Evangelio de San Mateo #126-4025, 8 programas de una hora
- El Evangelio de San Juan #126-4101, 14 programas de una hora
- El Programa de La Preparación Sacramental #115-142, 15 programas de una hora
- A solas con Dios: el Resumen de Nuestra Fe
- Explicación para las Reuniones de Paz de Corazón #126-3365, 4 programas de una hora
- Lectura del Libro #126-3365, 4 programas de una hora

Cuadro de la Sagrada Familia de Fátima

La Sagrada Familia es nuestro modelo, nuestra inspiración, nuestra fuerza

Cuadro de 40.6 cm (16 ") X 50.8 cm (20"), sin marco (Referencia #361-143); con marco, el marco es de madera (barnizado de oro) con forro de lino, hermoso y listo para colgar, con la historia y el significando completos de la imagen imprimidos en el reverso (Referencia #361-148)

Lámina de 22.2 cm (8 6/8") x 27.1 cm (10 11/16") con la inscripción "Jesús en Ti, confío".

Significado de la Imagen de la Sagrada Familia y la Entrevista con la Hermana Lucía

Este cuadro de la Sagrada Familia representa una visión que los tres niños de Fátima, Lucía, Francisco y Jacinta, tuvieron durante "el Milagro del Sol" el 13 de octubre de 1917. Aunque esta visión está explicada en toda la documentación importante sobre Fátima, no muchas personas la conocen.

Durante "el Milagro del Sol," el sol se arremolinó en el cielo y grandes rayos de color inundaron la meseta entera de Fátima, Portugal. El sol entonces se desplomó hacia la Tierra, y las 70,000 personas presentes pensaron que era el fin del mundo. En ese mismo momento, los niños de Fátima vieron la visión siguiente, tal como fue descrita por la Hermana Lucía:

"Cuando nuestra Señora desapareció en la inmensa distancia del cielo, al lado del sol, nosotros vimos a San José sosteniendo al niño Jesús y a Nuestra Señora vestida de blanco con un manto azul. San José y el niño parecían estar bendiciendo al mundo, haciendo la señal de la cruz "(Carta de La Hermana Lucía a su Obispo, el 8 de diciembre de 1941, Tuy, España).

Jerome Coniker, el fundador del Apostolado para la Consagración de la Familia, con permiso concedido por el Cardenal Ratzinger, (ahora el Papa Benedicto XVI), personalmente visitó a la hermana Lucía y le pidió su aprobación respecto a que esta pintura era la reproducción fidedigna de lo que ella vio durante la apareción de la Sagrada Familia en Fátima, le pidió también sus oraciones por la obra del Apostolado para la Consagración de la Familia®, la Cadena de TV Familyland®, y la producción especial de un programa de televisión sobre el mensaje de Fátima.

Durante la entrevista de la hermana Lucía con el Sr. Coniker, ella parecía absorbida contemplando esta bella imagen. Dijo, "es lo mejor que un ser humano puede hacer". Le gustaron también las simbólicas adiciones que se hicieron a la pintura. Por ejemplo, en el traje de San José está el reverso de la Medalla Milagrosa (la cruz pasando por la "M" y los dos Corazones de Jesús y María, todo rodeado por 12 estrellas). Esto muestra el amor de San José por los Corazones de Jesús y María y su protección sobre la Iglesia, simbolizada por las doce estrellas que representan los doce Apóstoles.

La hermana Lucía pensó que estaba muy bien mostrar a nuestra Señora sosteniendo el Rosario y el escapulario en su mano izquierda– resumiendo las apariciones de nuestra Señora en Fátima. El escapulario es el signo de nuestra consagración a Jesús a través de María y es un acto de fe cuando es usado con reverencia.

El rosario en forma de corazón que perfila a la Sagrada Familia indica que el Rosario es una parte íntegra del mensaje de Fátima. El Rosario en familia es la oración principal que protegerá a la familia, y se vuelve una ventana por la cual podemos ver, con los ojos de la fe, la vida interior de la Sagrada Familia y los misterios principales de nuestra Fe. A través de la iluminación del Espíritu Santo y el poder de Su Amor–simbolizados por las llamas y la paloma justo encima del Rosario en forma de corazón–derramados a través de María, Mediadora de toda la Gracia, somos cada vez más capaces de vivir vidas consagradas como miembros adoptivos de la Sagrada Familia. Este rosario con forma de corazón también es el logotipo del Apostolado para la Consagración de la Familia.

La Hermana Lucía contempló también en la imagen el Sagrado y Eucarístico Corazón de Jesús con la llama de amor y la cruz sobre él, que representan la Sagrada Eucaristía, y vio los rayos de la Divina Misericordia que salen de Él. Estos rayos se refieren a la aparición de la Divina Misericordia de Nuestro Señor a la Hermana Faustina, una aparición que el Santo Padre, el Papa Juan Pablo II, ha extendido por toda la Iglesia. El mensaje de Fátima es la fórmula para atraer la Divina Misericordia. Cuando suficientes familias sigan esta fórmula y se consagren a Jesús a través de María profundizando cada vez más en las verdades de la Fe, y vivan estas verdades con gran fervor, la era de paz, prometida por Nuestra Señora de Fátima, será concedida al mundo.

El Corazón Inmaculado de María con la espada de dolor representa a nuestra Señora de los Dolores y la llama de amor justo encima representa la devoción a su Corazón Inmaculado, que es también un requisito para la paz mundial.

Este cuadro resume la oración del Apostolado: *Todo por el Sagrado y Eucarístico Corazón de Jesús, todo a través del Doloroso e Inmaculado Corazón de María, todo en unión con San José.*

Al final de la entrevista, la Hermana Lucía estrechó el cuadro entre sus brazos y se lo llevó a su cuarto. Le gustaron mucho la obra del Apostolado para la Consagración de la Familia, y esta pintura de la Sagrada Familia de Fátima. Dijo que rezaría por los miembros y la obra del Apostolado para la Consagración de la Familia. El Apostolado fue "concebido" en Fátima cuando la familia fundadora vivió allí de 1971-1973, y "nació" en América cuando fue fundado en 1975.

Programa de Entronización™ de la Sagrada Familia de Fátima

Proteja a su familia entronizando en su hogar al Sagrado Corazón de Jesús, a través del Corazón Inmaculado de María, en unión con San José. Incluye todas las referencias de la lista de abajo. También disponibles en el portal de la red: familyland.org.

En Español: (Referencia #1005-B20010VK)

- Video del significado de la Consagración con el Padre Kevin Barrett y la Familia Pérez Sánchez haciendo su consagración (Referencia #1005-B20010V)
- Alianza de Consagración y pasos detallados de cómo llevarla a cabo
- Lámina de la Sagrada Familia con el Sagrado Corazón

En Inglés: (Referencia #133-282VK)

- Video de la Consagración a la Sagrada Familia presentando a la Madre Teresa de Calcuta (una hora, #133-281V)
- Video del Rosario Dramatizado, incluye los Misterios Gozosos, Luminosos, Dolorosos, y Gloriosos (#115-378V) • Libro de Oración y Meditación para la Consagración de la Familia (#305-14)
- Cinco (5) láminas de la Sagrada Familia de Fátima – 16" X 20", a todo color, (cuatro imágenes extras para que usted pueda compartir esta consagración importante con otras familias) (#361-143K)
- Cinco (5) Certificados de Consagración a la Sagrada Familia (#360-3)
- Seis (6) Tarjetas con la Oración para la Ceremonia de la Consagración a la Sagrada Familia (#327-69)

1 Programa de Consagración Total

En Español: (Referencia #520-26sp)

Preparación para la Consagración Total según San Luis Ma. de Montfort, con meditaciones y oraciones para los 33 días de preparación para la Consagración a Jesús a través de María.

En Inglés: (Referencia #155-187DK)

El Programa de Consagración Total incluye todos las elementos necesarios para la Consagración Total a Jesús a través de María en unión con San José. Esta preparación de 40 días para la Consagración Total le guiará en su camino espiritual de entregar su vida a Jesús a través de María tal como lo hizo el Papa Juan Pablo II.

Incluidos en este programa:

- **Juego de DVDs para los 40 días de Preparación para la Consagración Total** (#155-186DK)
  En estas meditaciones en video, el Padre Frederick Miller y el Padre Roger Charest (montforniano) comparten sus reflexiones acerca del significado de la consagración total a Jesús a través de María. Ellos le ayudarán a que entienda mejor por qué debemos desprenderos del espíritu del mundo, la gran importancia de la gracia en su diario caminar a la conversión, y el papel del mérito en la vida espiritual. El Padre Miller le llevará a obtener un mejor conocimiento de sí mismo. También le ayudará a desarrollar una relación más profunda con Jesús y la Bienaventurada Virgen María, fundada en la confianza y el amor. El Cardenal Francis Arinze concluye la presentación con inspiradoras pláticas sobre la relación entre la consagración, la reparación y la misión, y cómo usted puede hacer realidad esta consagración cumpliendo fielmente las responsabilidades de cada momento presente, todo por el Sagrado y Eucarístico Corazón de Jesús, todo a través del Doloroso e Inmaculado Corazón de María, todo en unión con San José (Totus Tuus).
- **Preparación para la Consagración Total a Jesús a través de María para las Familias** (#323-115)
  Esta nueva guía con meditaciones diarias durante los primeros 33 días de su preparación está tomada de los escritos de Juan Pablo II y San Luis de Montfort, recopilada por Jerome F. Coniker.
- **Reparación y la Doble Dimensión de la Consagración de Juan Pablo II** (#336-45)
  Ésta es una meditación concisa proporcionada por Jerry Coniker sobre cómo entrar a la era de paz prometida por Nuestra Señora en Fátima, en el espíritu de Juan Pablo II. Está entre las lecturas recomendadas durante los últimos 7 días de su trayecto a la consagración.
- **Las Cinco Dimensiones de la Responsabilidad del Momento Presente** (#336-46)
  Ésta es una meditación corta proporcionada por Jerry Coniker sobre las gracias inherentes al cumplimiento fiel de las responsabilidades de cada momento presente. Es una guía práctica para vivir nuestra consagración. Está entre las lecturas recomendadas durante los últimos 7 días de su camino a la consagración.

PONTIFICUM CONSILIUM
DE CULTURA

Prot. No. 457/07

Vaticano, 07 mayo, 2007

Apreciado Señor Coniker:

Gracias por enviarme el libro *Preparación para la Consagración Total de las Familias a Jesús a través de María*, publicado por el Apostolado para la Consagración de la Familia y dedicado a su difunta y querida esposa Gwen Cecilia Coniker.

Realmente es un libro impresionante y va a ayudar mucho a las personas para que estén bien preparadas para la Consagración Total según San Louis de Montfort. Tiene un contenido muy rico y está bien organizado de manera que las familias pueden prepararse de una manera pausada y gradual para esta consagración a Jesús a través de María. Me impactó el hecho de que en el libro se intenta organizar la prepareación con 34 días de detallada preparación, seguidos por tres días de reparación y consagración, y después tres días de guía sobre cómo vivir de manera práctica esta consagración personal. También es alentador el que haya tantas y valiosas enseñanzas del magisterio.

Al mimso tiempo que le congratulo a usted y a su movimiento por la publicación de este libro, también deseo felicitarles por la admirable obra que están llevando a cabo para sustentar a las familias a través de una vida Cristiana de Oración.

Asegurándole mis oraciones tanto por usted como por su familia, e implorando a Dios el eterno descanso en Su felicidad eterna,

Con mis mejores deseos,

Suyo en el Señor,

Paul Card Poupard

Paul Cardenal Poupard
Presidente

Sr. Jerry Coniker
Catholic Familyland
3375 County Road 36
Bloomingdale,
Ohio 43910-7903,
U.S.A

Bernard Ardura
Secretary

1

Horas para la Familia: No Tengan Miedo™

Evangelización y Formación Parroquial

Catedral de San Columban en Myanmar

- Programas de una hora de devoción y catequesis para toda la familia; cada semana, en la iglesia o en el hogar
- Ayudan a las familias a orar, y a conocer y compartir su fe
- Disponible en video, DVD, o por la cadena de la televisión FAMILYLAND® (vía cable o platillo de 18″)
- Fortalece la vida de la familia, la parroquia y la comunidad

Idea de la Madre Teresa

"Quiero animarles en sus esfuerzos de traer a las familias a la iglesia todas las semanas para una Hora Santa.

"Sus Horas para la Familia: No Tengan Miedo harán que se derramen muchas gracias sobre la Iglesia y especialmente sobre nuestras familias.

"Animo a todas las familias a participar en esta devoción poderosa la cual está clamando la Misericordia de Dios sobre todos nosotros. Estén seguros de mis continuas oraciones por el éxito de su labor".

1

Horas para la Familia: No Tengan Miedo™

Las Horas para la Familia: No Tengan Miedo® combinan la formación en la fe y la oración. Estas Horas par la Familia presentan enseñanzas del Papa Juan Pablo II, la Beata Teresa de Calcuta, el Cardenal Francis Arinze, y otros maestros excelentes que exponen un tema particular el cual se va presentando durante un período de nueve semanas. Cada Hora para la Familia incluye el Rosario con meditaciones y dramatizaciones que dan vida a sus misterios.

Las Horas para la Familia pueden ser usadas en los hogares o en las parroquias. En la Iglesia, las familias adoran así "en espíritu y en verdad" (cf. Jn. 4) en la presencia Eucarística de Nuestro Señor, con la oportunidad de experimentar el poder de la sanación en el sacramento de la Penitencia.

Cada una de las series de Horas para la Familia: No Tengan Miedo® consiste en nueve programas, y se pueden obtener en video o ver a través del canal de Televisión Familyland®. Seguidamente está la lista de las series disponibles en el momento de esta publicación; hay más en producción.

La Inmaculada Concepción
133-361VK
Versión en español:
133-B361VK

La Eucaristía Viviente
133-390VK
Versión en español:
133-B390VK

Nuestra Misión es Misericordia
133-410VK
Versión en español::
133-B410VK

El Santo Rosario
133-430VK
Versión en español:
133-B430VK

Sanación a través de la Consagración
133-450VK
Versión en español:
133-B450VK

San José
133-363VK
Versión en español:
133-B363VK

La Doctrina del purgatorio
133-530VK

María, la Vida, y los sacramentos
133-550VK

El Espíritu Santo, María & la Virtud de la Esperanza
133-600VK

San Juan Capítulo 17
133-740VK

1

Cada Hora para la Familia incluye:

- El Rosario con imágenes que ayudan a la meditación, y uno de los misterios actuado en formato de película
- Una sesión breve de catecismo con el Cardenal Arinze
- Tomas en vivo del Papa Juan Pablo II y la Madre Teresa
- Un miembro de la facultad de video que habla sobre un tema en particular
- Música inspiradora de artistas católicos contemporáneos tal como Jim Cowan, Donna Lee, Marilla Ness, y Marty Rotella

Facultad docente en Horas para la Familia: No Tengan Miedo®

Gracias a los nuevos medios de comunicación, algunos de los mejores maestros de la Iglesia pueden llegar a casi todas las familias del mundo con la Verdad que les hará libres…

Su Santidad el Papa Juan Pablo II†

Cardenal Francis Arinze*

Cardenal Anthony Bevilacqua

Cardenal Mario Luigi Ciappi†

Cardenal Edouard Gagnon*

Cardenal Pío Laghi*

Cardenal Adam Maida

Cardenal John O'Connor†

Cardinal Gaudencio Rosales

Cardenal José Sanchez*

Cardenal Jaime Sin†

Cardenal J. Francis Stafford

Cardenal Edmund Szoka*

Cardenal Alfonso L. Trujillo*

Arzobispo Elden Curtiss

Arzobispo John Foley*

Arzobispo Ramón Argüelles

Obispo Thomas V. Daily

Obispo John Magee

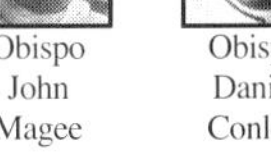
Obispo Daniel Conlon

Obispo Sócrates Villegas

Padre Bernard Geiger

Padre Benedict Groeschel

Padre John A. Hardon, S.J. †

Padre George Kosicki

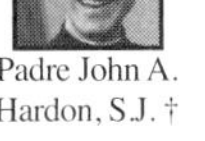
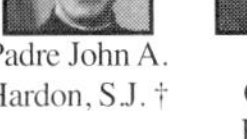

Padre Frederick Miller

Padre Frank Pavone

Padre Patrick Peyton†

Padre Michael Scanlan

Padre Pablo Straub

Madre Teresa de Calcuta†

Doctor Scott Hahn

Doctora Alice von Hildebrand

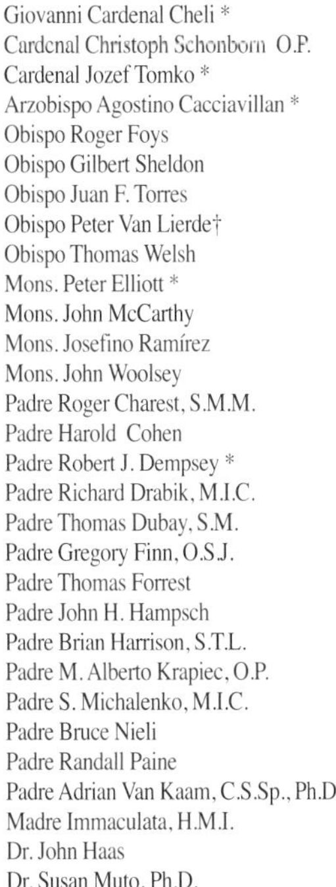
Giovanni Cardenal Cheli *
Cardenal Christoph Schonborn O.P.
Cardenal Jozef Tomko *
Arzobispo Agostino Cacciavillan *
Obispo Roger Foys
Obispo Gilbert Sheldon
Obispo Juan F. Torres
Obispo Peter Van Lierde†
Obispo Thomas Welsh
Mons. Peter Elliott *
Mons. John McCarthy
Mons. Josefino Ramírez
Mons. John Woolsey
Padre Roger Charest, S.M.M.
Padre Harold Cohen
Padre Robert J. Dempsey *
Padre Richard Drabik, M.I.C.
Padre Thomas Dubay, S.M.
Padre Gregory Finn, O.S.J.
Padre Thomas Forrest
Padre John H. Hampsch
Padre Brian Harrison, S.T.L.
Padre M. Alberto Krapiec, O.P.
Padre S. Michalenko, M.I.C.
Padre Bruce Nieli
Padre Randall Paine
Padre Adrian Van Kaam, C.S.Sp., Ph.D.
Madre Immaculata, H.M.I.
Dr. John Haas
Dr. Susan Muto, Ph.D.
Dr. Burns Seeley
Jerry y Gwen Coniker

** Miembro de la Curia Romana*
† Difunto

Reuniones de Paz de Corazón™

En video o a través de la cadena de Televisión Familyland®

Reuniones de Paz de Corazón:

- ✔ Enseñan la Fe y profundizan la vida espiritual
- ✔ Promueven la unión espiritual entre la familia y los miembros del grupo
- ✔ Fortalecen y sanan las relaciones dañadas
- ✔ Proporcionan formación continua para los adultos

También:

- ✔ Inspiran a las personas a leer y meditar diariamente sobre las verdades de nuestra Fe
- ✔ Guían a las personas a través de libros espirituales sobre muy diversos temas
- ✔ Aumentan el entendimiento de la Fe y motivan a compartir con el grupo lo aprendido

¡Programas en video que dan vida a los libros espirituales!

Las *Reuniones de Paz de Corazón* se centran en libros de la Fe. Los participantes se reúnen semanalmente para ver un programa y compartir luego con el grupo las inspiraciones que han tenido del libro que todos están leyendo. Las *Reuniones de Paz de Corazón* ayudan a crear una comunidad comprometida a la lectura espiritual diaria, la meditación, y las reuniones semanales para aprender y compartir la Verdad.

Estas reuniones son fáciles de dirigir, duran de 1-2 horas e incluyen un tiempo para compartir y un tiempo para escuchar las enseñanzas de algunos de los maestros más capacitados y santos de la Iglesia Católica hoy en día.

¡Construyen Comunidad y Grupos de Apoyo centrados en la Verdad!

Las *Reuniones de Paz de Corazón* son ideales para los grupos de oración, cenáculos, y grupos de estudio. Estas reuniones semanales van creando grupos de apoyo para las personas y las familias. Llevan a los jóvenes y a los adultos a profundizar en su Fe hasta tal punto que llegan a transformar sus dificultades en escalones hacia la unión con Dios.

Los temas incluyen:

- La Escritura
- La Juventud
- El Purgatorio
- El Sufrimiento
- Documentos Papales
- El Matrimonio y la Familia
- Teología
- Vidas y Escritos de los Santos
- María
- Liturgia
- Filosofía
- Catequesis

Transmitida por satélite, cable y estaciones afiliadas en EE.UU., Asia, Africa, Latinoamérica y pronto en Europa.

- Películas basadas en valores familiares, y con entretenimiento revisado respecto a:
  - la inmodestia
  - las malas palabras
  - la violencia excesiva
  - la falta de respeto a la autoridad
- Programas para niños y adolescentes*
- Conciertos y música de inspiración cristiana*
- Conferencias con profundas meditaciones*
- Presentaciones y entrevistas familiares*
- Programas exclusivos de Familyland espiritualmente orientados para la familia*
- Programas de Devoción*
- Todos los programas están 'sazonados' con "Semillas Espirituales": mini-clips con mensaje de personalidades como el Papa Juan Pablo II, la Beata Madre Teresa, el Cardenal Arinze, el Cardenal Sin y otros*
- Más de 15,000 programas orginales de TV
- Más de 500 maestros expertos en la Fe

* *Grabados y/o producidos en Catholic Familyland®*

USA: 1-800-77-FAMILY • México: (52) 597 976 7073

3 Los Centros Familyland®

Catholic Familyland® EE.UU.

Un lugar reservado para las familias

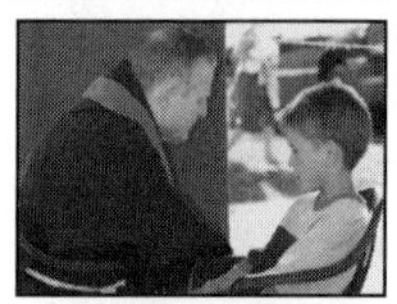

- 385 hectáreas en las lomas del sudeste de Ohio, EE.UU.
- Las familias viven aquí una semana de comunidad católica durante los Festivales de la Sagrada Familia: los padres, niños, y jóvenes descansan y disfrutan en un ambiente sano con diversión y amistades sanas. Conocen a otras familias y entablan amistades duraderas. Los padres se animan al ver a otros padres con el mismo deseo de llevar a sus familias al Cielo.
- Cabañas familiares y lugares para acampar
- Centro donde se producen y transmiten los programas de la cadena de TV Familyland
- Instalaciones para producir que incluyen numerosos sets de TV, el estudio de TV y el Centro de conferencias San José (con capacidad para 2,200 personas)
- Tan sólo a un día o menos de distancia para el 70% de los católicos de EE.UU. y a 50 minutos del Aeropuerto de Pitsburg
- Casa Madre del Intituto de Entreno en Catequesis y Evangelización del Apostolado para la Familia™

Otros Eventos en Familandia Católica:

- Conferencia Familiar Anual Totus Tuus (3 días)
- Escape Matrimonial de fin de semana
- Cursos de Evangelización para los Equipos Eclesiales Laicos
- Retiros
- Despliegue de la Sábana Santa de Turín (una de las dos réplicas exactas de la tela en el mundo)

www.familyland.org

3

Asia— Establecido, con la ayuda de Jaime Cardenal Sin, en 1994, el Centro San José en Manila, Filipinas, es la fortaleza del Apostolado por la Consagración de la Familia en Asia. Dirigido por una comuidad de mujeres del Cuerpo Católico del Apostolado, este centro refleja el modelo de Catholic Familyland en América, alojando los varios departamentos necesarios para atender al Apostolado y proporcionando un lugar para reunir a catequistas y familias y enviarlas a evangelizar usando las herramientas de los medios de comunicación modernos. La misión en Asia llega tanto a los que tienen hambre espiritual como los que tienen hambre material.

Centro de Entrenamiento y de Medios de Comunicación San José, sirviendo a las familias y a los pobres por todo Asia.

Europa— Establecido con el apoyo del Cardenal Godfried Danneels en el Año Jubilar 2000. La Providencia llevó el trabajo del Apostolado para la Consagración de la Familia a Europa, inspirando una conexión entre parejas y solteros dedicados, que han formado Equipos Eclesiales Laicos para usar los medios de comunicación, incluyendo el internet y la televisión, para evangelizar a Europa. Las familias se reúnen regularmente para su propia formación usando la inmensa biblioteca espiritual en video del Apostolado para la Familia. La jerarquía de la zona fuertemente endorsa sus esfuerzos.

3

Hispanoamérica— Establecido con el apoyo del Cardenal Norberto Rivera Carrera en 1999, el Centro San José en México está al servicio de toda Latinoamérica. Ubicado en lo que antes era un seminario, el lugar ofrece un sitio excelente para retiros familiares y talleres de catequesis y evangelización. El Apostolado para la Consagración de la Familia disfruta de una relación única con la Basílica de Nuestra Señora de Guadalupe (el santuario Mariano más frecuentado en todo el mundo). Con el visto bueno de la jerarquía local, el Apostolado para la Familia usa una gran carpa en el atrio de la Basílica para reunir a las personas que visitan el lugar con el fin de promulgar la pedagogía de la Virgen de Guadalupe, la catequesis familiar y la devoción de las "Horas para la Famila: No Tengan Miedo" en multimedia, desde aquí puede extenderse a todo el mundo de habla hispana.

La carpa fuera en el atrio de al Basílica de Nuestra Señora de Guadalupe

Centro San José para América Latina

Nigeria— En 2004, el Arzobispo Valerian Okeke trajo al Apostolado para la Consagración de la Familia al continente de Africa. En marzo de ese año, el Apostolado para la Familia empezó el establecimiento de un centro en Nigeria, en la diócesis de Onitsha. Este centro servirá a todo Africa con programas de entrenamiento en evangelización y formación, los cuales presentan las enseñanzas del Cardenal Francis Arinze y otros.

4 EQUIPOS ECLE-SIALES LAICOS

El Sistema de Evangelización de los Equipos Eclesiales Laicos™

del Apostolado para la Consagración de la Familia®

El Sistema de Evangelización de los Equipos Eclesiales Laicos puede servir a su familia, parroquia y vecindario al ayudarle … **a crecer en la capacidad de recibir gracia sirviendo a los demás**.

Este crecimiento en santidad por individuos, familias, y comunidades puede impactar a todo el Cuerpo Místico de Cristo y llevar a cabo la civilización del amor visualizada por el Papa Juan Pablo II.

Esto se logra a través del uso de programas mulitmedia de formación y devoción teológicamente fidedignos que presentan a prominentes maestros de la fe como el Cardenal Francis Arinze, el Cardenal Francis Stafford, la Beata Teresa de Calcuta, y muchos otros. Estos programas están diseñados para:

- ✔ profundizar su conocimiento en las verdades de la fe y la relación con cada persona de la Santisima Trinidad *(oración)*,
- ✔ estimular la recepción frecuente y más ferviente de los sacramentos, sobre todo la Reconciliación y la Eucaristía, *(sacramentos)*,
- ✔ proporcionar un método fácil de compartir la fe y atender a aquellos en necesidad *(evangelización y buenas obras)*.

Con la cooperación y el apoyo del Obispo y del sacerdote, los Equipos Eclesiales Laicos normalmente operan dentro de la estructura y los ministerios ya existentes en la parroquia y la comunidad, o dentro de otros movimientos de la Iglesia.

El Apostolado para la Consagración de la Familia, gracias a su videoteca centrada en la familia y a sus programas en multimedia, puede servir a organizaciones parroquiales y a otros movimientos de una manera especial para que todos lleguen realmente a aprender la Verdad que los hará libres y a usar esta Verdad dentro de su propio carisma, para la salvación de las almas. Nutridos espiritualmente por la rica formación centrada en la familia de maestros expertos, los diferentes comités/programas y movimientos parroquiales estarán mejor equipados y darán aún más fruto en la Iglesia.

Renovando simultáneamente a la Familia y la Comunidad Parroquial

"No es posible vivir y crecer en la fe sin el apoyo de un grupo, de una comunidad Cristiana. Es aquí donde ustedes aprenderán juntos a construir un mundo mejor...Estos grupos no deben encerrarse en sí mismos."

—Papa Juan Pablo II,

L'Osservatore Romano, 1 de julio de 1985

Equipos Eclesiales Laicos™ en Acción

¡Transformando a las familias, los vecindarios y las parroquias en comunidades centradas en Dios a través de una formación con multimedios que motiva a las familias para que desempeñen obras de misericordia espirituales y corporales dentro de la parroquia y el vecindario!

El Equipo de Recursos de Formación. Con la ayuda del párroco, un máximo de 12 parejas se seleccionan para constituir este Equipo de Recursos de Formación pernanente. Los participantes de este equipo normalmente son guiados por un Miembro o un Cooperador en Discernimiento del Apostolado para la Consagración de la Familia. Estos participantes pueden incluir a Cooperadores que están involucrados en otras actividades de la Iglesia pero que participan en programas de formación del Apostolado para la Familia, o aquellos que usan el material del Apostolado para la Familia pero que son miembros comprometidos con otros apostolados aprobados por la Iglesia con dirección espiritual, normas de piedad y prácticas establecidas. Este equipo ofrece formación a los líderes y miembros de otros comités parroquiales, organizaciones o movimientos y los entrenan a cómo usar estos recursos de formación en multimedia teológicamente fidedignos y que siempre tienen en cuenta a la familia, para profundizar el conocimiento y la fe de los miembros de su propio equipo/comité. El Equipo de Recursos de Formación también organiza una Biblioteca de Préstamo Parroquial proporcionando información y entreno a los otros equipos/comités sobre estos recursos disponibles para ayudar en sus diferentes ministerios.

Biblioteca Parroquial— suministra los recursos en multimedia de formación. Normalmente coordinada por el Equipo de Recursos de Formación.

Horas para la Familia: No Tengan Miedo™ en los hogares y las parroquias a través de la cadena FL-TV, VHS, o DVD. (Referencia #120-317K, en Inglés).

Promociones—eventos, programas de ayuda, Cadena de TV Familyland (Referencia #120-412DVD, en Inglés)

Consagración— Entronización de la Sagrada Familia en el hogar (Recursto #133-282VK, en Inglés) y Preparación para la Consagración Total (Referencia #155-187DK y #323-115, en Inglés)

4

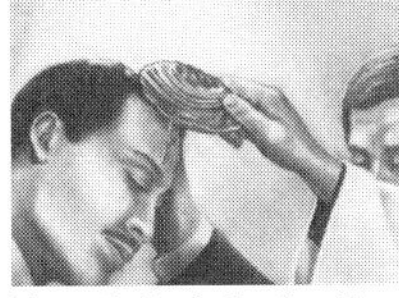

Catequesis Familiar, Parroquial y Escolar para la educación en la Fe de las familias, los niños y adolescentes, programa de CCD/PSR, y programas del adultos/RCIA. (Un paquete introductorio, Referencia #380-135K, y Catecismo para la Familia con los CDs del Cardenal Arinze (Referencia #115-680CK, en Inglés) o los del Padre Straub).

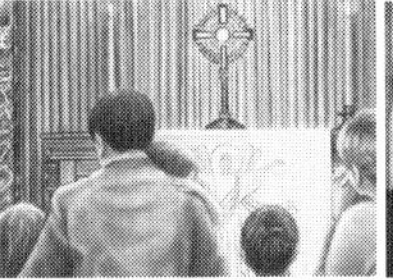

Devociones Eucarísticas — Adoración al Santísimo, Cuarenta Horas, Bendición, Vigilias nocturnas del Primer Viernes, etc.,
(Referencia #1007-76CK, y #150-100CK, en Inglés)

Preparación Matrimonial y Enriquecimiento.
(Referencia#126-198VK y #115-208AK, en Inglés)

Retiros Parroquiales — Incluye la Devoción del Primer Sábado de mes (Referencia #157-74V, en Inglés) y Misiones Parroquiales para el Domingo de la Divina Misericordia (Referencia 147-57VK, en Inglés). También visite familyland.org para la nueva programación en la FL-TV.

Ayudando a los Pobres o Desempleados

Ministerio con los Adolescentes — servicio en la comunidad, ayudando a los de tercera edad, ministerio pro-vida, actividades sociales sanas. (El evangelio de Vida en video, y en Audio, Referencia --#115-290AK, en Inglés)

Ministerio de Apoyo a los que sufren Adicciones

Ministerio de Apoyo a Padres Solteros — Ministerio por separado para los padres solteros, hombres y mujeres.

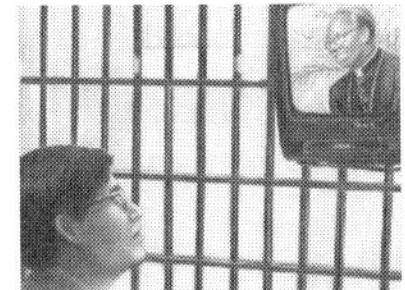

Ministerio en la Prisión

Visitas a hospitales y a hogares de enfermos y ancianos, y de los Miembros Sacrificios
(Referencia #120-305V, en Inglés)

Ministerio de Boy Scouts

A través del Sistema de Evangelización de los Equipos Eclesiales Laicos™, las familias, los grupos parroquiales, los comités y otras organizaciones:

- aprenden una manera práctica de implementar la doble dimensión de la consagración del Papa Juan Pablo II:
  La consagración a Jesús a través de María (Totus Tuus) y
  La consagración en la Verdad (la catequesis de la Nueva Evangelización);
- reciben a través de multimedios una formación continua y fidedigna por maestros expertos en los pilares de nuestra Fe como son la Escritura, Vaticano II, documentos papales, y el Catecismo de la Iglesia Católica;
- cooperan con los obispos y párrocos locales para dar una formación sólida a los diferentes ministerios parroquiales y movimientos (evangelización);
- crecen en su capacidad de ayudar a los demás y ser testigos del mensaje del Evangelio;
- construyen comunidades parroquiales y en el vecindario centradas en la Eucaristía que realmente viven el amor cristiano (cultura católica);

"La consagración no es simplemente una oración o una devoción sino un compromiso a un estilo de vida que debe ser nutrido a través de la formación continua en las verdades eternas de nuestra fe."

— Cardinal Mario Luigi Ciappi, teólogo papal

- cambian las presiones negativas en las familias por positivas, centradas en Dios y en el prójimo;
- atraen más familias a la vida espiritual al ir esforzándose por llevar a sus hijos al Cielo;
- se convierten en instrumentos para la reparación necesaria para llevar a cabo la Civilización del Amor.

Otras organizaciones laicas y movimientos aprobados pueden usar los recursos del Apostolado para la Consagración de la Familia y su cadena de TV con otros equipos para crear participación en su propio ministerio.

Familias sirviendo a familias, parroquias y vecindarios, inspiradas por Romanos 12 ...

"Les pido, pues, hermanos, **por la misericordia de Dios**, que se ofrezcan como sacrificio vivo, santo, y agradable a Dios. Este debe ser su auténtico culto. **No se adapten a los criterios de este mundo; al contrario transfórmense, renueven su interior,** para que puedan **descubrir cual es la voluntad de Dios, qué es lo bueno, lo que le agrada,** lo perfecto [viviendo la gracia y la responsabilidad del momento presente].

Les digo, además, a todos y cada uno de ustedes, **en virtud de la gracia** que Dios me ha confiado, que **no se consideren** más de lo debido, sino que cada uno se considere en lo que vale, conforme al grado de fe que Dios le ha concedido. Porque así como en un solo cuerpo tenemos muchos miembros, y no todos los miembros tienen una misma función, **así también nosotros, aunque somos muchos, formamos un solo cuerpo al quedar unidos a Cristo, y somos miembros los unos de los otros. Puesto que tenemos dones diferentes, según la gracia que Dios nos ha confiado,** el que habla de parte de Dios hágalo de acuerdo con la fe; el que sirve, entréguese al servicio; el que enseña a la enseñanza; el que exhorta a la exhortarción; el que ayuda, hágalo con generosidad; el que atiende, con solicitud; el que practica la misericordia, con alegría.

Que el amor entre ustedes no sea hipócrita; aborrezcan lo malo y pónganse de parte de lo bueno. **Apréciense unos a otros como hermanos y sean los primeros en estimarse unos a otros. No sean perezosos para el esfuerzo; manténganse fervientes en el espíritu, y listos para el servicio del Señor.** Vivan alegres por la esperanza, sean pacientes en el sufrimiento y perseverantes en la oración. Compartan las necesidades de los creyentes; practiquen la hospitalidad".

Facultad de Video, Autores, y Consejo Asesor

del Apostolado para la Consagración de la Familia®

Administración

Jerome Coniker *** ****
Presidente, Co-fundador con Gwen†, del Concilio Pontificio para la Familia
Robert A. Coniker, CPA, EXEC. Vicepresidente **
James F. Kocisko, VP Ingeniería **
Theresa M. Schmitz, VP Organización ** ***
Rev. Kevin S. Barrett, Capellán Int'l *** ****
Carolyn E. Stegmann, Tesorera **
Montserrat Friedrich, Secretaria *** ****

Auditores Teológicos

Padre Bernard Geiger, O.F.M.Conv. *** ****
Dr. Regis Martin, S.T.D. **

Principales Teólogos y Consejeros Espirituales

Cardenal Francis Arinze * *** ****
Cardenal Mario Luigi Ciappi, O.P.† * ****
Cardenal John J. O'Connor† **
Cardenal Gaudencio B. Rosales (Filipinas) **
Cardenal Jaime Sin (Filipinas)† **
Cardenal J. Francis Stafford * ****
Cardenal Alfonso López Trujillo * **
Arzobispo Ramón C. Argüelles (Filipinas) ****
Arzobispo Valerian Okeke (Nigeria) **
Obispo Roger J. Foys **
Obispo John J. Magee (Irlanda) * ****
Obispo Juan F. Torres Oliver (Puerto Rico) **
Obispo Martín Igwe Uzoukwu (Nigeria) ****
Obispo Jose de Jesús Martínez Zepeda (México) **
Rev. Mons. Juan Espona Jiménez ** ***
Rev. Mons. Paul A. Lenz **
Rev. Mons. Josefino Ramírez (Filipinas) ****
Padre Roger Charest, S.M.M. ****
Padre Michael Scanlan, T.O.R. ****
Padre Sebastián, M.C. (Italia) ****
Padre Timothy M. Sparks, O.P.† ****
Padre Pablo Straub, C.Ss.R ****
Beata Teresa de Calcuta † ****

Facultad de Video y Miembros del Consejo Asesor de la Curia Romana

Cardenal William Baum **
Cardenal Agostino Cacciavillan * **
Cardenal Giovanni Cheli * **
Cardenal Georges Marie Martin Cottier, O.P. *
Cardenal Jorge A. Medina Estévez *
Cardenal Edouard Gagnon, P.S.S. * ****
Cardenal Darío Castrillón Hoyos * **
Cardenal Pio Laghi * ****
Cardenal Renato Martino * **
Cardenal Augustine Mayer, O.S.B. * **
Cardenal Silvio Oddi† * **
Cardenal Eduardo Pironio† *
Cardenal Paul Poupard * **
Cardenal Giovanni Battista Re *
Cardenal Agnelo Rossi† *
Cardenal Opilio Rossi† *
Cardenal José Sánchez * **
Cardenal Crescenzio Sepe * **
Cardenal Edmund Szoka * ****
Cardenal Jozef Tomko * **
Arzobispo Paul J. Cordes * **
Arzobispo Michael L. Fitzgerald, M.Afr. * **
Arzobispo John P. Foley * ****
Arzobispo Gabriel Montalvo *
Arzobispo Pietro Sambi *
Arzobispo Robert Sarah *
Arzobispo Stanislaw Rylko *
Obispo Peter Canisius J. Van Lierde† * ****
Rev. Federico Lombardi, S.J. * **

Facultad de Video y Miembros Episcopales Internacionales del Consejo Asesor (y/o Codirectores con la Campaña Fuego de Misericordia)

Cardenal Anthony Bevilacqua ****
Cardenal John Joseph Carberry†
Cardenal Norberto Rivera Carrera (México) **
Cardenal Terence Cooke†
Cardenal Godfried Danneels (Bélgica)
Cardenal Francis George, O.M.I.
Cardenal Stephen Fumio Hamao * **
Cardenal Claudio Hummes (Brasil)
Cardenal William Keeler
Cardenal Adam Maida**
Cardenal José Saraiva Martins, C.M.F. *
Cardenal Humberto Medeiros†
Cardenal Nicolás de Jesus López Rodriguez (República Dominicana)
Cardenal Christoph Schonborn (Austria) **
Cardenal Adrianus Simonis (Holanda)
Cardenal Christian Tumi (África)
Cardenal Ricardo Vidal (Filipinas) **
Arzobispo Raymond L. Burke
Arzobispo Fernando Capalla (Filipinas) **
Arzobispo Charles Chaput, O.F.M. Cap.
Arzobispo Elden F. Curtiss**
Arzobispo Timothy M. Dolan
Arzobispo John F. Donoghue**
Arzobispo Patrick F. Flores
Arzobispo Harry J. Flynn
Arzobispo Barry James Hickey (Australia) **
Arzobispo Murilo S.R. Krieger, SCI (Brasil)
Arzobispo Angel N. Lagdameo (Filipinas) **
Arzobispo Diarmuid Martin (Irlanda) **
Arzobispo John J. Myers **
Arzobispo Edwin F. O'Brien (la Arquidiócesis Militar de los Estados Unidos)
Arzobispo Simeon Pereira (Pakistán)
Arzobispo Orlando Quevedo (Filipinas) **
Arzobispo Gabriel V. Reyes (Filipinas)
Arzobispo Oscar Rodriguez, S.D.B. (Honduras)
Obispo Paul Andreotti, O.P. (Pakistán)† **
Obispo Samuel J. Aquila
Obispo Abelardo Alvaredo A. (México)
Obispo José Luis Astigarraga (Perú)
Obispo Ayo-Maria Atoyebi, O.P. (Nigeria) **

Obispo Warren L. Boudreaux†**
Obispo Fabian W. Bruskewitz
Obispo Leo Brust†**
Obispo Luis Artemio Flores Calzada (México) **
Obispo Ignatius A. Catanello **
Obispo R. Daniel Conlon**
Obispo Thomas V. Daily**
Obispo William L. D'Mello (India)**
Obispo Everard de Jong (Holanda)
Obispo Norbert M. Dorsey, C.P.
Obispo Joseph A. Galante
Obispo Hector Gutierrez Pabon (Columbia)
Obispo Antonius Hurkmans (Holanda)
Obispo José María Hernández González (México)
Obispo John Joseph (Pakistán)†*
Obispo J.B. Kakubi (Uganda) **
Obispo Joseph J. Madera (Arquidióc. Militar, USA)**
Obispo Jesse Mercado (Filipinas)
Obispo Bernard Martin Ngaviliau, C.S.Sp. (E. Africa)
Obispo Isidro Sala Ribera (Perú)
Obispo Lawrence J. Riley†
Obispo Dennis M. Schnurr
Obispo Augustine M. Shao, C.S.Sp. (Tanzanía)
Obispo James S. Sullivan
Obispo Thomas J. Welsh****
Obispo Frans Wiertz (Holanda)
Obispo Donald W. Wuerl****
Obispo John W. Yanta

Miembros del Consejo Asesor y Facultad de Video

Abad Edmund McCaffrey, O.S.B. **
Rev. Mons. Robert J. Dempsey* **
Rev. Mons. Francesco Di Felice* **
Rev. Mons. Peter Elliott* *** ****
Rev. Mons. William P. Fay (USCCB)
Rev. Mons. P. Luciano Guerra (Portugal) **
Rev. Mons. John McCarthy, J.C.D., S.T.D. ****
Rev. Mons. Ugo Moretto
Rev. Mons. Eugene Pack†**
Rev. Mons. Alphonse S. Popek†**
Rev. Mons. Michael J. Wrenn**
Padre Henri Bechard, S.J.†****
Padre Alfred Boeddeker†****
Padre Timothy Byerley****
Padre Raniero Cantalamessa, O.F.M., C.A.P. * **
(Predicador de la Casa pontificia)
Padre Messias Dias Coelho (Portugal)****
Padre Gabriel Calvo **
Padre Harold Cohen, S.J.† ****
Padre Dominic De Domenico, O.P.****
Padre William Dorney†****
Padre Thomas F. Egan, S.J.****
Padre Francis Filas, S.J.† **
Padre Luis Barrera Flores
Padre Tom Forrest, C.Ss.R.****
Padre Lambert Greenan, O.P.* ****
Padre Benedict Groeshel, C.F.R. **
Padre John Hardon, S.J.†*** ****
Padre Brian Harrison, S.T.L.****
Padre Richard M. Hogan, Ph.D.****
Padre M. Albert Krapiec, O.P. (Polonia)****
Padre Maynard Kolodziej, O.F.M.****
Padre George Kosicki, C.S.B.*** ****
Padre Alfred J. Kunz†****
Padre Peter Lappin, S.D.B.†*** ****
Padre Francis Larkin†**
Padre John LeVoir***
Padre Lawrence Lovasik, S.V.D.†*** ****
Padre Martin J. McDermott, S.J.
Padre Seraphim Michalenko, M.I.C.****
Padre Thomas Morrison, O.P.***
Padre Joseph Mungari, S.A.C.****
Padre Bruce Nieli, C.F.R**
Padre Francis Novak, C.Ss.R.****
Padre Randall Paine****
Padre Frank Pavone****
Padre Gabriel Pausback, O.Carm†** ***
Padre Howard Rafferty, O.Carm†**
Padre Charles F. Shelby, C.M.**
Padre Stanley Smolenski****
Padre Andrej Szostek, M.I.C. (Polonia)**
Padre Edmundo Ortega Tirado (México)
Padre Werenfried van Straaten†
Sr. Concetta, F.S.P.
Made M. Dolorosa, H.P.B.
Madre M. Immaculata, H.M.I.*** ****
Sr. John Vianney, S.S.N.D.†****
Lic. Emilio Burillo Azcárraga (México)
Lic. Carlos Abascal (México)
Sra Patricia Balskus†***
Dr. Warren Carroll, Ph.D.**
Dr. N.M. Camardese, M.D.*** ****
Sr. Raymond E. Cross**
Embajador Howard Dee (Filipinas)**
Embajadora Henrietta DeVilla (Filipinas)**
Dr. Richard DeGraff**
Hon. Jeremiah Denton**
Manuel y Marilyn Dubón
Dr. Richard Dumont*** ****
Dr. Damien Fedoryka***
Sr. Frank Flick†
Sr. Dale Francis†***
Kimberly Hahn **
Dr. Scott Hahn ****
John† y Eleanor Hand**
Sr. Frederick W. Hill**
Sr. Carl Karcher**
Sr. August Mauge†
Allen & Marlene McCauley**
Sr. Frank J. Milligan, Jr.† **
Sr. Thomas Monaghan**
Dr. Anthony N. Paruta****
Dr. Wanda Poltawska**
Dr. Herbert Ratner, M.D.† **
Sr. Anthony F. Sansone, Sr.
Sr. Charles F. Scholl
Su Duquesa Imperial Maria Vladimirovna (Rusia) **
Dr. Alice von Hildebrand****
Dr. Joaquin Navarro-Valls * **
Dr. Charles Wahlig†****
Dr.† y Sra. Paul Whelan****

[Lista parcial]

- * Miembro de la Curia romana, el personal directo del Papa
- ** Miembro de Facultad de video
- *** Miembros que han escrito para nuestra labor
- **** Miembros reconocidos en múltiples programas del video
- † Difunto

Vocaciones

El Cuerpo Católico™

del Apostolado para la Familia

"El Amor de Cristo nos apremia" (2 Cor 5,14)

El Cuerpo Católico son personas célibes consagradas que sirven a la Iglesia a través del trabajo y la misión del Apostolado para la Consagración de la Familia®. Responden al llamado de Nuestro Señor de "cargar la cruz y seguirle", en una vida de servicio a las familias en medio del mundo.

A través de una vida de oración dinámica que incluye Misa diaria, Rosario, lecturas espirituales meditadas, y devoción Eucarística, los miembros del Cuerpo Católico se fortalecen cada día para trabajar sirviendo a las familias y apoyándolas en evangelizar a otras familias.

Su espiritualidad es a la del Papa Juan Pablo II: la consagración dual de Totus Tuus, dando todo a Jesús a través de María en unión con San José, y Juan 17—Conságralos en la Verdad. Su carisma es el de Jerry y Gwen Coniker, padres de una familia grande quienes fundaron el Apostolado para la Consagración de la Familia en 1975.

Los miembros del Cuerpo Católico ayudan a hacer posible el entreno de los líderes laicos para usar los recursos en multimedia, teológicamente fidedignos, para la formación y la evangelización, ayudando así a construir la "civilización del amor".

"A los jóvenes, Yo les digo: si escuchan el llamado del Señor, ¡No lo rechacen! Atrévanse a ser parte de los grandes movimientos de santidad iniciados por renombrados santos en su seguimiento a Cristo."

—Papa Juan Pablo II, Vita Consecrata

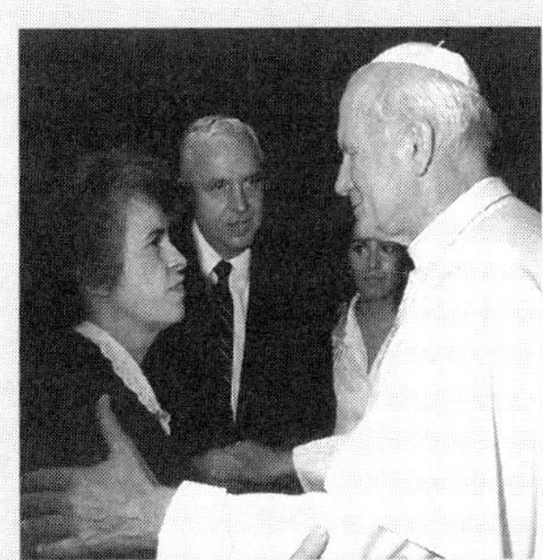

Jerry y Gwen Coniker, fundadores del Apostolado para la Consagración de la Familia, con el Papa Juan Pablo II

Si deseas seguir el llamado del Santo Padre a los jóvenes del mundo, ven y visita el Cuerpo Católico de nuestro Apostolado en acción. Para edades entre18-35.

en U.S.A.: Catholic Familyland, 3375 County Rd. 36, Bloomingdale, Ohio, EE.UU..
1-800-77-FAMILY www.familyland.org usa@familyland.org

en México: Centro San José, A.P. 12, Atlautla, Edo de Méx. MÉXICO
Lada internal. (52) nal. (01) tel. 597 976 7073 hispanoamerica@familyland.org

El Cuerpo Católico™
del Apostolado

La Comunidad de Mujeres

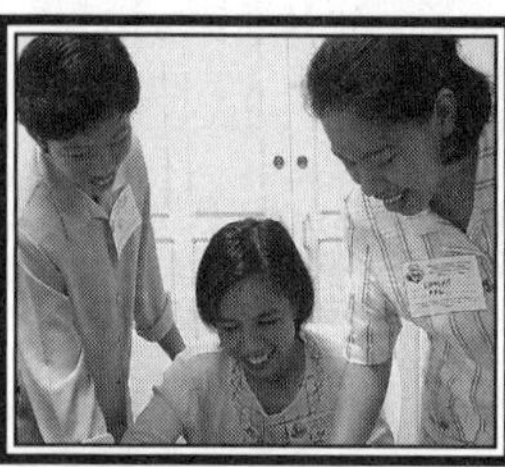

"Hice un compromiso perpetuo a Cristo como su esposa, dentro del Cuerpo Católico. Creo que Nuestra Señora, San José, y el amor por mi país me han ayudado a mí y a los otros miembros del Cuerpo Católico a dar nuestras vidas en favor de las familias, con el fin de que ellas puedan conocer y llevar a cabo el plan de Dios para sus vidas."

– Carolyn Stegmann

Viviendo la vida oculta de la Sagrada Familia mientras ayudan a estimular a los laicosa través del trabajo y la misión del Apostolado para la Familia.

El Cuerpo Católico™

del Apostolado

La Comunidad de Hombres

"Después de descubrir la visión del Apostolado para la Familia de renovar el mundo y la sociedad a través de la Consagración de la Familia a Jesús a través de María, en unión con San José, formándolas en las Verdades de la Fe Católica, quedé atrapado. Yo quería dar mi vida totalmente al servicio de las familias para ayudarles a llegar al Cielo, porque, a parte de esto, nada más es importante. Le doy gracias a Dios todos los días por la oportunidad de servirle así como lo hicieron María y José—oculto y fielmente, a pesar de mis muchas flaquezas y debilidades. Si yo lo hago lo mejor que puedo, ¡estoy convencido de que Él hará el resto!"

— Dennis Brower

Viviendo la vida oculta de la Sagrada Familia mientras ayudan a estimular a los laicosa través del trabajo y la misión del Apostolado para la Familia.

Sierva de Dios

Gwen Cecilia Coniker

27 de septiembre de 1939 – al 15 de junio de 2002

Corazón de la Familia
Corazón del Hogar
Instrumento de Paz

Esposa, madre de 13, abuela de 65 y contando, co-fundadora del Apostolado para la Consagración de la Familia, Catholic Familyland, y la Red de Televisión Familyland

El estilo de vida de Gwen

La Santidad y felicidad son frutos del cumplir alegremente la responsabilidad de cada momento presente… Todo por el Sagrado y Eucarístico Corazón de Jesús, todo a través del Doloroso e Inmaculado Corazón de María, todo en unión con San José.

Gwen sosteniendo su bebé no. 13, Mary

Les invitamos a rezar la oración siguiente:

Oración por Gwen y la Unidad Familiar

Todo por el Sagrado y Eucarístico Corazón de Jesús, todo a través del Doloroso e Inmaculado Corazón de María, todo en unión con San José.

Padre Celestial, Gwen Coniker fue un modelo de fidelidad familiar. Enseñó a padres y abuelos cómo sacrificarlo todo para cumplir la voluntad de Dios y convertirse en personas y familias para los demás. Gracias por su trabajo en el espíritu del Papa Juan Pablo II para la renovación de la Iglesia y la sociedad a través de la consagración de la familia.

Gwen fue una persona para otros que vivió alegremente Tu voluntad al cumplir las responsabilidades de cada momento presente. Llevó a cabo con fidelidad y amor los deberes y los compromisos de su estado de vida. Nos mostró cómo ser siempre agradecidos durante las pruebas más dolorosas, y cómo discernir y cumplir la voluntad de Dios en cada instante. Gwen también nos mostró cómo morir con entereza una muerte prolongada y dolorosa sin quejarse ni llamar la ateción.

Padre Celestial, te pedimos que glorifiques a Gwen. Que la Iglesia la eleve al honor de los altares para motivar "la consagración en la verdad de la familia y la parroquia" a la Sagrada Familia, y para la protección de nuestras familias del maligno. (cf. Juan 17:15-17).

Hacemos nuestra oración y petición por la labor del Apostolado para la Consagración de la Familia y nuestras peticiones especiales (mencione sus intenciones) a través de Cristo Nuestro Señor. Amén.

Padre Nuestro. Ave María. Gloria.

Nihil Obstat: Rev. James M. Dunfee
Censure Librorum

Imprimátur: + El Muy Rev. R. Daniel Conlon
Obispo de Steubenville
21 de octubre de 2002

15 de agosto de 1959

12 de junio de 2002

La familia Coniker durante los años fundadores (1970) del Apostolado para la Consagración de la Familia

Bosquejo Biográfico: Gwen Cecilia (Billings) Coniker nació en Chicago el 27 de septiembre de 1939. Conoció a su futuro marido, Jerry, cuando tenía 14 años, mientras ambos estaban estudiando en la escuela secundaria St. Gregory. Se casaron en la Fiesta de la Asunción, el 15 de agosto de 1959, y consagraron su matrimonio a Jesús a través de María en el altar lateral de Nuestra Señora. Jerry tenía 20 años y Gwen tenía 19 años. No tenían ninguna idea entonces de lo que Nuestra Señora les tendría deparado.

Al ver la disminución de valores Cristianos en la sociedad, Jerry y Gwen pronto se involucraron en el movimiento del derecho a la vida y de los valores familiares. Gwen amaba a los niños y siempre dijo que le gustaría tener una docena. "¡No hay nada como un bebé!" decía. Su primera hija, Maureen Therese, nació prematura el 22 de junio de 1960. Entonces siguieron Kathy Lynne, Laurie Ann, Margaret Rose, Sharon Marie, Michael John, y Robert Anthony.

El rumbo de la vida de los Coniker cambió drásticamente el 28 de abril de 1971 (la fiesta de San Luis de Montfort), cuando hicieron su consagración a Jesús a través de María según la fórmula de San Luis de Montfort. Ésta es la misma consagración que cambió la vida de Karol Wojtyla, el Papa Juan Pablo II. Su lema Papal es "Totus Tuus, Mater Ecclesiae" (Todo Tuyo, Madre de la Iglesia). Después de hacer su consagración, Jerry y Gwen quedaron convencidos más que nunca de que la batalla para dar fin al aborto y salvar a las familias era principalmente espiritual, así que decidieron entregar sus vidas a servir completamente a Dios.

El 13 de mayo de 1971 (la Fiesta de Nuestra Señora de Fátima), los Coniker vendieron su casa, y después su negocio. El 8 de septiembre (el cumpleaños de Nuestra Señora), mudaron a su familia a Fátima, Portugal. Su tercer varón, Joseph Vincent, nació en Portugal. Durante su estancia en Portugal de 2 años, Nuestra Señora los preparó para su trabajo en la Iglesia. Regresaron a los Estados Unidos en junio de 1973 para trabajar con el Padre Bernard Geiger, OFM. CONV., quién era el superior de su comunidad franciscana y director local "los Caballeros de la Immaculata" de San Maximiliano Kolbe. Poco después, Gwen dio a luz a su noveno hijo, James Francis—el primero de cuatro nacimientos por cesárea. María Ann nació después de un año, el 4 de septiembre.

Durante el Año Santo de 1975, el 18 de junio, Fiesta del Sagrado Corazón, Jerry y Gwen fundaron el Apostolado para la Consagración de la Familia en Kenosha, Wisconsin. Cuando Gwen quedó embarazada con su onceavo niño, se negó fuertemente a abortar a su bebé a pesar de las advertencias del médico de que no sobreviviría el nacimiento. Sin embargo, Theresa Marie, una bebita saludable, nació poco después de Navidad en 1975. Un año después su doceavo bebé, Angélica murió antes de nacer. El 23 de octubre de 1977, Gwen dio a luz a su treceavo bebé, Mary Elizabeth.

Jerry y Gwen estuvieron casados durante casi 43 años, y el amor del uno por el otro iba aumentando todos los días. Tuvieron el gozo de ver a su familia crecer, primero con sus 13 niños, después 11 esposos fieles y 56 nietos (¡y siguen contando!), quienes, por la gracia de Dios, están todos en la Fe.

Su amor a Dios y entre ellos florecía mientras iba creciendo el Apostolado para la Consagración de la Familia, un movimiento internacional para las familias. Tiene cuatro ministerios claves —Biblioteca en multimedia "Consagración en la Verdad", Cadena de Televisión Familyland, Centros internacionales de Familyland en EE.UU., México, las Filipinas, Europa, Nigeria y Rusia, y Equipos Eclesiales Laicos—con cooperadores y miembros en los cinco continentes.

Gwen tenía una amistad de especial afinidad con ambos el Papa Juan Pablo II y la Madre Teresa. Entre 1984 y el 2002 Gwen tuvo el privilegio de participar en nueve encuentros Papales. El Papa Juan Pablo II podía leer su alma al mirar profundamente en sus ojos. El 29 de abril de 1999, el Santo Padre designa a Jerry y Gwen miembros de su Concilio Pontificio para la Familia el cual aconseja al papado en los temas sobre la familia en el mundo. La familia Coniker representó el tema—"los Niños, la Primavera de Esperanza para la Familia y la Sociedad" en la celebración del Año Jubilar 2000 en la plaza de San Pedro con el Papa ante cientos de miles de personas. El 7 de octubre del 2001 Jerry y Gwen recibieron el premio Pro Ecclesia et Pontifice del Papa Juan Pablo II a través del Obispo Gilbert Sheldon de Steubenville, y fueron recibidos después en la Orden Pontificia de los Caballeros de San Miguel del Ala por el príncipe de la corona portuguesa. Así Gwen fue nombrada "Lady Guenevere".

El 2 de noviembre del 2001, Gwen fue diagnosticada con una cirrosis del hígado y se le dijo que tenía menos de un año para vivir. Esta enfermedad fue contraída por una transfusión de sangre durante uno o más de sus partos por cesárea en los años 70. Ella aceptó su enfermedad y los sufrimientos físicos apaciblemente. Dijo repetidamente que no tenía ningún resentimiento. Siempre amó a Jerry y a todos sus hijos y amaba la vida. El 13 de mayo del 2002, dejó la Clínica de Cleveland que también le había diagnosticado cáncer. Pasó sus últimos días en dolor y en aceptación pacífica preparando a su familia para su muerte. A las 5:30 de la mañana el sábado, 15 de junio, 2002, después de recibir la unción de los enfermos por el Padre Geiger, el director espiritual de los Coniker, falleció en los brazos de su marido amado en su hogar en Catholic Familyland. Tenía 62 años. No es ninguna coincidencia que muriera el 15 de junio que era la Solemnidad del Sagrado Corazón en 1917—el mismo año que Nuestra Señora apareciera a los tres niños Pastores en Fátima, Portugal. El Apostolado para la Consagración de la Familia celebra su fundación en esta celebración movible.

Gwen recibió santa sepultura el 22 de junio de 2002, la fecha en que su primer hija, Maureen, cumplía 42 años. Su cuerpo queda en la cripta de la capilla de San Juan Vianney del Apostolado en Catholic Familyland, en Bloomingdale, Ohio, detrás del altar de nuestra Santísima Madre. El altar contiene una reliquia de San Luis de Montfort y una copia del manuscrito original escrito a mano de su famosa obra, "la Verdadera Devoción a María"—una espiritualidad que formó su vida y la vida del Papa Juan Pablo II. Una "Tumba del Niño Nonato" conmemorando a millones de bebés abortados, se ha erigido cerca de la cripta de Gwen como un testimonio a una madre que estaba dispuesta a sacrificar su vida por sus hijos. Ella falleció de la manera en que vivió—sin quejarse y siempre preocupándose por los demás.

Gwen lo dijo todo en el párrafo final de la carta a su familia del 10 de junio de 2002:

"Mi deseo y mi oración es que cada uno de mis hijos críe a su familia cerca de Dios y que descubran la voluntad de Dios para sus vidas. A todos mis nietos, los amo. —Mom"

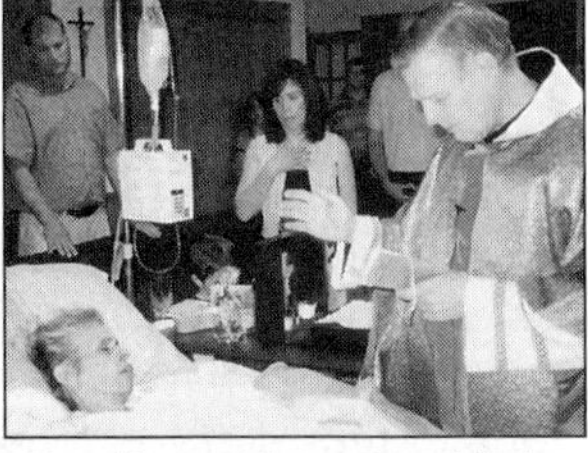

Unos días antes de que Gwen falleciera

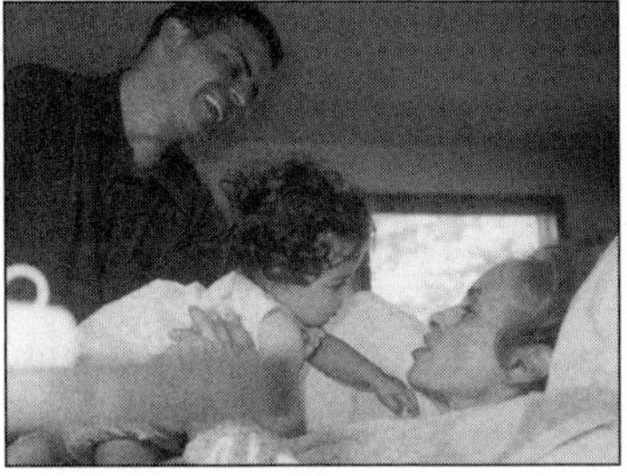

Un Apostolado para su Familia

Familias Evangelizando a Familias a través de...

CONSAGRACIÓN EN LA VERDAD™
Programa Catequético

Incluye el Catecismo para la Familia con segmentos de la Escritura, el Catecismo de la Iglesia Católica, los Documentos del Vaticano II y otros documentos papales; guías para padres de familia y para maestros, y cuadernos de trabajo del estudiante para varios niveles; recursos audiovisuales presentando al Cardenal Francis Arinze, al Padre Pablo Straub, al Obispo Ramón Argüelles, y la Hna. John Vianney. Une a los padres con la parroquia y la escuela.

familyland®
cadena de televisión

Una cadena en la que usted puede ¡CONFÍAR! Charlas espirituales. Películas clásicas. Programas prácticos para el hogar. Programas de devoción. Programas favoritos de niños. Comentarios deportivos. Música Cristiana. "Sit-coms" familiares. Producciones originales Cristianas presentando a padres, niños, y jóvenes que visitan el Centro Familyland en Bloomingdale, Ohio, EE.UU.

Catholic Familyland®

Un lugar apartado para que las familias experimenten la vida de comunidad católica a través de varios eventos: Escapes matrimoniales de fin de semana para las parejas, Conferencia Familiar "TotusTuus", Festivales de la "Sagrada Familia" de 7-días, Retiros, seminarios y entrenamiento en Evangelización y Catequesis.

Horas para la familia: No Tengan Miedo™

Programas de una-hora—con una enseñanza del tema de la semana dada por invitados especiales; reflexiones catequéticas por el Cardenal Francis Arinze; el rosario en familia, con representación de algunos misterios; y meditaciones de la Beata Madre Teresa de Caluta y del Papa Juan Pablo II.

Equipos Eclesiales Laicos™

Grupos de Católicos comprometidos guiados por un matrimonio, que se reúnen regularmente para aprender y compartir la Fe católica, crear amistades sólidas, y estrategizar y trabajar juntos para asistir a otros en su comunidad y sus familias, atendiendo a las necesidades tanto espirituales, como emocionales y físicas.

APÉNDICE D

Oraciones para toda la Familia

La Señal de la Santa Cruz: Por la señal + de la Santa Cruz de nuestros + enemigos líbranos, Señor, + Dios nuestro. En el nombre del Padre, y del Hijo + y del Espíritu Santo. Amén.

El Credo de los Apóstoles: Creo en Dios, Padre todopoderoso, creador del cielo y de la tierra. Creo en Jesucristo, Su único Hijo, nuestro Señor; que fue concebido por obra y gracia del Espíritu Santo, nació de Santa María Virgen; padeció bajo el poder de Poncio Pilato, fue crucificado, muerto y sepultado, descendió a los infiernos, al tercer día resucitó de entre los muertos; subió a los cielos y está sentado a la derecha de Dios Padre; desde allí ha de venir a juzgar a los vivos y a los muertos. Creo en el Espíritu Santo; la Santa Iglesia Católica; la Comunión de los Santos; el perdón de los pecados; la resurrección de la carne y la vida eterna. Amén.

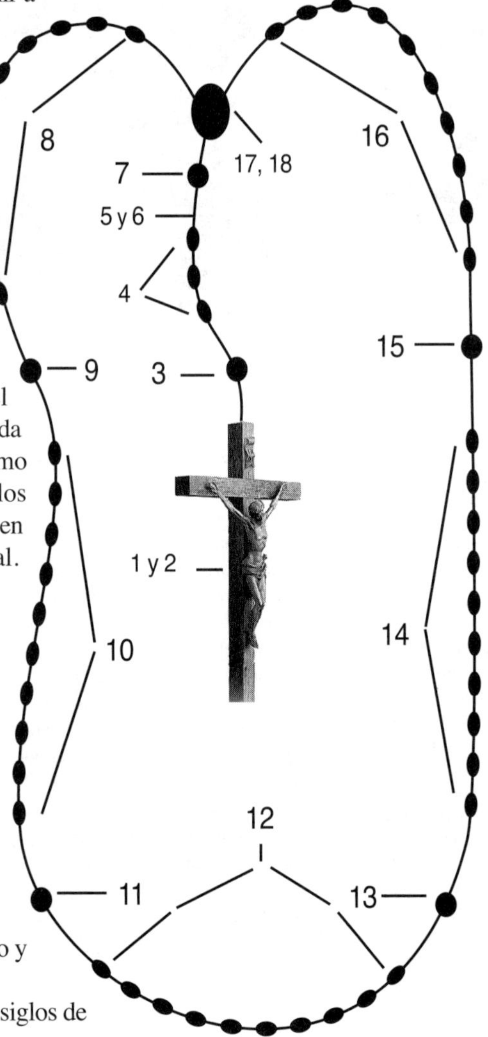

El Padrenuestro: Padre nuestro, que estás en el cielo, santificado sea tu Nombre; venga a nosotros tu reino; hágase tu voluntad en la tierra como en el cielo. Danos hoy nuestro pan de cada día; perdona nuestras ofensas, como también nosotros perdonamos a los que nos ofenden; no nos dejes caer en la tentación, y líbranos del mal. Amén

El Ave María: Dios te salve , María, llena eres de gracia; el Señor es contigo, bendita Tú eres entre todas las mujeres y bendito es el fruto de tu vientre, Jesús. Santa María, madre de Dios, ruega por nosotros, pecadores, ahora y en la hora de nuestra muerte. Amén.

El Gloria: Gloria al Padre y al Hijo y al Espíritu Santo. Como era en un principio, ahora y siempre, por los siglos de los siglos. Amén.

CÓMO REZAR EL ROSARIO:

1. Haga la *Señal de la Santa Cruz*.
2. Rece un *Credo de los Apóstoles*.
3. Rece un *Padrenuestro* (ofreciendo este Padrenuestro y las tres Aves María y el Gloria que siguen por el Santo Padre, el Papa).
4. Rece tres *Aves María*. (También puede rezar estas tres Aves María como sigue:

   Dios te salve, María, Hija de Dios Padre, llena eres de gracia...

   Dios te salve, María , Madre de Dios Hijo, llena eres de gracia...

   Dios te salve, María, Esposa de Dios, Espíritu Santo, llena eres de gracia....).
5. Rece un *Gloria*.
6. Rece la *Oración de Fátima*: Oh mi buen Jesús, perdona nuestros pecados, líbranos del fuego del infierno, lleva a todas las almas al cielo, especialmente las más necesitadas de tu misericordia.
7. Anuncie el primer misterio (y puede leer una meditación). Rece un *Padrenuestro*.
8. Continue meditando sobre el misterio mientras reza diez *Aves María* y un *Gloria* y la *Oración de Fátima* (mueva una cuenta por cada *Ave María*).
9. Anuncie el segundo misterio (y puede leer una meditación). Rece un *Padrenuestro*.
10. Medite sobre el segundo misterio, rezando diez *Aves María,* un *Gloria* y la *Oración de Fátima* (mueva una cuenta por cada *Ave María*).
11. Anuncie el tercer misterio (y puede leer una meditación). Rece un *Padrenuestro*.
12. Medite sobre el tercer misterio, rezando las diez *Aves María,* un *Gloria* y la *Oración de Fátima* (mueva una cuenta por cada *Ave María*).
13. Anuncie el cuarto misterio (y puede leer una meditación). Rece un *Padrenuestro*.
14. Medite sobre el cuarto misterio, rezando las diez *Aves María* un *Gloria* y la *Oración de Fátima* (mueva una cuenta por cada *Ave María*).
15. Anuncie el quinto misterio (y puede leer una meditación). Rece un *Padrenuestro*.
16. Medite sobre el quinto misterio, rezando las diez *Aves María*, un *Gloria* y la *Oración de Fátima* (mueva una cuenta por cada *Ave María*).
17. Rece una *Salve* para concluir: Dios te salve, Reina y Madre de misericordia, vida, dulzura y esperanza nuestra; Dios te salve. A Ti llamamos los desterrados hijos de Eva; a Ti suspiramos, gimiendo y llorando, en este valle de lágrimas. Ea, pues, Señora, abogada nuestra, vuelve a nosotros esos tus ojos misericordiosos; y después de este destierro muéstranos a Jesús, fruto bendito de tu vientre. Oh clementisima, oh piadosa, oh dulce siempre Virgen María. Ruega por nosotros, Santa Madre de Dios, para que seamos dignos de alcanzar las promesas de Nuestro Señor Jesucristo. Amén.
18. Si quiere y tiene tiempo puede terminar con la *Letanía de La Santísima Virgen*.

LOS MISTERIOS DEL SANTO ROSARIO

MISTERIOS GOZOSOS (Lunes y Sábado)

Primer Misterio Gozoso: la Anunciación del Arcángel Gabriel a la Bienaventurada Virgen María

Segundo Misterio Gozoso: la Visita de la Bienaventurada Vírgen María a su prima Santa Isabel

Tercer Misterio Gozoso: el Nacimiento de Nuestro Señor en Belén

Cuarto Misterio Gozoso: la Presentación de Nuestro Señor en el Templo

Quinto Misterio Gozoso: Nuestro Señor perdido y hallado en el Templo

LOS MISTERIOS LUMINOSOS (Jueves)

Primer Misterio Luminoso: el Bautismo de Jesús en el Jordán

Segundo Misterio Luminoso: la Manifestación de Jesús en las Bodas de Caná

Tercer Misterio Luminoso: la Proclamación de Cristo sobre el Reino de Dios, y su llamada a la Conversión

Cuarto Misterio Luminoso: la Transfiguración de Jesús en el Monte Tabor

Quinto Misterio Luminoso: la Institución de la Eucaristía como expresión Sacramental del Misterio Pascual

LOS MISTERIOS DOLOROSOS (Martes y Viernes)

Primer Misterio Doloroso : la Agonía de Jesús en el Jardín de Getsemaní

Segundo Misterio Doloroso: la Flagelación de Jesús en la Columna

Tercer Misterio Doloroso: la Coronación de Jesús con espinas

Cuarto Misterio Doloroso: la Sangrienta Marcha de Jesús con la Cruz al Calvario

Quinto Misterio Doloroso: la Crucifixión y Muerte de Nuestro Señor

LOS MISTERIOS GLORIOSOS (Miércoles y Domingo)

Primer Misterio Glorioso: la Resurrección del Señor de la muerte

Segundo Misterio Glorioso: la Ascención de Nuestro Señor al Cielo

Tercer Misterio Glorioso: la Venida del Espíritu Santo

Cuarto Misterio Glorioso: la Asunción de Nuestra Santísima Madre del Cielo

Quinto Misterio Glorioso: la Coronación de Nuestra Señora como Reina del Cielo y de la Tierra

LA CORONILLA DE LA DIVINA MISERICORDIA

En las tres primeras cuentas del rosario rece: un *Padrenuestro,* un *Ave María* y un *Credo de los Apóstoles*

En las cuentas "del Padrenuestro" diga*: Padre eterno te ofrezco el Cuerpo y la sangre, el alma y la Divinidad de Tu amadísimo Hijo, Nuestro Señor Jesucristo, como propiciación de nuestros pecados y los del mundo entero.*

En las 10 cuentas "de las Aves María" repita diez veces:

Por su dolorosa pasión,
Ten misericordia de nosotros y del mundo entero.

Repetir esto cinco veces a medida que se van recorriendo las cinco décadas del rosario, al terminar, decir tres veces:

Santo Dios, Santo Fuerte, Santo Inmortal, ten piedad de nosotros y del mundo entero.

Pasaje del Nuevo Testamento para meditar a menudo:

*Primero Epístola de San Pablo a los Corintios (*Capítulo 13)

[1]Aunque hablara las lenguas de los
hombres y de los ángeles, si no tengo amor,
soy como campana que suena o platillo que
retumba. [2]Y aunque tuviera el don de
hablar de parte de Dios y concociera todos
los misterios y toda la ciencia y aunque mi
fe fuera tan grande como para trasladar
montañas, si no tengo amor, nada soy. [3]Y
aunque repartiera todos mis bienes a los
pobres y entregara mi cuerpo a las llamas,
si no tengo amor de nada me sirve.

[4]El amor es paciente y bondadoso; no
tiene envidia ni orgullo ni arrogancia.
[5]No es grosero ni egoísta, no se irrita ni
es rencoroso [6]no se alegra de la injusticia,
sino que encuentra la alegría en la verdad.
[7]Todo lo disculpa, todo lo cree, todo lo
espera, todo lo soporta.

[8]El amor nunca pasará. Terminará el
don de hablar de parte de Dios, cesará el
don de expresarse en un lenguaje
misterioso y desaparecerá también el don
del conocimiento profundo. [9]Porque ahora
conocemos de modo imperfecto, lo mismo
que es imperfecta nuestra capacidad de
hablar de parte de Dios; [10]pero cuando
venga lo perfecto, desaparecerá lo
imperfecto. [11]Cuando yo era niño, hablaba
como niño, pensaba como niño, razonaba
como niño; al hacerme hombre, he dejado
las cosas de niño. [12]Ahora vemos por
medio de un espejo y oscuramente; pero un
día veremos cara a cara. Ahora conozco
imperfectamente, pero un día conoceré
plenamente como Dios mismo me conoce.

[13]Ahora permanecen estas tres cosas:
la fe, la esperanza y el amor, pero la más
excelente es el amor.

APÉNDICE E

Examen de Conciencia

1) Yo soy el Señor tu Dios. No tendrás otro Dios más que a mí.

- ¿Dedico tiempo para Dios, en la oración, diariamente?
- ¿Trato de amarlo con todo mi corazón?
- ¿He tomado parte en prácticas supersticiosas o de ocultismo, como consultar horóscopos, cartas, ouija etc.?
- ¿Trato de someterme a la Palabra de Dios como lo enseña la Iglesia?
- ¿Conozco las verdades de la Fé Católica contenidas en el Credo?
- ¿He comulgado alguna vez en pecado mortal?
- ¿Cuido el ayuno Eucarístico (una hora antes de comulgar, incluido chiclé, excepto si hay razones de salud; beber agua sí se puede)?
- ¿He mentido en confesión, deliberadamente, o he ocultado al sacerdote en confesión algún pecado grave?
- ¿He hecho del dinero, mi carrera, mis posesiones, el placer, los deportes, la televisión, etc, un dios falso?

2) No tomarás el nombre de Dios en vano.

- ¿He tomado el nombre de Dios en vano, con ligereza o sin cuidado?
- ¿Me he enojado con Dios?
- ¿He deseado mal a otros, los he maldecido?
- ¿He insultado a alguna persona consagrada o hecho mal uso de algún objeto sagrado?

3) Santificarás las fiestas.

- ¿He faltado a Misa, deliberadamente, en domingos o días festivos?
- ¿He vestido de forma poco apropiada en Misa, o he distraído a otros en Misa?
- ¿Me distraigo a propósito en Misa?
- ¿He tratado de observar el domingo como día familiar y de descanso?
- ¿Trabajo el domingo, o hago trabajar a otros, sin necesidad?
- ¿Ayuno (una comida completa y dos comidas ligeras) y me abstengo de comer carne los días que dice la Iglesia (por ejemplo ayuno y abstinencia el Miércoles de Ceniza y el Viernes Santo, y abstenerse de comer carne todos los viernes de Cuaresma)?
- ¿He cumplido el precepto de la Iglesia de confesarme por lo menos una vez al año, y de comulgar durante la Pascua?
- ¿Son generoso contribuyendo en la Iglesia y ayudando económicamente sus esfuerzos por salvar almas? En la Biblia se nos exhorta a devolver a Dios, a través de la Iglesia y sus ministerios, un décimo de las bendiciones que Él nos da (Malaquías 3, 6-12).

4) Honrarás a tu padre y a tu madre.

Para los Padres:

- ¿He sido un mal ejemplo para mis hijos?
- ¿Cuando corrijo las faltas de mis hijos, lo hago con caridad?
- ¿He dejado de llevar a mis hijos a Misa los domingos y dias de precepto, o no les he enseñado a rezar, ni mirado la forma de que conzcan la Fé?
- ¿Me he asegurado de que reciben los sacramentos?
- ¿He vigilado que los amigos de mis hijos, las actividades que realizan, los libros que leen, los programas que ven, etc., no sean perjudicilales para su crecimiento espiritual?
- ¿Pido a Dios diariamente que me ayude a cumplir mis resopnsabiilidades como padre o madre?
- ¿Tengo consideración de mis familiares enfermos o ancianos?

Para los hijos:

- ¿He desobedecido o faltado el respeto a mis padres?
- ¿Siento coraje y tengo resentimiento cuando mis padres me corrigen?
- ¿Me he enfadado o he mostrado mi mal humor con otra gente?
- ¿Quiero irme de la casa de mis padres cuando todavía soy demasiado jóven, o por razones erróneas?
- ¿Soy una carga económica para mis padres cuando podría cuidar de mis propios gastos y soy suficiente mayor para contribuir económicamente en el hogar?
- ¿Me peleo con mis hermanos?
- ¿Doy muestras de amor a mis padres?
- ¿Llevo a cabo las responsabilidades que mis padres me han asignado en la casa?

5) No matarás.

- ¿He cometido aborto o animado a otras personas a cometerlo?
- ¿He hecho algún mal físico a alguien?
- ¿He abusado del alcohol o de las drogas?
- ¿He dado escándalo guiando a otros a pecar?
- ¿Me he enojado o resentido con alguien?
- ¿He odiado a alguien?
- ¿He intentado o he considerado suicidarme?
- ¿Me he mutilado por alguna forma de esterilización?
- ¿He admitido la estirilización o animado a alguien a que la haga?
- ¿He dejado de perdonar a alguien que me ha ofendido?
- ¿He pedido perdón cuando he sido yo quién ha ofendido?

6) No fornicarás.

- ¿He sido fiel a mis votos matrimoniales en pensamiento y obra?
- ¿He tenido alguna relación sexual fuera del matrimonio?
- ¿He cometido alguna acción impura? ¿Conmigo mismo, con otros?
- ¿He consentido malos pensamientos?

- ¿He respetado a los miembros del sexo opuesto o los he considerado solamente como objetos?
- ¿He usado anticonceptivos para el control de la natalidad?
- ¿Ha sido cada acto sexual en mi matrimonio abierto a la generación de nueva vida?
- ¿He cometido alguna acción homosexual?
- ¿Procuro ser casto en mis pensamientos, palabras y obras?
- ¿Visto modestamente?
- ¿Me he puesto en ocasión de pecado yendo a bailes o lugares, a películas u obras de teatro, o leyendo libros sexualmente provocativos?

7) No hurtarás.

- ¿He robado?
- ¿He devuelto lo que he robado o he hecho restitución por ello?
- ¿He gastado más de lo que puedo?
- ¿He dejado de proveer por otros al no querer gastar suficiente?
- ¿Pierdo el tiempo en el trabajo, en la escuela, en el hogar?
- ¿Juego apuestas con exceso, hasta dejar a mi familia sin lo necesario?
- ¿Trato de compartir con los pobres lo que tengo?
- ¿He pagado mis deudas?

8) No Levantarás falso testimonio ni mentirás.

- ¿He dicho mentiras?
- ¿He hablado mal de otros?
- ¿Soy sincero en mi trato con otros?
- ¿Pienso de otros en forma crítica, negativa o con falta de caridad?
- ¿Guardo secreto lo que debe guardarse confidencialmente?

9) No desearás la mujer de tu prójimo.

- ¿He consentido pensamientos impuros?
- ¿Los he causado con malas lecturas o películos, con conversaciones impuras o curiosidad?
- ¿Trato de controlar mi imaginacion?
- ¿Rezo enseguida al sentir tentaciones o pensamientos impuros para rechazarlos?
- ¿He negado a mi esposo (o a mi esposa) su derecho matrimonial?
- ¿ Me he vestido inmodestamente?
- ¿Controlo lo que miran mis ojos?
- ¿Guardo mi relación exclusiva con mi esposo (esposa) y no mantengo una relación demasiado familiar con alguien del sexo opuesto, ya sea en el trabajo o entre las amistades?
- ¿He realizado actos de afecto íntimo reservados sólo para las personas casadas (como besos y abrazos apasionados etc.) con alguien que no es mi marido (mujer)?

10) No codiciarás los bienes ajenos.

- ¿Envidio lo que otros tienen?
- ¿Envidio las familias o posesiones de otros?
- ¿Soy demasiado ambicioso o egoista?
- ¿Considero el poseer bienes materiales como el objetivo de mi vida?
- ¿Confío en que Dios cuidará de mis necesidades espirituales y materiales?

Cinco pasos para una buena Confesión:

1. Hacer un examen de conciencia.
2. Estar arrepentido por los pecados cometidos; intente sentir una contrición perfecta. Intente rezar el "Señor mío Jesucristo" (u otro acto de contrición) antes de confesarse.
3. Hacer la resolución firme de no pecar más y evitar las ocasiones de pecado.
4. Decir los pecados al sacerdote y recibir la absolución (deben confesarse todos los pecados mortales).
5. Cumplir la Penitencia lo antes posible.

El modo de realizar la confesión es generalmente con el sacerdote diciendo "Ave María Purísima" y el penitente respondiendo "sin pecado concebida". Y luego se le dice al sacerdote cuanto tiempo hace que uno no se confiesa, y los pecados cometidos. Antes de la absolución, cuando el sacerdote lo pide, se dice el "Señor mío Jesucristo" u otro acto de contrición.

Acto de Contrición:

Señor mío Jesucristo, Dios y hombre verdadero, Creador, Padre y Redentor mío, por ser Vos quien sois, Bondad Infinita, y porque os amo sobre todas las cosas, me pesa de todo corazón haberos ofendido. También me pesa porque podéis castigarme con las penas del infierno. Ayudado/a de Vuestra divina gracia, propongo firmemente nunca más pecar, confesarme y cumplir la penitencia que me fuere impuesta. Amén.

APÉNDICE F

Índice

Referencias por número de pregunta.
Los preguntas en negrita son las más relevantes.

#H1-256

Todo por el Sagrado y Eucarístico Corazón de Jesús,
todo a través delDoloroso e Inmaculado Corazón de María,
todo en unión con San José.